W0195138

Phänomen-Verlag

Enjoy your Evolution!

Phänomen-Verlag

Sommer 2008

Ken Wilbers

Boomeritis

Enjoy Your Evolution!

Maik Hosang

Eves Welt

Liebe in Zeiten des Klimawandels

Phänomen-Verlag

Bibliografische Information Der Deutschen Bibliothek:

Die Deutsche Bibliothek verzeichnet diese Publikation in der Deutschen Nationalbibliografie; detaillierte bibliografische Daten sind im Internet über http://dnb.ddb.de abrufbar.

Eves Welt
Liebe in Zeiten des Klimawandels
ISBN 978-3933321-72-5

Copyright © 2008, Phänomen-Verlag Norina Ebele Hamburg; Esporles
Web: www.phaenomen-verlag.de
E-Mail: kontakt@phaenomen-verlag.de

Alle Rechte vorbehalten, insbesondere das Recht der mechanischen, elektronischen oder fotografischen Vervielfältigung, der Einspeicherung und der Verarbeitung in elektronischen Systemen, des Nachdrucks in Zeitungen und Zeitschriften, des öffentlichen Vortrags, der Verfilmung oder Dramatisierung, der Übertragung durch Rundfunk, Fernsehen oder Video, auch einzelner Textteile
Satz & Gestaltung: Phänomen-Verlag,

Inhaltsverzeichnis

Eine Nacht für Greenpeace.   9

Das wirkliche Lächeln.   14

Erotische Wissenschaft   27

Sternstunden der Evolution.   44

Dunkle Energie und neue Technik   60

Ekstase der Herzen   79

Suche nach dem Sinn.   97

Schwestern und Brüder.   115

Lebendige Utopien   133

Zeit und Ewigkeit   163

Eifersucht und Wunder   183

Traumreisen   201

Freiheit des Lächelns.   218

LIEBE-bin-ICH   237

Zauberworte.   257

Urvertrauen und Poesie   277

Danksagung   283

Über den Autor   286

Eine Nacht für Greenpeace

Es ist ein früher, warmer Abend im August. Der Duft der ersten reifen Äpfel an den Straßenbäumen mischt sich mit den Dünsten der Autos. Unweit der Auffahrt *Dresden Wilder Mann* sitzt eine junge Frau auf einem Rucksack an der Straße. Einige Vorbeigehende wundern sich über ihre vergnügt strahlenden Augen – vor allem aber über das Pappschild, das sie mit der rechten Hand den Autos entgegenhält:

> *Will Richtung Bern und*
> *100 Euro für Greenpeace.*
> *Biete dafür eine Nacht mit mir!*

Dutzende Autos fahren vorbei. Einige Fahrer schütteln den Kopf, als sie ihr Plakat lesen. Besonders solche, die nicht allein im Auto sind, machen verurteilende Gesten. Andere lachen oder lächeln ihr neugierig zu. Schließlich hält einer. Ein Mann mit weißem Porsche, dunklem Anzug und ersten grauen Strähnen im dunklen Haar, vielleicht Anfang vierzig. Ohne ihr in die Augen zu schauen, den Blick nur auf ihren Körper gerichtet, fragt er, was sie ihm denn für 100 Euro so alles bieten würde.

Eve hatte sich innerlich auf manche Gefahren eingestellt. Die Kaltschnäuzigkeit dieses Typen macht sie jedoch sprachlos. Als er ungeduldig auf die Uhr schaut, schüttelt sie nur mit dem Kopf, sagt: „Ihnen gar nichts!", und geht ein Stück weiter.

Nicht lange darauf hält ein VW-Polo mit zwei jungen Männern und einer Frau Mitte Zwanzig. Alle leger gekleidet, doch die Frau, ganz in schwarzen Klamotten und mit kurzem Haarschnitt, erscheint etwas gekünstelt. Der Beifahrer spricht sie mit sympathischem Lächeln und in zögerndem, zurückhaltendem Ton an: „Ein ungewöhnliches Trampschild, was du da hast. Bietest du wirklich eine ganze Nacht mit dir gegen eine Spende für *Greenpeace*?"

Sein Lächeln und seine Stimme gefallen ihr und sie lässt sich auf ein Gespräch ein. „Ja, mir kam plötzlich die Idee, *Greenpeace* zu unterstützen, indem ich einem Mann etwas Gutes tue. So kann ich zugleich etwas für die Umwelt und für den Frieden in der Welt tun."

„Wieso?"

„Ist es nicht offensichtlich, wie sehr vor allem ungeliebte und unglückliche Männer die Erde verwüsten?"

Das spricht offenbar die junge Frau auf dem Rücksitz an: „Ist das nicht idiotisch, die Männer auch noch mit Liebe dafür zu belohnen, dass sie all diese Kriege gegen Mensch und Natur vom Zaun brechen?"

Eve fühlt sich missverstanden, fast beleidigt. Sie entgegnet schnippisch: „Danke für das Kompliment." Als sie sich gerade abwenden will, giftet die Frau in Schwarz noch hinterher: „Willst du mir ernsthaft verkaufen, dass du hier aus Überzeugung stehst? Ich meine hier an der Straße wie eine ..." Weiter kommt sie nicht, denn der Beifahrer unterbricht sie. „Sarah, lass doch mal dein überhebliches Getue." Und zu Eve gewandt fährt er fort: „Leider fahren wir nicht nach Bern. Ich würde ja schon gern wissen, was es mit deinem Schild auf sich hat." Und mit fragender Stimme fügt er hinzu: „Vielleicht treffen wir uns ja irgendwo mal wieder? Wohnst du in Dresden?"

„Nein", entgegnet Eve lächelnd. „Ich habe auch ehrlich gesagt keine Zeit für weitere Männer momentan. Hab' schon zwei Freunde. Vielleicht fangen ja irgendwann noch mehr Frauen an, ihre Liebe für die Natur zu verschenken ... Ich muss mir jetzt ein Auto suchen, da ich noch einen weiten Weg vor mir habe. Macht's gut!"

Eve nimmt noch wahr, wie er durch ihre Ablehnung kurzzeitig etwas grimmig schaut, doch sich rasch wieder fängt. „War trotzdem schön, dich zu treffen. Viel Glück dir. Und falls du mal wieder in Dresden bist, ruf mich doch an. Hier ist meine Nummer drauf", drückt er ihr schnell noch eine Postkarte in die Hand, als sie sich bereits abwendet.

Neugierig schaut sie sich die Karte an, auf deren Vorderseite ein Mann und eine Frau sich gegenseitig Tomaten an den Kopf werfen. Auf der Rückseite steht:

> Offene Zweierbeziehung. Satirisches Drama in sechs Akten. Theaterprojekt Paradoxe Gefühle. Kontakt: Falk Ebert. Handy: 017...

Na ja, denkt Eve, vielleicht schaue ich mir das doch mal an, wenn ich in Dresden studiere. Dann hebt sie ihr Schild wieder in Richtung Straße. Fast zehn Minuten lang hält keiner. Sie beobachtet neugierig und vergnügt, wie unterschiedlich die Vorbeifahrenden auf ihr Schild reagieren – einige wirken erstaunt, andere schütteln empört den Kopf ... Dann stoppt ein größerer Toyota. Er in hellem Anzug, sie in grauem Kostüm, mit aufwändig toupierten Haaren. Sie Anfang Vierzig, er schon etwas älter. Die Frau auf dem Beifahrersitz betätigt den kleinen automatischen Fensterhebeknopf.

„Wir fahren nach Nürnberg. Nicht ganz Bern, aber immerhin die Hälfte des Wegs. Mein Mann hat morgen Geburtstag und ich habe ihm schon lange versprochen, dass er mal eine jüngere Frau mit ins Bett nehmen darf. Neben mir natürlich." In ihrer Verwunderung, was Leuten so alles einfällt, versucht sie sich wieder zu sammeln und hört noch wie die Frau weiter redet von den Nürnberger Straßenmädchen, die jedoch nicht in Frage kommen, da ihr Mann Universitätsdirektor ist und sie fürchten, dass die Leute dann über sie reden.

Sie schüttelt den Kopf und findet eine schnelle Ausrede: „Geht nicht, da ich morgen Vormittag schon in Bern sein muss."

Bald darauf hält ein großer Lastwagen. Heraus schaut ein Mann mit kurzem dunkelblonden Haar und etwas rauer Stimme, vielleicht Ende 30. „Ich bin vor einigen Minuten schon mal an dir vorbei gefahren. Schön, dass du noch da bist. Ich muss nämlich Richtung Bern. Weiß aber nicht so recht, was ich von dem anderen Teil deines Plakats halten soll. Du kannst ja erstmal einsteigen und es mir dann erklären", schmunzelt er, wirkt dabei aber nicht unsympathisch.

Hm, denkt Eve. Ein LKW-Fahrer, kräftig gebaut. Sie weiß nicht so recht. Gerüchte von beim Trampen vergewaltigten Mädchen flimmern ihr durch den Sinn. Andererseits scheint er auf den ersten Blick kein gewalttätiger Typ zu sein. Ach was, gibt sie sich selbst einen Ruck, wann, wenn nicht jetzt. Wer weiß, ob noch irgendein anderer bis nach Bern fährt. Notfalls habe ich mein Spray und kann außerdem ja noch bei Tageslicht wieder aussteigen. Sie nimmt ihren Rucksack und steigt ein.

„Ich bin Peter", sagt er und gibt ihr die Hand.

„Danke fürs Anhalten. Ich bin Eve", erwidert sie seinen Händedruck. Ohne lange zu zögern, macht sie sich gleich daran Peter zu erzählen, wie es zu dem Satz auf dem Schild kam. Sie versucht ihm zu erklären, was der Mangel an lebendiger Liebe unter den Menschen mit Kriegen und mit der Zerstörung der Natur zu tun hat. Sie erzählt, dass sie nicht einfach tatenlos zusehen, sondern selbst etwas für die Umwelt und für die Liebe tun will, da für sie diese beiden Aspekte unmittelbar zusammenhängen.

„Umweltzerstörung und unbefriedigte Männer sollen also zusammengehören? Aber Kriege gab es doch schon immer."

„Hast du schon mal was von den matriarchalen Gesellschaften früherer Zeiten gehört? Dort war die Liebe das Wichtigste, nicht nur im privaten Leben, sondern auch in der Gesellschaft und es gab wohl deshalb keine Kriege." Eve redet sich richtig in Rage. Sie spricht vom unsinnigen Blutvergießen im Irak und in Afghanistan. Denn aus ihrer Perspektive kämpfen da nicht zufällig vor allem Männer aus den zwei erotisch unterdrücktesten Kulturen der Welt gegeneinander und zerstören bei diesem blödsinnigen Kampf um Macht und die letzten Öllagerstätten eine Menge Natur und Ressourcen, die man viel besser für die Entwicklung einer liebevolleren Welt einsetzen könnte.

„Mag schon sein, aber sich in deinem Alter dafür an die Straße zu stellen ... Ich weiß, ehrlich gesagt, auch gar nicht so recht, wie ich dein Angebot verstehen soll. Ich hab' angehalten, weil ich eh nach Bern fahre und zu zweit die Zeit nicht so lang wird. Aber diese Sexgeschichte für *Greenpeace* ... Ich finde dich schon attraktiv, verstehe das nicht falsch ... und dann noch die Hundert Euro. Ist nicht gerade wenig Geld, fast der ganze Lohn für diese Nachtfahrt. Nicht, dass ich dagegen bin, etwas für die Natur zu tun und sogar noch Spaß dabei zu haben, aber so richtig kriege ich das immer noch nicht zusammen. Magst du mir noch mehr erzählen?"

Er scheint es ehrlich zu meinen. Andererseits, wenn er sie nur hinhalten will, bis es dunkel wird und sie dann nachts, ohne die 100 Euro, irgendwo auf der Straße sitzen lässt? Wie kann sie sich der Sache sicherer werden?

Ihr fällt etwas ein: „Peter, ich hab' das Gefühl, dass du ehrlich zu mir bist und will es deshalb auch sein. Bevor ich dir die ganze Geschichte erzähle, wie ich dazu kam, muss ich mir etwas sicherer sein, dass du nachts nicht mehr von mir willst und nimmst als das, was ich freiwillig für diese Spende geben würde. Ich bin schließlich keine Professionelle und mache das zum ersten Mal."

„O.k., wie kann ich dich überzeugen, dass ich keiner bin, der jungen Frauen böswillig ans Leder will?"

Eve bittet ihn um seinen Ausweis. Mit etwas verdutzter Miene kramt Peter daraufhin seinen Ausweis aus dem überdimensionalen Handschuhfach zwischen sich und Eve hervor und reicht ihn Eve mit den Worten: „O.k., Vertrauen gegen Vertrauen. Hier ist mein Ausweis."

Als Eve das Foto von Peter sieht, kann sie gar nicht anders als erleichtert auflachen. Es zeigt Peter mit etwa Mitte Zwanzig, wie er mit langen zerzausten Haaren freundlich in die Kamera lacht. „Was hast du?", fragt Peter. „Worüber lachst du?"

„Schon gut", entgegnet Eve, nimmt ihr Handy und tippt seinen Namen und die Adresse ein. „Ich schicke jetzt deine Adresse und so an meine Freundin mit der Bitte, diese für mich aufzuheben und sie der Polizei zu übergeben, falls mir irgendetwas passieren sollte, o.k.?"

Peter nickt.

Eve drückt auf *Senden* und überlegt dann wie sie ihm all die ungewöhnlichen Ereignisse der letzten Wochen, die sie selbst vorher kaum für möglich gehalten hätte, am besten erzählen kann, ohne dass er sie allzu oft ungläubig unterbricht. Schließlich fällt ihr etwas ein.

„Ich erzähle dir jetzt mal eine Geschichte …"

Das wirkliche Lächeln

In einem verwilderten Garten schaukelt eine junge Frau in einer Hängematte. Es hängt der Duft von Rosen und Apfelblüten in der Luft und durch die Äste fallen Schimmer der Sonne, die in diesen Tagen ihren höchsten Stand erreicht hat. Die ganze Szenerie wäre wunderbar, wäre da nicht diese innere Unruhe, die Eve auch hier in ihrem Lieblingsgarten, in ihrer Hängematte zwischen den beiden Apfelbäumen, nicht loszuwerden scheint.

Als sie nach der Schule in ihren Email-Account geschaut hatte, standen auf der Eingangsseite wie immer die neusten Nachrichten. Neue Forschungsergebnisse der US-Weltraumbehörde NASA stellten fest, welche bedrohlichen Ausmaße die durch die menschliche Zivilisation verursachte Klimaerwärmung bereits annimmt. Die arktischen Eisgletscher schmolzen in den letzten Jahren auch in den Wintermonaten weiter. Wenn die globale Erwärmung noch um zwei bis drei Grad weiter steigt, wird die Erde ein anderer Ort sein. Steigt die Temperatur um ein weiteres Grad Celsius, ist die höchste Temperatur seit einer Million Jahren erreicht. Damals hat der Meeresspiegel um rund 25 m höher gelegen als heute. Wenn sich das erneut ereignet, werden weite Gebiete der Erde, in denen heute große Teile der Menschheit leben, überschwemmt.

Eve traut sich kaum sich vorzustellen, was das bedeutet. Milliarden verzweifelte Menschen auf der Flucht, Kriege um die für so viele Leute zu wenigen verbleibenden Landgebiete, um Nahrungsmittel und ums pure Überleben. Es schaudert ihr. Sie versucht, an etwas anderes zu denken und nimmt aus ihrem Rucksack ein Buch. Sie hatte es mitgenommen, weil Herr Renn, ihr Ethiklehrer, allen eine gute Note versprach, die den schönsten Satz darin herausfinden. Da ihre Note auf der Kippe steht, will sie es versuchen. Nicht, dass die Themen sie nie interessierten, aber Renn hat so eine pedantische Art, damit umzugehen. Gedankenverloren betrachtet sie den Buchtitel *Die Stellung des Menschen im Kosmos*. Renn hatte erzählt, dass es um eine Synthese von moderner Wissenschaft und altem Glauben geht und dass der Verfasser Teilhard de Chardin damit zwar viele Menschen begeistert hatte, doch sowohl Wissenschaftler als auch Kirchenleute ihn mieden.

Im Inhaltsverzeichnis fällt ihr Blick auf das Kapitel *Die Energie Liebe* und tatsächlich, als sie diese Seiten aufschlägt, liest sie zu ihrer Freude:

> Nur die Liebe vermag durch die Vereinigung die Wesen als solche zu vollenden – nur sie erfasst und vereint ja die Wesen im Tiefsten ihrer selbst.

Der Satz klingt wirklich schön, so schön, dass er ihr nicht nur als der schönste dieses Buches erscheint, sondern aller Sätze, die sie jemals in der Schule gelesen hat.

Ja, sie kennt das Gefühl, wie durch die Liebe etwas Neues, Schöneres in ihr erwacht. Besonders, wenn Jakob und sie ihre Lust und Zärtlichkeit mit Gesprächen darüber verbinden, was sie in dieser Welt wohl anfangen könnten. Ob man einfach so dahinleben oder sich und das Leben irgendeinem Ideal widmen sollte? Und was für eines das sein könnte?

Anfangs hungerten sie nach jeder Begegnung. Täglich zog es sie zueinander.

Seit einiger Zeit scheint die Freude aneinander nachgelassen zu haben. Sie sprechen kaum noch über ihre Visionen und bei ihr kommt hin und wieder sogar der Gedanke auf, ob nicht andere Männer interessanter und anregender wären. Auch er scheint mit seinen Gedanken und Gefühlen nicht wirklich bei ihr zu sein, wenn sie zusammen sind. Woran liegt das bloß?

Ihre Eltern oder Freundinnen danach zu fragen, hätte wohl wenig Sinn. Deren Auffassungen von der Liebe erlebt sie ja im alltäglichen Leben und in den üblichen Gesprächen.

Die meisten Paare, die sie kennt, scheinen nach einer gewissen Zeit irgendwie lieb- und freudloser zu werden. Und alle scheinen dies hinzunehmen, als wäre das ganz normal. Das sollte es aber doch nicht sein.

Kaum etwas ist so schön wie die Liebe, findet Eve. Kaum etwas erwärmt so wundervoll das Herz. Kaum etwas macht solche Lust zu leben. Warum sich damit abfinden, dass man sich nur in einigen kurzen Phasen des Lebens wirklich lebendig fühlt? Es müsste doch auch möglich sein, diese belebenden Kräfte der Liebe zu erkennen und zu stärken, statt nur alles Erdenkliche über Mathematik, Informatik oder Geografie zu lernen. Über Liebe und Glück hat sie in bald zwölf Jahren Schule fast gar nichts erfahren. Zwar wurden im Biologieunterricht die Sexualorgane und ihre Funktionen behandelt und im Literaturunterricht das eine oder andere Liebesgedicht besprochen. Auch haben sie Romane gelesen, in denen es unter anderem um Liebe ging. Doch alles in allem antwortete nichts von alledem auf die Fragen, warum die Liebe einen Menschen so erhebt und erfreut und ob es denn so sein muss, dass sie nach anfänglichem Freudentaumel und Überschwang nachlässt, statt immer lebendig zu bleiben.

Die wirklichen Fragen des Lebens mit Schweigen zu übergehen – das kommt Eve sehr bekannt vor. Im Ethikunterricht haben sie vor Jahren das Buch *Sofies Welt* behandelt. Sie las es in wenigen Tagen durch, verschlang es regelrecht und lernte sehr viel daraus. Dieser spannende Roman über die Geschichte der Philosophie entstand, weil man jungen Menschen in der Schule und in der Familie kaum Antworten auf grundlegende Lebensfragen gibt. Über solche Dinge wie „Wer bin ich?" oder „Woher kommt die Welt?" redet man auch im Ethikunterricht nicht wirklich. Dieses Buch hatte ihr damals Mut gemacht, nicht einfach nur das zu glauben, was in der Schule oder im Fernsehen aufgetischt wird, sondern auch in sich hineinzuhorchen und eigene Fragen und Gedanken über die Welt und das Leben zu finden.

Wieder sinnt sie über das Rätsel ihrer abkühlenden Liebe nach. Plötzlich taucht ein Gedanke, fast eine Art Wunsch in ihr auf. Es fühlt sich an wie eine tiefe Sehnsucht nach Liebe und das Bedürfnis, mehr über die Liebe zu erfahren. Gäbe es doch – ähnlich wie dieses Buch über die Geschichte der Philosophie oder die Liebe zur Weisheit – auch eins über die Weisheit der Liebe!

Sie legt sich wieder in die Hängematte und blättert eine Weile im Buch über den Menschen im Kosmos. Da geht es um Evolution, Glauben und irgendeinen Punkt Omega. Papieren klingt das, gar nicht so recht lebendig. Darum kehrt sie wieder zum Kapitel über die Liebe zurück:

> Gewöhnlich befassen wir uns nur mit der gefühlsmäßigen Seite der Liebe: mit den Freuden und Leiden, die sie uns verursacht. Hier jedoch muss ich sie in ihrer Bedeutung für die Evolution studieren, um die letzten Phasen des Phänomens Mensch zu erklären. Die Menschheit; der Geist der Erde; die Synthese der Individuen und der Völker: damit sich diese Dinge, die man als utopisch bezeichnet, in der Welt verwirklichen, genügt vielleicht die Vorstellung, unsere Liebes

kraft könnte sich entwickeln, bis sie schließlich die Gesamtheit der Menschen und der Erde umschlingt.

Eve lässt das Buch sinken. Welchen dieser schönen Sätze soll sie für Herrn Renn herausschreiben? Die Sätze scheinen zusammenzugehören. Da sie sich nicht entscheiden kann, schreibt sie einfach den ganzen Absatz ab. Aber beim Abschreiben der Sätze scheint auch ihnen das Lebendige zu fehlen.

Sie gleitet aus der Hängematte und läuft barfuß durch das hohe Gras. Ein kleiner roter Schmetterling fliegt scheinbar schwerelos und freudig vor ihr her. Könnte die Liebe nicht so leicht und frei sein?

Die Lust der Liebe', denkt Eve, beflügelte Liebe ... Etwas in ihr beginnt zu klingen – etwas, auf was sie lange gewartet hat. Etwas, das sie immer suchte und von dem sie nie wusste, was es eigentlich ist und wo sie es finden könnte.

Ein kurzer Signalton aus ihrem Rucksack reißt sie aus ihren Gedanken. Als sie ihr Handy hervorkramt, sieht sie: Eine neue Nachricht. Das ist sicher Jakob, der sich für heute Abend mit ihr verabreden will. Doch als sie die SMS aufruft, liest sie verwundert:

Hallo Eve.
Du hast gerade etwas Wunderbares und Wichtiges entdeckt. Ich bin Diotima. Vielleicht wirst Du bald mehr über mich erfahren.

Eve ist verblüfft. Was soll das? Diotima – so heißt doch keiner, den sie kennt. Vielleicht erlaubt sich da einer einen Scherz mit ihr? Sie überlegt und überlegt, kommt aber zu keiner Idee, wer es sein könnte und packt das Handy wieder in ihren Rucksack.

Sie läuft noch ein Stück und genießt das sanfte Kitzeln der Gräser an ihren nackten Füßen. Gedanken und Gefühle um das Thema Liebe sprudeln in ihr. Freude über ihre frühe lebendige Liebe mit Jakob und zugleich Trauer über deren allmähliches Erkalten, Sehnsucht nach unendlicher Verbundenheit und auch Sorge um all die Probleme auf der Welt ... Ob die Menschheit eines Tages wirklich vor allem liebevoll auf der Erde lebt? Und sich dabei nicht langweilt, sondern voller Lebenslust und voller neuer Abenteuer ist? Und wer kann diese Diotima sein, wundert sich Eve erneut. Von ihrer Neugier getrieben, nimmt Eve ihr Fahrrad und fährt auf dem kürzesten Weg nach Hause. Zuhause angekommen, geht sie sofort zum Computer und gibt bei *Google* den Suchbegriff *Diotima* ein. Aha, das ist ja sehr interessant:

> Diotima war eine Priesterin der alten Zeit. Sie wurde nach Athen gerufen, um durch ihre besonderen Kräfte die drohende Pest zu bekämpfen, was ihr auch gelang. Sie und eine andere weise Frau, Aspasia, waren die Lehrerinnen von Sokrates, der als erster Philosoph berühmt geworden ist. In Platons Buch *Das Gastmahl* erzählt Sokrates von seinem Gespräch mit Diotima. Dabei spricht er voller Achtung davon, dass sie es war, die ihn zur Erkenntnis der wahren Liebe, des wahren Eros führte. Sie zeigte ihm, dass Liebe und Eros zwischen den Göttern und den Sterblichen vermitteln. Erst dadurch gewinnt das Leben der Menschen Schönheit und Sinn. Liebende streben miteinander nach Unsterblichkeit und erreichen diese durch die gemeinsame Verwirklichung von etwas Schönem. Das geschieht durch das Aufgehen der eigenen Seele, des eigenen Körpers und Geistes im Anderen. Aber es geschieht auch, indem zwei Liebende ihre sie selbst erfüllende Liebe für das Glück und die Freude anderer Wesen dieser Welt einsetzen.

Ja, denkt Eve. Sie erinnert sich, dass sie besonders zu Anfang ihrer Beziehung mit Jakob erfahren hat, dass Liebe wesentlich mehr ist als nur ein privates Gefühl, welches sie auf ganz wunderbare Weise stärkt und belebt und dass auf einmal Dinge gelingen, die vorher unmöglich schienen.

Gut, aber wieso schickt diese Jetztzeit-Diotima gerade ihr eine SMS?

Kaum hat Eve die Frage gedacht, da ertönt erneut ein SMS-Signal aus ihrem Handy. Es ist Diotima!

Liebe Eve,
alle Menschen sehnen sich nach wirklicher Liebe. Viele leben und lieben mehr oder weniger glücklich oder unglücklich. Aber nur wenige Menschen haben bisher den Mut, auch wirklich wissen zu wollen, was diese tiefe Sehnsucht und Kraft eigentlich ist.
Diotima

Glaubt Diotima, dass Eve, ebenso mutig wie sie, dieses schönste aller Gefühle erforschen kann?

Eine Art inneres Feuer, eine bisher unbekannte Lust auf unendliches Erkennen, Leben und Lieben scheint auf einmal da mitten in Eve zu glühen. Als ob ein kleiner Funke, der da schon immer war, irgendwo in der Gegend ihres Herzens, durch diese Worte Diotimas auf einmal zu glühen und zu lodern anfängt. Sie ahnt, dass sie wirklich, so wie Diotima, alles über die Liebe erfahren und wissen will, dass ihr dies wichtiger ist als alles andere.

Ohne lange zu überlegen, nimmt sie ihr Handy und schreibt zurück:

Diotima, ich bin glücklich, dass Du mir schreibst. Ich will alles über die Liebe erfahren. Was kann ich dafür tun? Eve

Kurz darauf erreicht sie die Antwort: *Schau in Deine Emails.*

Als Eve nachschaut, ist tatsächlich gerade eine Nachricht von einer *Diotima@bin-wieder-da.de* eingetroffen. Doch woher kennt diese ihre Emailanschrift *eve@es-ist-liebe.de*? Das alles erscheint ihr immer mystischer. Gespannt öffnet sie die Mail:

Hallo Eve,
schön, dass Du Deiner Sehnsucht folgst.
Merke Dir vor allem, dass bisher Liebe, Wissen und Mut meist nur einzeln wahrgenommen und gelebt werden. Sie können sich aber auch innerlich verbinden und daraus entsteht dann ein sehr leichtes und zugleich unendlich starkes Gefühl. Dieses Gefühl nenne ich LIEBE – in Großbuchstaben, weil es wirklich eine große Liebe ist, die wir von den vielen Spielarten kleinerer Liebe unterscheiden können.
All diese kleineren Lieben sind darum nicht falsch oder unwichtig, sie tragen alle auf ihre Weise zur Vielfalt und Freude des Lebens bei. Wichtig ist zu wissen, dass es darüber hinaus eine überpersönliche, ja in gewisser Weise das Irdische übersteigende, himmlische Qualität der Liebe gibt.
Auf den ersten Blick ist es nicht leicht, diese LIEBE von allen anderen Arten der Liebe zu unterscheiden. Ich verrate Dir ein einfaches äußeres Erkennungszeichen: das wirkliche Lächeln.
Im Unterschied zu ironischem Lächeln oder zu künstlichem Lächeln – Letzteres wird oft Verkäufern antrainiert – entsteht das wirkliche Lächeln aus unwillkürlichen, dem inneren Wesen oder der Seele des Menschen entspringenden Bewegungen der Augenpartie. Einige der Muskeln des Auges

19

können nicht absichtlich bewegt werden, daher sind wir beim ironischen wie auch beim künstlichen Lächeln nicht wirklich berührt und empfinden keine wirkliche Ergriffenheit. Nicht umsonst nennt man die Augen oft auch Fenster der Seele. Das heißt, die das echte Lächeln umrahmenden Bewegungen der Augenpartien ergeben sich auf wissenschaftlich noch unerforschte Weise tief von Innen, durch sanfte Strahlen einer besonderen Lichtfrequenz.

Zwei der wenigen echten Philosophen des 20. Jahrhunderts, die nicht wie viele andere weitgehend gefühllose Worte aneinanderfügten, sondern mit Hilfe moderner Wissenschaften das Wesen des Menschseins neu zu verstehen suchten, erkannten das wirkliche Lächeln als Geste des Geistes. Und das alte Wort „Geist" begriffen sie als einen besonderen menschlichen Zustand, der nur dann eintritt, wenn sich Wissen mit Liebe verbindet.

Da man bisher weder in Schulen noch Universitäten etwas über den Geist und die Seele erfährt und daher auch nur wenige vom wirklichen Lächeln wissen, hat das künstliche Lächeln der Verkäufer doch seine Wirkung: Es erweckt einen Hauch von Hoffnung auf LIEBE. Schade ist nur, dass die dabei anklingende Hoffnung immer wieder enttäuscht wird – denn die dabei gekauften Dinge können die Sehnsucht auf wahrhaftige Gefühle und Erkenntnisse zwischen Menschen nicht erfüllen.

Es ist gut, wirklich zu lächeln. Dir dabei Mühe geben oder es gar üben, musst Du nicht. Wirkliches Lächeln entsteht von allein, wenn Dein inneres Wesen sich mutig der LIEBE öffnet und dabei das uralte Wissen fühlbar wird, dass diese LIEBE das A und O unseres gesamten Kosmos ist.

Versuch einfach, wann immer Du kannst, dieses unendlich leichte und zugleich unendlich starke Gefühl in Dir zu entdecken. Diese LIEBE ist unser wahres menschliches Wesen und daher immer da, sowohl in Dir selbst, als auch rings um Dich herum. Die Zivilisation hat nur einen Schleier aus Ängsten, Erklärungen und Gewohnheiten darum gelegt. Suche tief in Dir und um Dich herum nach Orten, Begegnungen und Momenten, wo Du diese Leichtigkeit und Stärke des wirklichen Lächelns wahrnimmst. Meide, wenn möglich, Umstände und innere Zustände, bei denen zu viel davon fehlt. Geh den Dingen nach, bei denen Du Leben und Liebe, Wissen und Mut zusammen spürst. Und achte auf Deine Träume, vor allem am Tag, nicht nur in der Nacht.

Auf gewisse Weise ist es wie die Suche von Jason und seinen Freunden nach dem goldenen Vlies oder die von Parzival und König Artus nach dem heiligen Gral. Doch auch diese mythischen Erzählungen stammen aus Zeiten, in denen das große Gefühl der LIEBE weitgehend verborgen war. Daher projizierte man das dem Schimmer des Goldes in gewisser Weise ähnliche innere Licht der LIEBE auf irgendwelche Dinge und dachte sich das zu Erringende als goldenen Kelch oder goldenes Flies. Mit deren Eigen-

schaften hat das Gefühl der LIEBE zwar zu tun – es ist wie ein wunderbar belebendes Getränk aus einem schönen Gefäß oder wie ein sanft einhüllendes und wärmendes Fell. Aber das so innerlich erfüllende Gefühl kommt nicht aus den Dingen, sondern aus der Energie der LIEBE.
Diotima

Am nächsten Morgen erwacht Eve sehr früh. Es ist Sonntag, also schulfrei. Noch gar nicht so richtig aufgewacht, träumt sie so vor sich hin. Wieder spürt sie dieses eigenartige Feuer im Herzen. Neben aller Freude macht es ihr etwas Angst, als öffne sich eine andere, unbekannte Wirklichkeit und ergreife sie. Sobald sie die Angst bemerkt, ist das Feuer verschwunden.

Schade, denkt sie. Doch dann erinnert sie sich an Diotimas Worte: „Geh den Dingen und Zuständen nach, bei denen Du Leben und Liebe, Wissen und Mut zusammen spürst."

Sie versucht mit Gefühlen von Angst und Mut in sich zu spielen. Es gelingt nicht gleich, Angst ist offenbar eine sehr hartnäckige Angelegenheit. Ihr fällt ein Satz ein, den sie neulich in einem Film über Jesus hörte: „In dieser Welt habt ihr Angst, ich aber habe die Angst überwunden ..."

Ihr kommt eine Situation in den Sinn, in der sie auch ihre Angst überwand: Vor einigen Wochen auf dem Heimweg von der Disco sah sie, wie zwei halbbetrunkene Männer eine junge Frau gegen deren Willen festhielten und zu küssen versuchten. Sie überlegte kurz und sah nicht weg, sondern stellte die beiden zur Rede, drohte ihnen, die Polizei zu holen. Sie war selbst etwas erstaunt, dass die beiden auf sie hörten, offenbar war sie recht selbstbewusst aufgetreten. Als sie sich diese Situation und ihren Mut dabei vergegenwärtigt, erwacht dieses sanfte Feuer im Herzen tatsächlich wieder.

Komisch, denkt sie, das ist etwas Neues, etwas anderes. Etwas, das ich bisher kaum kenne, in dem ich mich selber nicht kenne. Wenn ich's nicht haben will, ist es, als wär's gar nicht da. Entsteht dieser Zustand nur, wenn ich es zulasse? Dann entscheide ja ich, inwieweit ich in diese andere Welt eintrete. Durch mich existiert sie wohl nur, insoweit ich das will. Ist es möglich, dass es etwas nur gibt, wenn ich es will und mich damit einverstanden erkläre?

Eine Weile versucht Eve, mit diesem inneren Feuer zu spielen. Einer der ersten Philosophen glaubte doch, dass alles, was ist, dem Feuer entstamme. Sie hatte das damals im Ethikunterricht nicht richtig nachvollziehen können, weil doch Feuer alles verbrennt, statt etwas entstehen zu lassen. Ob anstelle des äußeren Feuerbrandes dieses innere, leichte und zugleich starke Feuer der LIEBE gemeint gewesen sein könnte?

Eve spürt diesem Feuer nach, wie es als kleiner Funken plötzlich erwacht, wenn sie sich an ihren Mut erinnert und wie es erstickt, wenn sie sich an ihre Ängste, einsam zu bleiben oder keinen sinnvollen Beruf zu finden, erinnert. Über diesem Spiel der Gefühle schläft sie abermals ein und träumt einen eigenartigen Traum:

Hand in Hand geht sie mit einem jungen Mann über eine große, sommerlich warme Obstwiese, auf der tausende von Wildblumen blühen. Reife Kirschen und erste Äpfel duften an den Bäumen. Schafe, Ziegen und Vögel laben sich an den Früchten von Baum und Wiese. Eve sagt zu dem Mann: „Adam, ist diese Welt nicht ein Wunder? Sieh nur, wie dies alles – Sonne, Früchte und Tiere – so harmonisch zueinander passen. Himmlisch ist das! Alles, auch du, ist wie ein Teil von mir selbst."

„Jetzt, wo du es sagst … Bisher bin ich einfach so durch die Gärten gestreift und habe dies oder jenes betrachtet, was mich neugierig machte. Ja, jetzt sehe ich's auch, dieses unendliche Wunder des Lebens – du und ich als einzigartige Erscheinungen dieser großen Harmonie."

„Sieh, Adam, da sind zwei Schlangen. Mit welcher Wonne sie sich am Baum mit den duftenden Äpfeln umeinander schlängeln! Komm, lass auch uns ausprobieren, ob die anderen Dinge wirklich so verwandt mit uns sind."

Sie pflückt einen der rotgelben Äpfel über ihnen, beißt hinein und reicht ihn Adam zum Kosten. Als er in diesen köstlichen Apfel beißt, bemerkt er auf einmal die zwei apfelähnlichen Hügel an Eves Oberkörper und seine eigene Sehnsucht danach. Er nähert sich, nimmt einen davon in die Hände und einen in den Mund und versucht auch diese zu schmecken.

Sie kichert. Sie bemerkt, wie sich in ihrem Körper etwas verändert, wie eine Sehnsucht entsteht, noch mehr von Adam gekostet zu werden. Sie spürt, wie dieser Wunsch auch in ihm wächst. Er nimmt sie in die Arme, legt Eve behutsam auf die Wiese und ihre Körper finden spielend zueinander.

Noch atemlos, kaum das himmlische Spiel der Leiber beendet, hört Eve irgendwoher grollenden Donner. Sie kann nicht genau unterscheiden, ob es außerhalb von ihr oder in ihr grollt. Ruft da eine gewaltige Stimme? „Eve und Adam, das hättet ihr nicht tun dürfen. Nun habt ihr begriffen, dass ihr schon immer mitten im Paradies lebt.

Ihr habt gefühlt, welche Erkenntnisekstasen, welche gemeinsamen Freuden und Schaffenskräfte die Liebe freisetzt. Damit überschreitet ihr die Grenzen eurer Angst und das bedroht unser ganzes System. Jetzt gleich sollt ihr das wieder vergessen. Körper, Seele und Geist der Liebe werdet ihr nur noch getrennt erleben. Ängste und Nöte sollen euch wieder beherrschen. Schämt euch, dass ihr nackt seid und Leiber habt! Mit Müh und Not und im Schweiße des Angesichts sollt ihr euch Kleidung weben, Korn anbauen und Häuser errichten."

Schlagartig wird es kalt ringsumher und es beginnt zu hageln. Sie flüchten in eine Höhle.

Nach kurzer Zeit jedoch weitet sich die Höhle in eine Landschaft, belebt von Wesen gleich ihnen. Noch einmal empfindet Eve sich mit Adam ganz und gar verbunden, mit allen Sinnen und Gefühlen. Als seien sie zwar zwei Wesen und doch *ein* Körper und *ein* Geist – ein vielgestaltiger Organismus, der weder männlich noch weiblich, sondern beides ist. Sie empfindet, denkt und fühlt auf eigentümliche Art doppelt, kann sich tief in alle Dinge ringsum einfühlen, fast mit ihnen verschmelzen und zugleich sehr scharf beobachten, abstrahieren und Handlungspläne schmieden. In diesem Einssein fühlt sie sich ihrer selbst ungewöhnlich sicher. Sie weiß: In dieser Verbundenheit könnten sie fast alles auf dieser Welt erkennen und vollbringen.

Besonders, da sie nicht das einzige Doppelwesen sind. Um sie herum tummeln sich die verschiedensten Gruppen davon. Einige spielen miteinander, testen neue Möglichkeiten aus. Andere Wesen beschäftigen sich mit Kindern, lernen von diesen wie diese von ihnen. Wieder andere erbauen kunstvolle Fabriken, Universitäten und Wohnhäuser. Eines davon erscheint wie ein oftmals gewundener Turm, der so weit in den Himmel ragt, dass seine Spitze nicht zu sehen ist.

Wieder verändert sich die Szenerie. Wie aus dem Nichts ertönt grollender und bedrohlicher Donner. Eve erschrickt. Eine Männerstimme ruft:

„Ihr Menschenwesen werdet übermütig. Was erdreistet ihr euch, mit diesem Bau in Gefilde vorzudringen, die uns Göttern vorbehalten sind! Von nun an seid ihr streng getrennt in männliche und weibliche Hälften – in eine, die denkt, und eine, die fühlt. Die meiste Zeit sollt ihr euch unvollkommen und verängstigt fühlen und dumpf nach einer anderen Hälfte Ausschau halten. Und wenn ihr eine mehr oder weniger zu euch passende andere Hälfte findet, werdet ihr nur kurze Momente wirklich glücklich, wirklich innerlich eins mit dem anderen und allen anderen sein. So werdet ihr nach körperlicher

Nähe hungern, aber darin selten wirkliche Erfüllung finden. Ihr werdet viele Religionen, Philosophien und Wissenschaften entwickeln, um euch die Welt irgendwie zu erklären und auch darin nur Stückwerk des eigentlichen Seinszusammenhanges finden. Nie werdet ihr gewahr sein, wer ihr seid, welche unendliche Freude in, um und zwischen euch ihr empfinden und welch paradiesisches Leben ihr auf dieser Erde gestalten könntet."

An dieser Stelle des Traums wird Eve aus dem Schlaf gerissen. Ihre Mutter ruft: „Aufstehen, es ist schon neun Uhr. Jakob hat gerade angerufen und will dich dringend sprechen."

Eve wundert sich. Was will denn Jakob so früh? Sie ruft ihn zurück, aber er will ihr am Telefon nicht sagen, was denn so wichtig sei. Sie verabreden sich für später.

„In einer Stunde am kleinen Teich?"

„In einer Stunde."

Am Frühstückstisch nimmt sich Eve schweigend einen Apfel und betrachtet ihn gedankenverloren. „Was ist mit dir, Eve?", fragt ihre Mutter. „Träumst du?"

„Ich hatte einen Traum, in dem ein Apfel vorkam."

Bei den hohen Birken am Teich liegt Jakob schon auf der Decke im Gras. Er kommt ihr entgegen, schließt sie liebevoll in die Arme, küsst sie zärtlich, streichelt ihre Haare, ihren Rücken, ihren Po, wie sie es aus ihren schönsten gemeinsamen Zeiten kennt. Erfreut hört sie seine Worte: „Ich hab' mich nach dir gesehnt."

Eve überlegt kurz, ob er vielleicht etwas ebenso Mystisches erlebt oder geträumt hat wie sie. Aber sie übergeht diesen Gedanken und antwortet leichthin: „Na ja, wir haben uns einfach lange nicht gesehen vor lauter Prüfungsvorbereitung und so …"

Sie spürt eine ungewöhnlich intensive Resonanz zwischen ihnen, wie sie lange nicht da war. Ihr Körper reagiert stark auf Jakob, ihr Herz schlägt schnell. So wie damals am Anfang. Alle ihre fast schon vergessenen Gefühle für Jakob sind plötzlich wieder wach. Sie gibt sich ihren Gefühlen hin, neigt sich vor und küsst ihn. Er versteht diese Botschaft. Einander haltend, lassen sie sich fallen und genießen die Berührungen ihrer Leiber. Als die Sehnsucht weiter wächst, entkleiden sie einander und begrüßen jeden neuen Fleck Haut des anderen mit Küssen. Ihre nackten Arme und Beine, ihre Münder, die Körper gleiten voller Lust und Liebe aneinander.

Sie spürt sein Verlangen und auch ihr eigenes Begehren. Vor Wonne leise stöhnend, zieht sie ihn zu sich.

Nach langen, intensiven Minuten verschiedenster Rhythmen des Liebesspiels bleiben sie ermattet und glücklich eng umarmt auf der Decke liegen.

Fragend schaut sie ihm in die Augen: „War es das, was du mir unbedingt sagen wolltest?"

„Ja, ich wollte dir sagen, wie sehr ich dich noch immer liebe, aber", zögert er für einen Moment, „es gibt da noch etwas, das ich dir sagen muss. Ich hab' mich in Anne verliebt."

Eve schaut ihn aus großen hellen Augen an, sagt kein Wort und Jakob fährt fort: „Vorgestern haben wir die Nacht zusammen verbracht und wenn ich ehrlich sein soll, war es schön. Anders als mit dir, aber in gewisser Weise wie in unserer Anfangszeit. Deshalb überkam mich plötzlich eine große Sehnsucht nach dir und ich rief dich an."

Eve richtet sich auf und schaut ihn wie ungläubig an. Ein Teil in ihr hofft noch, es sei nur ein Scherz. Doch an seinem Blick erkennt sie, dass es keiner ist.

Sie bemerkt kaum, wie sie die Beherrschung verliert und ihm eine heftige Ohrfeige verpasst. Dann fängt sie an zu weinen. Sie zieht schnell ihre Sachen über und will weglaufen.

Jakob versucht sie aufzuhalten. Er hält sie vorsichtig fest und sagt leise: „Eve, bitte bleib und hör' dir an, was ich noch zu sagen habe."

Aber sie ist so aufgewühlt, dass sie seine weiteren Worte kaum versteht, schüttelt ihn ab und läuft davon, läuft schneller und schneller.

Alarm schrillt in Eves Ohren, Crescendo im Kopf, während die Muskeln und Sehnen das Äußerste leisten, durchs Gehölz, über Wurzeln. Laufwind brennt an Schultern und Stirn. Nur fort, den Blicken entgehen. Zerscherbende Blicke, fremde Spaziergänger da vorn, sie biegt ab. Sie spürt die Revolte in ihrem Körper, der sie weiterträgt, bis sie ausgepumpt langsamer wird.

Ihre Gedanken kreisen. Warum tut er das aus heiterem Himmel? Und dann noch mit Anne! Seit Jahren sitzen wir nebeneinander auf der Schulbank. Beste Freundin, ewige Konkurrentin, spannt mir meinen Freund aus. Wer bin ich noch, für mich und die anderen? Ich könnte sie erwürgen!

Was findet er bloß an ihr? Glubschaugen und staksige Storchenbeine, sprudelt es wütend durch ihren Kopf.

Eve merkt wie ihre Beine weich werden und sinkt weinend zusammen.

Es war doch so schön eben mit ihm auf der Wiese. Und nun? Wie weiter?

Was mache ich ohne ihn? Keiner ist so wie Jakob. Er, der lebt, was er denkt und sich nicht danach richtet, was seine Eltern oder die Lehrer erwarten. Mit ihm zusammen hätte ich die ganze Welt aus den Angeln gehoben.

Als sie sich wieder etwas gefasst hat, geht sie weiter und folgt dem Weg, der zum Wäldchen führt.

Ob ich Jakob wohl zuerst einmal vorbehaltlos frage, wie es dazu kam, wie er sich mit Anne fühlt und wie sich das auf seine Gefühle zu mir auswirkt? Und vielleicht müsste ich all das auch Anne fragen?

Doch als sie sich vorstellt, Anne danach zu fragen, hält sie unversehens ausgerissene Quittenzweige in den Händen und bemerkt dann erst ihre aufgeschürften Handflächen. Gut, dass Anne nicht in der Nähe ist. Gut, dass keiner ihre ohnmächtige Wut miterlebt. Wer den Schaden hat ... Verraten fühlt sie sich und hintergangen.

Inzwischen ist Eve ein ganzes Stück vom Teich entfernt und wandelt ziellos durch das kleine Wäldchen. Als sie aufschaut, findet sie sich in einem Hain voller alter, ehrwürdiger Bäume wieder, einem lichtgrün durchfluteten Dom. Als hätte sie eine Schwelle überschritten, die zu anderen Dimensionen führt, schaut Eve diese Bäume an, die in ihren hunderten von Jahren schon so viel Freude und Leid erfahren haben, dass eine einzelne kleine Verzweiflung wie die ihre darin eingebettet zu sein scheint wie eine Welle in einem großen Meer. Am Fuße einer riesigen Linde lässt sie sich nieder, legt ihren Kopf in den Nacken und schaut in den mächtigen Baumwipfel. Durch die Zweige und die Blätter blinzelt ihr die Sonne entgegen.

Schlagartig bemerkt sie, dass in ihr zwei völlig verschiedene Gefühle sind. Einerseits Eifersucht, Leid und Wut im Bauch, die sie fast rasend machen. In diesem Gefühl kommt sie sich hilflos, klein, und ausgeliefert vor. Auf der anderen Seite ist da aber auch noch etwas anderes, eine warme Freude, die sich anfühlt wie Weite im Herzen.

Erotische Wissenschaft

Sommerlich duftet der Tag und Eve streunt in dem Wäldchen vor der Stadt. Der Zwiespalt der letzten Stunden kämpft noch immer in ihr. Eifersucht, Wut, Schmerz und böse Lust darauf, Jakob und Anne für die Frechheit, sie so schamlos zu hintergehen, mit irgendeiner Gemeinheit zu bestrafen.

Aber da ist auch das andere Gefühl. Eve ahnt, dass es mit der erweiterten Liebesfähigkeit des Chardin-Buches und mit Diotimas großer LIEBE zu tun hat. Der Gedanke, die beiden nicht zu hassen, sondern ihre Liebe als Bereicherung für sich selbst zu sehen, fühlt sich ungewöhnlich aufregend, aber auch vertrauensvoll und süß an. So wie die intensive Begegnung mit Jakob heute morgen. Je mehr sie darüber nachdenkt und die stille Weite der Bäume auf sich wirken lässt, desto stärker wird ihr Mut, nicht so gewöhnlich eifersüchtig, sondern ungewöhnlich und liebevoll zu reagieren. Als sie diesem neuen Gefühl nachspürt und sich vorstellt, Anne nicht mit Pfefferspray zu empfangen, sondern sie zu umarmen, läuft ihr ein Schauer der Freude über den Rücken.

Auf den Waldwiesen blühen tausende Margeriten. Eve schnuppert hin und wieder an einer und lässt sich ab und an ins hohe Gras fallen. Schließlich gelangt sie zu ihrem verwilderten Garten und legt sich in die Hängematte. Sie gibt sich eine Weile ihren Tagträumen hin, dann zückt sie ihr Handy und schreibt:

In der Bibel steht: Gott ist die Liebe. Wenn LIEBE so wichtig ist, warum gibt es keine moderne Wissenschaft der Liebe?

Bald nachdem sie die SMS an Diotimas Nummer abgeschickt hat, kommt die Antwort:

Gern will ich versuchen, Dir das zu erklären. Schicke Dir dann gleich eine Mail.

Eve schnappt ihre Sachen und läuft schnurstracks nach Hause. In einer halben Stunde ist sie da, eilt in ihr Zimmer, öffnet ihr E-Mail Postfach und findet darin tatsächlich eine Nachricht von Diotima. Unverzüglich beginnt sie zu lesen.

Hallo Eve,

Deine Neugier und Dein Lebensmut gefallen mir. Vielleicht liebst Du einfach die lebendige Weisheit – eine echte Philosophin, denn „Philosophie" bedeutet wörtlich und ursprünglich nicht einfach nur „Wissen", sondern „Liebe zur Weisheit". Leider haben fast alle späteren Denker die Liebe vernachlässigt; oft deshalb, weil sie selbst nicht genug Mut zu ihrer lebendigen Sehnsucht der Liebe hatten.

Von einer für die Geschichte der letzten zwei Jahrtausende tragischerweise sehr wichtigen Person, weiß man es sogar relativ genau: vom Kirchenvater Augustinus. Er war sehr klug und er war sehr verliebt in eine schöne und intelligente Frau, konnte sie wohl aber nicht für sich gewinnen. Dies ließ ihn verzweifeln. Es erzürnte ihn und brachte ihn zudem so sehr durcheinander, dass er auf die absurde Idee kam, es wäre für die Kirche besser, wenn Priester sich nur auf die geistige Liebe ihres Amtes konzentrierten. Fortan wirkte er mit aller Macht seiner Gedanken und seines Einflusses als Bischof dafür, die sinnliche Liebe aus den Gefilden der Kirche zu verbannen.

Diese Geschichte von Augustinus ist aber nur ein Symptom. Da traurige und einsame Menschen leichter zu beherrschen sind als lebensfroh miteinander verbundene, gab und gibt es in allen Herrschaftsstrukturen eine Unterdrückung der Erotik. Die christliche Kirche ist da keine Ausnahme. Deshalb durchzieht die Religionen und alle davon beeinflussten modernen Philosophien und Wissenschaften ein tiefes Paradox, was man auch kollektive Schizophrenie nennen könnte. Einerseits predigt man, Gott, Allah oder Brahma sei die Liebe und erinnert damit an eine uralte Weisheit: Die schönste Verbindung zwischen Sterblichem und Göttlichem geschieht durch lebendige Liebe. Andererseits verteufelt man spielerische Erotik als sündhaft. Priester müssen sie ganz meiden, was sie natürlich nicht immer tun. Und normalen Gläubigen erlaubt man die Liebe nur auf kleiner Flamme, möglichst nur zur Kindeszeugung in einer lebenslangen Ehe.

Der neue Papst versucht zwar, die katholische Kirche wieder lebensnäher zu denken. In seiner Schrift „Gott ist die Liebe" beschreibt er Liebe als das Licht, das eine dunkle Welt immer wieder erhellt und uns den Mut zum Leben und zum Handeln gibt. Er räumt sogar Eros einen wichtigen Platz im menschlichen Leben ein. Denn Gott habe den Menschen als Mann und Frau geschaffen, damit beide in Geist und Fleisch verbunden seien. Dass er in seiner römischen Kathedrale dem wirklichen Leben ziemlich fern steht, zeigt sich aber darin, dass auch er Raum dafür nur in lebenslangen Ehen sieht. Traurig ist auch, dass er nur im Christentum wahre Liebe sieht. Ursprünglichere Religionen, in denen die Seele des Eros nicht im ehelichen Schlafgemach eingezäunt war, verurteilt er noch immer.

Dabei übersieht er einfach, dass hier ein Grundproblem der ganzen modernen Zivilisation wurzelt: Die Verdrängung der tiefsten Sehnsüchte und Leidenschaften der menschlicher Natur, denen es gar nicht primär um Sex, sondern um ganzheitliche Resonanz mit anderen Wesen geht. Vermutlich liegt genau darin der tiefste Grund für die moderne Umweltzerstörung und Zukunftsbedrohung. Bloßes Wissen darüber, dass wir Menschen das irdische Klima zerstören und die Zukunft unserer Kinder damit immer mehr gefährden, bewegt nichts. Menschen müssen wieder erfahren, dass die Verbundenheit mit der ganzen Natur tief und leidenschaftlich fühlbar ist. Die alten Naturreligionen waren uns in dieser Hinsicht ein Stück voraus. Früher, bevor die Männer die Priesterämter an sich rissen, war die in allen Sinnen spürbare LIEBE die heilige Mitte des menschlichen Lebens. Und es war vor allem Aufgabe besonders begabter Frauen, das Wissen darum erfahrbar und lebendig zu halten. Das Göttliche oder der Sinn des Daseins ist ja kein abstraktes Wort und erst recht kein irgendwo im Jenseits thronender alter Mann. Vor allem ist es jenes kaum in Worte fassbare Gefühl der großen LIEBE, diese wundervolle Freude, die manchmal wie ein Erschauern vibriert. Es ist das einzigartige Gefühl, im Hier und Jetzt ganz man selbst zu sein, als einzigartiges Wesen und zugleich mit Myriaden anderer einzigartiger Wesen zuinnerst verbunden.

Die moderne Sprache hat gar keine richtigen Worte mehr für diese intensive Erfahrung. Die Worte, die es einst ausdrückten, wie Gott oder göttlich oder heilig, sind kaum noch dazu geeignet, da sie von der lebendigen LIEBE entleert wurden. Aber da wir noch keine neuen Worte dafür haben, verwende ich hin und wieder diese alten.

Neben dem Wissen um heilige Pflanzen und Plätze, die das Innewerden dieses göttlichen Gefühls erleichterten, waren in alten Zeiten die erotischen Künste die beliebtesten und am intensivsten gepflegten Arten des Gottesdienstes. Was ja kein Wunder ist, denn das freudige Zusammenspiel zweier verschiedener menschlicher Leiber, Seelen und Gedankenwelten ermöglicht eine ganz besondere Intensität dieses göttlichen Gefühls. Menschen sind wohl die komplexesten Wesen des Universums. Wenn sie sich selbst erkennen und die Urangst loslassen, die besonders moderne westliche Menschen vor dem Verlust dieser Einzigartigkeit haben, dann wird ihnen eine sehr intensive Freude am ganzheitlichen Einssein mit anderen einzigartigen Menschen möglich.

Obwohl Männer wie Frauen dazu fähig sind, scheinen Männer oft mehr Angst um ihre Einzigartigkeit zu haben und Frauen scheint es leichter zu fallen, sich dem anderen rückhaltlos hinzugeben. Vermutlich hat dies natürliche Wurzeln, die mit der Funktion des Männlichen und Weiblichen bei der Fortpflanzung zu tun haben. Es stimmt nicht, wenn den Männern nur Lust auf bloßen Sex unterstellt wird. In ihrer innersten Sehnsucht suchen auch sie die Momente der großen, ganzheitlichen LIEBE, und sie wissen, dass weibliche Erotik ihnen dabei ganz natürlich helfen kann.

Viele Frauen, die etwas auf sich hielten und sich bewusst waren, dass sie mit der ganzheitlichen LIEBE sehr intensiv ihrer Göttin oder dem Lebensglück dienen, widmeten ihr daher in jenen alten Zeiten eine Phase ihres Lebens. Sie verbanden sich mit einem heiligen Platz und schenkten dort vorbeiziehenden Besuchern die göttlichen Freuden des Eros. Aus Freude und Dankbarkeit für diese lebendig fühlbare Verbindung mit dem Sinn und Glück des Seins durften diese Besucher dafür etwas zur Pflege des heiligen Platzes geben oder tun.

Wenn man auf diese Zeiten zurückblickt, erscheint es paradox, was in den letzten zweitausend Jahren geschah. Die heiligen Künste des Eros wurden verdrängt, Göttlichkeit und Weisheit gerannen zu Kopfgeburten, die begabtesten Frauen schimpfte man Hexen oder Dirnen. Grausame, oft tödliche Gewalt tat man ihnen an und züchtete auf diese Weise schweigende Angst und psychische Blockierung dieser lebendigsten Formen des göttlichen Gefühls.

Die Trauer über die ungelebte universelle LIEBE steckt tief, vor allem in den Männern. Es reicht nicht, deren manchmal aus Verzweiflung brutale Sexualität nur zu verurteilen. Mindestens genauso wichtig ist es, eine neue Kultur der LIEBE zu entwickeln und zu pflegen. Vielleicht kommt den Frauen dabei eine besondere Aufgabe zu, weil ihre natürlichen Gefühle nicht so leicht wie bei Männern durch Worte und Konventionen abzuspalten sind. Genau deshalb hat man sie ja aus den Priesterämtern entfernt.

Für eine neue Welt der LIEBE ist es wichtig, den Unterschied zwischen Sexualität und Erotik zu verstehen. Von Sexualität sollte man sprechen, wenn die Vereinigung von Mann und Frau nur eine körperliche Angelegenheit ist. Beispielsweise wenn ein Ehepaar vor allem deshalb miteinander verkehrt, weil es verheiratet ist, obwohl sowohl Mann als auch Frau sich eigentlich gar nicht oder nicht mehr wirklich lieben. Ein anderes Beispiel ist die Prostitution, die meist nur Sex bietet, dabei aber kaum tatsächliche Seelenfreude möglich macht. Manchmal ist das zwar immer noch besser, als seine sinnlichen Sehnsüchte ganz zu unterdrücken, aber es gibt schönere Lösungen dafür.

Von Erotik können wir sprechen, wenn körperliche Lust nicht das einzige und vordergründige Ziel, sondern zugleich Ausdruck einer intensiven seelischen Freude ist. Die sexuelle Vereinigung ist dabei ein lebendiger Ausdruck des Ein-Ander-Nah-Seins – eine Wonne, die vor allem im Herzen spürbar ist. Erotik ist also eine Art Brücke zwischen Körper und Geist. Sie ist besonders intensiv, wenn sich Weibliches und Männliches mit allen Sin-

nen vereinigt, um einander als Gefährten im Sinne universeller Liebe zu bejahen und zu erfreuen. Vielleicht erzähle ich Dir später einmal, welche vielfältigen Energie- und Informationsfelder dabei in Resonanz treten.

In den letzten Jahrzehnten wurde zwar die Sexualität, nicht jedoch die Erotik befreit. Es ist wichtig, den Unterschied zu verstehen, denn die wünschenswerte Erweiterung der Liebe auf Erden bedeutet nicht unbedingt mehr Sexualität, sondern viel mehr lebendige Erotik.

So weit zu Deiner Frage, warum Religionen die Göttlichkeit der Liebe predigen, deren wirkliche Schönheit und Bedeutung aber oft verdrängen, und warum es auch heute noch keine Wissenschaft der LIEBE gibt. Um die Ursachen deutlich zu machen, habe ich manches überspitzt. Zum Beispiel haben die christlichen Kirchen zwar die spirituelle Erotik verdrängt, andererseits haben wir es vor allem diesen Kirchen zu verdanken, dass sich zumindest die geistige Liebe in den vergangenen Jahrhunderten allmählich ausweitete, bis hin zur weltweiten Ausbreitung der Menschenrechte. Sieh die zuvor von mir geschilderten Mängel der heutigen Religionen daher nicht als Anlass zur Verurteilung, sondern als Herausforderung – als Herausforderung, neue, erweiterte Formen der LIEBE zu entwickeln. Sieh es als Abenteuer, das die Geschichte gerade für Eure Generation bereithält. Die sogenannte moderne Welt wird, getrennt vom Gefühl lebendiger Einheit aller Dinge, in den kommenden Jahrzehnten die Erde so weit ausgebeutet haben, dass immer mehr Menschen in Not geraten, sei es durch Mangel an Wasser und gesunder Luft, sei es durch Stürme und Überschwemmungen. Um trotz all dieser Gefahren eine lebenswerte Welt zu gestalten, wird es keinen anderen Weg geben, als die wirkliche LIEBE auf neue, moderne Weise wiederzuentdecken und ihr vielfältige neue Lebensformen zu geben. Selbst in der Wissenschaft beginnt man das allmählich zu entdecken. Dennis und Donella Meadows, die vor dreißig Jahren mit dem Buch „Die Grenzen des Wachstums" berühmt wurden, kommen in ihrem letzten Buch zu dem Schluss, dass bisher nur versucht wurde, die ökologischen Probleme mit rationaler Analyse, Daten-Sammlung, Systemdenken, Computermodellierung und Ähnlichem zu lösen. Diese Mittel sind nützlich, aber nicht ausreichend. Andere Mittel werden entscheidend sein: Visionsbildung, Vernetzung, Lernen und Lieben. Dort heißt es:

In der industriellen Kultur ist es nicht erlaubt, über Liebe zu sprechen, außer im romantischen und trivialen Sinn. Jeder, der über die Fähigkeiten und Potenziale der Menschen zu praktischer Bruder- und Schwesterliebe, zur Liebe der Menschheit als Ganzes und unseres Planeten spricht, wird eher verspottet als ernst genommen ... Individualismus und kurzsichtige Interessen sind die größten Probleme der gegenwärtigen Gesellschaften und die Ursachen der Umweltzerstörung. Liebe und Mitgefühl, in sozialen Formen institutionalisiert, sind die bessere Lösung. Eine Kultur, die an diese besseren menschlichen Qualitäten nicht glaubt, diese nicht diskutiert und entwickelt, leidet an einer tragischen Begrenzung ihrer Möglichkeiten ...

Der Kollaps kann nicht vermieden werden, wenn die Menschen nicht lernen sich selbst und die anderen als Teil einer integrierten globalen Gesellschaft zu sehen. Beides erfordert Mitgefühl, nicht nur mit dem Hier und Jetzt, sondern auch mit den Fernen und Zukünftigen. Die Menschheit muss lernen, die Idee eines lebendigen Planeten für zukünftige Generationen zu lieben.

Du siehst, die persönliche Liebe in Deinem Herzen und die Liebe als universelles, ja göttliches Prinzip hängen eng zusammen. Und vom Finden oder Nichtfinden dieses Wissens der Liebe hängt in gewisser Weise die Zukunft der Menschheit ab. Du kannst den Zusammenhang nicht ganz allein finden, aber wenn Du ihn nicht auch in Dir suchst und freilegst, wird er vielleicht nie mehr gefunden. Denn Du bist offenbar eine von denen, deren lebendige Sehnsucht danach ganz besonders stark ist. Wenn Du magst, helfe ich Dir gern, dieses heilige und heilende Gefühl genauer zu entdecken und auch zu verstehen. Das wird spannend, aber es kann auch gefährlich sein, denn du wirst dabei dich und die Welt um Dich verändern. Das wird andere verunsichern und sie werden Dir Steine in den Weg legen.

Ich hoffe, dass Du in all den Jahren Schule nicht die Freude an echter Erkenntnis verloren hast. Denn ich werde dir allerhand verschiedene Informationen dazu geben, von denen einige dich auf den ersten Blick vielleicht weniger interessieren, die du aber alle brauchst, damit sich daraus dann ein ganzes Bild ergibt. Also überleg Dir, ob Du wirklich alles über die Liebe wissen willst.

Deine Diotima

Was sie da liest, bewegt sie. Neben Neugier fühlt sie eine starke Freude in Erwartung des da Kommenden. Erstaunlich die Verwandtschaft zwischen dem, was diese beiden Wissenschaftler schreiben und dem, was sie vor Kurzem im Buch von Chardin für ihren Ethiklehrer heraussuchte. So stimmen sie eindeutig darin überein, dass die zukünftige Entwicklung der Menschheit vor allem davon abhängt, ob sich die Liebe aus einem nur privaten Gefühl zu einer globalen Kraft entfalten wird. Beides ist zwar auch noch etwas unerotisch, aber das lässt sich vielleicht ändern.

Der Gedanke gefällt ihr über alle Maßen. Eve tanzt fröhlich durch ihr Zimmer, umspringt und streichelt den großen Ficus, der seit Jahren bei ihr wächst und inzwischen bis zur Zimmerdecke reicht. Er erinnert sie an die beiden Birken am Teich und das schöne Gefühl, das sie heute früh mit Jakob hatte.

Sie spürt dem Gefühl nach, versucht es festzuhalten. Als sie spontan *Ja!* sagen und Diotima eine Mail zurück schreiben will, spürt sie jedoch auf einmal eine bedrohliche Kälte, die sie an ihren morgendlichen Traum und an ihre Eifersucht erinnert.

Eve versucht, sich beide Zustände zu merken, ihren Unterschied festzuhalten und mit ihnen zu spielen. Dabei verflüchtigt sich die Kälte allmählich und sie kann wieder klarer denken.

Warum hat man die schönste und lebendigste Art des Gottesdienstes, die von weiblichen Priesterinnen kunstvoll gepflegt wurde, ins Gegenteil verkehrt und diese Frauen als Hexen und Huren beschimpft? Warum wurde die heilige Kunst und Erkenntnis der immer auch erotischen Liebe zu bloßem Sex herabgewürdigt und beides aus den Religionen und Wissenschaften verbannt? Soviel ich aus dem Schulunterricht weiß, überlegt Eve, bedeutet *religio* doch eigentlich Rückbindung. Bisher hatte sie nie so recht verstanden, was damit gemeint ist. Vielleicht ist es das wonnevolle Glücksgefühl, welches alle Zellen durchzieht, das Gefühl, welches all mein Denken umfasst – ja, denkt Eve, das kenne ich. Ein wonnevoller Schauer läuft ihr den Rücken hinunter, als sie sich an das Liebesspiel mit Jakob erinnert. Das war wohl so ein Moment, da habe ich mich eindeutig verbunden oder *rückgebunden* gefühlt – mit ihm, mit der Natur, überhaupt mit allem.

Wie war das in Michael Endes *Unendlicher Geschichte* mit dem Nichts, das die kindliche Kaiserin und alle Lebewesen bedroht? Vielleicht ist es ja so, dass durch die Verdrängung der natürlich fließenden göttlichen Kraft der Liebe aus den Religionen, Philosophien und Wissenschaften auch die wirkliche Verbindung zwischen Menschen, Natur und Schöpfung verloren ging. Dann sind all die sogenannten Umweltprobleme gar nicht so sehr Probleme der Umwelt, sondern entspringen der inneren Leere, dem Fehlen lebendiger Verbindung zwischen den Menschen und allen anderen Wesen. In diesem

Moment überkommt Eve eine gewisse Zufriedenheit, dass sie ja nun Diotima hat, der sie all ihre Fragen stellen kann. Also kein Grund zur Unruhe, denkt Eve.

Je länger sie nachdenkt, desto mehr löst sich der Knoten aus Kälte, Angst und Wut im Bauch und verwandelt sich in fröhliche Zuversicht. Als ob beides aus derselben Energie bestünde, die entweder eingefroren oder aber warm und vibrierend sein kann, geht es Eve durch den Kopf.

Eve ahnt auf einmal, was sie mit ihrem Leben anfangen könnte. Sie könnte etwas für eine neue lebendige Verbundenheit zwischen den Menschen untereinander und zwischen diesen und der Natur tun. Dabei ließen sich vielleicht auch die alten Weisheiten der Liebe durch eigenes Forschen, Leben und Tun neu beleben – das würde Spaß machen und wäre auch noch sinnvoll, denkt sie zufrieden. Ganz neue Ideen, die ihr sogar ziemlich gewagt vorkommen, sausen ihr durch den Kopf und sie spürt verblüfft, wie die Ideen scheinbar auch ihren Körper durchziehen – wie kleine Glückswellen, die besonders in ihrer Herzgegend spürbar sind. Und da rollen sie auch schon, die Glückstränen. Eve ist erleichtert. Es gibt also gar keinen Grund, Angst davor zu haben, nicht den richtigen Job zu finden oder so. Ich werde mit der richtigen Einstellung schon meinen Weg finden.

Für Eve ist es nun keine Frage mehr, dass die Liebe mehr ist als bloße Sehnsucht oder gar ein schönes Märchen. Ja, scheint es aus ihrem Bauch heraus zu sagen, die Liebe, vor allem diese große LIEBE, ist tatsächlich das Schönste und Wichtigste im Leben. Nicht nur für mich selbst, sondern auch für alle anderen Menschen auf dieser Erde. Dann gibt es keine Kluft zwischen meiner im Verhältnis kleinen Sehnsucht und den riesigen Aufgaben, vor denen die Menschheit steht, um eine gerechtere und ökologischere Gesellschaft auf dieser Erde zu verwirklichen. Wie gespannt ich darauf bin, was Diotima mir dazu noch sagen wird!

Schnell nimmt Eve ihren Mut zusammen und schreibt ihr kurz, dass sie trotz oder gerade wegen der drohenden Kälte des Nichts unbedingt alles erfahren will, was man früher und heute über die LIEBE wusste und weiß.

Als sich die erste Aufregung über ihr neues Wissen gelegt hat, wandern Eves Gedanken und Gefühle wieder zu Jakob und Anne. Zu gern würde sie den beiden davon erzählen. Wie wird Jakob reagieren? Wird er neugierig sein? Oder wird er, wie manchmal, wenn sie ihm von ihren ungewöhnlichen Gedanken und Träumen erzählte, nur desinteressiert zuhören und versuchen, sie zum Sex zu bewegen? Oft war der so entstandene Sex aber gar nicht übel, erinnert sie sich. Scheint fast so, als hätten ihre Gedanken und Träume sie beide angeregt. Jedenfalls scheint der Sex bei genauerer Betrachtung besonders intensiv gewesen zu sein. Sie hatte sich Jakob irgendwie viel verbundener gefühlt, soviel konnte sie definitiv sagen. Bestimmt hat das mit dem Unterschied zwischen kleinen und großen Arten der Liebe wie auch mit dem Unterschied zwischen Sex und Erotik zu tun, denkt sie sich.

Eve beschließt sich noch etwas zu ihrer Mutter zu gesellen und geht runter ins Wohnzimmer. Diese sitzt in Kissen und Decken gekuschelt auf dem Sofa und schaut wie gebannt auf den Fernseher. Dort scheint sich ein Paar bitterlich zu streiten. Der Mann ist außer sich und beschimpft die Frau. Er wirft ihr vor, dass sie sich in einen anderen verliebt hat. Ungewöhnlicherweise streitet sie das auch gar nicht ab, sondern versucht, ihm klar zu machen, dass die Liebe zu dem anderen Mann keinen Abbruch ihrer Liebe zu ihm bedeute. Irgendwie scheint der Mann aber nicht darauf einzugehen, was sie ihm zu sagen versucht, als würde er sie gar nicht hören.

Inzwischen auch neugierig geworden, setzt Eve sich zu ihrer Mutter aufs Sofa. Ausgerechnet in diesem Moment unterbricht Werbung den Film. „Was würdest du an ihrer Stelle tun?", spricht sie ihre Mutter an, die daraufhin fast einen erschrockenen Eindruck macht. Die Mutter sagt erst einmal gar nichts, als wisse sie nicht, was sie antworten soll. Als Eve sie näher anschaut, glaubt sie zu spüren, dass auch in ihrer Mutter zwei Seiten miteinander ringen. Eine, die sich freut, dass Eve sie so offen darauf anspricht und eine andere, die sich wie im Tretminenfeld fühlt und ein solches Thema lieber meiden will.

„Ja, was würde ich an ihrer Stelle tun …", dann zögert sie und sagt: „Lass uns erst mal was zu essen machen, dann habe ich einen Moment Zeit, darüber nachzudenken, o.k.?"

Daraufhin gehen beide in die Küche, füllen ein Tablett mit Brötchen, Tomaten, Käse, Wasser und Wein und machen es sich dann wieder auf dem Sofa bequem.

Das Paar streitet sich noch immer. Jedoch werden die Schimpfwörter, die sie sich gegenseitig an den Kopf werfen, nach und nach zärtlicher. Das Ganze endet damit, dass die beiden übereinander herfallen und sich erstmal im Bett austoben. Mitten im Liebesspiel hält die Frau plötzlich inne und schlägt ihm vor, den anderen Mann doch einfach gemeinsam zu besuchen oder ihn einzuladen.

„Eigentlich müsste ich dich schamloses Weib davonjagen", reagiert der Mann, um gleich darauf überlegter hinzuzufügen: „Aber ich bin auch neugierig. Ich muss darüber mal nachdenken, o.k.?" Damit endet die Folge.

„Schade", sagt Eve, „wie immer mitten im spannendsten Moment. Ich hätte gern erfahren, wie die Sache weitergeht."

„Na gut", beginnt ihre Mutter, die vom Wein nun etwas gelöster zu sein scheint, „dann lass uns noch ein wenig über die Höhen und Tiefen der Liebe plaudern. Was genau willst du wissen?"

„Ich wüsste gerne, wie das mit dir und Vater so ist."

„Gar nicht so einfach, das in Worte zu fassen, zumal ich noch nie mit jemandem darüber gesprochen hab', nicht einmal mit deinem Vater selbst so richtig."

Eve setzt sich noch ein Stück näher zu ihrer Mutter und schaut sie neugierig an, so dass diese fortfährt: „Als wir vor vielen Jahren heirateten, haben wir uns versprochen, einander immer zu lieben, aber irgendetwas ist uns zwischendurch verloren gegangen. Wir haben das zwar beide bemerkt, aber ich glaube keiner von uns wusste, wie man damit umgeht."

Eve kennt diesen leicht traurigen Ausdruck ihrer Mutter. Sie wirkt dann so hilflos. Nach einer kurzen Pause fügt ihre Mutter noch hinzu: „Daher haben wir es vermieden, darüber zu sprechen und uns daran gewöhnt, dass da zwar Liebe zwischen uns blieb, die aber zusehends an Intensität verlor.

„Und hast du oder Vater sich nie in jemand anderes verliebt?"

„Wir haben nie darüber gesprochen."

„Warum nicht?"

„Ja, warum nicht? Vielleicht weil die Moral oder die Angst vor Verlust des Partners uns das zu verbieten scheint."

Eve wird immer neugieriger. „Und wie war's wirklich? Gab's für dich andere Männer?"

„Bevor ich deinen Vater traf, gab es einige. Und auch später kam es schon mal vor, dass ein anderer Mann mich nicht nur oberflächlich sexuell beeindruckte. Aber ich hab' mir nie erlaubt, dem nachzugeben."

„Warum nicht?", will Eve wissen.

„Na ja, da waren immer zwei Stimmen in mir, die sich widersprachen: Die eine, die sich für ein Abenteuer aussprach, egal, was dabei herauskommen würde. Die andere, die mir davon abriet. Die zweite Stimme hat mir immer Angst gemacht."

„Wovor?"

„Hm, vor den verurteilenden Blicken der anderen, würde ich sagen." Dann überlegt sie kurz und wie in Gedanken verloren fügt sie noch hinzu: „Ja, vor dem Getratsche der anderen."

„Und du selber, Mutsch, wie denkst du heute darüber? Hältst du die alte Moral immer noch für richtig?"

Ihre Mutter zögert. „Nein, das zu sagen wäre gelogen. Jetzt, da ich fast fünfzig bin und manchmal auf mein Leben zurückschaue, bin ich nicht mehr so sicher, ob diese Ausschließlichkeit der Ehe die richtige Einstellung zur Liebe ist."

„Aber was ist denn für die dich richtige Einstellung?"

„Schwer zu sagen. Irgendwie ist es ja auch sehr romantisch, sein Leben lang ein und denselben Menschen zu lieben, aber wahrscheinlich setzt das voraus, dass man miteinander wirklich lebendig bleibt, dass jeder auch seinen eigenen Weg geht und man einander immer wieder neu begegnet und ..."

Eve fällt ihr ins Wort: „Aber warum müssen sich Treue und Lebendigkeit eigentlich ausschließen? Diese vielen Scheidungen und damit verbundenen Trennungen von Menschen, die man einmal geliebt hat und vielleicht noch immer liebt. Dann wird sich getrennt, weil man auch gerne mal was Neues ausprobieren will. Wieso eigentlich? Ich frage mich momentan ...", dann zögert sie, denn unweigerlich muss sie an Jakob und Anne denken. Aber dann gibt sie sich einen Ruck und sagt: „Wenn es nacheinander geht, warum sollte man nicht auch parallel zueinander mehr als einen Partner lieben können?"

Die Mutter scheint irritiert und braucht eine Weile, bis sie sich von Eves Offenheit anstecken lässt. „Ich habe so was schon mal im Fernsehen gesehen", sagt ihre Mutter. „Ich glaube, da ging es um matriarchale Kulturen in China. Dort schien es selbstverständlich, dass Frauen nicht nur einen Mann liebten und umgekehrt. Und vor Kurzem erst hat mich ein Film über Goethes Roman *Die Wahlverwandtschaften* ziemlich beschäftigt. Da begegnen sich zwei lange verbundene Paare und verbringen einige Tage voller schöner Gespräche. Dabei verlieben sich die nicht zueinander gehörigen Partner ineinander."

„Bei Goethe?", wundert sich Eve.

„Ja, allerdings wusste er wohl keine gute Lösung für dieses Problem. Der Film endet nämlich mit dem tragischen Tod eines der Beteiligten."

Eve fällt empört ein: „Wie kann er das so enden lassen! Wenn's ihm zu heiß wird, schiebt er die Leute ab in den Orkus, oder wie?"

„Was ist in dich gefahren?", wundert sich ihre Mutter.

„Mich ärgert das einfach, aber erzähl mal weiter von dir und Vater", lenkt Eve wieder ein.

„Damals, als ich jung war, gab es starke Ansätze einer sexuellen Befreiung von den Normen der Vergangenheit, ausgelöst durch die sogenannten Achtundsechziger. Auch ich habe, bevor ich deinen Vater kennenlernte, aus Neugier mal für ein paar Monate in einer der damaligen Kommunen gelebt und ging da eher locker mit sexuellen Kontakten um. Aber dieses bloß sexuelle Austoben hat mich nicht wirklich erfüllt. Mir hat da die seelische Verbundenheit gefehlt."

Allerhand, denkt Eve. Bisher hat sie die Eltern als ein langsam, aber sicher einstaubendes Paar gesehen. Über deren Vorgeschichte wusste sie im Grund so gut wie gar nichts. Da tut sich eine ganz neue Seite auf. In einer Welle von liebevollem Mitgefühl umarmt sie ihre Mutter.

„Das kann ich gut verstehen. Ich glaube, ich würde mich dann auch lieber für die Liebe entscheiden. Aber es muss doch möglich sein, beides zu verbinden. Die Liebe ist doch das, was alle Wesen des Universums im Innersten verbindet, oder nicht?"

„Mag sein. Eigentlich müsste es möglich sein, mit mehr als nur einem Menschen ganzheitlich verbunden zu sein", sagt ihre Mutter und nach kurzem Überlegen fügt sie hinzu: „Bei der Arbeit, im Standesamt, hatte ich schon zwei Fälle, in denen eine Mutter gern zwei Männer als Väter eingetragen hätte, was die Gesetzeslage aber nicht erlaubt."

Eve schaut amüsiert. „Zwei Väter ... das muss ich mir merken."

„Nicht, dass du das auch gleich anstrebst", sagt ihre Mutter lachend.

„Weißt du, mir kam heute der Gedanke, dass wahrhaftige und lebendige Liebesformen keine reine Privatsache sind, sondern sogar die Umweltprobleme, die Vater und seine Umweltorganisation so heiß diskutieren, damit zusammenhängen. Wenn Menschen ihre Sehnsüchte nach lebendiger Liebe unterdrücken, dann fehlt ihnen vielleicht auch ein Stück lebendiges Gefühl für sich selbst und die ganze Natur um sie herum."

„Interessanter Gedanke. Red' doch einmal mit deinem Vater darüber. Vermutlich wird er es jedoch nicht so sehen."

Eve bemerkt in Stimme und Haltung ihrer Mutter eine eigenartige Veränderung. Während sie anfangs eher zögernd sprach, fast als würde sie sich schämen, wird sie jetzt zusehends sicherer und leidenschaftlicher. Mutters Augen scheinen nicht mehr so untergründig traurig, sondern mutiger, leuchtender. Aufmerksam lauscht sie, was ihre Mutter noch zu sagen hat:

„Vielleicht gelingt euch jungen Menschen ja eine lebendigere Art der Liebe. Und vielleicht gibt sie euch die Kraft, die gegenwärtige Welt mit ihren tiefen Rissen und Ängsten zwischen den Menschen und zwischen Mensch und Natur zu verändern."

„Ja, das wäre schön", schmiegt sich Eve noch etwas näher an ihre Mutter.

Dieser fällt etwas ein: „Weißt du eigentlich, dass wir dir damals bei deiner Geburt nicht ganz zufällig den Namen Eve gaben? Dein Vater und ich waren damals noch jung und voller Ideale. Die siebziger Jahre hatten weltweit zur Entspannung zwischen Ost und West geführt und eine friedliche, freie und gerechte Welt rundum auf dem Erdball schien erstmals denkbar. Wir hofften, auf eine neue Welt. Wir gingen davon aus, dass so eine neue Welt viel altes und neues Wissen braucht und so gaben wir dir den Namen Eve. Er erinnert in moderner Weise an Eva. Die Szene in der Bibel, als sie Adam durch den Apfel zur Erkenntnis verhilft, kann man ja sehr verschieden deuten – als Sündenfall – oder als Einweihung in die Weisheit und Kunst des irdischen Liebens."

Eve staunt. So also ist sie zu ihrem Namen gekommen.

„Irgendwie haben dein Vater und ich nie wieder darüber geredet. Ich meine, über die Träume hinsichtlich einer neuen Welt. Wahnsinn, wie uns so die Visionen verloren gegangen sind. Dabei habe ich mich damals durchaus mit alternativen Formen der Liebe beschäftigt. Damals, in den siebziger Jahren, gab es bereits einige sehr mutige Ideen und Konzepte für neue, wahrhaftigere Arten der Liebe. Zwei, die mich besonders beeindruckten, fallen mir ad hoc ein. Eins vom damals sehr berühmten Philosophen und Nobelpreisträger Bertrand Russell über Ehe und Moral. Ich glaub' das hab' ich sogar noch in einer Kiste und kann es dir mal geben. Das andere, von einer Frau, ich glaub' sie heißt Esther Vilar, war noch weiter gedacht. Sie traute sich, so viele Tabus in Frage zu stellen, dass es selbst in alternativen Kreisen selten offiziell diskutiert wurde, dafür unter der Hand umso mehr."

Eve spürt, wie sie bei diesen Worten ihrer Mutter ganz aufgeregt wird. Das scheint eine Spur zu sein, die ähnlich wie Diotima tiefere Geheimnisse der Liebe verspricht. „Ja, gib mir das von diesem Russell mal. Aber das von dieser Frau klingt noch spannender. Was schrieb sie denn so?"

„Es ist schon lange her, aber einige zentrale Thesen hab' ich gut in Erinnerung. Sie sieht die Ursache des Mangels an echter Liebe und aller Folgeprobleme weniger bei den Männern als bei den Frauen. Sie schrieb, dass die Frauen die sexuelle Abhängigkeit der Männer benutzen, um diese zu dressieren. Da es Frauen leichter fällt, ihre erotischen Sehnsüchte zu unterdrücken, geben sie sich nur dem Mann hin, der ihnen und ihren Kindern eine gute und zuverlässige materielle Versorgung sichert. Damit zwingen sie die Männer, fast ihre gesamte Lebenszeit in oft freudlosen Jobs zu schuften. Und als Folge dieses schlechten Spiels und den dabei antrainierten Gefühlsgewohnheiten sind sowohl die Frauen als auch die Männer kaum zu großer Liebe fähig. Die Frauen gewöhnen sich an die Heuchelei. Die Männer sind oft überarbeitet und gestresst. Im besten Fall spüren beide noch irgendwie, dass das nicht alles sein kann, und suchen lebendigere Erotik bei Geliebten oder Prostituierten. Doch da ringsum alle Verwandten, Arbeitskollegen und Medien so tun, als sei die halbherzige Ehe, die Sex gegen Versorgung gewährleistet, das moralisch Sinnvollste, trauen sich nur wenige, tatsächlich andere Wege zu gehen."

„Ätzend, oder? Ich will, dass das anders wird!"

„Ja, das wollten wir auch, aber irgendwie haben wir verpasst, das umzusetzen. Diese Esther Vilar versuchte schon damals zu zeigen, dass es Zeit ist, diesen Zustand zu verändern. Ich erinnere mich, dass sie zum Beispiel vorschlägt, dass Männer wie Frauen durchschnittlich fünf mal fünf Stunden pro Woche arbeiten und die Kinder ab dem zweiten Lebensjahr in Kindergärten oder Schulen betreut werden – allerdings auch nicht mehr als fünf Stunden pro Tag – das wäre förderlich für ihr Sozialverhalten und würde genug Raum für die seelische Geborgenheit und individuelle Entwicklung zu Hause lassen. Für mich macht das schon Sinn, denn so wären Frauen wie Männer wirtschaftlich voneinander unabhängig und hätten beide nicht nur private, sondern auch berufliche Bestätigung und mehr Freizeit. Das würde sich bestimmt auch in ausgelassener Sexualität bemerkbar machen", gluckst ihre Mutter.

Eve kommt aus dem Staunen kaum heraus. „Ich hätte nie gedacht, dass du dir darüber Gedanken gemacht hast", sagt Eve und fasst nach der Hand ihrer Mutter. Diese schweigt eine Weile. Dann sagt sie lächelnd: „Unser Frauengespräch hier hat es ja ganz schön in sich. Ich finde es schön, dass wir so miteinander reden können."

Eve fällt auf, dass sie bei dem spannenden Gespräch ihr Abendbrot ganz vergessen haben. Durch die Worte ihrer Mutter erfreut und erleichtert, greift sie nun mit bestem Appetit zu den Käsebrötchen und hält auch ihr eins hin. Dabei sagt sie: „Ja, ich finde es auch total schön, dass wir uns so gut verstehen bei diesen schwierigen Themen! In den letzten Jahren hatte ich eher das Gefühl, dass du zwar meine Mutter bist, aber nicht nachvollziehen kannst, was ich im Leben suche."

„So war es vielleicht auch. Dein ungezähmter Lebensmut und deine frühe Liebe mit Jakob haben mir manchmal Angst gemacht. Vielleicht, weil dieser Lebensmut mich an meine ungelebten Momente erinnert hat." Dann zögert sie kurz, überlegt und fügt dann hinzu: „Ich glaube, es ist auch der rechte Moment, dir zu gestehen, dass die Liebe zwischen deinem Vater und mir seit einigen Jahren nicht nur nicht mehr so richtig lebendig ist, sondern kriselt. Wir haben auch schon mal überlegt, ob wir uns scheiden lassen. Aber da das genauso einseitig wäre wie ein lebenslanges Eheversprechen, haben wir's nicht getan. Es ist jedenfalls nicht zufällig, dass er in letzter Zeit öfter als früher bei irgendwelchen Verhandlungen und Konferenzen unterwegs und selten hier zu Hause ist."

Obwohl sie im ersten Moment erschrickt, ist Eve nicht verwundert über dieses Eingeständnis ihrer Mutter. Im Lichte ihrer jüngsten Erkenntnisse über kleine und große Formen der Liebe erscheint ihr die kriselnde Ehe ihrer Eltern jedoch nicht als Tragik, eher als Teil des Wandels der Formen der Liebe.

Als sie vor dem Zu-Bett-Gehen zufällig einen Blick in den großen Spiegel an ihrem Kleiderschrank wirft, bemerkt Eve, dass ihr Gesicht irgendwie anders wirkt. Neugierig geworden, schaut sie näher hin, und ihr scheint, als ginge vom Inneren ihrer Augen ein sanftes Lächeln aus. Wie ein warmes, ja beinahe glühendes Licht. Diese Augen, die nach Aussagen ihrer Verwandten und Bekannten ungewöhnlich blau für ihre dunklen Haare sind, die ihr selbst aber meist eher grüngrau als blau vorkommen, haben plötzlich etwas strahlend Blaues. Eigenartig, ob Innen und Außen stärker zusammenhängen, als sie bisher annahm, und sich miteinander verändern?

Am nächsten Morgen nimmt Eve wieder ihr Fahrrad, tritt in die Pedale und radelt lustlos zur Schule. Die Sonne blinzelt ihr entgegen und verspricht einen heißen Sommertag. Da erwacht in ihr wieder der Gedanke an eine andere Art von Schule, in der man alles über den lebendigen Zusammenhang zwischen eigenen Liebessehnsüchten und dem Zustand der Erde lernen könnte. Wie schön das wäre!

Heute hat sie drei Kurse. Weder beim morgendlichen Englisch- noch beim Mathekurs ist sie ganz bei der Sache. Im Philosophie- und Ethikkurs setzt sich Anne wie immer neben sie.

Die ist aber mutig. Erst verführt sie meinen Freund und nun tut sie, als ob nichts wäre, denkt sich Eve. Vielleicht weiß sie noch nicht, dass Jakob mir davon erzählt hat.

Sie beschließt, sich Anne gegenüber nichts anmerken zu lassen und erst noch einmal mit Jakob darüber zu sprechen.

Die verwandelnde Kraft der Liebe – davon ist im Ethikkurs mal wieder keine Rede. Als Herr Renn nach dem Satz fragt, den sie als schönsten aus dem Buch von Chardin heraussuchen sollten, meldet sie sich. Sie sagt, dass sie nicht einen, sondern mehrere Sätze heraus- gesucht hat, da diese für ihre Begriffe zusammen gehören. Dann liest sie vor:

> Nur die Liebe vermag durch die Vereinigung die Wesen als solche zu vollenden – nur sie erfasst und vereint ja die Wesen im Tiefsten ihrer selbst.

„Ja, danke." Herr Renn winkt ab. Aber Eve lässt sich nicht stoppen, betont noch einmal, dass die Sätze nur zusammen schön sind, und liest weiter:

> Gewöhnlich befassen wir uns nur mit der gefühls- mäßigen Seite der Liebe: mit den Freuden und Leiden, die sie uns verursacht. Hier jedoch muss ich sie in ihrer Bedeutung für die Evolution studieren, um die letzten Phasen des Phänomens Mensch zu erklären. Die Menschheit, der Geist der Erde, die Synthese der Individuen und der Völker, die paradoxe Versöhnung zwischen dem Element und dem All, der Einheit und der Menge: damit sich diese Dinge, die man als uto- pisch bezeichnet und die dennoch eine biologische Notwendigkeit haben, in der Welt verwirklichen, genügt vielleicht die Vorstellung, unsere Liebeskraft könnte sich entwickeln, bis sie schließlich die Gesamt- heit der Menschen und der Erde umschlingt.

Dem Lehrer fällt weiter nichts ein, als zustimmend zu nicken. Ermutigt spricht Eve nun ihre eigenen Gedanken und Gefühle aus: „Obwohl diese Sätze wirklich schön sind, finde ich, dass da noch was fehlt. Und damit entsteht auch ein Problem: Wenn die Liebe uns ermöglicht, nicht nur einen, sondern alle Menschen zu versöhnen und liebevoll zu umschlingen, was geschieht dann mit der Lust der Liebe? Gehört erotische Freude nicht unbedingt dazu? Und ist Liebe dann nicht auch Teil der universellen Kraft der Erde?"

Herr Renn, nicht mehr der Jüngste, öffnet und schließt den Mund und bleibt fürs Erste stumm. Bleich sieht er aus und auf seiner Schläfe und Oberlippe perlen kleine Tröpfchen. Die ganze Klasse schaut verblüfft auf Eve. Diese schaut Anne an, zwinkert ihr zu und sagt: „Das geht dir doch bestimmt auch so, Anne. Und besonders, wenn du an Jakob denkst, oder?"

Anne wirkt verlegen und bekommt einen roten Kopf, sagt aber nichts.

Dafür der Lehrer: „Eve, jetzt schießt du etwas über das Ziel hinaus. Der Nächste bitte. Welchen Satz habt ihr herausgesucht?"

Eve gibt nicht auf. Sie spürt an den zustimmenden Blicken, dass ihre Worte bei einigen anderen etwas wachgerufen haben.

„Herr Renn, warum weichen Sie aus? Erst lassen Sie uns so ein Buch lesen und jetzt darf ich nicht darüber reden? Warum behandeln wir nicht mal die wirklich wichtigen Dinge im Leben, wie zum Beispiel die Liebe?"

„Gute Idee!" und „Ja, hört sich gut an!" hört Eve um sich herum einige Stimmen. Aber die meisten ziehen wie gewohnt den Kopf ein und warten ab. Dann aber meldet sich Till zu Wort und gibt altklug zum Besten: „Dieses Thema steht nicht auf dem Lehrplan."

An den missbilligenden Blicken der schweigenden Mehrheit scheint er, seinen Missgriff zu bemerken und sagt nichts weiter. Eve ist unsicher, ob sie das persönlich nehmen soll. Immerhin hat Till ja neulich so blöd versucht, sie anzumachen und nachdem er einfach nicht locker lassen wollte und versucht hatte ihr den Weg zu versperren, hatte sie ihm eine gescheuert.

Der Lehrer nutzt die Unsicherheit Eves und das Schweigen der anderen, um wieder Herr der Situation zu werden. „Also, welchen Satz habt ihr anderen herausgesucht?"

Eve zieht sich enttäuscht wieder einmal in sich selbst zurück. Seit Jahren sitzen sie alle still in diesen Räumen und unterdrücken ihre Gefühle. Anders können sie schon gar nicht mehr. Darum schweigt sie den Rest der Stunde und überlegt, wie sie diesem Thema anders nachgehen kann.

Sternstunden der Evolution

Nach der Schule wartet Eve im Hof auf Jakob. Endlich sieht sie ihn. Sie geht ihm entgegen und zieht ihn sanft mit sich unter die große Eiche am Rande des Schulhofes.

„Ich war so wütend gestern … irgendwie blöd. Aber ich hab' noch nie im Leben solche Eifersucht gespürt wie in dem Moment, als du mir das von dir und Anne erzählt hast. Den ganzen Tag hatte ich daran zu knabbern. Und ich kann dir sagen, es sind mir dabei echt spannende Dinge passiert. Wenn du Zeit und Lust hast, erzähl' ich sie dir."

Jakob bleibt auf Abstand und macht einen skeptischen Eindruck: „Dann bist du also nicht mehr wütend?"

„Na ja, etwas schon, aber nicht mehr so ganz. Ich spüre da auch noch ein anderes Gefühl, was das alles als ganz wunderbares Abenteuer sieht."

„Wunderbares Abenteuer? Ich hatte schon gedacht, dass es doch stimmt, was man so über Frauen sagt."

„Was denn?"

„Na, dass Frauen immer von irgendwelchen Emotionen beherrscht werden und kein vernünftiges Gespräch mit ihnen möglich ist."

„So was hältst du für möglich, obwohl du mich schon zwei Jahre kennst? Du weißt, dass ich intensive Gefühle habe, aber auch immer alles verstehen und erkennen will. Meistens warst du es doch, der keine Lust hatte zu reden. Manchmal habe ich schon die Hoffnung aufgegeben, mich jemals mit einem Mann verständigen zu können und dachte, dass das Vorurteil über Männer wahr sein muss: nicht kopf-, sondern schwanzgesteuerte Wesen, können immer nur an das Eine denken."

„Touché! – Du bist schon sexy, wenn du dich so aufregst."

Eve pufft ihn in die Seite. „Also doch – eine primär schwanz- und erst dann vernunftorientierte Spezies, diese Männer."

Jakob hat ihre neckende Hand ergriffen und wirft ein: „Mal im Ernst, es stimmt, ich habe immer besondere Lust auf dich, wenn du mal wieder deinen Philosophischen kriegst. Dann kann ich gar nicht anders, als über dich herzufallen", sagt Jakob und lacht sie verschmitzt an. „Vielleicht potenzieren sich Geist und Lust ja gegenseitig. Für mich scheint das auf jeden Fall zuzutreffen."

„Mm, das gefällt mir und das macht auch Sinn. Soweit ich weiß, gehörte beides, Weisheit und Lust, früher, als Frauen und Männer ihre Erotik weniger materiellen Dingen untergeordnet haben, viel mehr zusammen. Damals war die Verbindung aus beiden die beliebteste Art des Gottesdienstes."

„Solchen Gottesdienst kann ich mir auch gut vorstellen", witzelt Jakob und fügt etwas ernster hinzu, „Hab' aber noch nie davon gehört. Woher weißt du das?"

„Das ist schon Teil der spannenden Ereignisse von gestern. Guck mal, die anderen schauen schon, warum wir hier so rumstehen. Komm, lass uns lieber in den Park gehen."

Schade, heute hat er bestimmt keine Decke dabei, denkt Eve im Stillen. Die schöne Liebe von gestern sitzt ihr noch immer angenehm in Bauch und Herz. Und seine Worte über das Zusammengehören von Sex und Geist haben ihre Sehnsucht abermals neu entfacht.

Scherzend sagt Jakob: „Leider habe ich heute keine Decke dabei. Trotz deiner Ohrfeige fand ich unsere gestrige Begegnung so schön wie lange nicht mehr."

Eve staunt kurz darüber, dass Jakob in diesem Moment genau dasselbe dachte wie sie und fragt sich, ob es vielleicht doch telepathische Gedankenübertragung gibt, wenn zwei Menschen tief verbunden sind. Dann antwortet sie etwas verlegen: „Wenn ich ehrlich sein soll: Mir ging es auch so. Dann los, schnappen wir uns unsere Fahrräder und fahren zum See." Und weiter denkt sie, ohne es auszusprechen: Und wir können unserer Sehnsucht dort besser folgen, die kleine Wiese zwischen den Fliederbüschen ist zum einen verborgen und zum anderen weich wie eine Decke.

Schweigend und leicht verschämt vom wechselseitigen Eingeständnis ihrer gestrigen Freude radeln sie los, anfangs ordentlich hintereinander. Doch als sie die Hauptstraße hinter sich haben, rollt Jakob neben Eve und greift nach ihrer Hand. Sie lässt es geschehen und erwidert seine zärtlichen Fingerspiele. So erreichen sie den Feldweg zum See, steuern aber nicht zu diesem hin, sondern in schweigendem Einverständnis zum Fliedergebüsch.

Der Flieder ist verblüht, doch auf dem Stück Wiese dazwischen spiegelt sich die Mittagssonne in den Margeriten. Einige Schmetterlinge flattern aufgeschreckt Richtung Teich – sommerleicht gaukelndes Leben.

Eve und Jakob lehnen ihre Fahrräder aneinander und fallen sich in die Arme. Nach Minuten zärtlicher, dann wilderer Küsse, sehnsüchtiger Blicke und immer fordernderer Umarmung ziehen sie sich die

Sachen vom Leib und sinken auf die Wiese. Eve fühlt sich wunderbar umhüllt und tausendfach erregt – vom dichten Gras, der heißen Junisonne, von den Erkenntnissen der letzten Tage, von Jakobs zart streichelnden Händen, seinen sie umfühlenden Beinen … – alles in ihr scheint *ja* zu sagen und voller Wonne lässt sie sich in den Strom der Liebe fallen.

Nachdem ihr Spiel abgeebbt ist, bleiben beide noch wie verzaubert liegen. Sie schauen sich in die Augen, als könnten sie in den Augen des anderen die eigene Verwunderung besser verstehen. Nach einer kleinen Ewigkeit gehen sie Hand in Hand zum See, um sich abzukühlen. Dabei sprechen sie kein Wort.

Zurück auf ihrer versteckten Wiese, legen sie sich nah aneinander zum Trocknen in die Sonne. Eve spürt die Strahlen angenehm prickelnd auf ihrer feuchten und vom Liebesspiel noch erregten Haut. Sie beginnt von den ungewöhnlichen Geschehnissen der letzten Tage zu erzählen.

Sie erzählt von Diotima und deren Wissenschaft der Liebe, vom gestrigen Abendgespräch mit ihrer Mutter und von ihrer Eingebung, dass ein wahrhaft lebendiges Liebesleben die Menschen glücklicher, weniger egoistisch und mitfühlender mit den anderen Wesen der Natur machen könnte.

Jakob, diesmal gar nicht abwesend, hört gespannt zu. Als sie eine Pause macht, setzt er sich plötzlich auf und sagt mit strahlenden Augen: „Wahnsinn, so habe ich noch nie über Beziehung und Liebe nachgedacht. Vielleicht steckt hinter der Liebe, die wir füreinander empfinden, mehr als nur einfach eine Mann-Frau-Beziehung, vielleicht etwas Bedeutsameres. Das würde erklären, warum von dieser Liebe etwas verloren ging, als wir im letzten Jahr eine dieser stinknormalen Beziehungen daraus gemacht haben."

Eve staunt über Jakobs Scharfsinn und ist gleichzeitig gerührt darüber, dass Jakob ähnlich denkt wie sie.

„Ja, da ist etwas dran. Und was machen wir nun mit dieser eigenartigen Situation? Seit gestern Morgen habe ich viel darüber nachgedacht, aber eine wirkliche Lösung ist mir bisher nicht eingefallen. Du hast dich in Anne verliebt. Das kann ich sogar verstehen. Schließlich ist sie ja meine Freundin", sagt Eve, gewillt eine neue Lösung zu finden. Nach kurzer Überlegung fügt sie noch hinzu: „Ich glaube nicht, dass wir die Zeit einfach zurückdrehen können. Vielleicht ist es richtig, dass du dich in Anne verliebt hast. Wahrscheinlich ist es wichtig, dass wir beide auch noch Erfahrungen mit anderen machen."

„Eve – weinst du?", fragt Jakob vorsichtig.

„Ja … mir kommen die Tränen, wenn ich mir vorstelle, dass die schönen Stunden mit dir vorbei sein sollen und nie wiederkommen."

Jakob drückt Eve liebevoll an seine Brust. „Ich weiß auch nicht, was das Beste wäre. Dein Gedanke, dass die erste Liebe nicht die einzige sein sollte, ist irgendwie wahr. Mir wird aber auch zum Heulen zumute, wenn ich daran denke, nie wieder so wie bisher mit dir zusammen zu sein."

An ihn gekuschelt, kommt ihr nach einer Weile eine Idee: „Weißt du, lass uns doch etwas ganz Neues ausprobieren, ein lebendiges Experiment zur Erforschung der Liebe. Wer, wenn nicht wir, sollte denn neue Formen der Liebe erfinden? Darum schlage ich vor, wir bleiben dabei, dass wir uns sehr lieb haben und beenden dennoch erst einmal unsere Mann-Frau-Beziehung. Dann können wir beide auch mal was anderes ausprobieren. Ich würde gern erfahren, wie es ist, einen anderen zu lieben. Ich will aber unbedingt, dass wir uns dabei nah bleiben, o.k.?"

Als er nickt, fügt Eve noch schnell hinterher: „Und uns weiterhin treffen und uns offen austauschen!"

Jakob nimmt sie in den Arm und sagt: „Du bist schon eine klasse Frau!"

„Ja, und wenn wir andere Erfahrungen gesammelt haben und uns dann noch mögen, können wir immer noch sehen, ob wir uns wieder näher verbinden."

„Mutig, mutig, ich bin dabei!"

„Ehrlich gesagt, staune ich selber über mich. Seit diese Diotima mir schreibt, geht irgendetwas Ungewöhnliches in mir vor. Manchmal kommt es mir beinahe so vor, als wenn ich nicht nur der kleine Eve-Mensch wäre, sondern zugleich etwas unendlich viel Weiteres und Schöneres. Na ja, das ist Blödsinn, bitte vergiss es schnell wieder und erzähle keinem davon."

„So blödsinnig ist es gar nicht. Irgendetwas hast du an dir, das war vorher nicht da. Aber vergessen wir es. Überhaupt, lass uns einander versprechen, unserer Experiment vorläufig für uns zu behalten."

„Ja, versprochen. Und wann wollen wir uns wiedertreffen und unsere ersten Erfahrungen austauschen?"

„Gleich nach den Prüfungen, zu Beginn der Ferien?"

„Einverstanden."

Kurz bevor sie auseinandergehen, nimmt Eve noch einmal seine Hände und schaut ihm tief in die Augen. Da schaut jenes Mysterium sie an, von dem sie neuerdings weiß, dass man es LIEBE oder einen Hauch von Göttlichkeit des Daseins nennen könnte. Sie strahlt zurück, drückt ihm einen letzten Kuss auf und macht sich auf den Weg.

Vorbei und vergessen – und doch nicht vorbei. Und der Boden, der so sicher schien unter ihren Füßen, zerreißt und setzt sich gleich darauf wieder zusammen zu unbekanntem Terrain.

Zur Stadt? Nein, zum Garten. Aber auch hier hält es sie nicht. Sie schreibt eine SMS an Diotima und schwingt sich wieder aufs Fahrrad. Nun ist sie also frei, neue Wege zu gehen, denkt sie sich und genießt den Fahrtwind in ihrem Gesicht.

Zu Hause angekommen, findet sie auch gleich eine neue Mail von Diotima in ihrem Postfach. Eve druckt sie aus und macht es sich damit in der Hollywoodschaukel im Garten bequem.

Liebe Eve,

ich will nun versuchen, Dir die alte Weisheit des Zusammenhangs von persönlicher und göttlicher Liebe mit Worten der modernen Wissenschaft zu erklären, denn viele moderne Leute behaupten, die überpersönliche Liebe und Erotik sei etwas Irrationales, nicht wissenschaftlich objektiv Erklärbares. Ein cleveres Totschlagargument, was dazu führt, dass diese schönste aller Kräfte in private Ecken verbannt und in ihrer eigentlichen Bedeutung für das Ganze, als alles verbindende Information und Energie, blockiert ist. Deshalb lernt man auch in Schulen oder in Universitäten kaum etwas darüber. Auch ich brauchte lange Zeit, um all die Erkenntnisse über die Liebe zu sammeln und diese zusammenzufügen. Meist sind sie nur in den Randzonen der herrschenden Wissenschaften zu finden, denn gegenwärtig werden Gefühl und Verstand, Liebe und Evolution, Erotik, Ökologie und Politik in der Wissenschaft so zerpflückt dargestellt, dass man die tieferen Zusammenhänge kaum versteht. Oder hast Du im Unterricht zur Evolutionsgeschichte etwas über die Rolle erfahren, die die Liebe dabei spielt?

Du weißt, dass der Mensch ein Ergebnis der Evolutionsgeschichte ist. Die Wissenschaft nennt das zufällige Mutation und Auslese, ich weiß jedoch, dass dabei auch eine universelle Kraft oder Resonanz mitwirkte. Früher, als man deren Wirkung noch nicht detaillierter verstehen konnte und nur die oft wundervollen Ergebnisse sah, nannte man sie „Gott". Viele Fähigkeiten, die lange vor der Menschwerdung entstanden sind, von der Atmung bis hin zur Sexualität und Liebesfähigkeit, sind im Menschen bewahrt und kombi-

niert. Jeder menschliche Organismus enthält eine schier unendliche Fülle an evolutionärer Erfahrung und Information.

Man kann sich alle größeren, komplexeren Dinge vorstellen als aus kleineren, weniger komplexen Teilen zusammengesetzt. Damit diese Teile einander nicht zerstören oder nur nebeneinander vor sich hin existieren, sondern als ein größeres Ganzes zusammenwirken, müssen sie sich miteinander abstimmen oder informieren. Information sorgt also dafür, dass Teile miteinander und mit dem Ganzen gut „in Form" sind.

In einem Planetensystem informieren sich die einzelnen Planeten beispielsweise durch Gravitation. Die verschiedenen Organe eines Tieres sind durch Hormon- und Nervensysteme über einander informiert, die jeweils bestimmte emotionale Zustände wie Hunger, Angst oder Lust erzeugen und damit den gesamten Organismus aufeinander abstimmen. Die spannende Frage für uns ist nun, wodurch die Menschen einander informieren. Zuerst denkt man dabei wohl an die Sprache oder an sogenannte moderne Medien wie Fernsehen oder Internet und meint nur die Worte – doch die Worte machen nur 10 bis 20 Prozent der zwischen Menschen ausgetauschten Information aus. Menschen informieren sich nämlich nur in geringem Maße bloß durch Worte oder Gedanken, sondern viel intensiver und umfangreicher durch Gefühle, die sie voneinander wahrnehmen.

Gefühle oder Emotionen sind ganzheitliche innere Zustände wie zum Beispiel Angst, Hunger, Lust, Eifersucht oder Liebe. Jede dieser Emotionen vermittelt für das menschliche Leben zentrale Informationen. Hunger zum Beispiel informiert über das Fehlen von Nahrung. Angst informiert über lebensbedrohliche Gefahren. Sexuelle Lust informiert ganz basal betrachtet über das Erfordernis sich fortzupflanzen und Eifersucht über Gefahren hinsichtlich der eigenen Fortpflanzung. Es gibt viele weitere Emotionen wie etwa Wut, Hass, Sorge, Freude, Leid, Mitleid und Sehnsucht.

Für unsere Frage, wie sich die Menschen gegenseitig informieren, ist es wichtig zu wissen, dass es zwei sehr verschiedene Arten von emotionaler Information gibt, nämlich passive und aktive. Die in passiven Emotionen wie Angst oder Eifersucht vermittelte Information ist gering im Vergleich zu der überquellenden Informationsfülle, die durch das aktive Gefühl der Liebe vermittelt wird. Wenn ich Hunger oder Angst oder bloße sexuelle Lust habe, besteht zwischen mir und Objekten meiner Begierde jeweils nur ein ganz bestimmter Informationskanal, welcher der Befriedigung dieser oder jener Lebensnotwendigkeit dient. Wenn ich aber ein anderes Wesen liebe, dann verfolge ich dabei nicht nur einen eng beschränkten Zweck, sondern unendlich viele Zwecke; das heißt, die Informationen fließen gleichzeitig über eine Fülle von Kanälen.

Zum Beispiel nehme ich in der Emotion Hunger ein Schwein nur insoweit wahr, als es mich satt machen könnte. Im aktiven Gefühl der Liebe aber bin ich in der Lage, dieses Schwein als lebendiges Wesen zu sehen, in der Würde und Schönheit seiner eigenen Existenz. Oder ein anderes Beispiel: In der Emotion der sexuellen Lust sehe ich von einem anderen Menschen vor allem das, was der Befriedigung meiner Lust dienen könnte. Das Gefühl der Liebe jedoch versetzt mich in die Lage, diesen anderen Menschen als einzigartiges Wesen in der Fülle all seiner Schönheit und Lebendigkeit wahrzunehmen. Das schließt sexuelle Freude aneinander nicht aus, ist aber wesentlich mehr als das.

Woher kommt das für uns Menschen so wichtige Gefühl der Liebe, und warum ist es so anders als die anderen Emotionen?

Um etwas nicht nur in dieser oder jener Hinsicht, sondern als Ganzes zu verstehen, muss man untersuchen, wie es entstand und sich entwickelte. Um die Liebe zu verstehen, müssen wir ihren wichtigsten Wurzeln nachgehen, den zwei „Sternstunden der Evolution" – so nannte sie ein Verhaltensforscher –, in denen Freundlichkeit und Lächeln in die Welt kamen. Die eine findet sich bei der Nachwuchsfürsorge und die andere in der Sexualität. Um den Nachwuchs zu behüten, braucht es eine besondere Gefühlsfähigkeit. Zuerst war dies der sogenannte Brutpflegeinstinkt. Nach und nach, vor allem bei den höheren Säugetieren und den Vorfahren des Menschen, wandelte sich der Instinkt in die wunderbare Fähigkeit sich in die Befindlichkeiten des Nachwuchses einzufühlen. Evolutionäre Prozesse versetzten diese Tiermütter in die Lage, ihre Kinder als einmalige, unverwechselbare Wesen wahrzunehmen, deren Befinden zu erfühlen und für ihr Wohlergehen und ihre Lebensfreude zu sorgen. Anfänge dieser Gefühle finden sich bei allen Säugetieren mehr oder weniger ausgeprägt, je nachdem, wie lange sie ihre Kinder betreuen. Im Verlaufe der Menschwerdung weitete sich die Fähigkeit zu diesem Gefühl enorm. Da Menschenkinder im Vergleich zu Tierkindern viel hilfloser sind und die Kindheit sehr viel länger dauert, wuchs das liebevolle Fürsorgegefühl der Menschenmütter.

Da Du weißt, wie eng Liebe und Lächeln zusammenhängen, wird es Dich nicht wundern, dass auch das Lächeln zwischen Mutter und Kind erfunden wurde. Lächeln ist der spontane Ausdruck tiefer Freude darüber, ganz man selbst und zugleich mit einem oder mehreren anderen Wesen zutiefst verbunden zu sein. Vielleicht ist Dir ja schon aufgefallen, dass echtes Lächeln zwischen Müttern und ihren Säuglingen sehr oft geschieht, öfter als alle anderen Formen menschlicher Kommunikation.

Die Mütter sind also gewissermaßen die menschlichen Erfinderinnen von Liebe und Lächeln. Zum Glück für die Menschwerdung blieben sie damit nicht allein. Auch die Männer wurden dazu fähig, denn im Laufe der Menschwerdung relativierte sich der Geschlechtsunterschied zwischen Männchen und Weibchen. Auch die Männchen der Spezies Homo sapiens sapiens sind mit diesen primär weiblichen Gefühlsfähigkeiten der Liebe ausgestattet. Vermutlich geschah dies deshalb, weil die Weibchen solche Männer sexuell bevorzugten, die sich – anfangs mehr oder weniger zufällig – durch die Fähigkeit der liebevollen Aufmerksamkeit für Kinder auszeichneten. So wurden die männlichen Liebesgene zunehmend vererbt und mehr Männer mit Liebesfähigkeiten gezeugt. Diese hatten immer wieder Kämpfe mit den weniger auf Liebe als auf Macht orientierten Männern zu bestehen – denn machtorientierte Männer fühlen sich gerade dadurch bedroht, dass nicht sie, sondern andere in der Gunst der Frauen stehen.

Die Anthropologin Sarah Blaffer Hrdy schrieb ein schönes Buch darüber, wie sich weibliche und männliche Liebesfähigkeit allmählich entwickelte und wie bedeutsam dies war und ist. Das Buch heißt „Mutter Natur. Die weibliche Seite der Evolution".

Die Schöpfung oder Evolution sorgte dafür, dass sich die Liebesfähigkeit über die reine Nachwuchsfürsorge hinaus erweiterte und auch in ganz andere Verhaltensbereiche übertragen wurde. So wurden die Menschen zum Beispiel fähig, essbare Wurzeln und Gräser nicht mehr nur als momentane Nahrung zu betrachten, sondern liebevoll zu erkennen, wie diese Pflanzen blühen und wachsen. Auch Tiere sah man nicht mehr nur als Jagdwild oder Bedrohung, sondern als eigenständige Lebewesen, mit denen man zum gegenseitigen Nutzen kooperieren kann. Nicht nur Gartenbau und Haustiere, auch die Sprache verdanken wir vermutlich dem Gefühl der Liebe. Rousseau, ein gefühlvoller und mutiger französischer Philosoph, erkannte, dass man den Dingen nur dann eigene Namen gibt, wenn man sie liebt.

Wie schon gesagt, haben sich auch die sexuellen Begegnungen durch die neuen Gefühlsfähigkeiten verändert. Hier findet sich die andere Wurzel der für uns Menschen so wichtigen Liebesgefühle. Sexuelle Fortpflanzung entstand ja weit vor dem Menschen, sie durchzieht die meisten natürlichen Arten. Dabei geht es letztlich nur darum, zum richtigen Zeitpunkt männliche und weibliche Zellen zu vermischen, um vielfältigeren Nachwuchs zu erzeugen. Im Verlauf der Menschwerdung bleibt diese Funktion der Nachwuchszeugung erhalten, doch sie gewinnt zugleich völlig neue Bedeutungen und Funktionen. Äußerliches Anzeichen dafür ist zum einen der Wegfall der Brunftzeiten, d.h. Frauen und Männer haben nicht mehr nur zum Zeitpunkt des Eisprungs Lust aufeinander, sondern unabhängig davon fast immerzu. Ein anderes, für unsere Fragen noch wichtigeres äußeres Zeichen findet man in den veränderten Stellungen. Geschlechtsverkehr im Tierreich spielt sich ab, indem das männliche Wesen das weibliche fast ausschließlich von hinten besamt. Viel mehr körperlicher Kontakt spielt sich dabei nicht ab. Aufgrund ihres archaischen Lusteffekts pflegen auch freie Menschen diese Stellung hin und wieder, doch für unsere Fragen viel spannender sind die anderen Stellungen, in denen die Gesichter und Vorderleiber einander berühren. Bestimmt hast Du es auch schon erlebt, den geliebten Mann nicht nur in Deinem Unterleib, sondern zugleich an Deiner Brust und in Deinem Herzen zu spüren und kennst das dann oft noch einige Zeit bleibende wunderbare Gefühl nach einer solchen Begegnung. Man fühlt sich geborgener, leichter und stärker, erfüllter und freier als sonst. Dabei spielt sich etwas ab, was die moderne Wissenschaft bisher erst in Ansätzen erkannt hat.

Das menschliche Herz pumpt nicht nur Blut durch unseren Leib, sondern hat sogar eine größere Nervendichte und ein stärkeres elektromagnetisches Feld als das menschliche Gehirn. Dieses Feld reicht weit über den eigenen Körper hinaus und bewirkt eine Feinabstimmung des eigenen Zustands mit den Schwingungsfeldern der sogenannten dunklen Energie oder Nullpunktenergie, die das gesamte Universum durchdringt. Letztlich kommt daher die alte Weisheit, die das Buch vom kleinen Prinzen aufs Neue mutig aussprach: „Man sieht nur mit dem Herzen gut."

Wenn Du einem anderen Menschen sehr nah bist, Ihr Euch dann gegenseitig in der Herzregion berührt und dann noch innerlich offen füreinander seid, dann berühren sich nicht nur Eure Leiber, sondern zwei ganze Universen mitten in Euch. Das Universum oder der Mikrokosmos, der Du bist, fühlt sich dann ganz und gar, in allen seinen Dimensionen, von dem anderen erkannt, gestärkt und beschwingt.

Nun noch einmal zum Zusammenhang von Liebe und Information. Man spricht heutzutage oft von der sogenannten Informationsgesellschaft – eine Gesellschaft, in der sich durch die moderne Informationstechnik erstmalig der Wert der Information für alle wirtschaftlichen und gesellschaftlichen Prozesse praktisch umsetzen lässt. Daran ist etwas Wahres. Durch Computer und Internet können viel mehr Menschen als bisher Zugang zu vielen wichtigen Informationen bekommen und unabhängig von Machthabern oder Medienbossen ihre eigenen Meinungen ausbilden. Aber man vergisst dabei, dass nur ein Bruchteil der für menschliches Leben auf der Erde bedeutsamen Informationen digitalisierbar ist. Allein die in einer lebendigen Zelle zusammenwirkenden Informationen der gesamten Evolutionsgeschichte und der gesamten gegenwärtigen Umwelt dürften die Kapazitäten aller Computer der Gegenwart weit überschreiten. Und selbst wenn man in einigen Jahren im Vergleich zu heute, vielfach größere Rechnerkapazitäten hat, werden auch diese kaum in der Lage sein, die Informationsdichte der Evolution abzubilden. Die informationelle Verwobenheit allen Lebens ist

nur erfahrbar, wenn man sich die universelle Energie der Liebe vergegen-
wärtigt. Wie diese universelle Wechselwirkungsenergie konkreter denkbar
ist, werde ich Dir später einmal genauer erläutern.

Fürs Erste ist es wichtig, dass Du den schon erwähnten Unterschied zwi-
schen passiven und aktiven Emotionen verstehst. Die passiven sind meist
unbewusst. Wir nehmen kaum wahr, wie Angst, Neid, Eifersucht oder
Machtgier unser Denken und Tun bestimmen. In diesen Emotionen sind
wir kaum wirklich wir selbst, sondern eher ein Instrument uralter Überleb-
ensinstinkte. Oder anders gesagt: Unser Selbstbewusstsein ist dabei nicht
aktiv, sondern wir erleiden diese Emotionen.

Anders ist es bei den aktiven Gefühlen wie Liebe, Mitgefühl, Freude und
Großmut. Wenn Du Dich einmal selbst beobachtest, wirst Du merken, dass
diese Gefühle selten einfach so auftreten, sondern meist mit einer Art Wis-
sen und aktiver Entscheidung verbunden sind.

Versuch immer wieder mal mit diesen beiden verschiedenen emotionalen
Möglichkeiten in Dir zu spielen – am besten im entspannten Zustand, wenn
Dich gerade keine passive Emotion beherrscht. So lernst Du, Dich selbst in
den vielen Facetten Deiner Gefühle zu verstehen und kreativ damit umzuge-
hen. Denn während die Evolution der Liebe bisher eher naturwüchsig im
Laufe von Jahrmillionen geschah, kommt es für die Zukunft darauf an, dies
nicht nur dem Zufall zu überlassen. Der Philosoph Hegel erkannte, dass der
menschliche Geist nur das ist, wozu er sich selbst macht. Darin spürst Du
schon den Hauch dieses aktiven Gefühls. Aber das ist noch sehr männlich
formuliert. Es klingt schöner, wenn man Liebe als Gefühl versteht, welches
uns angeboren ist und uns mit dem Kosmos verbindet, zu dem man sich
jedoch innerlich entscheiden muss, es in gewisser Weise sogar erst entwi-
ckeln muss.

Verstehst Du nun schon ein wenig, wie die persönliche Lust zur Liebe in
Dir mit der göttlichen oder universellen Evolution der Liebe zusammen-
hängt? Ich schreibe Dir demnächst noch einiges mehr dazu.
Träume gut,
Deine Diotima

Um das Gelesene zu verdauen, verlässt Eve das Haus wieder und
spaziert durch die Straßen in Richtung Stadtrand. Die warme Nach-
mittagssonne blinzelt durch die Bäume. Diotimas Worte gehen ihr
durch den Kopf. Zwei sehr verschiedene Arten von Gefühlen also –
passive und aktive – und mit diesen beiden Möglichkeiten soll sie in
sich spielen und dies wie eine Art Kunst sehen. Mal ausprobieren …

Eifersucht – wie ein gewaltiger Schauer überfiel sie Eve, als Jakob von Anne erzählte. Jetzt ist dieser Zustand bei Weitem nicht mehr so brachial wie gestern, denkt Eve. Als sie beginnt, ihn zu beobachten und weiter in die Eifersucht hineinfühlt, merkt sie, wie diese scheinbar krampfartig irgendwo in ihrem Bauch und in all ihren Muskeln sitzt. Plötzlich ist die Kränkung wieder vollkommen präsent. Für Momente ist Eve so gefangen in ihrem Gefühl der Eifersucht, dass sie die Bäume und die Menschen auf der Straße kaum wahrnimmt. Da erinnert sie sich an ihr Vorhaben, die Gefühlszustände zu wechseln und nimmt all ihre Kraft zusammen, um das niederdrückende Gefühl der Eifersucht abzuschütteln.

Was hatte Diotima noch gesagt? Was waren die aktiven positiven Gefühle?

LIEBE, kommt es ihr in den Sinn und schon hat sie die glückliche erotische Begegnung mit Jakob wieder vor Augen, in der nicht nur ihre Leiber, sondern auch ihre Gedanken wundervoll zusammenspielten. Ein Schauer läuft ihr über den Rücken, ein Schauer der Wonne. Witzig, denkt Eve, eben noch konnte sie kaum einen klaren Gedanken fassen vor Eifersucht und jetzt schwebt sie schon wieder auf Liebeswolke Sieben.

Ob man dieses Gefühl der Liebe sogar noch erweitern kann? Vielleicht auch Anne mit einschließen oder einen anderen Mann, der ihr gefällt? Je mehr sie sich in diese Idee hineinfühlt, desto glücklicher wird sie. Es fühlt sich an, als ob sich mitten im Herzen und darum herum etwas weitet und befreit. Die Bäume und die Menschen auf der Straße erscheinen ganz anders, irgendwie schöner und wirklicher. Eve spürt, dass sie alle ein ganz eigenes, abenteuerliches und erfülltes Leben haben und dass es sich lohnen würde, mehr über das Leben jedes einzelnen Menschen und jedes einzelnen Baumes zu erfahren. Wie es wohl wäre, dieser oder jener Mensch oder einer der Bäume zu sein?

Am Mittwoch nimmt Eve all ihren Mut zusammen und bittet Anne um ein Gespräch. Nach der Schule gehen sie zusammen in die Mocca-Milch-Eis-Bar am Rande des Parks, wählen jede einen Erdbeereisshake und setzen sich damit an Eves Lieblingstisch im Schatten der großen Linde.

Dann beginnt Anne von ganz allein die heiklen Themen anzusprechen: „Du, Eve, es ist gut, dass wir miteinander reden. Ich muss dir nämlich was sagen …" Da Anne etwas nervös wirkt, versucht Eve die Situation etwas aufzulockern, indem sie mit verschmitztem Lächeln sagt: „Klingt ja spannend. Bist du schwanger?"

„Nicht ganz so schlimm, aber ähnlich. Ich hab' mich nämlich in Jakob verliebt. Aber nicht einfach so ein bisschen, sondern richtig doll, körperlich sozusagen." Anne tut sehr beschäftigt mit der Erdbeermilch und macht Kaninchenaugen.

Eve gibt sich überlegen und kommt Anne entgegen: „Nu red' doch nicht so um den heißen Brei herum. Du hast mit ihm geschlafen und es hat euch beiden so gut getan, dass ihr es wieder wollt."

Anne rutscht der Trinkhalm aus dem Mund. „Woher weißt du das? Bist du mir gar nicht böse? Ich hatte wirklich Angst, du würdest mir die Freundschaft kündigen oder zumindest total eingeschnappt sein."

„Das hab' ich zum Glück schon hinter mir. Jakob hat es mir gleich am Tag nach eurem – wie sagtest du doch gleich? – ‚körperlichen Verlieben', erzählt."

„Komisch, und da konntest du die ganze Zeit einfach so neben mir sitzen?"

„Na ja, in letzter Zeit hat die Verliebtheit zwischen Jakob und mir eh nachgelassen und wir fingen beide an, uns auch nach anderen umzuschauen. Am Montag haben wir beschlossen, dass es besser ist, wenn wir uns trennen. Denn immerhin kennen wir uns schon zwei Jahre und sind beide der Meinung, dass man in seinem Leben nicht bei der ersten Liebe stehen bleiben sollte."

„Ist das dein Ernst?", will Anne wissen und als Eve nickt, springt Anne auf und umarmt Eve so übermütig, dass beide fast mit dem Stuhl umfallen.

Als sie wieder auf ihrem eigenen Stuhl sitzt, beobachtet Eve, wie sich Annes Blick scheinbar in der blanken Tischplatte verliert und dort für Momente verweilt.

Als Anne wieder hoch schaut, sagt sie etwas nachdenklich: „Ich könnte zwar kreischen vor Freude, aber mal ehrlich, bist du nicht auch ein bisschen traurig?"

„Doch, ein Teil von mir ist schon ziemlich traurig. Immerhin war Jakob meine erste große Liebe. Zu wissen, dass es nie wieder so sein wird, bedrückt mich schon. Aber auf der anderen Seite gibt es da auch noch etwas anderes, was mein Herz weit und glücklich macht."

Anne blickt Eve neugierig an: „Und was ist das?"

Eve erzählt von Diotima und das Wichtigste von dem, was sie ihr bisher übermittelt hat.

Anne guckt ungläubig: „Nun spinnst du aber. Eine Unbekannte, die dir mysteriöse Emails schreibt? Ist das dein Ernst?"

Unbeeindruckt berichtet Eve weiter und je mehr sie von ihrem neuen Wissen um die Liebe weitergibt und dabei immer ergriffener und fröhlicher wird, umso mehr scheinen Annes Zweifel zu weichen. Eve berichtet alles, was ihr noch im Gedächtnis ist, über die Sternstunden der Liebe, über die mutigen Frauen und Priesterinnen der Vergangenheit und ihre ganz andere, freudvoll kreative Art von Gottesdienst.

Als Eve nichts mehr einfällt und beide einander schweigend anschauen, bricht Anne nach ein paar Minuten plötzlich das Schweigen: „Das ist ja unglaublich, was du da alles erzählt hast. Das Witzige ist, dass ich mich jetzt richtig beflügelt fühle. Als hätte alles auf einmal einen ganz neuen Sinn bekommen. Wie genau, kann ich gar nicht sagen. Kannst du mich auf dem Laufenden halten, wenn du wieder was von Diotima hörst?"

„Warum nicht", entgegnet Eve. „Mir ist eh unwohl dabei, dieses ganze Wissen nur für mich allein zu behalten." Ihre Shakes haben sie schon lange geleert. Nachdenklich und still gehen sie zurück zur Schule. Eve holt ihr Fahrrad.

Sie hätte große Lust, zum See zu fahren. Dort wird jetzt bestimmt auch Till sein, denkt Eve. Sie hat ihn zwar neulich abblitzen lassen, aber so ganz unattraktiv findet sie ihn nicht. Er war zwar ein bisschen überheblich, als er sie gefragt hat, ob sie nicht einen schönen Abend miteinander verbringen wollen, aber abgewiesen hatte sie ihn vor allem, da sie meinte, Jakob treu sein zu müssen.

Nach kurzem Überlegen beschließt sie jedoch, dass dies bis zu den Ferien warten kann. Ein paar Wochen wird sie wohl auch mal ohne Lover auskommen. Sie fährt nach Hause, nimmt sich ihre Mathehefter und vertieft sich in den Stoff des letzten Schuljahres.

„Eve, bist du da?", ruft am frühen Abend die Mutter in Richtung ihres Zimmers.

Erfreut über eine kleine Unterbrechung schiebt Eve die Hefter beiseite und geht zu ihrer Mutter in die Küche. Sie gibt ihr einen Kuss auf die Wange und stöhnt: „Mir raucht vielleicht der Kopf! Ich hab' gerade drei Stunden Mathestoff für die Prüfung gebüffelt."

„Und? Blickst du durch?"

„Ja, ja, war zwar noch nie mein Lieblingsfach, aber ich kriege das schon hin."

„Gibt's sonst was Neues?"

Eve überlegt kurz. „Nö, nichts Besonderes. Jakob geht jetzt mit Anne und ich bin frei. Er und ich haben uns in Frieden getrennt und die Freundschaft mit Anne hat bisher auch nicht darunter gelitten."

Ihre Mutter steht stocksteif im Korridor wie Lots Weib beim Blick auf Sodom und Gomorra. „Ach ..., ist das alles?"

„Ja, weiter nichts."

„Schon ungewöhnlich, was ihr euch da zumutet", murmelt die Mutter und stellt die Einkaufstüte in der Küche ab. „Ich weiß nicht, ob ich das damals gekonnt hätte, einen Mann, den ich trotz allem liebe, einfach meiner Freundin zu überlassen."

„Diotima sagt ...", setzt Eve an.

„Diotima? Wer ist denn das?"

„So ganz genau weiß ich es ehrlich gesagt auch nicht. Sie hat mir vor einiger Zeit eine SMS geschickt und gemeint, sie könne mir helfen, meine eigenen Sehnsüchte besser zu verstehen. Auf jeden Fall scheint es eine sehr weise Frau zu sein. Was sie mir alles über die Liebe geschrieben hat, ist total klasse."

Ihre Mutter scheint nicht in der richtigen Stimmung für derartige Gespräche zu sein. Vorsichtshalber hilft Eve ihr beim Einräumen der Lebensmittel. Ob ihre Mutter denkt, dass Eve sie auf den Arm nehmen will oder sie für verrückt hält, wie Anne vorhin?

„Bisschen merkwürdig hört sich das schon an, meinst du nicht? Was nicht heißt, dass ich dir nicht glaube. Würde ja zu deinem Partnertausch mit Anne passen, der dir nicht mal was auszumachen scheint. Normal ist das zwar nicht, aber was ist heute schon normal, hm?"

Mit so einer Reaktion hätte Eve nicht gerechnet: „Ja, das stimmt. Was ist heute schon normal? Einerseits tun alle so, besonders die Älteren, als wäre alles klar, wie es so läuft. Andererseits kann es ja nicht normal sein, was so abgeht in der Welt. Zum Beispiel, was mit der Umwelt gemacht wird: Dass so viele Tierarten aussterben und Regenwälder abgeholzt werden, ist doch abartig. Nach Diotima hängt das übrigens alles mit einem Mangel an Liebe zusammen."

„Na ja, kann schon sein. Vom Gefühl her würde ich dem sogar zustimmen, auch wenn ich es nicht begründen könnte."

Eve merkt ihrer Mutter an, dass sie müde von der Arbeit ist. Als sie den Einkauf fertig ausgepackt haben, sagt diese: „Da fällt mir ein, dass ich das Buch von Bertrand Russell wiedergefunden habe. Es liegt da im Regal. Vielleicht kann es dir bei der Suche nach neuem Wissen über die Liebe weiterhelfen."

„Danke, bist ein Schatz."

„Am Wochenende kommt dein Vater von seiner Klimakonferenz aus Helsinki zurück. Wir sollten ihm erst einmal noch nichts von unseren Gesprächen über die Liebe erzählen. Er ist nach solchen Konferenzen immer so abgespannt und noch unaufgeschlossener für Emotionales als sonst. Vermutlich würde er alles nur als Frauengeschwätz abtun."

In der Küche machen sie sich Käseschnitten zurecht und ein Tablett mit Tomaten und Tee aus frischer Pfefferminze, die Eve schnell aus dem Garten holt. Beim Suchen nach einem interessanten Fernsehprogramm stoßen sie auf einen Bericht von jener Klimakonferenz in Helsinki.

Eine internationale Wissenschaftlergruppe, heißt es, hat sich anhand von jahrelangen Datenerhebungen und trotz verschiedener Auffassungen darauf geeinigt, dass ein langfristiger Klimawandel mit bedrohlichen Folgen für die Menschheit sehr wahrscheinlich ist. Bereits jetzt ist ein Anstieg der weltweiten Durchschnittstemperaturen in den meisten Gebieten der Erde zu verzeichnen und in Zukunft ein noch weiterer Anstieg zu erwarten. Die Hauptursache dafür sei in den Kohlendioxidausstößen der Industrieländer zu sehen. Die aufgrund ihrer Daten entwickelten Szenarien für die kommenden Jahrzehnte klingen alles andere als erfreulich. Es droht ein allmähliches Abschmelzen des Polareises, dadurch ein Anstieg der Ozeane und stärkere sowie häufigere Stürme und Überschwemmungen vieler bewohnter Gebiete der Erde. Mit dem Schmelzen der Gebirgsgletscher verlieren außerdem große Flüsse ihre Quellen und viele heute noch grüne Landgebiete werden steppen- und wüstenartig.

Offenbar berührt die Sendung ihre Mutter. Sie sagt zu Eve: „Erinnerst du dich, wie vor einigen Jahren die Elbe und andere kleinere Flüsse der Umgebung so stark wie nie zuvor in den letzten Jahrzehnten alles ringsum überschwemmten und deine Tante mit den vier Kindern, den beiden Hunden und den Meerschweinen monatelang ins Notquartier musste – hier in Sachsen, mitten auf dem Festland!"

Eve nickt. Infolge ungewöhnlich starker Regenfälle waren einige Flüsse so stark wie noch nie angeschwollen und hatten hunderte Häuser, Geschäfte und Felder vernichtet. „Ob es da einen Zusammenhang zum globalen Klimawandel gibt?"

„Ich würd' schon sagen, aber frag lieber deinen Vater, der kennt sich mit diesen Dingen bestens aus."

Sie schalten auf den Landessender zu den aktuellen Kurznachrichten. Da geht es gerade um den gegenwärtigen Krieg im Nahen Osten. Am Freitagabend soll in der Landeshauptstadt Dresden eine große Demonstration von Kriegsgegnern stattfinden.

Eve, die sich bisher mit Kriegen und deren Ursachen kaum beschäftigt hat, verspürt auf einmal den starken Wunsch, zu dieser Demonstration zu gehen. Kriege sind doch wohl die größte Bedrohung der menschlichen Liebesfähigkeit auf Erden. Da will ich hin. Gleich mal morgen in der Schule Anne und Jakob fragen, ob wir am Freitagabend zusammen dahin fahren wollen. Wäre doch eine schöne Abwechslung.

Dunkle Energie und neue Technik

„Jetzt? Was glaubst du, was ich noch alles pauken muss!", fragt Jakob mit etwas gestresstem Gesichtsausdruck. Aber als Eve erst Anne und dann Jakob von wachsender weltweiter Liebe und deren Bedrohung durch Gewalt und Krieg erzählt, stimmen beide zu, mit zur Demo nach Dresden zu fahren.

Da sie wegen der Prüfungsvorbereitungen nur wenige Schulstunden haben, beschließt Eve, die Mittagssonne am See zu genießen. Nachdem sie sich im Wasser abgekühlt hat, versucht sie zu lernen. Aber ihre Gedanken wandern zu Diotima und sie fragt sich, was diese ihr wohl noch Spannendes über die Liebe berichten wird.
Sie träumt einige Zeit vor sich hin. Plötzlich spürt sie den Impuls, nach Hause zu fahren. Vielleicht gibt es schon eine weitere Nachricht von Diotima, sie wollte ja das von der letzten Mail noch ergänzen. Spontan radelt sie zurück.
Tatsächlich. Eine neue Mail von Diotima ist da.

Liebe Eve,
in meinem letzten Brief erzählte ich Dir, dass sich die Liebe aus zwei Wurzeln entwickelte: Aus der Nachwuchsfürsorge zwischen Müttern und ihren Kindern und aus einander zugewandter, herzverbindender Sexualität. In der Evolution des Menschen wurden diese neuen Gefühlswelten dann auf weitere Beziehungen und Dinge ausgeweitet.
So klärend diese evolutionswissenschaftlichen Erkenntnisse sind, verabsolutieren dürfen wir sie jedoch nicht, denn die Liebe ist in gewisser Weise eine universelle oder auch göttliche Kraft und als solche in allen Dingen, Vorgängen und Lebewesen gegenwärtig. In der indischen Philosophie der Veden gibt es einen wunderschönen Gedanken, der da lautet: „Gott schläft im Stein, atmet in der Pflanze, träumt im Tier und erwacht im Menschen."
Wenn Gott oder besser das Göttliche die Liebe ist, hieße das also: „Die LIEBE schläft im Stein, atmet in der Pflanze, träumt im Tier und erwacht im Menschen."
Wenn wir die Dinge so im Ganzen denken, können wir sagen, dass in diesen Sternstunden der Säugetierevolution nicht die Liebe an sich, aber die Liebe als besondere menschliche Gefühlsfähigkeit erwachte.

Demnach sind auch die Steine, Pflanzen und Tiere miteinander und mit dem ganzen Universum verbunden und abgestimmt. Neulich traute sich schon der eher konservative „Spiegel" über die sogenannte „dunkle Energie" und „dunkle Materie" zu berichten. Die moderne Physik hat entdeckt, dass sie bisher nur zwanzig Prozent der alles durchdringenden Wechselwirkungen und Energiefelder um uns herum erklären kann und bezeichnet die „übrigen" achtzig Prozent daher als „dunkle Energie" beziehungsweise „dunkle Materie", weil ihre Instrumente sie weder erkennen noch erfassen können.

Vielleicht verbirgt sich ja in diesen achtzig Prozent uns nicht bekannter Energiefelder und Wechselwirkungen genau das, was man früher „Gott" oder in anderen Kulturen „Allah", „Mana", „Prana", „Chi" oder „Tao" nannte und was wir „LIEBE" oder „universelle Erotik" nennen.

Es würde einiges dafür sprechen, dass da eine Art universelle Liebe wirkt. So jedenfalls ließe sich die universelle informationelle Abstimmung aller Dinge und Wesen miteinander erklären, ohne die wohl weder die Erde noch das Universum als Ganzes existieren könnten.

Im menschlichen Gefühl der LIEBE kann diese alles miteinander abstimmende und verbindende Energie auf eine neue, selbstbewusste Weise zu sich kommen. Das könnte dieses Gefühl eines sanften Feuers im Herzen erklären, das manchmal wie aus dem Nichts auftaucht und über das man nur staunt und ebenso wenig weiß wie über die sogenannte „dunkle Energie".

Aber die mystische Kraft des Herzens, auch wenn der Mensch sie im Unterschied zu anderen Lebewesen erkennen und so bewusst pflegen und stärken kann, ist etwas, was schon vor dem Menschen da war. Bei allen Lebewesen, die über zentrale Nerven- und Blutsysteme verfügen, entsteht nach der Befruchtung und Spaltung der Eizellen als erstes Organ das, was später das Herz wird. Es sorgt von Anfang an für die Feinabstimmung aller anderen Organe untereinander und mit dem gesamten Universum.

Auch wenn man noch nicht genau weiß, welcher Art diese schöne Energie ist, die manchmal unser Herz weitet und manchmal als ein sanftes Feuer darin glüht, so kann ich Dir zumindest einiges über ihre Wirkung berichten.

Wie allen Lebewesen sind auch uns Menschen nicht nur physische Organe wie Augen, Arme oder Nieren angeboren, sondern auch viele Verhaltensweisen. Solche Verhaltensweisen und Emotionen, die sich für das Überleben der Gattung als vorteilhaft erwiesen, wurden evolutionär ausgelesen und genetisch von Generation zu Generation vererbt.

Das heißt nicht, dass angeboren wäre, wie wir uns in konkreten Situationen verhalten. Bei Säugetieren und viel mehr noch beim von Natur aus sehr lernfähigen Menschen wird das konkrete Verhalten erst in der Kindheit *erlernt, geübt und antrainiert. Aber es ist wichtig zu wissen, dass alles Verhalten bestimmte angeborene Voraussetzungen braucht, damit es überhaupt möglich ist. Konrad Lorenz erhielt für diese wichtige Entdeckung der angeborenen Verhaltensweisen einen Nobelpreis. Aber die Bedeutung seiner Erkenntnisse für das Leben der Menschen ist noch lange nicht zur Gänze begriffen. Viele Wissenschaftler und Pädagogen glauben noch immer, das Verhalten der Menschen hätte nichts Natürliches, sondern sei bloß das Produkt der kulturellen Umstände und demnach beliebig formbar.*

Lorenz erforschte, wie sich bestimmte Verhaltensfähigkeiten in der Evolution herausbilden. Er erkannte, dass neue Fähigkeiten oft dadurch entstehen, dass vorher getrennte Verhaltensweisen in einer komplexeren Fähigkeit kulminieren. Er nannte dieses evolutionäre Zusammenfügen zuvor isolierter Fähigkeiten „Fulguratio".

Für die Menschwerdung spielte, wie wir gesehen haben, die Herausbildung erweiterter Liebesfähigkeit eine wichtige Rolle. Aber diese allein genügte nicht. Der Mensch wurde erst Mensch, als sich die Liebesfähigkeit mit anderen Verhaltensfähigkeiten vereinte. Diese anderen Fähigkeiten sind Erkenntnis, Selbststeuerung und Kreativität.

Die Fähigkeit, die eigene Umwelt zu erkennen und das Verhalten an ihr zu orientieren, ist allen Lebewesen mehr oder weniger eigen. Meist aber nur insoweit, wie sie es für ihr eigenes Überleben brauchen. Bei unseren äffischen Vorfahren bildete sich nun eine besondere, offenere Erkenntnisfähigkeit heraus. Das hatte mit den besonderen Lebensbedingungen in Wäldern und Savannen zu tun. Um im Gewirr der Bäume zielsicher mit den Händen zu greifen und in offener Savanne einen Überblick über drohende Gefahren und mögliche Chancen zu gewinnen, bildete sich eine besondere Fähigkeit heraus, die jeweilige Situation der Umwelt mit den Augen, also räumlich, zu erfassen. Im Wort „Ein-sicht", mit dem wir unsere besondere menschliche Erkenntnisfähigkeit oft beschreiben, steckt diese Entstehungssituation noch drin.

Da es sich als vorteilhaft erwies, über solche Einsichtsfähigkeit zu verfügen, verstärkte sie sich im Verlauf der Menschwerdung evolutionär. Zu ihrem Gebrauch bildeten sich das beim Menschen ungewöhnlich große Vorderhirn und die Fähigkeit des Sprechens heraus. Mit Hilfe der Sprache, das heißt jeweils konkreter Wörter, kann sich der Mensch Dinge oder Zustände auch unabhängig von der aktuellen Situation vorstellen. Mittels Worten kann er auch ohne unmittelbare Anwesenheit von Dingen oder Situationen oder Personen über diese nachdenken. Er kann sie in sich sortieren, in seine sonstige Weltsicht einordnen und sie so erkennen. Aus der nur aktuell-

situativen Einsichtsfähigkeit wird so die Fähigkeit des abstrakten Denkens und der Erkenntnis.

Eine weitere besondere Fähigkeit des Menschen ist die Selbststeuerungsfähigkeit, auch Wille genannt. Besonders der italienische Psychologe Roberto Assagioli widmete sich seiner Erforschung und schrieb ein wissenschaftlich mutiges und zugleich sehr schönes Buch über den Willen.

Wie ich Dir im letzten Brief erklärte, geschieht die informationelle Koordination von Organismen vor allem durch Emotionen – einige sprechen hier auch von Affekten oder Instinkten. Das heißt, das Tier reagiert auf bestimmte innere Zustände und äußere Umstände mit ganz bestimmten, für diese Situation weitgehend angeborenen Reaktionen. Zum Beispiel riecht und sieht ein frühlingsaktiver Kater eine rollige Katze und sein Instinkt steuert, ohne dass er darüber nachdenken muss, das Verfolgen und Begatten dieser Katze. Solches instinktgesteuertes Verhalten ist sehr effektiv und ermöglicht den Tieren, ihre grundlegenden Überlebenserfordernisse in ihrer Umwelt zu erfüllen. Im Laufe der Menschwerdung entwickelte sich bei unseren noch äffischen Vorfahren eine weitere Art der Verhaltenssteuerung. Es erwies sich in bestimmten Situationen und häufig wechselnden Umwelten als funktionaler, nicht bloß instinktiv auf innere und äußere Reize zu reagieren, sondern zu lernen, das eigene Verhalten je nach Situation differenzierter zu steuern. Dazu bildete sich eine innere Fähigkeit zur Selbststeuerung, das sogenannte „Innere Ich".

Bereits Menschenaffen sind in der Lage, im Spiegel sich selbst zu erkennen, was auf eine erste Ich-Fähigkeit schließen lässt. Im Verlauf der Menschwerdung verstärkte sich diese Fähigkeit immer mehr. Dabei spielte auch die gerade erläuterte Fähigkeit der über Worte und Gespräche vermittelten Gedanken eine wichtige Rolle. Schließlich konnten sich die werdenden Menschen nicht mehr nur im Spiegel identifizieren, sondern auch fern jedes Spiegels oder anderer Menschen über sich selbst und ihre Absichten nachdenken. Diese innere Verbindung eines Antriebs oder einer Sehnsucht mit der Vorstellung des eigenen Ichs ergibt so das, was man den eigenen Willen nennt.

Durch diese starke Ich- oder Willensfähigkeit sind Menschen in der Lage, einer durch aktuelle Reize ausgelösten instinktiven Emotion nicht blind zu folgen, sondern sich für nicht unmittelbar aktuelle Reize oder Bedürfnisse zu entscheiden. Mit Hilfe des Willens ist es zum Beispiel möglich, im Falle einer aktuellen sexuellen Lustsituation ein Weibchen oder Männchen nicht einfach anzugehen oder einen Rivalenkampf vom Zaun zu brechen, sondern zuvor innerlich zu entscheiden, ob im konkreten Fall vielleicht eine ganz andere Verhaltensweise, zum Beispiel das Dichten eines Liebesliedes oder ein Waldspaziergang, angebrachter wäre.

Eng verbunden mit Erkenntnis und Willen ist die vergleichsweise starke kreative und spielerische Fähigkeit des Menschen. Die Phase der Neugier und des Spielens finden wir auch bei vielen anderen Arten. Der Mensch ist also auch in dieser Hinsicht nichts völlig Neues, sondern ein Teil der kreativen Dimensionen der Natur. Aber während bei Tieren die Neugier und das Spiel nur in sehr kurzen Phasen der Kindheit aktiv sind, erfreut sich der Mensch ihrer viel länger. Unter glücklichen Umständen, wenn nichts die Menschen zu frühzeitiger Anpassung und Einengung in Bezug auf Überlebensnöte oder unkreative Machtstrukturen zwingt, können diese kreativen Intentionen sogar lebenslang wach bleiben. Und indem man die spielerischen Anlagen in sich durch Erkenntnis, Übung, Willen und Austausch mit anderen Menschen verstärkt, bildet sich das, was man Kunst und Erfindungsgabe nennt.

So entwickelten sich besondere Fähigkeiten zuerst jede für sich in verschiedenen Bereichen des vormenschlichen Lebens: die Liebesfähigkeit im Verhalten der Mutter dem Nachwuchs gegenüber, die Einsichtsfähigkeit zur Orientierung in Wald und Savanne, die kreative Willensfähigkeit zur Meisterung sehr komplexer, durch Instinkte nicht ausreichend steuerbarer Situationen. Die Menschwerdung ereignete sich, indem diese besonderen Fähigkeiten zusammenkamen und einander optimierten. Deshalb sind wir meines Erachtens erst dann wirklich menschlich, wenn Liebe, Wissen und kreativer Wille zusammenkommen.

Wenn ich zukünftig von Mut spreche, so meine ich damit einen durch Wissen, Liebe und Spiel veredelten Willen. Auch unsere Alltagssprache verwendet das Wort Mut im Allgemeinen ja nicht für egoistische Zwecke, sondern dann, wenn jemand seine Willenskraft benutzt, um sich selbst zu übertreffen.

Die schönsten, kreativsten und glücklichsten Momente der Menschheitsgeschichte ereigneten sich meist dann, wenn viel Wissen sich mit viel Liebe und viel Mut verband, um etwas auch für andere Menschen Schönes und Sinnvolles in die Welt zu bringen. So öffneten sich im menschlichen Dasein immer wieder ganz neue Möglichkeiten, die oft auch als Erweiterung von Freiheit und Freude empfunden wurden.

Diese erste natürliche Menschwerdung und auch spätere befreiende Momente ereigneten sich bisher nur mehr oder weniger zufällig. Denn die Menschen ahnten oft irgendwie und sehnten sich danach, was sie zu Menschen macht, doch sie konnten es sich nicht wirklich erklären. Deshalb sprachen Philosophen und Philosophinnen wie Sokrates, Fichte, Karoline von

Günderode und andere davon, dass die eigentliche Menschheitsgeschichte noch gar nicht begonnen hat. Diese wird erst dann beginnen, wenn genügend Menschen das Menschliche in sich und miteinander verstehen und mit Lust und Liebe und kreativem Willen verwirklichen.

Wie diese Zukunft genau aussehen wird, werden die Menschen sich dann sicher selbst erdenken und erfühlen. Uns reicht es zu wissen, dass die wohl allen Menschen innewohnende Sehnsucht nach einer menschlicheren Welt keine schlechte Utopie, sondern die Stimme unserer eigenen evolutionären und universellen Natur ist. Die bisherigen Versuche, eine solche menschlichere Welt zu gestalten – ob in Form von christlichen oder islamischen Gottesstaaten des Mittelalters oder durch kommunistische Versuche der jüngsten Vergangenheit – blieben unvollkommen, weil man viel zu wenig vom Menschen und dem gerade erläuterten Zusammenspiel der ureigenen menschlichen Fähigkeiten wusste. So entstanden diese Utopien zwar letztlich immer wieder aus denselben menschlichen Sehnsüchten und Ahnungen von Liebe, Wissen und Mut, doch da man diesen Grund dafür nicht kannte, wurden meist einseitigere, ideologische Vorstellungen darübergestülpt. Hinzu kommt, dass bei diesen Utopien meist Männer federführend waren. Da Männer rein biologisch eine eher schwache Verbindung zwischen linker und rechter Gehirnhälfte haben, neigen sie dazu, die sensiblen Gefühle und Stimmen des Herzens zu verdrängen. Das soll wiederum nicht heißen, dass Frauen diesbezüglich unbedingt schönere Rollen in der Geschichte gespielt haben. Frauen können Gefühle raffiniert manipulieren und sind in der Lage, Männer von sich abhängig zu machen, zum Beispiel durch Sex. Nicht selten haben Frauen in der Vergangenheit große Herrscher für ihre oft kleinlichen Interessen benutzt.

Daher ahnten mutige Visionäre wie etwa Charles Fourier, Karl Marx oder Allexandra Kollontai (von der erzähle ich Dir bestimmt später einmal mehr), wie wichtig es ist, dass Frauen und Männer ihre in mancher Hinsicht verschiedenen Qualitäten nicht voreinander verschließen oder sie in zu enge gegenseitige Ketten legen, sondern dass sie erkennen, wie schön und weltverändernd die Kunstwerke der Liebe sind, die entstehen, wenn Männer und Frauen sich auf neue, bewusstere und freiere Weise verbünden.

Ich wünsche Dir liebevolle und lustvolle Einsichten und spielerischen Mut,

Deine Diotima

Eve fühlt sich in ihrer Gartenschaukel gerade sehr wohl. Sie genießt die Geräusche und den Duft der Natur. Ihr Leib, mit all seinen inneren und äußeren Sinnen, erinnert sich voller Behagen an die jüngsten Erlebnisse mit Jakob zwischen den Fliederbüschen, als Sonnenstrahlen, Wiesendüfte und Schmetterlinge sie umspielten. Sie spielt mit einer Haarsträhne und blinzelt in die Sonne, die durch den Apfelbaum scheint. Schon wieder so ein wundervoll verrückter Tag! Dabei dachte ich vor Kurzem noch, das Erwachsenenleben wird langweilig.

Hey, Sonne, verdanke ich dir das alles? Ohne dich gäbe es diese ganze Evolution auf der Erde doch gar nicht, oder? Wohin ich schaue, was ich höre, rieche, taste, schmecke, es sind unendliche Varianten des Liebesspiels.

Warum sind die Menschen nur so blöd und zetteln all die Naturzerstörungen und Kriege an, statt sich zu lieben, sich der Weiterentwicklung der Liebe zu widmen und das dazu nötige Wissen zu sammeln und zu verbreiten. Zwölf Jahre habe ich mich abgemüht. Abschlussprüfungen sind dran und fast nichts von alledem, was man uns abverlangte, hat mit dem Wissen von Liebe, Kreativität und Mut zu tun.

Am Freitag fahren Eve, Anne und Jakob gleich nach der Schule mit dem Zug nach Dresden. Die Demonstration beginnt erst um 19 Uhr und so spazieren sie noch eine Weile durch die alternativen Einkaufspassagen und Kneipenstraßen in Dresden-Neustadt. „Seht doch mal die urige Pinte da drüben!", ruft Jakob.

Auch innen erweist sie sich als originell. Hier kann man sich eine Menge selten zu findender Videos ausleihen oder auch gleich ansehen. Im Hinterhof öffnet sich ein riesiger Freigarten. Sie bestellen jeder einen Milchkaffe und setzen sich, weil keiner der Tische ganz frei ist, mit an einen der großen Tische im Ruinengarten, an dem außer ihnen nur ein Mann sitzt, der einen Kaffee trinkt und irgendwelche Unterlagen studiert. Obwohl er schon so Ende Dreißig sein dürfte, findet Eve ihn ziemlich ansprechend. Als sie genauer hinsieht, bemerkt sie einen Hauch jenes Lächelns in seinem Gesicht, welches direkt aus dem Herzen zu kommen scheint. Er wirkt fast jungenhaft, irgendwie ungewöhnlich. Sie schaut noch einmal hin. Was sind das für Papiere, die er da studiert? Auf den ersten Blick kann sie darauf eine Art riesige Muschel auf einem Gestell erkennen.

Auch der Mann mustert sie. Dann treffen sich ihre Blicke. Er hat etwas Freundliches und zugleich Wissendes, ja geradezu Herausforderndes, denkt Eve. Sie nimmt ihren Mut zusammen und spricht ihn an.

„Was für ein merkwürdiges Gebilde ist da auf Ihren Unterlagen? Ist das eine Riesenmuschel auf Stelzen oder ein Kunstwerk?", will Eve wissen.

„Ich glaube, hier kann man sich einfach duzen", antwortet er mit lachendem Gesichtsausdruck. „Ich heiße jedenfalls Johann. Willst du wirklich wissen, was das hier ist? Oder willst du vielleicht mit mir flirten?", fragt er und zwinkert ihr dabei schelmisch zu.

„Flirten?", wiederholt Eve, wobei sie sich bemüht, ganz locker zu bleiben, sich dann aber ein Schmunzeln nicht verkneifen kann. „Eher nicht. Ich will einfach wissen, was es mit dieser glitzernden Riesenmuschel da auf sich hat."

„Gut, da muss ich aber etwas ausholen. Kann ich gern tun, wenn ihr wirklich wollt."

Eve, Anne und Jakob wechseln kurz Blicke und nicken ihm zustimmend zu.

Johann beginnt zu erklären:

„Es hat tatsächlich etwas mit einer Muschel zu tun. So nenne ich es auch: Solarmuschel. Ihr wisst ja sicher, dass man inzwischen davon ausgeht, dass die massenhafte Verbrennung von Erdöl in Heizungen oder Autos mitverantwortlich ist für die Veränderung des Weltklimas, außerdem geht das Öl demnächst zur Neige. In den Medien wird meist verschwiegen, dass die Kriege im Nahen Osten Kriege um Zugänge zu den letzten Ölressourcen sind. Wenn es nicht gelingt, in absehbarer Zeit Alternativen zur Ölenergie zu entwickeln und auf den weltweiten Markt zu bringen, dann sind diese Kriege nur ein Vorgeschmack. Je knapper die Ressourcen werden, desto heftiger wird es.

Die Sonne strahlt jeden Moment 15.000 Mal so viel Energie auf die Erde, wie die gesamte Menschheit derzeit verbraucht. Wenn es gelingt, einen Teil davon einigermaßen intelligent aufzufangen und zu nutzen, dann ist genug für alle da. Doch die bisherigen Solartechniken sind zu teuer und zu uneffizient. Also ging ich anders heran, nicht nur technisch, sondern auch künstlerisch und bionisch. Ich habe mir die Natur näher angeschaut, die ja fast überall von der sehr effektiven und scheinbar einfachen Nutzung der Sonnenenergie lebt. Pflanzen und Bäume zum Beispiel: Um die Sonnenstrahlen möglichst effektiv aufzufangen, bewegen sie nicht nur ihre Blätter und Blüten permanent der Sonne zu, sondern formen sie auch so, dass möglichst viele Strahlen zusammenkommen."

Wie begeistert dieser Johann über seine Erfindung spricht – steckt richtig an. Das muss schön sein, wenn man etwas findet, womit man seinem Leben einen Sinn geben kann. Hoffentlich gelingt mir das auch, denkt Eve und hört fasziniert weiter zu.

„Also habe ich versucht, diese effizienten Strukturen und Bewegungen kreativ nachzubilden."

„Ist denn kein anderer von all den vielen Forschern bisher auf diese Idee gekommen?", wirft Jakob ein.

„Doch, auf ähnliche Gedanken sind auch schon andere gekommen. Weltweit wurden viele Millionen Dollar darauf verwendet, Konzentratortechniken zu entwickeln. Aber da diese Apparaturen immer sehr groß und primär technisch konzipiert waren, erwiesen sie sich alle entweder als zu teuer oder als zu instabil. Daher habe ich nach einer anderen, leichteren und flexibleren Lösung gesucht und fand Vorbilder in der Natur. So gelangte ich zu dieser Riesenmuschel hier." Stolz zeigt er ihnen die Fotos in seinen Unterlagen. „Das, was ihr hier seht, ist eine Art Kombination von Blume, Muschel, Technik und Kunst. Wenn die Sonne aufgeht, öffnet sich die Muschel automatisch und dreht sich den ganzen Tag hin zur Sonne. Diese Muschel ist, ähnlich wie die natürlichen Muscheln, einfach gebaut, relativ leicht und doch stabil. Auf dieser hier – Johann zeigt auf ein Foto in seinen Unterlagen – können mehrere Menschen herumtanzen, ohne dass sie bricht. Innen ist sie mit hochreflektierenden dünnen Aluminiumfolien bestückt. Diese Folien reflektieren die Sonne auf einen im Brennpunkt der Muschel befindlichen Receiver. Dort wird die dann hochkonzentrierte Energie sowohl in Wärme als auch in elektrische Energie umgewandelt. Das heißt, man kann damit nicht wie bei herkömmlicher Solartechnik nur eine, sondern mehrere Wellenlängen der Solarenergie gleichzeitig auffangen.

All dies zusammen ergibt eine Aufwandsersparnis, die es möglich macht, Solarenergie in absehbarer Zeit zu ähnlich geringen Kosten wie bisher Öl- oder Atomenergie zu gewinnen."

Eve staunt über den Erfindermut dieses Mannes und lächelt ihn an: „Wenn das wirklich funktioniert, dann ist das ja echt super. Nicht nur technisch, mir gefällt auch die Form."

Der Angesprochene freut sich sichtlich über die Bewunderung und das Lächeln der jungen Frau. „Ja, der ästhetische Aspekt war mir auch wichtig. Stellt euch vor, statt der riesigen und mehr oder weniger hässlichen Öl- und Atomkraftwerke gäbe es überall auf der Erde viele Solarmuscheln. Es wäre einfach viel schöner. Das ist übrigens der Leitspruch meines Denkens und Tuns: Besser, wenn es schön ist."

„Die Welt schöner machen – das gefällt mir. Wenn es keine Kriege um Energie mehr gäbe, würde das bestimmt mehr Platz für die Liebe schaffen." Eve überlegt kurz und fügt dann hinzu: „Ja, ich glaube, ich könnte sagen, mein Leitgedanke ist die Liebe."

„Wer hätte das gedacht?", sagt Johann daraufhin, aber Eve wird nicht so ganz schlau aus seiner Antwort. Ihr fällt auf, dass ihre Worte ziemlich vieldeutig waren.

Johann geht jedenfalls direkt darauf ein und fährt mit offenem Lächeln fort: „Dass die Liebe das Schönste ist, diese Meinung teile ich voll und ganz. Ich male mir oft aus, wie man weltweit mit dieser neuen Solartechnik in sinnhaften Unternehmensformen die Entfaltung der Liebe unter den Menschen fördern könnte. Wenn ihr wollt, können wir gern darüber weiter philosophieren."

Eve, einerseits verwirrt, andererseits sehr angetan, blickt ihre Freunde fragend an. Als diese die Schultern zucken, sagt sie, halb zu ihnen, halb zu Johann gewandt: „Wir sind eigentlich in Dresden, um bei der Demonstration heute Abend mitzumachen. Aber bis dahin ist ja noch Zeit. Was meint ihr, bleiben wir noch ein bisschen?"

Über den Tisch hinweg tauschen die beiden Männer Blicke aus, als würden sie ein wortloses Übereinkommen treffen.

„An sich ein spannendes Thema", sagt Jakob, „aber ich würde mich lieber noch ein bisschen in Dresden umgucken. Nur eine Frage hätte ich noch: Wie sieht es denn konkret aus? Funktioniert sie schon und wird sie gebaut?"

„Im Grundprinzip ist die Solarmuschel technisch und wirtschaftlich durchgerechnet. Die wichtigsten Erfindungen daran sind bereits zum Patent angemeldet. Auch praktisch sind viele Teile schon entwickelt und werden zurzeit getestet. Damit es in allen seinen Funktionen effektiv hinhaut, braucht es noch einige Monate Feinentwicklungs- und Erprobungsarbeit, bevor man es auf den Markt bringen kann. Je nachdem, wie gut das alles gelingt, könnten in ein, zwei oder drei Jahren die ersten Solarmuscheln ihr Sonnenspiel beginnen."

„Das ist ja klasse. Ich hab' nämlich deshalb gefragt, weil ich mich für neue, ökologische Techniken interessiere und nach dem Zivildienst irgend' was in dieser Richtung studieren will. Wer weiß, vielleicht bewerbe ich mich nach meinem Studium ja bei dir, aber das wird wohl noch etwas dauern", sagt Jakob mit strahlenden Augen.

„Ja, warum nicht? Je mehr Menschen Freude daran haben mitzuwirken, umso besser."

Jakob und Anne erheben sich. „Viel Spaß beim Philosophieren", sagt Anne und zwinkert Eve zu, aber so, dass es die beiden anderen nicht bemerken.

„Halb sieben wieder hier?"

„Halb sieben."

Als die beiden dann alleine sind, fragt Eve gleich weiter: „Wie bist du denn überhaupt auf die Idee gekommen, eine neue Energiequelle zu erfinden?"

„Ja, auch hier muss ich wohl ziemlich ausholen. Soll ich?" Eve nickt und er beginnt zu erzählen, wie er als eines von acht Geschwistern in eher bescheidenen, aber sehr liebevollen Verhältnissen aufwuchs und dass er heute noch die Vertrautheit, Geschwisterlichkeit und menschliche Wärme von damals vermisst.

Um menschlichere Formen des miteinander Lebens und Arbeitens zu unterstützen, hatte er sich in jungen Jahren sogar der DKP ange-schlossen. Aber als er erlebte, wie engstirnig viele dort überholte Ideologien verfochten haben und statt um Menschlichkeit um ihr Ego kämpften, trat er wieder aus. Daraufhin hatte er dann versucht, durch Erfindungen und Automatisierungen die Arbeitsverhältnisse in großen Unternehmen humaner zu gestalten, doch auch das klappte kaum, da die Manager zwar höhere Gewinne, doch keine freie Entwicklung ihrer Untergebenen wollten.

Als Johann fertig ist mit seiner Geschichte, entschuldigt er sich kurz, um auf die Toilette zu gehen. Kaum ist er wieder zurück, geht er auch schon gleich wieder auf das vorherige Thema ein: „So bin ich also zu dieser neuen Solartechnik gekommen. Mein Ziel ist, dass diese später in Unternehmen produziert werden soll, deren Ziel nicht allein effektive und profitable Energieerzeugung, sondern zugleich die Entwicklung menschlicherer Fähigkeiten ist."

„Was meinst du denn mit menschlicheren Fähigkeiten?", fragt Eve, die das ganze Thema zunehmend spannend findet.

„Zum Beispiel die Liebesfähigkeit", antwortet Johann, woraufhin Eve etwas verwundert reagiert und mit skeptischem Ton fragt: „Sagst du das jetzt, weil ich vorhin meinte, dass mein Leitspruch die Liebe ist?"

Er hält inne und fährt erst nach einigem Zögern mit sanfterer Stimme fort: „Ein bisschen ja und ein bisschen nein."

„Was soll das denn heißen?", will Eve wissen.

„Nun, die Weiterentwicklung menschlicher Fähigkeiten war ja der Ausgangspunkt, und darum geht es mir tatsächlich schon seit Jahren.

Die Liebesfähigkeit ist diesbezüglich ein ganz wichtiger Aspekt, wenn nicht sogar der wichtigste. Und als du vorhin sagtest, dass die Liebe dein Leitspruch ist, bin ich hellhörig geworden."

Als Eve nichts dazu sagt, sondern immer noch etwas skeptisch die Augenbrauen hochzieht, fährt er fort: „Allerdings meine ich mit Liebe nicht primär Sex. Erfüllte Erotik ist eine wesentliche Sache zwischen Frau und Mann, aber die eigentliche Kraft der Liebe entsteht meiner Auffassung nach nicht aus bloßer Lust, sondern dann, wenn diese ein lebendiger Ausdruck seelischer Resonanz ist."

Plötzlich wird Eve bewusst, dass dieser fast Unbekannte mit seiner Solarmuschel genau das anspricht, was ihr selbst kürzlich aufgefallen ist. Begeistert geht sie auf das Thema ein: „Ja, wenn Liebe zwischen Frau und Mann wirklich lebendig ist, dann entsteht etwas, was sonst nicht da ist. Aber leider scheinen diese Momente recht selten zu sein."

„Wie meinst du das?", geht Johann weiter auf sie ein.

„Naja, ich habe es mit meinem letzten Freund vor allem anfangs erlebt, aber mit der Zeit dann immer weniger. Und es scheint fast allen Beziehungen so zu gehen, dass diese Momente nachlassen. Seit mir das aufgefallen ist, rätsele ich, woran das liegen könnte und ob es nicht Möglichkeiten gibt, Liebe lebendig zu halten."

Auch Johanns Miene erhellt sich immer mehr. Er nimmt eine Serviette und faltet sie zu einem Kranich, ehe er zögernd weiterredet: „Ja, das frage ich mich auch. Wenn Mann und Frau miteinander so glückliche Energien freisetzen können, dann sollte das dauerhafter sein als nur in einigen verliebten Phasen. Ich glaube fast, die ganze heutige Beziehungswelt müsste sich verändern. Dabei müsste es, wenn du mich fragst, vor allem um die innere Qualität gehen und weniger um das äußere *Wie*."

Eve schaut ihm in die Augen und begegnet offen seinem forschenden Blick. „Du sprichst mir sozusagen aus dem Herzen. Und weißt du was: Seit einiger Zeit erzählt mir eine mystische Philosophin ähnlich ungewöhnliche Weisheiten über die Liebe."

„Was denn so?", fällt Johann ihr angetan ins Wort.

„Zum Beispiel, dass erotisch lebendige Liebe Himmlisches und Irdisches verbindet und dass sie uns Ideen, Kraft und Mut bringt, um Schönes, Wahres und Gutes zu bewirken. Außerdem sagt sie, dass der Mensch erst durch diese Liebesfähigkeit wirklich Mensch wurde und alle wirklich wichtigen Erfindungen der Menschheit, ob Sprache oder Gartenbau, aus dem Gefühl der Liebe entstanden sind … und dass Liebe die größte aller möglichen Informationen enthält."

„Hm, klingt spannend, besonders das Letzte mit der größtmöglichen Information. Und was sagt sie noch?"

„Na ja, zum Beispiel, dass die Entwicklung der Liebe noch lange nicht abgeschlossen ist und bisher nur zufällige Schritte in dieser Richtung getan wurden. Wir werden erst dann wirklich menschlich, wenn Liebe, Wissen und Mut zusammenkommen – wenn genug Menschen die Bedeutung der Liebe begreifen und sich vor allem dafür engagieren, dass sie wächst."

„Aber das wollten ja andere auch schon. Denk' nur an Jesus, Buddha oder Mohammed. Daraus entstanden dann zwar große Religionen, aber schau dir an, wie lieblos die Menschheit noch immer ist, wie viel Leben und Liebe durch Umweltzerstörung und Kriege sinnlos zerstört wird."

„Ja, das ist genau das Problem, was Diotima auch sieht, nämlich dass unglückliche, ungeliebte und deshalb machtgierige Männer aus den großen Impulsen der Liebe ideologische Dogmen gemacht haben."

Johann nickt, trinkt einen Schluck von seinem längst kaltgewordenen Kaffe, wobei er Eve keinen Moment aus den Augen lässt. „Deine Augen versprühen manchmal ein wunderbares Lächeln. Hast du nicht Lust, nach der Demonstration noch weiter mit mir zu reden? Wenn du willst, kannst du gern mit in der Wohngemeinschaft meiner Dresdner Freunde übernachten."

Ganz schön gerade heraus, denkt Eve und will ihn schon abweisen, als ihr Diotimas Rat wieder einfällt: Folge den Spuren dahin, wo Liebe, Wissen, Mut und Kunst zusammenkommen und meide die äußeren Umstände und inneren Zustände, bei denen zu viel davon fehlt. O.k., denkt Eve, fehlen tut hier diesbezüglich gar nichts, aber ich kann doch nicht einfach mit zu seinen Freunden fahren und da dann noch übernachten. Dann aber hört sie sich antworten: „Warum eigentlich nicht. Komm doch mit zur Demo und dann sehen wir weiter."

„Einverstanden. Was denkst du eigentlich über den Krieg im Irak? Warum willst du zu dieser Demo?"

„Ich empfinde es als eine Riesensauerei, dass Bush ohne Zustimmung der UNO einfach diesen Krieg vom Zaun bricht. Dagegen muss man doch etwas tun, oder?"

„Ja, da stimme ich dir zu. Aber muss man nicht auch bedenken, dass Saddam Hussein Millionen Menschen seines eigenen Landes unterdrückt, gefoltert und umgebracht hat?"

„Hm, ja, da ist was dran. Aber hast du nicht selber gesagt, dass es bei diesem Krieg vor allem um Ölressourcen geht?"

„Ja, sicher. Busch hat vor allem die Interessen der texanischen Ölgesellschaften im Auge, was aber nicht heißt, dass seine humanitären Motive alle gelogen sein müssen. Die Dinge sind meistens nicht ein-, sondern mehrdimensional. Davon mal abgesehen, finde ich es auch nicht richtig, dass er ohne Zustimmung der UNO dort einmarschiert. Außerdem bin ich immer eher dafür, friedliche Formen der Konfliktlösung zu entwickeln."

Als Eve aufblickt, sieht sie Anne und Jakob schon wieder zurückkommen. Wie schnell die Zeit vergangen ist. Gemeinsam machen sich die vier auf den Weg zur Frauenkirche, wo die Demonstration beginnen soll. Dort angekommen, treffen sie auf ungeheuer viele Leute, vor allem Jugendliche. Manche spielen Gitarre oder trommeln und wieder andere tanzen sogar in großen Kreisen miteinander. Viele haben Plakate oder Transparente mitgebracht. Irgendwann beginnen sich all die Menschen in Bewegung zu setzen. Singend und tanzend ziehen sie durch die großen Straßen im Zentrum der Stadt.

Als es allmählich dunkel wird, entzünden einige Kerzen. Eve genießt die Stimmung des friedlichen Umzugs im Halbdunkel. Die Menge fühlt sich kraftvoll an, denkt sie und ahnt, dass noch vieles bisher scheinbar Unmögliche auf dieser Erde möglich werden kann, wenn sich mutige und liebevolle Menschen weltweit zusammentun.

Als die Demonstration gegen 21 Uhr auseinander geht, bilden sich überall kleine Gruppen von singenden, redenden oder tanzenden Menschen. Eve, Anne, Jakob und Johann tanzen noch eine Weile mit einer dieser Gruppen zu selbst gesungenen Liedern. Die Vortänzerin hatte ihnen erzählt, dass es sich dabei um *Aramäische Friedenstänze*, wiederentdeckte Lieder und Tänze aus der Zeit des ursprünglichen Christentums, handelt. Eve gibt sich den eingängigen Melodien gerne hin, wie ein Teppich scheint die Musik sie durch die Straßen zu tragen. In ihrer freudigen Ausgelassenheit fällt es Eve nicht mehr schwer, sich dafür zu entscheiden, mit zu Johann zu gehen.

Als sie Anne und Jakob Bescheid sagt, dass sie noch bis morgen in Dresden bleibt, blinzelt Jakob ihr zu und wünscht ihr viel Glück. Dann verabschieden sich die beiden und gehen zum Bahnhof. Auch Eve und Johann verlassen die Gruppen und spazieren in Richtung Neustadt. Unterwegs erzählt Johann von seinen Dresdner Freunden, deren Wohngemeinschaft und warum er immer mal wieder hier ist.

„Eigentlich lebe ich mit meiner Familie in Nürnberg. Ich bin aber gern hin und wieder in den neuen Bundesländern, besonders gern in Dresden und Umgebung.

„Was ist denn hier in der Umgebung?", will Eve wissen.

„Kurz nach dem Berliner Mauerfall und der deutschen Wiedervereinigung haben sich, nicht weit von hier, einige mutige Menschen aus Ost- und Westdeutschland zu einer Zukunftswerkstatt zusammen getan."

„Und was genau ist eine Zukunftswerkstatt?"

„Das ist ein Workshop, in dem nach ganz neuen Lösungen gesucht wird. Wichtig dabei ist, ohne Vorurteile heranzugehen und die Kreativität möglichst frei fließen zu lassen."

„Klingt ja interessant. Und was kam damals heraus? Warst du dabei?"

„Nein, war ich nicht, aber vielleicht treffen wir gleich noch welche aus der Gruppe. Damals ging es darum, die west- und ostdeutschen Erfahrungen und Visionen zusammenzubringen, um neue, ökologischere und menschlichere Wege des Lebens und Wirtschaftens zu entwickeln. Sogar führende Politiker waren dabei und so kam es zu einem visionären Zukunftsexperiment in einem ehemaligen sächsischen Forschungsgut. Das gibt es jetzt seit zwölf Jahren. Die Dresdner Wohngemeinschaft ist so eine Art Außenstelle davon."

„Das hört sich ja spannend an", findet Eve, „und wie bist du darauf gestoßen?"

„Vor zwei Jahren habe ich in einem Internet-Forum zu integraler Wissenschaft jemanden aus diesem Projekt kennengelernt. Was ich von ihm darüber erfuhr, hat mich so neugierig gemacht, dass ich es mir später unbedingt anschauen musste.

Um es wirklich zu verstehen, muss man es selbst erleben. Stell' dir ein riesiges, altes, ehrwürdiges Rittergut am Rand eines Dorfes inmitten von Feldern und Wäldern vor. Dort gibt es einen ökologischen Landwirtschaftsbetrieb, der köstlichen Käse, Brot und Gemüse erzeugt. Es gibt eine freie Schule und eine wundervolle Ausstellung, in der man die wichtigsten Philosophien der Geschichte als interaktive Spielobjekte erleben kann."

„Klasse, da würde ich gerne mal hinfahren!", sagt Eve ganz begeistert, ohne darüber nachzudenken, dass sie Johann ja noch kaum kennt und fügt dann schnell hinzu: „Und was gefällt dir dort am besten?"

„Neben dem Lebensmut der Menschen, ganz persönlich etwas Neues für die Zukunft von Mensch und Erde auszuprobieren, fasziniert mich das Zusammenwirken von Ost- und Westdeutschen. Ich glaube, darin liegt eine ganz besondere Chance. Die Westdeutschen haben wie alle Westeuropäer in den letzten fünfzig Jahren sehr viel Erfahrung in freier Wirtschaft gesammelt. Allerdings scheint ihnen dabei auch etwas verloren gegangen zu sein, und zwar das Gefühl ursprünglicher menschlicher Verbundenheit und Solidarität. Die Ostdeutschen dagegen haben nur wenige Chancen zur Entwicklung freier Individualität gehabt, scheinen sich dadurch aber mehr Gefühl für gemeinschaftliche Verbundenheit bewahrt oder entwickelt zu haben."

„Darüber hab' ich so noch nie nachgedacht, macht aber irgendwie Sinn", findet Eve.

„Mit der Wiedervereinigung bekamen die Deutschen eine riesige historische Chance geschenkt. Stellvertretend für viele andere Völker können sie eine nicht nur theoretische, sondern praktische Integration von freier Individualität und lebendiger Liebe entwickeln. Leider haben die Politiker das nicht erkannt. Das materielle Auffangen Ostdeutschlands durch Westdeutschland ist zwar eine enorme Leistung und auch ein ganz gutes Beispiel dafür, was auf der ganzen Erde möglich wäre, wenn die Reicheren einen Teil ihres Reichtums mit den Ärmeren teilen. Aber die Reicheren haben übersehen, dass auch sie von den Ärmeren etwas Wichtiges lernen können."

Eve hört ihm gespannt zu und gibt ihm zu verstehen, dass er fortfahren soll.

„So werden Milliarden über Milliarden Euro jährlich aufgewandt, um in Ostdeutschland westliche Verhältnisse einzuführen. Ein nicht geringer Teil davon floss und fließt in früher oder später doch zusammenbrechende überholte Strukturen. Wenigstens einen Bruchteil dieser Summen hätte man für aussichtsreiche Zukunftsexperimente einsetzen sollen, denn solche großen, noch dazu friedlichen Umbrüche, wie der in Ostdeutschland einer war, sind die Laboratorien der Weltgeschichte. Hätte man viele solcher kreativen Utopien zur Verbindung von freier Individualität und Gemeinschaftlichkeit politisch gewollt und initiiert, wäre sicher ein großer Teil davon nichts geworden. Aber die ganze Evolution, also auch die menschliche Geschichte, braucht solche Experimentierfelder. Wahrhaft Neues ist oft so anders, dass man es sich im Kopf nicht ausdenken kann. Man braucht dazu die vielfältige praktische Erfahrung, die dann auch zeigt, was eben nicht funktioniert. Fehlerfreundlichkeit ist eines der wichtigsten Prinzipien der Evolution: Ohne eine Vielzahl nicht lebensfähiger Mutationen können auch keine lebensfähigen Wesen gelingen."

„Hört sich ein bisschen so an, als hätten deine Freunde sich selbst zu Versuchskaninchen gemacht", entgegnet Eve nachdenklich.

„Ja, irgendwie schon. Aber sie sind so schlau und machen es aus freien Stücken, bevor die Geschichte es mit ihnen macht. Denn wenn wir nicht lernen, spielerisch neue Formen des Lebens und Wirtschaftens auszuprobieren, dann werden wir die Krisen der Zukunft umso heftiger erleiden. Dann werden die ungelösten ökologischen und sozialen Probleme unzählige Menschen zu unfreiwilligen Versuchskaninchen machen. Dies wird weltweit viele Opfer fordern, die man bei kluger Politik und kreativer experimenteller Zukunftsforschung leicht vermeiden könnte. Die Deutschen haben eine vielleicht einmalige historische Chance dazu nur leider fast schon vertan. Denn bisher gibt es nur wenige ganzheitliche Zukunftsexperimente wie das meiner Freunde."

„Über das alles habe ich so noch nie nachgedacht – neue Formen des Lebens und Wirtschaftens –

klingt gut, kann mir aber ehrlich gesagt noch nicht so richtig vorstellen, was sich dahinter verbirgt."

Johann bleibt vor einem schönen Altbau stehen und sagt: „Wir sind jetzt da. Lass uns doch oben noch weiter reden, o.k.? Vielleicht ist ja auch noch einer von denen wach."

In der Küche sitzt bei einer Flasche rotem Wein ein Pärchen. Johann stellt ihnen Eve vor und berichtet kurz davon, wie sie sich kennengelernt haben. Die beiden sind Eve auf Anhieb sympathisch. Während Johann erzählt, schaut sich Eve neugierig in der Küche um. Die ganze Küche hat eine ganz eigene Atmosphäre. Der ganze Raum ist nur leicht beleuchtet, wirkt aber trotzdem irgendwie warm und hell. Vielleicht liegt das an dem ganzen Holz, denkt Eve, als sie plötzlich bemerkt, dass alle sie angucken.

„Ich bin Roland", sagt der rotschöpfige Mann und hält ihr seine Hand entgegen, wobei Eve sofort seine netten Augen auffallen.

„Und ich bin Katrin. Wollt ihr zwei nicht noch ein Glas Wein mit uns trinken?"

Eve schätzt Katrin so auf Mitte dreißig, ist sich aber unsicher. Auch sie besticht durch ihre freundlichen Augen.

„Das ist ganz lieb." Und dann hält Eve kurz inne und fügt hinzu: „Aber ehrlich gesagt würde ich mich gerne weiter mit Johann unterhalten. Wir haben gerade auf dem Weg hierher total schön philosophiert ..."

„Ihr könnt ja zwei Gläser mit hoch nehmen. Wir philosophieren auch gern und oft. Ich verstehe, dass man dazu manchmal nur zu zweit sein möchte", sagt Katrin und zwinkert Eve vielsagend zu.

„Ja, gut, dann nehme ich gern ein Glas. Aber bevor wir hochgehen ...", wendet sich Eve an Katrin, „Johann hat mir von eurem Zukunftsexperiment erzählt und ich wollte fragen, ob ich euch im Sommer mal besuchen kommen kann?"

„Na klar, gerne sogar. Lass dir von ihm meine Telefonnummer geben und ruf einfach einige Tage vorher an."

„Klasse, das mach ich."

„Gute Nacht, ihr zwei."

Eve und Johann nehmen sich jeder ein Glas Wein und gehen hoch ins Gästezimmer. Eve steht zunächst etwas unsicher mitten im Raum, was Johann zu bemerken scheint. Er geht zur Musikanlage, legt eine CD ein und zündet eine Kerze an. Schon viel besser, denkt Eve und merkt förmlich, wie sie auftaut. Dann machen es sich die beiden auf dem Sofa bequem.

„Für ein Gästezimmer wirklich nett. Du scheinst häufiger hier zu sein, oder?", bricht Eve das Schweigen.

„So oft ich kann", entgegnet Johann und hält ihr das Glas Wein entgegen, um mit ihr anzustoßen. „Ich freue mich wirklich, dass ich dich heute getroffen habe."

„Dito", sagt Eve und lässt mit einem wohltuenden Ton die Gläser klingen.

„Sag mal, wenn du jetzt bald erst Abi machst, dann bist du doch höchstens 19, oder?"

„Ja, ich bin erst 19 und du bist schon ein alter Mann ... bla, bla, bla ...", neckt ihn Eve und verdreht die Augen. „Ich weiß schon, was ich mache." Dann lächelt sie ihn vielsagend an, woraufhin er fast etwas unsicher wirkt. Merkwürdig, denkt Eve, der ist nun schon wesentlich älter als ich und trotzdem unsicher? Das erinnert sie an einen Artikel, den sie vor einiger Zeit in die Finger bekommen hat, in dem es um Emanzipation ging und dass viele Männer zum Teil überhaupt nicht mehr wissen, wie sie sich einer Frau nähern sollen. Doch dann kommen ihr plötzlich Zweifel. Wie soll sie nun mit der Situation umgehen? Ein Teil von ihr will einfach ausreißen.

Eve hält kurz inne. Inzwischen schon etwas geübt darin, tiefer in sich hineinzuhorchen, fühlt sie auch die andere Seite in sich, die voller Neugier und Lust ist. Sie wollte doch nach der Trennung von

Jakob auf jeden Fall ein paar Männer kennenlernen, bevor sie sich wieder in eine feste Beziehung begibt. So ein interessantes männliches Wesen wie Johann trifft man bestimmt nicht alle Tage.

Eve nimmt ihren Mut zusammen, atmet tief durch und zieht sich langsam die Bluse aus, wobei sie Johann tief in die Augen schaut. Dann rückt sie noch etwas näher an ihn heran und zieht ihm vorsichtig das Hemd über den Kopf. Johann lässt das alles einfach geschehen. Der Duft seiner Haut erregt sie. Sie streicht ihm über Kopf und Rücken. Ihr pocht das Herz, nicht nur vor Lust. Wer weiß, worauf sie sich einlässt. Wie sich so ein erfahrener Mann wohl anfühlt?

Johann nimmt ihre eindeutige Aufforderung zunächst nur vorsichtig an. Sanft beginnt er sie zu streicheln und immer wieder bemerkt sie, wie er sie verträumt, fast ungläubig anschaut.

Eve gibt sich seinen sanften Händen vollends hin. Sie genießt seine ausgiebigen Zärtlichkeiten, seine anfangs hingehauchten und später eindrücklichen Küsse auf Wangen, Ohren, Hals, Brüste, Bauch, Rücken, Füße, Beine und auch zwischen diesen. Erst als sie überall am Körper jenes sanfte Feuer spürt, dringt er sehr vorsichtig in sie. Im selben Moment schaut er ihr in die Augen, und sie sieht in den seinen die Verwunderung, die Freude und die Wonne ihrer eigenen Hingabe. Sie merkt nicht, wie die Zeit vergeht. Auf vielfältige Weise spielt er mit ihr, zieht sich zurück, um bald darauf, als sie ihm ihr Verlangen zeigt, aufs Neue zu ihr zu kommen. Sie freut sich, wie leidenschaftlich und zugleich zärtlich vorsichtig er seine Freude an ihr ausdrückt.

Neben den bekannten Erregungen ihrer Haut und ihres Innern fühlt Eve eine bisher unbekannte Art von Wonne, die sich nicht nur im Bauch, sondern auch im Herzen, sogar im Kopf auszubreiten scheint. Irgendwann verliert sie die Kontrolle und fließt für Sekunden in einem unendlichen Fluss der Ekstase.

Johann scheint dies zu bemerken, denn als sie wieder bei sich ist, liegt er still bei ihr. So gleitet sie, aufgewühlt und wundersam geborgen, in ihre Träume.

Ekstase der Herzen

Eve erwacht, als es gerade hell wird. Sie hat offenbar die ganze Zeit tief und fest neben Johann geschlafen. Ihre Gedanken schweifen zum gestrigen Abend. Im Leib spürt sie noch immer die ungewöhnlich befreiende Wonne und da ist es wieder, dieses unbeschreiblich schöne Gefühl, sie könnte die Welt umarmen. Seltsam, denkt sie, ich fühle mich irgendwie anders, da ist irgendetwas Neues in mir erwacht. Leise steht sie auf und holt sich ein Glas Wasser aus der Küche, dann nimmt sie ihr Handy aus dem Rucksack und schreibt:

Diotima,
schon mit Jakob war der Sex sehr verschieden. Jetzt mit Johann war da aber noch was ganz anderes. Es war mehr als nur sexuelle Lust, wie eine Art übersinnliche Freude zwischen uns. Weißt du, was ich meine? Was ist das?
Eve

Wenige Minuten, nachdem sie die Frage abgeschickt hat, piepst ihr Handy, und sie liest die Antwort:

Spannende Frage. Schau in einer Stunde in Deine Emails. Diotima

Offenbar ist auch Diotima schon wach und hat für sie Zeit. Eve legt sich noch einmal ins Bett und genießt die Nähe des fest schlummernden Johann, ohne ihn zu wecken. Lange liegt sie so da. Die Bilder vom Vortag ziehen an ihrem inneren Auge vorbei – die tanzenden Menschen – Anne, wie sie den Kopf hochwirft, hautnah an Jakobs lächelnden Lippen – Johann, der mit dem Mund ihren Körper erkundet. Dann beschließt sie, in der Wohnung nach einem Computer zu suchen.

Auf einer der Türen steht BÜRO. Sie geht hinein und findet einen Laptop mit Telefonanschluss. Sie startet ihn und es gelingt ihr, Zugang zu ihren Emails zu bekommen. Tatsächlich ist eine neue Nachricht von Diotima eingetroffen. Eve druckt sie aus und geht damit zurück ins Gästezimmer, legt sich gemütlich wieder neben Johann ins Bett und beginnt zu lesen.

Liebe Eve,

eine erschöpfende Antwort auf diese spannende Frage zu geben, ist nicht leicht. Obwohl Menschen sich immer und überall nach erfüllter ganzheitlicher LIEBE sehnen und dieses Sehnen viel Raum in den Gedanken und im Leben der meisten einnimmt, ist doch das Wissen darüber, was bei der Empfindung der ganzheitlichen LIEBE in der Tiefe der Menschen eigentlich abläuft, in den modernen Gesellschaften sehr dürftig. Einige Gründe dafür hatte ich Dir ja im letzten Brief schon genannt.

Frühere Kulturen besaßen eine in mancherlei Hinsicht sehr viel weiter entwickelte Weisheit und Kunst der Liebe. Viele große Kulturen der Vergangenheit – ob die des alten Indiens, des alten Chinas oder vor wenigen Jahrhunderten noch die des Orients – entwickelten eine hoch differenzierte, verfeinerte Weisheit der Liebe. Mit dem Untergang dieser Kulturen ging das meiste davon wieder verloren. Die moderne westliche Gesellschaft, die sich diesem Wissen bisher noch gar nicht richtig gewidmet hat, ist in dieser Hinsicht jedenfalls noch sehr weit von einer lebendigen Weisheit der Liebe entfernt.

Während beim rationalen Wissen quer durch alle Völker und Zeitalter eine gewisse fortschreitende Entwicklung zu verzeichnen ist, kann man das vom Wissen über die Liebe nicht sagen. Dieses Wissen entsteht und vergeht eher zyklisch, mit mehreren Höhepunkten und Tiefpunkten. Es kann jedoch sein, dass eine zukünftige Kultur diese Zyklen aufhebt und damit eine dauerhaftere Erkenntnis, Kunst und Wirklichkeit der Liebe ermöglicht. Denn die bisherigen Kulturen waren ja immer lokal beschränkt und wurden daher früher oder später durch andere, oft gewaltsamere Völker zerstört. Weil sich liebende Menschen nicht so leicht unterdrücken und ausbeuten lassen, zerstörten diese gewaltsameren Völker nicht zufällig vor allem immer wieder das Wissen der lebendigen Liebe.

Die heutigen Kommunikationsströme hingegen sind zunehmend global und das Wissen der Liebe wird fast überall zugänglich. Um unserer inneren Ahnung und Sehnsucht nach lebendiger und ganzheitlicher LIEBE nachzugehen, können wir globalen Menschen im Zeitalter des Internets erstmals auf das gesamte Wissen darüber zugreifen. Neben dem eher sachlichen Detailwissen von der Funktion bestimmter Hormone oder Nervenverbindungen, das die modernen Wissenschaften dazu entdeckten, können wir auch die aus Überlieferungen vielfach noch rekonstruierbaren Quintessenzen der ganzheitlicheren Liebesweisheiten des alten Indiens, Chinas, Griechenlands und des Orients mit einbeziehen.

Die alte indische Wissenschaft der Liebe, auf die ich mich etwas mehr beziehen will, nannte sich Tantra. Bestimmt ist Dir dieses Wort schon einmal begegnet. Leider wird Tantra heutzutage oft reduziert auf die Erklärung verschiedener Körperstellungen und verschiedener Arten einander zu erregen und zum Orgasmus zu bringen. Dieses Wissen ist zwar nicht verkehrt, da es durchaus ein Teil der Liebeskunst und Liebesweisheit ausmacht, aber es ist, wie gesagt, nur ein Teil dessen, was Tantra oder die ganzheitliche Kunst der Liebe ausmacht.

Besonders im westlichen Kulturkreis wurde die leibliche Liebe jahrhundertelang von der geistigen Liebe abgetrennt, aber bei einer nur körperbetonten Erotik sollten mutige Menschen nicht stehen bleiben. Wirklich ganzheitlich ergreifende und so in gewisser Weise himmlische Erlebnisse der Liebe ereignen sich erst dann, wenn Körper, Seele und Geist zweier Menschen innerlich und äußerlich zusammenschwingen.

Um die jahrhundertealte Weisheit des Tantra zu verstehen, sollte man sich vergegenwärtigen, dass Mensch und Kosmos damals noch nicht getrennt gedacht und gefühlt wurden. Zudem war das alte Wissen nicht so eindimensional rational, abstrakt und technizistisch wie unser heutiges, sondern mit dem Fluss des Lebens selbst verwoben. Das hatte auch damit zu tun, dass die Frauen damals eine viel größere Rolle bei der Erzeugung und Weitergabe des Wissens spielten als heutzutage.

Im alten Indien gab es neben männlichen Weisheitslehrern immer auch weibliche. Das erkennt man daran, dass die zentralen männlichen Göttergestalten – Brahma, Shiva und Vishnu – ihr Pendant in den weiblichen Göttinnen – Sarasvati, Kali und Lakshmi – als gleichwertige Begleiterinnen haben. Während die männlichen Weisheiten des alten Indiens, ähnlich wie die der Philosophen Europas, das strukturelle Denken hervorheben, betonen die weiblichen Weisheiten das Wissen vom inneren Leben und von der Energie der Dinge. Genau dieses Wissen von den Energieflüssen der Liebe ist nötig, um Deine Frage zu beantworten.

Wir dürfen dabei nur nicht den Fehler machen, jetzt ganz und gar wieder auf diese alten, in mancher Hinsicht oft auch irrationalen Weisheiten zu setzen. Wenn wir sie jedoch mit den Erkenntnissen der modernen Wissenschaften verbinden, von denen ich in den letzten Briefen ja einige erläutert habe, ergibt sich eine ganz neue, einerseits klarer erkennende und andererseits aber auch intensiv erfühlbare und erlebbare Welt der Liebe. Dieses neue Zusammenspiel von einstigem und modernem Wissen nennt man oft auch integral, aber dazu später einmal mehr. Ein gutes Beispiel dazu, wie sich altes und neues Wissen gut ergänzen kann, folgt jetzt gleich anhand der sogenannten Chakras.

Bei der genauen Beobachtung und spielerischen Suche nach einer Erklärung, wie das Zusammenspiel von Himmel und Erde im Menschen und zwischen ihnen geschieht, entdeckte man damals die Chakras. In moderne

*Sprache übersetzt, könnte man sie auch Innere Energie- und Informations-
zentren nennen.*

*Die Chakras sind wesentlich mehr als nur körperliche Funktionen und es
wäre ein Irrtum, wollte man sie darauf reduzieren. Immer sind die Chakras
im Zusammenhang mit kosmischen Energie- und Informationsfeldern zu
sehen. Erinnere Dich an den Brief, als ich von der unbekannten dunklen
Energie, die selbst die heutige Physik anerkennt, berichtete. Chakras sind
Zentren, die unser Inneres in gewisser Weise mit Himmel und Erde verbinden.*

*Die meisten der tantrischen Schulen unterscheiden sieben Chakras. Ver-
einfacht können wir sagen, dass diese Chakras vertikal übereinander im
menschlichen Körper angeordnet sind. Jedes Chakra steht im Zusammenhang mit einer Drüse, die durch ihre Hormone Einfluss auf alle Lebenspro-
zesse nimmt.*

*Das erste Chakra ist das Wurzelchakra. Es befindet sich am untersten
Ende der Wirbelsäule und ist mit den Drüsen der Nebenniere verbunden.*

*Das zweite Chakra ist das Sexualchakra. Es steht in Zusammenhang mit
den männlichen oder weiblichen Geschlechtsdrüsen.*

*Das dritte Chakra ist das Bauch- oder Solarplexuschakra. Es befindet sich
im sogenannten Sonnengeflecht oberhalb des Bauchnabels und beeinflusst
die Funktion der Bauchspeicheldrüse.*

*Das vierte ist das Herzchakra, womit schon gesagt ist, wo es liegt. Das
Herz ist nicht nur als Blutpumpe zu sehen. Die hier angesiedelten Nerven-
zellengeflechte sind so dicht wie kaum irgendwo anders im Körper und
bewirken, was wir in sensiblen Momenten als Freude und Intelligenz des
Herzens erleben. Das Herzchakra ist eng mit der Thymusdrüse verbunden.*

Das fünfte ist das Kehlkopfchakra, verbunden mit der Schilddrüse.

*Das sechste Chakra ist das Stirnchakra. Es steht im Zusammenhang mit
dem menschlichen Großhirn und der Hirnanhangdrüse.*

Das siebente ist das Scheitelchakra. Es ist mit der Zirbeldrüse verbunden.

*Damit Du nicht nur theoretisch nachvollziehen kannst, was es mit den
Chakren auf sich hat, schlage ich vor, dass Du folgende Übung machst:*

*Leg Dich in Ruhe hin, atme tief in Dich hinein und entspann Dich. Dann
lenk Deinen Atem auf das erste Chakra, das Wurzelchakra, am unteren
Ende der Wirbelsäule. Konzentriere Deine innere Aufmerksamkeit dorthin
und versuche bis ganz nach unten zu atmen. Merke Dir, wie es sich anfühlt,
wenn Atem und Bewusstsein dort verweilen.*

*Als Nächstes machst Du dasselbe mit dem zweiten, dem Sexualchakra.
Das wird Dir leichter fallen, weil Du sexuelle Lust ja kennst und weißt, wo
diese Lust am intensivsten zu spüren ist. Lenke Deine Aufmerksamkeit und*

Deinen Atem dorthin. Versuche Dir zu merken, wie es sich dort anfühlt, nicht nur, wenn sexuelle Lust sich konzentriert, sondern auch, wenn entspannte Freude zu fühlen ist.

Dann konzentriere Dich auf das dritte, das Solarplexuschakra, und atme dort hinein. Vielleicht spürst Du hier etwas Kraftvolles oder Mächtiges, das Dir eine neue Art von Selbstgefühl verleiht. In den östlichen Philosophien kennt man auch das Hara, welches drei Finger breit unter dem Bauchnabel zu lokalisieren ist und rechnet diesem den Sitz der Lebenskraft zu.

Nun folgt das Herzchakra. Als viertes bildet es die Mitte aller sieben Chakras und zwar nicht nur, weil es formal das vierte ist, sondern auch, weil im Herzen eine alle anderen Chakras liebevoll integrierende Empfindung wohnt – die Liebe. Das Herz ist Quell der Liebe und der Weisheit, die aus Liebe erwächst. Es bildet ein alles verbindendes Zentrum im Körper. Die Nervenzelldichte und die Information beziehungsweise die Schwingung des Herzchakras ist tatsächlich stärker als die der anderen Chakras. Man kann heutzutage mit besonderen Instrumenten physikalisch nachweisen, dass von angstfreien Herzen eine sehr intensive, weit über den eigenen Körper hinausreichende elektromagnetische Energie ausgeht. Neurobiologen – besonders zu nennen sind hier die Forschungen und Bücher von Joseph Pearce und von Gerald Hüther – haben erforscht, inwiefern bei der Entwicklung des Embryos im Mutterleib das Herz das erste ausgebildete Organ ist und wie die angstvolle oder eben liebevolle Schwingung des Herzens der Mutter den gesamten Organismus des Fötus prägt. Aber dazu vielleicht später einmal mehr. Jedenfalls ist der Satz aus dem Buch über den kleinen Prinzen „Man sieht nur mit dem Herzen gut" tatsächlich wahr. Anhand ihrer Selbstzeugnisse lässt sich zeigen, dass Menschen, denen bedeutende wissenschaftliche Entdeckungen oder künstlerische Werke gelangen – ob Sokrates, da Vinci, Goethe, Einstein oder andere – auch ihre Liebesfähigkeit, also die Intelligenz ihres Herzens, zu einem hohen Grad entwickelt hatten.

Wenn Du die besonderen Schwingungen oder Gefühle des Herzchakras wahrgenommen hast, geh weiter zum fünften Chakra, dem Kehlkopfchakra. Lenke Deinen Atem und Deine innere Aufmerksamkeit hinein, und versuch Dir die dabei wahrgenommene Empfindung zu merken.

Dann geh zum sechsten Chakra, dem Stirnchakra. Du kannst es ein kleines Stück über der Mitte Deiner beiden Augen lokalisieren. In gewisser Weise symbolisiert es die Fähigkeiten des rationalen Denkens und Erkennens. Es kann aber auch intuitiv scheinbar verborgene Zusammenhänge durchschauen. Daher nennt man es oft das dritte Auge. Konzentriere Dich darauf und atme hinein. Merke Dir die besondere Art von Gefühl und Wahrnehmung, die Du dabei empfindest.

Das siebte Chakra, das Scheitelchakra, lässt sich ganz oben an der höchst-en Stelle Deines Kopfes orten. Diesem Chakra wird, wie gesagt, auch die Zirbeldrüse zugeordnet. Sogar die moderne Neurobiologie weiß um die grundlegende Funktion dieser Drüse. Sie erzeugt nämlich Neurohormone, welche alle anderen Drüsen und damit alle Gefühle und Handlungen steu-ern. Ohne diese biochemischen Abläufe zu kennen, sahen die alten Lehren in diesem Chakra die direkte Verbindung des Individuums mit dem kosmischen Ganzen bzw. dem Göttlichen. Wenn der jeweilige Mensch dafür innerlich offen ist, das heißt auf der richtigen inneren Wellenlänge schwingt, steht er in Resonanz mit allen anderen Wesen des Universums – wie aus dem Nichts können so neues Wissen und sogenannte Intuitionen und Visionen auftauchen. Du kannst ja mal versuchen Dich auch in dieses geheimnisvolle Chakra zu vertiefen. Konzentriere Deine Aufmerksamkeit und Deinen Atem darauf und versuche, Dir die dabei entstehenden Gefühle und Wahrneh-mungen zu merken.

Ich hoffe, es gelingt Dir, Dich in die Chakras hineinzufühlen. Die moder-nen Menschen beschäftigen sich viel mit der Außenwelt, doch innere Erkenntnisarbeit und Lebenskunst ist für die heutigen Menschen meist neu und ungewohnt. Darum sei nicht entmutigt, wenn Dir die Kunst, alle Chakras intensiv wahrzunehmen und zuzulassen, nicht gleich gelingt. Genau wie beim Training eines Muskels oder wie beim Erlernen einer Mal- oder Musiktechnik braucht es dazu Übung.

Wenn Du die Lebenskunst der Liebe tatsächlich in Dir entwickeln willst, musst Du anfangs regelmäßig üben. Ich schlage Dir vor, dies am Anfang mindestens eine Woche lang jeden Tag zu tun, das heißt Deinen Atem und Deine Konzentration täglich einmal in jedes der einzelnen Chakras zu len-ken. In der zweiten Woche übe es jeden zweiten Tag, in der dritten Woche jeden dritten Tag. Danach hat sich diese Wahrnehmung in Dir so weit gefestigt, dass es reicht, wenn Du hin und wieder daran denkst und Dich hineinfühlst.

Dann ist es auch nicht mehr nötig, dies allein und für Dich zu tun. Viel schöner ist es, diese innere Lebenskunst zusammen mit geliebten Menschen zu üben. Übung ist dann allerdings schon nicht mehr das richtige Wort. Es wird vielmehr zu einer Art praktischen Kunst der Liebe in einer sehr schön-en, intensiven, mehrdimensionalen Art und Weise.

Du wirst merken, dass die Unterschiede, die Du in der Intensität der körperlichen Liebe festgestellt hast und die Anlass Deiner Frage waren, hier ihren Grund haben: Eine nur auf die Geschlechtsorgane konzentrierte sex-uelle Begegnung fühlt sich an wie eine Art Sport. Sie entspannt und steigert manchmal auch die Lebensfreude, aber wirklich erfüllend ist sie meist nicht.

Eine ganzheitliche Begegnung, welche alle Anteile des Partners umfasst, wie es bei Liebenden manchmal einfach so der Fall ist, zeichnet sich durch eine intensivere Innigkeit und Schönheit aus. In Zeiten erster Verliebtheit hat man sich noch nicht gegenseitig nach den in der jeweiligen Kultur üblichen Mustern einsortiert und dabei diese oder jene Anteile verdrängt, sondern erlebt oft spontan eine gegenseitige Einheit von Körper, Seele und Geist oder von allen Chakras.

Wenn aber zwei sich liebende Menschen auch noch alle ihre Chakras kennen und in der Lage sind, deren jeweils besondere Energie- und Gefühlsqualität bei sich und gleichzeitig beim Partner wahrzunehmen und all dies in ihren Herzen zusammenfließen zu lassen, dann muss die anfänglich ganzheitliche Verliebtheit füreinander später nicht einer Halbherzigkeit weichen, die nur noch bestimmte Gefühle oder Chakras füreinander zulässt und andere verdrängt. Dann kann aus einer ersten intensiven menschlichen Begegnung ein sich unendlich vertiefendes, beglückendes und inspirierendes Spiel und Kunstwerk der Liebe werden.

So viel für heute zur Weisheit der Liebe. Denk also daran, es auch zu einem lebendigen Wissen werden zu lassen, das heißt, es anfangs allein und später mit Deinem Partner zu üben bzw. spielerisch immer feiner und intensiver zu entdecken.

Deine Diotima

Neugierig geworden beginnt Eve sogleich Diotimas Anweisungen auszuprobieren. Sie konzentriert sich auf die einzelnen Chakras, atmet in diese hinein und versucht, diese zu erspüren. Insbesondere beim Herzchakra gelingt es ihr, ein besonderes Gefühl wahrzunehmen. Dieses Gefühl erinnert sie in gewisser Weise an die tiefere Freude, die sie neben all der Lust gestern Abend beim Liebesspiel mit Johann empfand.

Auch bei einigen anderen Chakras glaubt sie etwas zu spüren, doch nur schwach und noch nicht sehr deutlich. Eve ist erstaunt. Schon beim ersten Versuch zeigt sich, dass es da tatsächlich Vorgänge in ihrem Körper gibt, die ihr bisher überhaupt nicht bekannt waren und die mit der Liebe und dem Universum zusammenhängen. Diotimas Erklärungen der Chakras, als Wechselwirkungszentren des eigenen Körpers mit Himmel und Erde, gefallen ihr sehr und sie nimmt sich vor, die Übungen fortzusetzen.

Neben ihr rührt sich Johann. Er dreht sich auf die Seite und schaut sie mit verschlafenen, sanft lächelnden Augen an. Dann beginnt er ihr sanft über die Haare zu streichen und beide verweilen in stillem gegenseitigen Schauen. Nach einigen Minuten des Schweigens sagt er mit leiser, aufgeregter Stimme: „Unser gestriges Liebesspiel war etwas ganz Besonderes für mich. Mir ist, als ob etwas tief in mir befreit wurde, etwas das bisher verschlossen war."

Sie streicheln einander noch eine ganze Weile. Schauen sich immer wieder erstaunt in die Augen – Worte finden sie keine.

Nach einer kleinen Ewigkeit des Schweigens stehen die beiden auf und packen ihre Sachen. In die Stille sagt Johann: „Diese Begegnung mit dir werde ich nicht vergessen. Ich weiß selbst noch nicht, wie ich damit umgehen soll. Seit ich verheiratet bin, habe ich noch nie etwas mit einer anderen Frau gehabt. Ich werde es meiner Frau wohl erzählen." Dann zögert er kurz, um dann noch hinzuzufügen: „Und ich möchte dich wiedersehen. Wie denkst du darüber?"

„Ich möchte dich auch wiedersehen. Bald habe ich meine Abschlussprüfungen und danach viel, viel Zeit. Melde dich doch einfach, wenn du in der Gegend bist. Vielleicht kommst du mich dann mal besuchen oder wir treffen uns auf dem Rittergut deiner Freunde."

Ihre Abschiedsumarmung ist anders als die Umarmungen, die Eve kennt. Sie hat, obwohl ihr Erotisches anhaftet, einen Hauch von Ewigkeit.

Dann reißt Eve sich mit einem kurzen Kuss los, schnappt ihren Rucksack, ruft: „Tschüss, bis bald" und eilt die Treppe runter, auf die Straße, Richtung Bahnhof. Dort angekommen, steht schon ein Zug bereit, der in zehn Minuten in ihre Richtung fährt. Eigenartig, denkt sie. Manchmal scheint die ganze Welt wie für mich gemacht.

Als sie zu Hause ankommt, sitzt ihr Vater schon am Mittagstisch. Eve umarmt ihn zur Begrüßung und die Umarmung ist ein Stück inniger als sonst.

„Schön, dass du wieder da bist! Ich hab' in den letzten Tagen so manches Mal an dich gedacht und will dich einiges fragen."

Ihr Vater wundert sich offensichtlich etwas über diese offenherzige Begrüßung, sagt aber nichts. Eve setzt sich zu ihm und berichtet von der Friedensdemonstration in Dresden.

„Ach, deshalb kommst du jetzt erst."

„Deshalb bin ich da hin gefahren, dass ich erst heute komme, hat noch einen anderen Grund."

Sie erzählt ihm von Johann, wie der sich mit all seinem Wissen und Vermögen für die Entwicklung einer neuen, bionischen Solartechnik engagiert und dass sie sich ein wenig in diesen Mann verliebt hat.

„Und da musstest du gleich die Nacht mit ihm verbringen?", murmelt ihr Vater missbilligend in sich hinein. Er scheint nicht zu Gesprächen über die Liebe aufgelegt und fragt nach, was sie denn von ihm wissen wolle.

„Die erste Frage kam mir vor ein paar Tagen und betrifft die schlimmen Überschwemmungen der Elbe im letzten Jahr. Im Fernsehen und in den Zeitungen war viel von den Zerstörungen und von der Hilfsbereitschaft der Leute zu sehen, aber kaum ein Berichterstatter machte sich Gedanken darüber, wieso es auf einmal so undenkbar gewaltige Regenfälle gab. War diese Naturkatastrophe vielleicht schon eine erste Folge der Klimaveränderungen? Du kennst dich in diesen Dingen besser aus als all die Reporter. Was denkst du dazu?"

Ihr Vater überlegt eine Weile und antwortet dann: „Man kann diese eine Katastrophe natürlich nicht mit Sicherheit auf die Klimaveränderungen zurückführen. Ein einzelnes ungewöhnliches Naturereignis wie dieses entsteht immer durch ein ganz zufälliges Zusammenspiel verschiedenster konkreter Umstände. Aber wer behauptet, dass die in den letzten Jahrzehnten nachweisbar veränderten klimatischen Daten dabei überhaupt keine Rolle spielen, liegt garantiert falsch."

„Aber wenn es so ist, dass diese Klimaveränderung zumindest ein Umstand von vielen ist, ohne den die Regenfälle und Überschwemmungen vermutlich gar nicht entstanden wären, warum wird das in den Medien so wenig deutlich gemacht? Jetzt beschäftigen sich auf einmal sehr viele Politiker und Wissenschaftler damit, wie man Überschwemmungsfolgen eindämmen kann. Aber müsste man nicht mit ebenso viel Kraft und Geld erforschen, wie man weitere Klimaveränderungen verhindern kann?"

„Seit den neuesten Berichten des internationalen Klimaforschungsverbundes, die erst kürzlich veröffentlicht wurden, fängt man auf vielen Ebenen an, die Sache ernster zu nehmen. Dank moderner Computertechnik kann man jetzt nicht nur die vielen Daten und Wechselwirkungen der Atmosphäre und der Meere, sondern erstmals auch der Böden und der Vegetation verarbeiten. Auf dieser Datenbasis hat man kürzlich prognostiziert, dass die weltweiten Temperaturanstiege aller Wahrscheinlichkeit nach stärker als bisher gedacht ausfallen werden. Besonders betroffen werden die Küstenregionen sein. Das Polareis schmilzt und der Meeresspiegel steigt vermutlich höher und schneller als erwartet. Aber auch hier in Mitteleuropa werden die Folgen der Klimaveränderungen unübersehbar werden und manchmal katastrophaler, als man vorher annahm. Es wird mehr Trockenheit, mehr Wirbelstürme und andere Unwetter geben. Das Problem ist, dass die Politiker in relativ kurzen Wahlperioden denken und handeln und so langfristige Veränderungen kaum in der eigentlich nötigen Konsequenz angehen, zumal es dabei auch um teilweise unpopuläre Maßnahmen wie höhere Steuern für Energie, Benzin und alles, was Klimagase verursacht, gehen wird."

Eve hakt ein: „Ob die Mehrzahl der Menschen wirklich so dumm und egozentrisch ist, wie von Politikern und Medien angenommen? Zumindest um das Leben ihrer Kinder und Enkel machen sich doch fast alle Gedanken, oder nicht? Vielleicht ist es inzwischen den meisten Menschen klar, dass gerade in den reichen Industrieländern Alternativen in Sachen Wirtschaft und Lebensstil entwickelt werden müssen."

Eve bemerkt selbst, wie sie richtig in Fahrt kommt bei diesem Thema. Da ihr Vater den Eindruck erweckt, als würde ihn Eves Meinung interessieren, fährt sie auch gleich fort: „Unsere sogenannte erste Welt ist ja nicht nur der Haupterzeuger der Klimagase, sondern auch das Vorbild der dritten Welt. Das heißt, wenn wir hier nichts ändern, werden die viel zahlreicheren Menschen in Asien und Afrika auch bald alle Mercedes fahren und alljährlich in den Urlaub fliegen wollen. Spätestens dann sieht es doch verdammt schlecht aus für unsere Erde. Aber nicht mal in der Schule wird uns das so deutlich gesagt. Dabei sind doch gerade die Lehrer gebildete und denkende Menschen. Mich regt das echt auf."

„Die Lehrer machen sich vielleicht ganz ähnliche Gedanken und Sorgen, trauen sich aber nicht, gegen Lehrpläne zu verstoßen und mit ihren Schülern von Dingen zu reden, über die sogar unter Wissenschaftlern noch Uneinigkeit besteht", versucht ihr Vater, sie etwas zu besänftigen.

„Und warum sind sich nicht einmal die Wissenschaftler einig darin, dass man dringend mehr zur Verhinderung der Klimaveränderungen tun müsste?"

„Wissenschaftler leben meist von Forschungsprogrammen, die von Politikern beschlossen werden. Und diese Politiker haben wie gesagt eher kurzfristige Interessen. Außerdem müssen sie sich oft erst jahrzehntelang in ihren Parteien durchsetzen, bevor sie im Parlament zentrale politische Entscheidungen treffen können. Das bedeutet, ihr Denken und Handeln ist in Zeiten geprägt worden, in denen permanentes Wachstum von Wirtschaft und Konsum sowie die Sicherung der militärischen Verteidigungsfähigkeit zentrale Entscheidungskriterien waren. Angesichts der Klimakrisen, die das Überleben der gesamten menschlichen Zivilisation bedrohen, ist es absurd, damit so weiterzumachen. Doch weltweit fließen nach wie vor riesige Summen in die alten Richtungen, wie zum Beispiel in den Bau von Straßen und Verwaltungsgebäuden und in Waffen, und nur ein sehr geringer Teil in die Entwicklung einer zukunftsfähigen Welt."

„Johann meint, dass wir Deutschen nach dem Mauerfall eine einmalige Chance verpasst haben. Man hätte die Vorteile der westlichen Gesellschaft – Freiheit und Eigeninitiative – mit den Vorteilen der östlichen Gesellschaft – lebendigere Solidarität und Gemeinschaftsfähigkeit – verbinden können. So wär's möglich gewesen, schönere und ökologischere Wirtschafts- und Lebensweisen zu entwickeln. Stattdessen wurden Milliarden für die Nachahmung überholter Strukturen eingesetzt und so gut wie nichts für wirkliche gesellschaftliche Innovationen."

„Kein schlechter Gedanke. Ist Johann der, in den du dich verliebt hast?"

„Ja. Und weil in der großen Politik kaum etwas von dem eigentlich Notwendigen geschieht, hat er beschlossen, selber etwas zu tun: Er will seine neue Solartechnik in Unternehmen produzieren, die nicht nur profitabel, sondern auch menschlich sind." Dann hält sie kurz inne und fragt ihren Vater: „Auf eurer Konferenz, wurde dort darüber nachgedacht, was man tun könnte, wenn die offizielle Politik angesichts der drohenden Klimakatastrophen nicht genug unternimmt?"

„Darüber haben wir auch gesprochen. Aber lass uns vielleicht erst einmal die leckere Suppe essen, die deine Mutter uns gezaubert hat."

Nach dem Essen nimmt ihr Vater das Thema wieder auf. „Du wolltest noch wissen, welche möglichen Wege zur Verhinderung allzu großer Klimakatastrophen auf der Konferenz zur Sprache kamen. Einen ganzen Tag lang haben wir darüber diskutiert. Anlass war eine Studie, die kürzlich von einer internationalen Forschergruppe gemacht wurde. Diese Studie der Global Scenario Group ist sogar von der Rockefeller-Stiftung mitfinanziert worden. Sie haben aus der Analyse der gegenwärtigen Situation drei Szenarien entwickelt, drei sehr unterschiedliche Möglichkeiten der weiteren globalen Entwicklung.

Das erste und negativste Szenario tritt ein, wenn Wirtschaft, Politik und Wissenschaft so weitermachen wie bisher: Jedes Unternehmen und jede Nation verfolgt nur die eigenen Interessen. Das führt früher oder später zu weltweiten Kämpfen um die letzten Ölressourcen und um festungsartig abgeschottete Plätze, an denen einige Reiche und Auserwählte die Klimakatastrophen einigermaßen überstehen können, ohne von den unzähligen Betroffenen dabei behelligt zu werden.

Das zweite Szenario geht davon aus, dass sich die derzeit führenden Unternehmen und Nationen weltweit auf bestimmte Spielregeln des Ressourcenverbrauchs und Schadstoffausstoßes einigen. Der Haken daran ist jedoch, dass die Politik der reichen Staaten davon ausgeht, dass große Unterschiede im Ressourcenverbrauch und Schadstoffausstoß zwischen den bisher industrialisierten und den anderen Entwicklungs- und Schwellenländern beibehalten werden können. Die anderen Völker werden sich das jedoch nicht dauerhaft bieten lassen und ein ähnliches Verbrauchsniveau wie der Westen anstreben, was bedeutet, dass der Verbrauch und Ausstoß insgesamt weiter steigt und somit Klimakatastrophen vielleicht etwas aufgeschoben, doch nicht verhindert werden.

Das dritte Szenario ist ganz anders. Es geht davon aus, dass ein ausreichender Prozentsatz der Menschen vernünftig und lernfähig genug ist, um die weltweiten Ungerechtigkeiten als problematisch zu erkennen, und weltweite Veränderungen der Wirtschafts- und Konsumstile initiiert. Solche Veränderungen werden nicht als Rückschritt und Verzicht, sondern als Übergang zu einer ganz anderen, in gewisser Weise sogar menschlicheren Welt gedacht. Die Menschen der bisherigen Ersten Welt würden dabei zwar weniger konsumieren und weniger in der Welt herumfliegen, dafür aber gesünder und zwischenmenschlich reicher leben. Wirklicher Reichtum besteht ja nicht unbedingt darin, viel zu besitzen oder viel zu konsumieren, sondern sich in vielfältiger Hinsicht selbst zu verwirklichen.

Die Studie geht davon aus, dass nicht die heutigen Wirtschaftsführer und Politiker solche Veränderungen initiieren werden. Auch die derzeitigen Alternativpolitiker, das heißt die Vertreter der sogenannten Nichtregierungsorganisationen wie zum Beispiel *Greenpeace*, werden vermutlich nicht die entscheidenden Akteure sein. Bei der Überlegung, welche Kräfte eine solche *Great Transition* – so nennen sie dieses dritte Szenario – initiieren könnten, setzt man auf eine völlig neue Art von weltweiter Kultur und Öffentlichkeit. Man hofft auf eine weltweite Vernetzung engagierter Menschen durch die neuen Medien, vor allem durch das Internet. Man setzt dabei vor allem auf die heutige Jugend, die ja in mancher Hinsicht die Wertmaßstäbe der Vergangenheit nicht mehr vertritt. Weil diese menschliche Vernetzung quer zu heutigen Wirtschafts-, Politik- und Alternativstrukturen

entsteht, nennt die Studie sie die kaum greifbare, doch ausschlagge-
bende vierte Kraft."

Eve hat ihrem Vater mit wachsender Aufmerksamkeit zugehört.
„Also gibt es doch Leute, die wirkliche Visionen haben und daran
glauben, dass die Menschen nicht nur egozentrische Gewohnheits-
tiere sind, sondern fähig, mit Liebe, Wissen und Mut die Welt zu verändern. Das gefällt mir sehr. Es erinnert mich daran, was ich vor
kurzem irgendwo über die Menschwerdung gelesen habe, nämlich
dass die bisherige Geschichte noch gar nicht richtig menschlich war,
weil die Menschen noch viel zu wenig über ihre eigentlichen
menschlichen Kräfte wissen, dass also die wirkliche Menschwerdung
in gewisser Hinsicht erst noch bevorsteht."

Von Diotima erzählt sie ihrem Vater wohlweislich nichts. Denn
meistens tut er alles, was er sich mit seinem manchmal engstirnigen
wissenschaftlichen Weltbild nicht vorstellen kann, als Blödsinn ab.
Sie fragt weiter: „Steht in dieser Studie mehr darüber, wie die Welt in
diesem dritten Szenario künftig beschaffen sein könnte und wie diese
neue, vierte Kraft sich entwickeln kann?"

„Ich habe sie auch noch nicht gelesen, sondern bei der Konferenz
nur einen Vortrag darüber gehört. In den verschiedenen Arbeits-
gruppen dazu wurden nur einzelne Aspekte diskutiert. Mir schien,
als würden nicht allzu viele Teilnehmer ernstlich an dieses dritte Szenario glauben."

„Du hast doch selbst gesagt, dass das dritte Szenario auf junge
Leute setzt. Bei deinem Kongress waren doch bestimmt eher Ältere,
oder?

„Ja, das stimmt natürlich. Ich kann die Studie besorgen und dann
kannst du sie auch mal lesen, wenn du willst."

Wie lebensfroh ihr Vater, der sonst meist etwas mürrisch und
müde herumsitzt, plötzlich wirkt. Eve fällt ihm noch einmal um den
Hals.

In den folgenden 14 Tagen lernt Eve intensiv für ihre Abiturprü-
fungen. Obwohl bei all diesem Schulwissen das Wichtigste, das Wissen über die Liebe, fehlt, ist doch das übrige nicht falsch. Völlig
vereinnahmen lässt sie sich von den Prüfungsvorbereitungen aber
nicht. Hin und wieder denkt sie an Diotima und deren Briefe, an
Johann, manchmal auch an Jakob.

Wie Diotima ihr empfohlen hat, sucht sich Eve anfangs jeden, später jeden zweiten Tag eine stille Ecke, meist in der Hängematte im
verwilderten Garten und atmet in ihre Chakras hinein. Leicht fällt es

ihr nicht, sich auf ihre inneren Zustände und Wahrnehmungen zu konzentrieren. Manchmal überkommen sie dabei ganz eigenartige, bisher unbekannte Empfindungen. Oft aber wandern ihre Gedanken und Gefühle einfach zu anderen Dingen. Einmal, als sie mittendrin beim dritten Chakra aufhören will, weil sie sich partout nicht konzentrieren kann und ihre Gedanken ständig zu den anstehenden Prüfungen und den Ferien danach wandern, erhält sie plötzlich eine SMS von Diotima:

Mach' Dir nichts daraus, wenn es anfangs schwierig ist, Dich auf Dich selbst zu konzentrieren. Es ist ganz normal, denn Du hast es bisher nirgendwo gelernt, aber gib nicht auf. Nicht nur östliche Weise wie Buddha, sondern auch frühere hiesige Denker wussten, dass die größte Aufgabe des Menschen er selbst ist. Walther von der Vogelweide zum Beispiel sagte: „Wer zwingt den Löwen, wer zwingt den Riesen, wer bezwingt jenen oder diesen? Das tut jener, der sich selbst bezwingt."
Diotima

Eve versteht nicht ganz, was Diotima beziehungsweise Walther von der Vogelweide mit dem „Sich selbst bezwingen" meint. Aber die Ermutigung hilft ihr, sich auch an diesem Tag wieder in alle sieben Chakras hinein zu vertiefen. Im Lauf der Zeit genügt es, dass sie nur an das jeweilige Chakra denkt und schon fühlt sie ihren Atem dorthin gleiten. Bald gelingt es ihr, die besonderen Gefühle und Empfindungen, die mit jedem dieser Chakras verbunden sind, deutlicher wahrzunehmen.

Das Herzchakra und das Scheitelchakra scheinen ganz besondere Qualitäten zu haben. Je öfter sie in das erstere atmet und hineinfühlt, desto mächtiger wird eine wundervolle Wonne, die sich von da aus weit über ihren Körper hinaus auszubreiten scheint. Wenn sie sich in das Scheitelchakra vertieft, entsteht eine ähnliche, weit über sie hinaus sich ausweitende Empfindung, nur ist diese nicht so warm und wonnevoll, sondern eher kühl und klar.

Über diese unmittelbaren Empfindungen hinaus haben diese Übungen einen eigenartigen entspannenden Effekt. Eve macht sich kaum noch Sorgen, die Abschlussprüfungen nicht zu bestehen. Diese sind ihr zwar wichtig, aber längst nicht das Wichtigste auf der Welt.

Ein unerwartetes Geschehen reißt sie aus dieser inneren Ruhe. Eines Nachmittags fährt sie wieder per Fahrrad in ihren Wildgarten, um dort weiter zu lernen. Sie stellt ihr Fahrrad an den Klarapfelbaum, steigt auf den Sattel und klettert von dort aus auf den Baum, um ein paar reife, aber noch knackige Äpfel zu pflücken. Als sie wieder heruntersteigen will, tauchen plötzlich die blonden Locken von Till auf. Er schaut sie herausfordernd an, ergreift ihr Fahrrad und schiebt es ein paar Meter weit vom Baum weg.

„Was soll das? Stell das Fahrrad wieder hin!"

Er reagiert nicht darauf, sondern grient sie mit eigenartigem Gesichtsausdruck an.

„Was machst du überhaupt hier?"

„Ich wollte dich einfach mal ungestört treffen. Wolltest du das nicht auch?"

Eve erinnert sich schlagartig an die letzte Begegnung mit ihm, als sie seiner Aufdringlichkeit und ihrer eigenen Unsicherheit nur durch eine kräftige Ohrfeige Herr wurde und antwortet etwas unsicher: „Wieso sollte ich das wollen?"

„Mindestens zwei Gründe fallen mir ein: Dein Jakob kümmert sich ja nun um eine andere und neulich im Ethikunterricht hast du gesagt, dass du die ganze Welt mit deiner Erotik umschlingen willst. Also dachte ich, ich gebe dir einfach mal Gelegenheit, damit anzufangen."

„Was?", fragt Eve, als würde sie sich selbst fragen, was genau Till eigentlich meint. Ein Teil in ihr spürt Bedrohung und hat Angst. Ein anderer Teil überlegt, ob es etwas bringt, ihm zu erklären, dass Erotik etwas anderes ist als Sex? Sie versucht es. „Ich weiß nicht genau, wie du das meinst, aber erotisches Umschlingen aller Wesen bedeutet nicht unbedingt, mit jedem Sex zu haben. Es geht mehr um eine bestimmte Energie der Liebe, die sich nicht zu eng von der Welt abschließt, sondern die anderen in das eigene Fühlen mit einbezieht und integriert."

„Ich hab' dich anders verstanden. Außerdem gibt es da noch einen dritten Grund, dich nicht so einfach ziehen zu lassen: Die Ohrfeige vom letzten Mal hat mich zwar für den Moment lahm gelegt, aber das lass' ich nicht auf mir sitzen. Also willst du eine fette Ohrfeige zurück oder doch lieber etwas von dieser von dir gepriesenen Erotik, welche die ganze Welt umschlingt? Denn es wäre ja unlogisch, wenn sie gerade mich ausgrenzt, wo ich doch schon seit Jahren zu deiner Welt gehöre."

Eves Gedanken rattern. Sich diesem Typ einfach hingeben? Vor der Begegnung mit Johann hätte sie es vielleicht sogar aus Neugier gemacht. Aber jetzt, wo sie den Unterschied zwischen Sex und Erotik in all ihren Zellen gespürt hat? Was tun?

Er scheint es ernst zu meinen. Keine Regung seines Gesichtes deutet auf ein Verstehen oder Entgegenkommen. Sein gieriger Blick ekelt sie an.

Kaum Chancen, ihm körperlich standzuhalten, so muskulös und durchtrainiert wie er ist. Manchmal hat es ihr imponiert. Wie konnte sie so naiv sein? Selbst wenn sie um Hilfe rufen würde, hier ist weit und breit keiner, der sie hören könnte.

Ihr Verteidigungsspray. Sie hätte nie gedacht, dass sie so etwas Mal brauchen würde, hat sich von ihrer Mutter nach den Medienberichten der letzten Zeit über Vergewaltigungen aber doch eines aufdrängen lassen. Dummerweise ist es im Rucksack auf dem Fahrrad.

„Na Lady, mach's nicht so spannend. Ohrfeige oder ... ? Ich warte."

Sie spürt ihr Herz rasen, ihre Hände zittern. Ihre Gedanken rattern. Ihn vertrösten auf ein andermal und dann die Polizei einschalten? Aber mit der Ohrfeige hat sie schon Fakten geschaffen. Er wird ihr kaum glauben. Sie will es wenigstens probieren, um Zeit zu gewinnen.

„Till, ich find dich nicht unattraktiv. Unter anderen Umständen könnte ich mir auch vorstellen, mit dir zu schlafen, aber grad geht das nicht."

„Warum denn, hast du deine Tage? Komm, hab' dich nicht so. Ich finde dich so oder so super sexy!"

Elende Machos. Können die nicht mal von ihrem Ross runterkommen? Das Kompliment lässt sie allerdings nicht ganz kalt. Aber sich deswegen der Androhung von Gewalt beugen? Wenn er sie wenigstens inständig bitten würde.

Ihr fallen die heiligen Frauen früher in den Tempeln wieder ein, von denen Diotima schrieb. Die verschenkten doch ihre erotische Kunst an Menschen, mit denen sie sonst nichts am Hut hatten. Aber sie wurden dafür auch geehrt, nicht mit Gewalt bedroht. Das ist doch tiefstes Patriarchat, was der hier drauf hat. Dem darf man sich nicht fügen.

Ihr fällt etwas ein: „O.k., du bist der Stärkere. Aber lass mich wenigstens noch die Äpfel in den Rucksack packen."

„Na klar, komm ich helf' dir runter."

Ekelhaft, kehrt noch den Kavalier heraus. Mühsam erträgt sie seine Berührung, als sie sich beim Absteigen von ihm stützen lässt. Sie versucht, möglichst gelassen zum Rucksack zu gehen, packt die Äpfel hinein, nimmt voller Hoffnung, dass es funktioniert, das nie benutzte Verteidigungsspray und sprüht es ihm ins Gesicht.

Tatsächlich schreit er auf, reißt die Hände vor die Augen und scheint außer Gefecht zu sein. Sie nutzt die Atempause, schnappt ihr Fahrrad und macht sich davon.

Der Schreck steckt ihr noch in den Knochen. Unterwegs überlegt sie, wie sie verhindern kann, dass er so etwas noch einmal versucht. Sie könnte es den Eltern oder Lehrern erzählen oder gleich zur Polizei gehen. Verdient hätte er es ja, schließlich hat er sie ernsthaft bedroht. Man darf· so etwas nicht zulassen, sie muss dieser patriarchalen Welt entgegentreten. Aber soll man dabei Gewalt anwenden? Bis zu welcher Instanz kann man gehen? Möglicherweise ist er dann vorbestraft oder darf dann sein Abitur nicht ablegen.

Sie beschließt, eine etwas sanftere Methode der Grenzziehung anzuwenden. Zu Hause angekommen, geht sie in ihr Zimmer und schreibt ihm einen Brief, den sie per Email abschickt. Eine weitere Kopie druckt sie aus und schmeißt diese gleich noch bei ihm zu Hause in den Briefkasten:

Schade Till, Du hast mir Gewalt angedroht.

Vielleicht, wenn Du nicht so machohaft, sondern einfühlsamer und freundlicher gewesen wärst, wäre der Nachmittag anders verlaufen. Doch nun: Wenn Du so etwas noch mal probierst, zeige ich Dich bei der Polizei an. Und vorsichtshalber werde ich bei meinen Eltern einen Brief hinterlegen. In dem werde ich aufschreiben, was eben gerade geschehen ist und auf den Umschlag die Bitte, diesen nur zu öffnen, wenn mir irgendetwas passiert.

Eve

An dieser Stelle unterbricht Peter ihre Erzählung mit einem freudvollen Lachen. „Das erinnert mich an die SMS, die du vorhin deiner Freundin geschrieben hast, um zu verhindern, dass ich dir etwas antun könnte. Nicht doof!" Dann setzt er den Blinker und nimmt die Ausfahrt zur nächsten Raststätte. „Ich muss tanken und wenn du willst, lade ich dich an der Raststätte zu einem Kaffee ein, schließlich müssen wir uns noch die ganze Nacht auf der Autobahn um die Ohren schlagen."

Eve stimmt zu. Im Bistro holen sie sich nicht nur Kaffee, sondern auch beide ein Bauernfrühstück, und setzen sich damit in eine gemütliche Ecke.

„Ja, nun verstehe ich langsam, wie du zu der ungewöhnlichen Idee kommst, eine Nacht mit dir gegen eine Spende für *Greenpeace* anzubieten. Allerdings weiß ich noch immer nicht so richtig, wie ich damit umgehen soll. Geht die Geschichte denn noch weiter?"

„Na klar, geht die Geschichte noch weiter", sagt Eve und lacht ihn freundlich an.

„O.k., da bin ich mal gespannt."

Dann macht er Anstalten aufzustehen. Die beiden bringen noch kurz ihre Tabletts weg und gehen zurück zum LKW.

Wieder auf der Autobahn, fährt Eve dann mit ihrer Geschichte fort.

Suche nach dem Sinn

Eves neues Wissen wie auch die durch die praktischen Übungen gestärkte innere Weite und Souveränität scheinen sich günstig auf ihre Prüfungen auszuwirken. Sie gelingen ihr alle erstaunlich leicht und gut.

Es ist der erste Ferientag. Am Vormittag liegt Eve wieder im verwilderten Garten in der Hängematte und träumt vor sich hin. Hinter ihr der Meilenstein, das Abitur, und vor ihr eine noch unscharfe Zukunft mit vielen Türen. Welche wird sie zuerst öffnen? In ihr die Energie der Liebe, die sie mit allem verbindet, was existiert. Und sie selber? Sie denkt an die vierte Kraft, von der ihr Vater erzählte. Sie fühlt, dass sie dazu zählt – aber wie genau? Wo ist der Hebel, den gerade sie, vielleicht nur sie, in Bewegung setzen kann?

Eve hat gelernt, viel genauer wahrzunehmen, wo und wann die Energien der Liebe wach und wirksam sind. Das ist ein Anfang. Aber was kann sie schon erreichen in dieser Welt voller alter Gewohnheiten und alter Männer an entscheidenden Positionen?

Studieren? Vor einem Jahr hat sie sich an der Universität Dresden für Philosophie und Pädagogik angemeldet. Oder sollte sie lieber, so wie Anne, erst mal etwas Praktischeres machen? Ein ökologisches Jahr? Was kann ich bloß für die Liebe in der Welt tun?

Eve schaukelt eine Weile vor sich hin und hört dem Wispern der Baumwipfel und dem Gezwitscher einer Amsel zu. Sie lauscht den Tönen, fühlt sich in sie hinein. Vielleicht singt ja auch sie von der Weisheit der Liebe und dem Sinn des Lebens. Schade, dass Eve die Amselsprache nicht versteht. Bestimmt könnte ihr der Vogel einen besseren Rat geben als jedes menschliche Wesen.

Je genauer sie den Klängen lauscht, desto deutlicher glaubt sie in diesem Gesang eine Antwort zu vernehmen. Als ob die Amsel singt: Mach' dir nicht so viele Gedanken. Lebe und genieße lieber die Liebe, dabei erfährst du am meisten darüber, was du tun kannst.

Dann richtet sie sich auf und schreibt eine Email an Diotima:

Liebe Diotima,
ich will alles über die Liebe lernen. Bitte berichte mir nach und nach alles,
was Du in Bezug auf die Liebe für wichtig hältst. Deine Eve

Dann schweifen ihre Gedanken zu Jakob und sie schreibt auch ihm:

Hast Du heute oder morgen Zeit, um über unser Experiment zu spre-
chen? Eve

Dann radelt sie wieder nach Hause. Mit einem Kübel Eistee
bewappnet, macht sie es sich in der Hollywoodschaukel bequem und
blättert in dem Buch von Bertrand Russell, das ihre Mutter ihr gegeben hat. Auf der Rückseite liest sie, dass er ein bedeutender Mathe-
matiker, Philosoph und Poet war. Wie alle Menschen, die ihrer Zeit
weit vorauseilen, hatte er mit starken Anfeindungen zu kämpfen. Die
Verleihung des Nobelpreises für Literatur 1950 würdigte ihn jedoch
vor der ganzen Welt als einen der mutigen Menschen.

Eigenartig, denkt sie, obwohl wir in einer aufgeklärten modernen
Welt leben, ist es offenbar immer noch ein bisschen so wie damals bei
Sokrates oder bei Jesus. Besonders mutige Menschen, die keinerlei
böswillige Absicht haben, sondern im Gegenteil nur darüber nach-
denken, wie die Welt liebevoller werden könnte, werden bekämpft.
Ob mir das auch blüht, wenn ich mich entschließe, mein Leben mit
all meinem Wissen und Mut der Ausweitung der Liebe unter den
Menschen zu widmen?

Im Inhaltsverzeichnis sieht sie Kapitel über matriarchale und patriarchale Gesellschaften, über die Befreiung der Frau, über Sexualität
und individuelles Wohlergehen. Das Buch öffnet sich wie von selbst
beim Kapitel über die Bedeutung der Liebe im menschlichen Leben
und über die Ehe – offenbar eine häufig aufgeschlagene Seite. Eve
beginnt zu lesen:

> Die vorherrschende Einstellung der meisten Gesell-
> schaftsformen gegenüber der Liebe ist eine merk-
> würdig zwiespältige. Einerseits ist die Liebe das
> hauptsächlichste Thema von Gedichten, Romanen
> und Bühnenstücken. Andererseits wird sie von den
> ernstesten Soziologen bei der Ausarbeitung wirt-
> schaftlicher und politischer Reformpläne völlig außer
> Acht gelassen. Ich betrachte die Liebe als eines der
> wichtigsten Dinge im menschlichen Leben und halte
> jedes System für schlecht, das ihre freie Entfaltung
> unnötig beeinträchtigt.

Dann bekommt sie eine SMS:

Wenn Du willst, können wir uns heute Nachmittag um zwei im Park tref-
fen. Jakob

Gute Idee, denkt Eve und schreibt kurz zurück:

Super, so machen wir das.

„Die Liebe ist etwas viel Gewaltigeres als das Verlangen nach
geschlechtlichem Verkehr", liest Eve noch, da verspürt sie gewaltigen Hunger. Mittagszeit. Sie nimmt eine Pizza aus der Tiefkühl-
truhe und schiebt sie in den Ofen.
Dann liest sie weiter:

> Zweifellos bedeutet es eine Verminderung der
> Empfänglichkeit, der Sympathien und der Gelegen-
> heiten für wertvolle menschliche Beziehungen, wenn
> man sich mit der Eheschließung gegen alle Annäher-
> ungen der Liebe von außen abschließt. Man tut damit
> einer Sache Gewalt an, die um ihrer selbst willen
> erstrebenswert ist. Und wie jede Art von einschränk-
> ender Moral leistet dies einer gouvernantenhaften
> Einstellung zum ganzen menschlichen Leben Vor-
> schub, das heißt der Einstellung, die stets nach Gele-
> genheiten sucht, irgendetwas zu verbieten.

Dann bemerkt sie, wie ihre Gedanken wieder richtig Hunger tendieren. Wann ist die Pizza endlich soweit? Eve geht in die Küche und
belegt die Pizza noch mit Chester-Scheiben und ein paar Oliven.
Damit der Käse noch schmilzt, schiebt sie die Pizza kurz wieder in
den Ofen. Durch die Ofenklappe beobachtet sie ungeduldig, wie die
Chester-Scheiben langsam aber sicher aus ihrer Form laufen. Endlich.

Nachdem sie fertig gegessen hat, lehnt sie sich zufrieden in der
Hollywoodschaukel zurück und denkt noch weiter über das Buch
von Russell nach. Irgendetwas scheint da zu fehlen. Vielleicht liegt es
daran, dass Russell die Liebe nur als persönliches und als ethisches
Phänomen sieht. Von der Liebe als einem kosmischen oder göttlichen
Geschehen – wie bei diesem Chardin – sagt er nichts und auch nichts
davon, dass in ihr unendliche Informationen und Energien zusammenkommen. Aber das hier:

Wer die tiefe Vertrautheit und feste Kameradschaft glücklicher beiderseitiger Liebe nie kennengelernt hat, hat das Schönste verpasst, was das Leben zu bieten vermag. Unbewusst, wenn nicht gar bewusst, erfühlen das die Menschen, und die sich daraus ergebende Enttäuschung verleiht ihnen den Hang zu Neid, Unterdrückung und Grausamkeit. Es sollte daher ein Anliegen des Soziologen sein, der leidenschaftlichen Liebe den ihr gebührenden Platz einzuräumen, da Männer und Frauen ohne das Erlebnis dieses Gefühls ihre volle Größe nicht erreichen und der übrigen Welt nicht die großzügige Wärme entgegenbringen können, ohne die ihr gesellschaftliches Verhalten mit Sicherheit schädlich ist.

Das muss ich nachher gleich Jakob erzählen. Menschen, die in ihrem persönlichen Leben und Lieben nicht richtig glücklich oder sogar unglücklich sind, werden sich kaum mit all ihrer Leidenschaft für ein glücklicheres Leben aller Menschen, Tiere und Pflanzen einsetzen. Glücklich zu sein, ist also eines der wichtigsten Dinge im Leben.

Als sie im Park ankommt, ist Jakob schon da. Er sitzt auf der Bank im Schatten zweier alter Eichenbäume und winkt ihr zu.

Eve weiß nicht recht, wie sie ihn begrüßen soll. Am liebsten würde sie ihm einfach um den Hals fallen. Doch da sie kein Paar mehr sind, traut sie sich nicht. Also lächelt sie ihn einfach an und setzt sich ihm gegenüber ins Gras.

„Na!? Wie geht's dir so?", fragt sie ihn. „Hast du die Prüfungen gut überstanden?"

„Unkraut vergeht nicht", antwortet er mit seinem bestechenden Lächeln. „Und wie geht's dir? Seit der Demo, als Anne und ich dann ohne dich zurückgefahren sind, haben wir ja nichts mehr von einander gehört. Es sah ganz so aus, als ob es zwischen dir und diesem Johann gefunkt hat?"

„Ja, war noch schön mit ihm. Wir hatten beide am nächsten Morgen das Gefühl, dass da irgendetwas Besonderes und Tiefgründiges zwischen uns ist. Leider ist er verheiratet und hat zwei Kinder, daher wird wohl nichts daraus werden. Wir haben uns vage verabredet, wenn er wieder in Sachsen ist." Dann hält sie kurz inne. Schon witzig, denkt sich Eve, ich erzähle gerade meinem Ex-Freund von einem anderen Mann und es fühlt sich total o.k. an.

„Ja, und in der Wohngemeinschaft seiner Freunde, wo wir übernachtet haben, hab' ich interessante Leute kennengelernt. Zusammen mit anderen machen sie auf einem großen Gut bei Dresden ein spannendes Experiment, eine Art Zukunftsunternehmen mit Ökologie und Philosophie. Das will ich mir in den Ferien unbedingt anschauen. Vielleicht hast du ja Lust mitzukommen? Und Anne auch." Etwas unsicher und mit zwiespältigen Gefühlen fragt sie weiter: „Wie geht's euch überhaupt so miteinander?"

„Wegen der Prüfungen hatten wir auch wenig Zeit füreinander. Aber wenn, dann war es schön. Ich habe ihr bisher nichts von unserem Experiment erzählt, doch wir haben über dich und uns gesprochen. Anne hat auch vom Gespräch zwischen euch erzählt. Sie ist froh darüber, dass du ihr wegen der Sache zwischen ihr und mir nicht mehr böse bist. Sie meinte, dass sie dich seitdem als Freundin noch viel mehr schätzt als zuvor."

„Wo du das so sagst, ich glaube, mir geht das mit ihr genauso."

„Bist du denn überhaupt nicht eifersüchtig auf sie?"

„Na ja, manchmal schon ein bisschen", gibt Eve zu und rümpft dabei ein bisschen ihre Nase und gibt Jakob so zu verstehen, dass sie es lieber nicht wäre. „Ich bin halt manchmal traurig, wenn ich an die schönen Momente zwischen dir und mir denke und daran, dass nun nicht mehr ich, sondern Anne diese erlebt. In diesen Augenblicken kommt hin und wieder sogar Wut in mir hoch. Dann will ich euch am liebsten auflauern und beobachten, ob du mit ihr glücklicher bist als mit mir. Aber diese Momente gehen vorbei. – Und es gibt auch die andere Seite in mir, die glücklich ist, dass wir so offen und ehrlich miteinander sind."

„Komm mal zu mir auf die Bank", sagt Jakob daraufhin und deutet mit seinem Blick auf den Platz links neben sich. Ein bisschen unsicher folgt Eve seiner Aufforderung. Dann nimmt er sie in den Arm und drückt sie fest an sich. „Ich denke auch manchmal an die schönen Momente zwischen uns und finde es schade, dass man nur eine Frau lieben darf."

Eve genießt seine Nähe. Für einen Moment schmiegt sie sich einfach nur an Jakob an, dann löst sie sich aus der Umarmung, schaut ihn an und sagt: „Meine Mutter hat mir ein interessantes Buch des Nobelpreisträgers Russell gegeben. Darin schreibt er, dass die heutigen Formen der Ehe überholt sind, weil sie keine wirklich freie und glückliche Entwicklung der Menschen ermöglichen. Er beschreibt, dass es früher ganz andere Liebesformen gab und dass daher auch in Zukunft wieder ganz andere entstehen können."

„Hört, hört, vielleicht kann ich ja doch noch zwei Frauen haben?", sagt er und neckt sie liebevoll, indem er seinen Arm um ihren Hals legt und sie zu Boden zieht, so dass beide von der Bank ins Gras fallen. Als Eve sich wieder freigekämpft hat, fügt er noch hinzu: „Nee, mal im Ernst, kannst du mir das Buch mal leihen?"

„Klar. Ich will's aber noch zu Ende lesen, obwohl mir in dem Buch auch irgendwie etwas fehlt …", dann überlegt sie kurz: „Ich habe dir doch von Diotima erzählt und ihrem Wissen über eine neue, ganzheitliche Wissenschaft der Liebe. Erinnerst du dich?" Als Jakob nickt, fährt Eve fort: „Wenn man das weiterdenkt, ergibt sich, dass eine neue und mutigere Liebesfähigkeit zwischen den Menschen die einzige Chance dafür ist, dass die Umwelt in den kommenden Jahrzehnten nicht weiter ruiniert wird und keine allzu großen ökologischen Katastrophen auf uns zukommen."

„Wie kommst du denn darauf?"

„Mein Vater ist doch oft auf diesen Klimakonferenzen. Er hat erzählt, dass eine internationale Forschergruppe analysiert hat, welche Möglichkeiten es für die Zukunft gibt. Sie haben herausgefunden, dass weder Wirtschaft noch Politik verhindern können, dass sich die ökologische Situation weiter zuspitzt. Die einzig wirkliche Chance sehen sie in einer neuen, vierten Kraft, die durch die Vernetzung vieler mutiger, vor allem junger Menschen weltweit entstehen kann. Und von Diotima weiß ich, dass nichts so viel Mut und Wissen hervorbringt wie die Liebe. Wenn man beides zusammendenkt, ergibt sich, dass es neuer Formen der Liebe bedarf."

„Hast du eine Idee oder hat Diotima dir gesagt, was man konkret dafür tun kann, dass diese vierte Kraft und mehr Liebe in der Welt entstehen?"

„Nein, darüber hab' ich erst jetzt, wo ich den Kopf von den Prüfungen frei habe, angefangen nachzudenken. Deshalb überlege ich auch, ob ich im Herbst wirklich Pädagogik studieren oder lieber etwas ganz anderes machen will."

„Vielleicht kannst du Diotima fragen, was sie dir raten würde?"

„Gute Idee. Aber was denkst du zu dem Vorschlag, dass wir alle drei zusammen zu diesem Gut fahren? Ich hab' das Gefühl, wir könnten da auch etwas darüber erfahren, was wir für die Zukunft konkret tun können? Aus der Dresdner WG kenne ich Katrin, die dort lebt und uns alles zeigen würde."

„Ja, ich hab' Lust mitzukommen. Ich werde Anne fragen, ob sie auch mitkommt. Ich ruf dich dann an."

„Alles klar."

„Darf ich dich zum Abschied noch mal in den Arm nehmen?"

Eve nickt und Jakob umarmt sie vorsichtig. Sie spürt, wie all ihre Chakras freudvoll reagieren – besonders intensiv das zwischen ihren Beinen. Aber auch die Energien ihres Herzens und die Chakras darüber sind sehr stark fühlbar. Sie spürt Jakob so intensiv und ganz wie nie zuvor und eine schöne innere Leichtigkeit und Wonne ergreift sie. Doch sie lässt sich nichts anmerken und löst sich aus der Umarmung.

„Seltsam, hast du das gerade bemerkt? Das hat sich irgendwie anders angefühlt", wundert sich Jakob und fügt dann noch hinzu. „Schön war das."

„Ja", schmunzelt Eve: „Liegt vielleicht daran, dass ich von Diotima einiges vom uralten Wissen der Liebe gelernt habe. Wenn du willst, erzähle ich dir demnächst mal mehr davon. Oder ich schicke es dir einfach per Email. Du kannst es ja auch Anne zu lesen geben."

„Da bin ich ja mal gespannt."

Daraufhin nehmen beide ihre Fahrräder und fahren in entgegengesetzte Richtungen davon. Bevor sie wieder nach Hause fährt, will Eve noch kurz im verwilderten Garten vorbeischauen. Vom Gespräch mit Jakob ist sie etwas aufgewühlt. Besonders die Umarmung hat ihre Gefühlswelt durcheinander gebracht. Sie spürt, dass sie ihm einerseits das Glück mit Anne gönnt, andererseits hätte sie ihn auch gern mal wieder ganz für sich. Na ja, denkt sich Eve, wer weiß, was daraus noch alles entstehen kann. Und schon beginnt sich ihre Wehmut in Freude auf das da Kommende zu wandeln.

Eine Weile schaukelt und träumt sie vor sich hin. Zwischen den Gerüchen der sommerlichen Wildnis bemerkt sie einen milden Apfelduft. Ihr fällt ein: Es ist ja Ende Juli, bestimmt sind jetzt wieder die ersten Äpfel soweit.

Sie geht zu den Klarapfelbäumen, pflückt einen schon gelblich schimmernden und beißt hinein. Dann erinnert sie sich an ihren Traum vom Paradies, in dem Schlangen Adam und Eva zum Apfelbaum geführt haben und der Apfel erotische Lust in ihnen erweckte. Ob es da einen tieferen Zusammenhang gibt?

Sie holt ihren Rucksack, pflückt einige Äpfel zum Mitnehmen und nimmt sich vor, jedesmal wenn sie einen davon isst, an das Paradies zu denken.

Ein plötzlicher Impuls lässt sie zum Handy greifen:

Diotima, was soll ich nach den Ferien machen? Philosophie studieren oder etwas Praktisches machen? Und was bedeutet der Apfel, der Adam und Eva im Paradies verführte?

Nach einigen Minuten erhält sie eine Antwort:

Ich kann Dir nicht alles beantworten, aber einiges dazu sagen. Schau in Deine Emails. Diotima

Neugierig springt Eve aus der Hängematte und auf ihr Fahrrad. Unterwegs bemerkt sie, wie stark die Sonne am Nachmittag noch brennt und beschließt, später zum See baden zu fahren.

Zu Hause angekommen, bringt sie die Äpfel in die Küche, nimmt sich ein Glas Zitronentee und setzt sich an den Computer. Zuerst schickt sie Jakob den Text über die Chakras. Dann ruft sie Diotimas Email auf und druckt sie aus. Sie überfliegt sie kurz und steckt sie in den Rucksack, mitsamt Bikini und Badehandtuch. Dann springt sie auf ihr Fahrrad und fährt zum See.

Am See sind viele Menschen, darunter einige bekannte Gesichter. Da sie keine Lust auf Geplänkel hat, sucht sie sich ein stilles Plätzchen abseits des Baderummels. Die nächste kleine Bucht ist zwar nur durchs Gestrüpp erreichbar und auch nur ganz klein, aber eben versteckt und ruhig. Als sie die kleine Lichtung erreicht, zieht sie den Bikini an und geht schwimmen. Voller Hingabe lässt sie sich treiben. In ihrer Lieblingsschwimmposition, auf dem Rücken im Wasser liegend und mit Armen und Beinen nur leicht rudernd, gleitet sie bis zur Mitte des Sees. Für Sekunden scheint sie sich in dem Spiel der kleinen weißen Wolken ganz zu verlieren. Ihr ist, als ob diese kleinen Wolken die Freude des Daseins und der Liebe kennen und nur deshalb hier am Himmel daherkommen, um für einige Augenblicke das Spiel des Lebens für sie zu spielen. Manchmal treffen sich kleine Wölkchen, um ineinander zu fließen und werden für kurze Zeit eine größere, doch nur, um sich bald wieder zu teilen, die dann aufs Neue mit diesen oder jenen Wölkchen verschmelzen. Wäre doch schön, auch mal so ein Wölkchen am sonnigen Himmel zu sein, denkt Eve.

Sie schwimmt zum Ufer zurück, legt sich auf ihr Badetuch und genießt das Prickeln der Sonnenstrahlen auf ihrer noch nassen Haut.

Als es zu heiß wird, rückt sie in den Schatten einer großen Birke, nimmt den Text von Diotima aus dem Rucksack und beginnt zu lesen:

Liebe Eve,

da man seine persönliche Situation am besten verstehen kann, wenn man sich in einen größeren Zusammenhang hineinfühlt, beginne ich mit Deiner zweiten Frage. Die biblische Geschichte von Adam, Eva, den Schlangen und Äpfeln hat spannende Hintergründe. Die Chakras sind – wie Du inzwischen weißt und vielleicht auch schon zu fühlen gelernt hast – entlang des Rückgrats zu finden und in gewisser Weise verschiedene Zentren der universellen Energie der Liebe. Da diese Energie sich entlang der Chakras entfalten oder einfalten kann, verglich man dieses Geschehen früher oft mit einer Schlange. Schlangen können sich in sich selbst einrollen und entrollen. Außerdem können sie sich häuten und sich so erneuern. Eine Schlange kann auch mit all ihren Wirbeln einen Partner umschlingen. Es ist also kein Zufall, dass es eine Schlange war, die Eva und Adam zur Erkenntnis führte.

Vermutlich war es auch nicht zufällig, dass ein frisch gepflückter Apfel die Erotik der beiden erweckte. Man kann heute mit entsprechend feinen Instrumenten messen, dass frisches Obst soviel lebendige Energie enthält wie kein anderes Nahrungsmittel – scheint also naheliegend, dass es auch die Liebeskräfte anregt.

Die Schlange als Symbol sich ein- und ausrollender Lebens- und Liebesenergie findet man vor allem in den matriarchalen Mythen. In späteren patriarchalen Zeiten wurde daraus dann der Stab, den Du in der Hand vieler Könige oder Priester kennst. Durch diese Umdeutung wurde die in der Schlange symbolisierte Lebensenergie der früheren Zeit für die Zwecke der patriarchalen Welt dienstbar gemacht. Das findet sich oft in der Geschichte der Religionen. Eva und Adam sind auch in anderer Hinsicht ein gutes Beispiel dafür. In der biblischen Legende entstand Eva aus einer Rippe Adams, also das Weibliche aus dem Männlichen. Auch das ist eine sehr raffinierte symbolische Verdrehung ursprünglicher Schöpferkräfte. Die Tatsache, dass Frauen die Kinder und damit auch die Männer gebären, wurde einfach umgepolt.

Das wirkt bis heute nach. Nicht zufällig klagen die Industrieländer darüber, dass zu wenig Kinder geboren werden. Da der Nachwuchsmangel immer deutlicher wird, fängt man an einzusehen, dass der materielle und technische Reichtum relativ wird, wenn Frauen keine Kinder bekommen. Man beginnt allmählich auch das Muttersein als volkswirtschaftlichen Wert zu verstehen und bietet den Frauen dafür etwas mehr Geld und Unter-

stützung. Ein richtiger Schritt, doch nicht ausreichend, da er nur das äußere Problem angeht und nicht die inneren Gefühle befreit. Eine amerikanische Psychologin, Daphne de Marneffe, hat dies vor Kurzem aufgedeckt. In ihrem Buch „Die Lust, Mutter zu sein", zeigt sie, wie die nach 1968 einsetzende erotische Befreiung bisher vor allem die besonders für Männer interessante Seite der Erotik, das heißt vor allem die pure Sexualität, betraf. Die eher weibliche Seite, die neben der persönlichen Lust immer auch die lebensspendende Freude der Schöpfungsenergie verkörpert, blieb nach wie vor verdrängt. Daher stehen heute zwar mehr Frauen als noch vor hundert Jahren zu ihrer Sexualität, aber die jeder Frau als ähnlich tiefe Lust innewohnende Freude der Mutterschaft können sie oft nicht fühlen. Frauen erobern Positionen auf den bisher eher männlichen Feldern von Wirtschaft, Wissenschaft und Politik. Ich habe den Eindruck, dass das meist auf Kosten der mütterlichen Bedürfnisse der Frauen geht. Hier gilt es, integralere Lösungen zu finden, welche die Selbstverwirklichung im Beruf und das Muttersein für möglichst viele Frauen sinn- und freudvoll verbinden.

Damit komme ich zu Deiner Frage, was Du am besten für die Entwicklung der Liebe in der Welt tun kannst. Vor allem solltest Du aufpassen, dass sich Deine verschiedenen Sehnsüchte nicht ausschließen, sondern sich möglichst gut ergänzen. Es ist wichtig, dass Frauen die von den Männern meist zu einseitig betriebenen Bereiche in Wirtschaft, Wissenschaft und Politik verändern, aber sie dürfen sich dabei nicht selbst verkaufen. Liebevollere Verhältnisse werden erst dann entstehen, wenn Frauen und auch Männer ihr äußeres Tun in der Welt nicht mehr von ihren inneren Gefühlen abspalten, sondern neue Wege zur Integration beider Welten – der Außen- und der Innenwelt – finden.

Das ist das Wichtigste. Was Du dann ganz konkret machst, dafür gibt es in unserer sich rasch wandelnden Welt keine letzte Antwort. Auch Du selbst veränderst Dich. Daher sollte jeder immer wieder neu entdecken, was seine besondere Begabung und Aufgabe ist. Je mehr man das tut, desto sinnvoller und meist auch freudvoller fühlt sich das Leben an.

Um herauszufinden, welche besonderen Talente man hat, ist es gut, der eigenen Lebensgeschichte nachzugehen. Dabei gibt es zwei sich ergänzende Arten von Hinweisen:

Die eine Art sind die persönlichen Neigungen, also das, was Dir leicht fällt und was Du besonders gern machst. Davon ausgehend überlege, wie Du diese persönlichen Neigungen und Begabungen weiterentwickeln und anwenden kannst, um in dieser Welt etwas Sinnhaftes, Schönes und Liebevolles zu tun.

Die andere Art von Hinweisen sind die scheinbar negativen Erfahrungen und persönlichen Ängste. Jeder Mensch erlitt irgendwann in seiner Kindheit seelische Verletzungen – Momente, in denen die kindlichen Erwartungen und Sehnsüchte nach immerwährender Liebe und Zuwendung enttäuscht wurden. Egal ob dies frühkindlich durch irgendeine Abwesenheit der Eltern geschah oder später durch Schulkameraden, die einen ablehnten – diese Verletzungen der ursprünglichen Liebessehnsucht hinterließen seelische Narben. Diese seelischen Verletzungen werden später zu unbewussten inneren Ängsten, Abwehrreaktionen und Vermeidungshandlungen, um nicht an die schmerzlichen Situationen des Liebesverlustes erinnert zu werden.

Nur auf das persönliche Ego orientierte Psychologen meinen, diese Verletzungen seien eine lebenslang hinzunehmende Last, die man durch Rekapitulation ihrer Entstehung nur mehr oder weniger mildern kann. Andere Psychologen – wie zum Beispiel der bei der Erläuterung des Willens genannte Roberto Assagioli – erkannten, dass die individuelle Psyche nicht nur ganz persönliches Schicksal, sondern zugleich Teil der universellen oder göttlichen Liebe ist. Aus dieser weiteren Sicht sind die seelischen Verletzungen der Kindheit nicht nur persönliches Leid, sondern bieten zugleich besondere persönliche Chancen. Es sind ganz individuelle Informations- und Energieklumpen, in denen sich die universelle Liebe verdichtet hat – zwar zuerst einmal negativ, aber Negativität ist nicht per se etwas Schlechtes. Negatives ist auch ein bewegendes Prinzip, was scheinbar fertige Dinge in Frage stellt, so eine Art Stachel, der unsere harte Schale anpiekst und Neues in Gang setzt.

Wenn man den Mut hat, die eigenen Ängste und Neurosen nicht einfach als Leid anzusehen, sondern als Chance, auf ganz besonderen Gebieten der Liebe ein ganz besonderes Wissen zu entwickeln, erwachsen daraus meist auch ganz besondere Fähigkeiten.

Versuche in einer stillen Stunde, Dein eigenes Leben auf Deine besonderen Begabungen und seelischen Verletzungen hin abzuklopfen. Vielleicht kannst Du so erkennen, was Deine besonderen Aufgaben in dieser Welt sein könnten.

Deine Frage, ob Du nach den Ferien studieren oder erst einmal etwas Praktischeres machen sollst, kann ich Dir nicht wirklich beantworten. Wie jeder Mensch musst Du Deine wichtigsten Entscheidungen ganz tief in Dir selbst treffen. Ich kann Dir Ratschläge geben, aber bitte verstehe diese nie als Anweisungen. Mache nie etwas, nur weil ich es gesagt habe, ohne zu überprüfen, ob es mit Deinem innersten Gefühl und Wissen übereinstimmt.

Vielleicht erinnerst Du Dich an den Philosophen Sokrates. Dieser nannte das jedem Menschen innewohnende tiefe Gefühl und Wissen um das Richtige, Wahre, Schöne und Gute ein „Daimonium". Andere, wie zum Beispiel Jesus oder Mohammed, nannten es die Stimme Gottes oder Allahs in sich. Und der Psychologe Carl Gustav Jung nannte es im 20. Jahrhundert die innere Stimme des Menschen. Er unterschied diese innere Stimme vom sogenannten Gewissen. Diese Unterscheidung ist wichtig, denn das sogenannte Gewissen ist oft nur die von Deinen Eltern, Lehrern oder anderen Idolen übernommene Moral, welche für Dein eigenes Leben aber gar nicht mehr zutreffen muss. Darum versuche immer zu unterscheiden, was die Moralnormen Deiner Vorfahren oder bisherigen Gesellschaft sind – und was Deine ganz eigene innere Stimme Dir rät. Ein einfacher Hinweis zur Unterscheidung ist, dass die innere Stimme meist leise, sanft und liebevoll und die übernommene Moral-Stimme oft angstvoll und lieblos ist. Das ist aber nicht immer so, in vielen Dingen stimmt die Moral deiner Vorfahren oder Vorbilder sicher auch mit Deiner eigenen inneren Stimme überein.

Natürlich ist es nie falsch und oft hilfreich, sich bei innerem Zweifel über anstehende persönliche Entscheidungen mit anderen Menschen, ob Eltern oder Freunden, auszutauschen. Aber die letzte Entscheidung sollte man immer selbst, im Einklang mit der eigenen inneren Stimme, treffen.

Ich wünsche Dir viel Freude bei dieser Suche nach Deiner besonderen Aufgabe und Deiner inneren Stimme,
Deine Diotima

Seltsam, denkt Eve, wie viele für das Leben offenbar sehr wichtige Dinge und Zusammenhänge es gibt, über die ich noch nie nachgedacht habe und über die ich auch nichts in der Schule gelernt habe. Sie nimmt sich vor, in den nächsten Tagen tatsächlich einmal ihr bisheriges Leben dahingehend zu durchforsten, was ihre besonderen Neigungen und ihre persönlichen Ängste sind.

Als sie sich aus ihren inneren Gedankengängen löst und aufblickt, um noch einmal schwimmen zu gehen, entdeckt sie am gegenüberliegenden Ufer des Sees Anne und Jakob.

Schön, dann kann sie diese gleich fragen, ob sie sich schon entschieden haben, mit zum Rittergut zu kommen.

Freudig stürzt sie sich ins Wasser und schwimmt zum anderen Ufer hinüber. Anne und Jakob liegen halb ineinander verschlungen auf der Decke. Als sie dies von der Mitte des Sees aus sieht, überfällt Eve plötzlich eine starke Eifersucht. Warum liege ich nicht da bei Jakob, sondern Anne? Als wir uns heute zum Abschied umarmten, war so eine schöne Energie zwischen uns. Nun schwimme ich hier ganz allein durch die Welt, nur weil Anne so dreist war, meinen Freund zu verführen.

Sie stoppt ihre Schwimmrichtung, dreht sich auf den Rücken und schaut wieder in die Wolken. Da fällt ihr der lustige Gedanke von vorhin wieder ein, dass diese Wölkchen mit ihren immer wieder neuen Verschmelzungen und Auflösungen ein himmlisches Dasein führen. Ihr kommt ihre wunderbare ganzheitliche Begegnung mit Johann in den Sinn, und dass es diese nie gegeben hätte, wenn Anne und Jakob sich nicht ineinander verliebt hätten. Vielleicht kommt diese Eifersucht nur aus den von ihren Eltern übernommenen Moralnormen und nicht aus ihrer inneren Stimme des Universums? Zumindest fühlt sich Eifersucht eher angstvoll und lieblos als liebevoll und sanft an.

Eve nimmt all ihren Mut zusammen, schwimmt zum anderen Ufer und wirft sich so nass wie sie ist auf Anne und Jakob. Laut kreischend springen die beiden auf. Jakob versucht, Eve zu greifen und signalisiert Anne dies auch zu tun. Eve wehrt sich mit Händen und Füßen, doch gemeinsam zerren die beiden sie zurück zum Ufer. Mit Gejohle werfen sie Eve ins Wasser und springen dann selbst hinterher.

Als sie wieder aus dem Wasser kommen, sind ihre Emotionen abgekühlt. „Schön dich zu sehen", sagt Anne, „wir haben gerade von dir gesprochen."

„Es war gar kein schlechtes Gefühl, so mal kurz auf euch beiden zu liegen", sagt Eve mit verschmitztem, aber liebevollem Gesichtsausdruck. „Dabei war ich kurz vorher, als ich euch kuscheln sah, wieder mal mächtig eifersüchtig. Eigentlich wollte ich euch nur fragen, ob ihr mit zum ökologisch-philosophischen Experiment von Johanns Freunden kommt? Hat dir Jakob auch davon erzählt?"

„Ja, hat er, und ich komm gern mit."

„Klasse. Dann kann ich Katrin ja heute noch anrufen. Ich sage euch später Bescheid, wie wir das genau machen, o.k.?", fragt Eve noch, wartet aber die Antwort gar nicht mehr ab, sondern läuft übermütig wieder ins Wasser und schwimmt zum anderen Ufer zurück. Dabei freut sie sich, dass sie den Mut aufgebracht hat, zu den beiden hinzuschwimmen.

Als sie wieder in der Sonne trocknet und das wonnevolle Prickeln der Strahlen auf ihrem nassen Körper spürt, kommen ihr neugierige Gedanken über dieses Wonneempfinden in den Sinn: Dieses süße Prickeln, wie ein feiner innerer Schauer, erinnert sie an das Gefühl, welches sie mit Johann oder beim Abschied heute Vormittag mit Jakob hatte. Ob es da einen Zusammenhang gibt?

Diotima schrieb doch, dass sich die moderne Wissenschaft vor allem auf die messbaren Strukturen der Dinge konzentriert, obwohl bekannt ist, dass damit nur zwanzig Prozent der Energiefelder und Wechselwirkungen erfasst werden. Dagegen hatte das frühere, weiblichere Wissen ein gewisses Verständnis für die alles verbindenden Informations- und Energiefelder der äußerlich getrennten Dinge.

Ja, das könnte es sein, die Strahlen der Sonne enthalten bestimmt nicht nur die Wärmeenergie, sondern auch jene unsichtbaren, dunklen Energien, die Informationen über den inneren Zusammenhang aller Dinge und Wesen, den Kosmos und die Schöpfung vermitteln – also eine nur nicht bewusste Art von Liebe, denkt Eve. Diotima zitierte ja vor Kurzem eine schöne alte Weisheit: „Gott oder die Liebe schläft im Stein, atmet in der Pflanze, träumt im Tier und erwacht im Menschen." Vielleicht fühlt man sich daher durch die Strahlen der Sonne nicht nur erhitzt, sondern auch angeregt und geborgen.

Da ihr inzwischen ganz schön heiß geworden ist, so unmittelbar in der Sonne, legt sich Eve wieder in den Schatten der Birke. Sie versucht auch die Energiefelder des Baumes wahrzunehmen und hat einen Moment lang tatsächlich das Gefühl, mit diesem tief verbunden zu sein, als würden sie und der Baum eine Einheit bilden.

Dieses sanfte Gefühl verschwindet jedoch, als sich ihre innere Stimme wieder einschaltet. Sie überlegt, wie sie anfangen könnte, ihr bisheriges Leben danach zu untersuchen, welche besonderen Neigungen und auch Ängste sie hat. Dabei fällt ihr ein, dass die Neigungen einfacher herauszufinden sind. Über Ängste denkt man ja eher selten nach.

Eine besondere Neigung und auch ein besonderes Talent von ihr, scheint die andere Menschen ansteckende und anziehende Lebensfreude zu sein. Es war schon im Kindergarten so, dass die Jungs sich öfter darum stritten mit ihr zu spielen. Und später, in der Schule, war es lange Zeit ähnlich. Manchmal fühlte sie sich sogar wie Pippi Langstrumpf. Eve erinnert sich ziemlich genau an das freudige, verspielte Lebensgefühl von damals. Erst als sie wegen der Arbeitsstelle ihres Vaters nach der fünften Klasse umzogen, scheint es da einen Knacks gegeben zu haben. Ihr fällt wieder ein, wie sie in der ersten Zeit keinen richtigen Kontakt zu den neuen Mitschülern fand und auch später, als sie neue Freunde gefunden hatte, reagierten diese meist mit Unverständnis, manchmal sogar mit Ablehnung auf ihre Anfälle von

Lebensfreude. Daher zog sie sich wohl etwas in ihr Schneckenhaus zurück.

Es fiel ihr zwar immer leicht, auf andere Menschen zuzugehen und diese einfach zu fragen, was sie von ihnen wissen wollte oder ihnen zu sagen, was sie ihnen sagen wollte. Aber so aus der Retroperspektive scheint ihr diese spontan ansteckende Lebensfreude etwas verschütt gegangen zu sein. So was, denkt Eve. So habe ich da noch nie drüber nachgedacht. Umso schöner, dass ich meine Lebensfreude nun wiedergefunden habe. Und noch bevor sie diesen Gedanken zu Ende gedacht hat, spürt sie jenes freudige Kribbeln in der Bauchgegend, das sich wie eine Lavawelle im ganzen Körper ausdehnt und sie geradezu überschüttet mit Glücksgefühlen. Am liebsten würde sie die Welt umarmen. Seit Kurzem, seit Diotimas Briefen und ihren Hinweisen, mutig ihrer Sehnsucht der Liebe nachzugehen, scheint diese spontane und ansteckende Lebensfreude wieder zu erwachen. So wie vorhin, als sie sich mitten auf Anne und Jakob fallen ließ und diese zu ihrer Freude nicht ablehnend, sondern freudig reagierten.

Eve träumt vor sich hin, wie schön es wäre, wenn diese Fähigkeit, anderen Menschen Mut und Lebensfreude zu schenken, wieder so richtig zum Leben erwachen würde. Was fällt mir sonst noch leicht und macht mir besonders Freude?

Ich kann gut organisieren, denkt Eve. Auch das Schreiben und Gestalten fallen ihr leichter als den meisten anderen. Sie nimmt Stift und Zettel aus dem Rucksack und schreibt die herausgefundenen Dinge auf. Dann aber überkommen sie Zweifel: Ob das wirklich meine ganz persönlichen Talente sind, aus denen sich Hinweise auf meine besonderen Fähigkeiten zur Förderung der Liebe in der Welt ergeben? Bestimmt gibt es auch viele andere Menschen mit diesen Neigungen.

Egal, ich gehe erst einmal von diesen aus und will sehen, ob mir in der nächsten Zeit etwas begegnet, was ich mit diesen Fähigkeiten besonders gut machen könnte. Es muss ja auch nichts ganz Besonderes sein, was nur ich und sonst kein anderer kann. Hauptsache ich kann es gut, es macht mir Freude und es bringt die Liebe in dieser Welt ein Stückchen voran. Super, denkt Eve, schon mal ein Stückchen weiter …

Inzwischen ist die Sonne schon weit in den Westen vorgerückt und die Menschen am See sind weniger geworden. Eve geht noch einmal schwimmen und fährt dann nach Hause.

Dort sucht sie die Telefonnummer von Katrin heraus und ruft sie an:

„Hallo Katrin, hier ist Eve. Erinnerst du dich an mich? Ich war zusammen mit Johann vor einigen Wochen für eine Nacht in eurer Dresdner WG."

„Hallo, wie schön, dass du anrufst. Na klar erinnere ich mich. Ihr beide habt so einen glücklichen und inspirierten Eindruck gemacht, dass ich es nicht so schnell vergessen werde."

„Ja, du hattest doch gesagt, dass ich euch mal besuchen kommen kann. Steht das Angebot noch?", fragt Eve.

„Auf jeden Fall, wir freuen uns, wenn du vorbei kommst!", antwortet Katrin.

„Super, wie sieht es kommende Woche bei euch aus?"

„Ich bin die ganze Woche hier und am späteren Nachmittag habe ich meistens etwas freie Zeit."

„Ach so, hätte ich fast vergessen. Ich würde gerne zwei meiner besten Freunde mitbringen, wäre das o.k. für dich?"

„Na klar", antwortet Katrin spontan.

„Das ist ja toll", freut sich Eve. „Ich muss das zwar noch mit den beiden abstimmen, aber wie wäre es mit übermorgen Nachmittag?"

„Einverstanden. Vielleicht könnt ihr gegen 17 Uhr hier sein. Wenn ihr eine gute Bahnverbindung nach Dresden habt, ist es ganz einfach herzukommen. Steigt einfach bei der Station Nowitz aus und geht auf der Dorfstraße nördlich der Bahnlinie 500 Meter Richtung Westen. Dann seht ihr auf der linken Seite riesige Gebäude, das ist das Gut. Wenn ihr auf dem Gut seid und mich nicht gleich seht, fragt einfach nach mir."

„Schön, dann bis übermorgen."

„Ich freu' mich auf euch."

Eve legt den Hörer auf und geht in die Küche. Das Baden hat sie hungrig gemacht. Ihre Mutter ist schon dabei, Abendbrot zu machen. Da der Vater noch unterwegs ist, essen die beiden zusammen in der Küche.

Eve erzählt kurz von dem geplanten Besuch auf dem Gut hinter Dresden.

„Klingt spannend. Da musst du mir nachher unbedingt erzählen, wie es war."

„Gerne. Übrigens habe ich heute Vormittag in dem Buch von Russell gelesen, dass die bisherige Moral der Ehe in mancher Hinsicht überholt ist und dass die Ehe an sich zwar gut ist, gerade für die Kinder, aber auch andere, freiere und glücklichere Formen der Ehe möglich sind."

„Ja, ich erinnere mich schwach. Ist eine kleine Ewigkeit her, dass ich das Buch gelesen habe. Ich habe zwar nicht so die Erfahrung mit anderen Formen der Liebe, aber wenn du irgendwann Sorgen hast oder über deine Liebe sprechen willst, kannst du immer gern zu mir kommen."

„Danke Mutsch."

Nach dem Abendbrot sucht Eve einen Zug Richtung Dresden heraus, der um 16.30 Uhr in Nowitz hält. Dann schreibt sie Jakob eine SMS:

Abfahrt zum Rittergut übermorgen um 15.36 vom Bahnhof. Eve

Als sie sich auf ihr Bett setzt, merkt sie erst, wie müde sie eigentlich schon ist. Vermutlich vom Baden. Dieser erste Ferientag war schön und anstrengend. Morgen will sie sich etwas mehr ausruhen. Sie legt sich hin und blättert noch etwas im Buch von Russell. Da fällt ihr etwas ins Auge und sie beginnt zu lesen:

> Liebe, Kinder und Arbeit sind die großen Quellen des befruchtenden Kontaktes des Individuums mit der Welt. Von diesen ist die Liebe gewöhnlich chronologisch die erste. Die Arbeit ist beileibe nicht immer imstande, einen Mann in fruchtbare Berührung mit der Umwelt zu bringen. Ob es der Fall ist oder nicht, hängt von der Einstellung ab, mit der die Arbeit geleistet wird. Arbeit, deren Motiv ausschließlich geldlicher Natur ist, kann diesen Wert nicht haben, sondern nur Arbeit, bei der irgendeine Art von Hingabe mitspielt, sei es an Personen, Dinge oder an eine bloße Vision. Und so ist Liebe an sich wertlos, wenn sie nur besitzbewusst ist; dann steht sie nämlich auf einer Stufe mit Arbeit, die nur erwerbsbewusst ist. Wenn Liebe den Wert haben soll, von dem wir sprechen, muss sie das Ich der geliebten Person als so wichtig empfinden wie das eigene Ich und muss die

Gefühle und Wünsche des anderen erfassen, als wären es die eigenen.

Ja genau, denkt Eve. Was da über die Arbeit geschrieben steht, trifft genau, was sie für sich selbst sucht: Einen Beruf oder Job, der nicht nur dazu da ist, Geld zu verdienen, sondern auch dafür, sie in freudvollen Kontakt mit der ganzen Welt zu bringen und dabei etwas für die Zukunft der Liebe zu tun. Sie beginnt sich vorzustellen, was das so alles sein könnte, gleitet in Träume hinein und schläft ein.

Schwestern und Brüder

Eve wacht am nächsten Morgen ungewöhnlich früh auf. Es dämmert gerade erst. Sie döst im Bett vor sich hin. Die Geschehnisse des gestrigen Tages ziehen im Halbschlaf an ihr vorbei. Bei der Erinnerung an das schöne Gefühl, dass sie bei der Berührung mit Anne und Jakob am See empfand, fällt sie in einen eigenartigen Traum:

Sie wandert zu dem von großen alten Bäumen bewachsenen Hügel einige Kilometer vor der Stadt, von dem es heißt, hier hätte in alten Zeiten ein slawischer Stamm gelebt. Vor einigen Jahren war sie auf einer Exkursion im Geschichtsunterricht hier. Die Lehrerin erzählte, dass slawische Stämme oft auf Hügeln mit Schutzwällen, sogenannten Schanzen, gelebt hätten. Auch diese Schanze war vor über tausend Jahren Heimat so eines Stammes. Bei Ausgrabungen hatte man Tonkrüge und Schmuckstücke aus Halbedelsteinen wie auch kleine weibliche Figuren aus gebranntem Ton gefunden. Es hieß, diese weiblichen Tonfiguren seien Ausdruck einer mutterrechtlichen Gesellschaft. Anders als in der modernen Gesellschaft sollen damals nicht Männer, sondern Frauen und Mütter im Mittelpunkt des gesellschaftlichen Lebens gestanden haben. Sie wurden vor allem deshalb verehrt, weil sie neues menschliches Leben gebaren und so dafür sorgten, dass der Stamm am Leben blieb.

Halbwach kommt ihr ein Zeitungsartikel von letzter Woche in den Sinn, in dem stand, dass in Deutschland immer weniger Kinder geboren werden und dass es in Zukunft immer mehr alte und immer weniger junge Menschen geben wird. In dem Artikel ging es um die Rente. Es bestehe die Gefahr, dass die jungen Menschen, die prozentual immer weniger werden, die Rente der zunehmend größer werdenden Anzahl der Älteren nicht mehr sichern können. Seltsam, da werden immer weniger Kinder geboren und das einzige, was den Zeitungen dazu einfällt, ist sich um die Renten zu sorgen. Ist doch ganz schön traurig, wenn es immer weniger Kinder gibt. Bestimmt hat es damit zu tun, dass es in der westlichen Welt zu wenig Liebe gibt. Vielleicht gibt es da ja einen Zusammenhang, vielleicht haben die Wissenschaftler und Philosophen in den letzten tausend Jahren zwar sehr erfolgreich die materiellen Zusammenhänge der Welt erforscht und nutzbar gemacht, aber dabei keine Zeit übrig gehabt, um die anderen Fragen des Lebens zu erforschen. Nun gibt es viel Wissen zur Herstellung aller möglichen Produkte, die wir zum Leben brauchen, aber wenig Wissen darüber, wie wir die Liebe entfalten und das Leben selbst erhalten können.

In diesem Moment wird der Traum wieder intensiver:

Eve liegt im Gras mitten auf der Schanze. Sie schaut durch die Kronen der alten Eichen in den Himmel und spürt – ähnlich wie gestern am See mit der Birke, nur jetzt viel intensiver – eine mystische Einheit mit der uralten Eiche zu ihrer Linken. Sie fühlt sich, als ob sie diese Eiche wäre.

Auf einmal ist diese Eiche nicht mehr uralt, sondern noch jung und steht inmitten eines von Holzhäusern umgebenen Platzes voller Menschen. Sie selbst ist nicht mehr nur Baum, sondern auch eine junge Frau. Wie in einem schnellen Filmablauf sieht sie in kurzer Zeit den Ablauf ganzer Wochen in dieser früheren Zeit auf der Schanze. Sie sitzt zusammen mit drei anderen jungen Frauen in der Sonne, auf einer steinernen Bank bei einem relativ großen, langen Haus aus Holz. Sie verspinnen Schafwolle zu Garn und unterhalten sich dabei. Sie sind Schwestern, Töchter derselben Sippe, und sie sind vor fünf Jahren, alle gleichzeitig, mit vier Brüdern aus einer anderen Sippe verheiratet worden. In diesen fünf Jahren wurden bisher sieben Kinder geboren. Eine Schwester hat drei, zwei haben zwei kleine Kinder und eine kann aufgrund körperlicher und geistiger Probleme keine bekommen.

Welcher der Männer jeweils der Erzeuger der Kinder ist, ist unbekannt und auch nicht wichtig. Unabhängig von der leiblichen Mutter- oder Vaterschaft fühlen sich alle acht Erwachsenen als Eltern für alle ihre Kinder. Auch die eine Schwester, die keine Kinder bekommt hat, genießt ihre Freude und Verantwortung mit *ihren* sieben Kindern. Manchmal spielen, essen oder schlafen die Kinder bei ihren leiblichen Müttern oder Vätern, manchmal aber auch bei den anderen Schwestern oder den Großmüttern und Großvätern.

Die Männer sind oft mehrere Tage unterwegs, zur Jagd oder um bei anderen Stämmen Dinge zu tauschen. Frauen und Kinder aber sind nie allein nur auf sich gestellt, sondern haben immer viele Verwandte in der Nähe, mit denen zusammen sie den Haushalt betreuen, die Gärten bestellen und sich des Lebens erfreuen.

Auch wenn die Männer da sind, gibt es keine Eifersucht zwischen den Frauen. Jede Frau lebt in einem von den anderen durch dicke Wände abgetrennten Teil des Hauses und empfängt immer mal wieder einen ihrer vier Männer für eine Nacht. Aber es ist auch erlaubt, andere Männer, in die man sich gerade verliebt hat, einzuladen. Welchen Mann sie abends empfängt, das ergibt sich meist im Laufe des Tages, beim gemeinsamen Arbeiten, Essen oder Feiern.

Die Schwestern achten sogar darauf, dass keine zu kurz kommt und jede die Freuden der Liebe bekommen und geben kann. Da sie miteinander die Häuser, die Kinder und das Essen teilen, ist es selbstverständlich, auch die schönste Sache miteinander zu teilen. Weil die Schwester mit den körperlichen und geistigen Problemen nicht immer selbstbewusst genug ist, um sich einen der Männer zu angeln und auch die Männer sich von ihr nicht so angezogen fühlen wie von den anderen Frauen, schicken ihre Schwestern immer mal wieder einen der Männer zu ihr. Dann erzählen sie den Männern, dass diese Schwester zwar etwas anders ist, aber dafür mit den Geistern in Verbindung steht und eine Nacht mit ihr dem Mann besondere Kräfte verleiht.

Auch die Männer streiten sich nicht um die Frauen. Sie haben ja vier offizielle Frauen zur Wahl und es ist auch ihnen erlaubt, eine ganz andere Frau für eine Nacht zu besuchen.

Das ganze Dorf macht einen sehr friedlichen Eindruck. Zwar gibt es auch Konflikte, aber so gut wie keine Gewalt bei deren Austragung. Streitfälle werden mit Hilfe von Verwandten oder Freunden gelöst. Es gibt keine Vergewaltigungen und wenig Machtkämpfe. Kriege mag man nicht, die Schutzwälle sind nur zur Verteidigung vor verwildert umherziehenden Menschenhorden.

Da man nie genau weiß, wer der Vater, aber immer, wer die Mutter ist, ist das Leben nach den Verwandtschaftslinien der Frauen organisiert und die älteren Frauen spielen eine wichtige Rolle im Dorfgeschehen. Doch für das alltägliche Leben sind Männer und Frauen gleich wichtig. Keine Frau ist nur Anhängsel eines Mannes, jede hat ihre eigene Würde und lebt ihre eigenen besonderen Talente zum Nutzen ihrer Familie und des ganzen Stammes. Auch die Männer sind selbstbewusst, athletisch und trinken nur bei festlichen Anlässen alkoholhaltige Getränke. Oft spielen und scherzen sie mit den Kindern ihrer Frauen, wie auch mit den Kindern anderer.

Der mehrere Tage und Nächte auf dieser Schanze im Schnelldurchlauf durcheilende Traum wird wieder langsamer. Eve erkennt sich selbst dabei als jüngste der vier Schwestern. Sie erlebt sich morgens auf ihrem Lager beim Liebesspiel mit einem jungen Mann aus einem anderen Clan, den sie gestern bei der monatlichen Feier zum Vollmond kennengelernt und sehr anziehend empfunden hat. In der Nacht zuvor hat sie einen ihrer vier Männer geliebt. Es verleiht ein wundervolles, intensives Selbstbewusstsein, immer wieder neu zu spüren, wie man von den Männern auf ganz verschiedene Weise begehrt wird.

Als Eve aus dem Traum erwacht, muss sie sich erst mal orientieren. Es schien alles so real! Dann überlegt sie: Eigentlich kein schlechtes Gefühl, so mit vier Männern verheiratet zu sein und noch dazu hin und wieder einen anderen zu lieben. Auch für die Kinder war es bestimmt lustiger, besonders im Vergleich zu heutigen Kindergärten. Zwar waren die Väter damals wie heutzutage oft unterwegs, aber sie hatten viele Geschwister zum Spielen, Omas, Opas und viele andere Verwandte, die ihnen unterschiedlichste Dinge über das Leben beigebracht haben. Heute hat man meist kaum Geschwister und die wenigen Verwandten wohnen weit weg.

Offenbar waren matriarchale Großfamilien eine recht stimmige Lösung für viele Angelegenheiten des Lebens und der Liebe. Zumindest die zwei Dinge, die Russell in seinem Buch neu zu vereinbaren vorschlägt – gute Betreuung der Kinder und lebendiges Liebesleben zwischen Männern und Frauen – waren damals doch ganz gut gelöst. Warum es diese Lebensformen heute wohl nicht mehr gibt?

Sagte ihre Mutter nicht neulich, sie hätte einen Bericht von einem matriarchalen Volk, welches noch heute in China lebt, im Fernsehen gesehen?

Vielleicht ist diese matriarchale Verwandtschaftsform, in der Brüder einer Sippe mit Schwestern der anderen Sippe verheiratet waren, nicht mehr zeitgemäß. Wir wissen ja heutzutage, wer unser Vater ist und mit den eigenen Geschwistern will heute vermutlich keiner seine Liebespartner teilen, aber vielleicht kann man die Grundidee auch anders wiederherstellen? Es gibt doch einen Roman von Goethe über Wahlverwandtschaften? Vielleicht hatte er ja eine Ahnung, wie es anders gehen könnte?

Vielleicht sollte ich mit Jakob und Anne mal darüber reden? Wenn ich an das schöne Gefühl bei der Berührung zu dritt denke, scheint es mir nicht unvorstellbar, dass auch moderne Menschen mehr als nur einen Menschen lieben können. Jakob und Johann sind sehr verschieden, doch ich mag beide sehr, auch im Bett.

Als sie an ihre letzten beiden erotischen Begegnungen denkt, zuerst am Teich mit Jakob und später in Dresden mit Johann, wird ihr sehnsüchtig zumute. Je mehr sie daran denkt, desto mehr kribbelt es auch zwischen ihren Beinen. Sie bekommt Lust, einen dieser beiden bei sich zu spüren. Da keiner da ist, nimmt sie ihre Hand, um sich selbst zu erregen. Als sie sich vorstellt, nicht nur Jakob oder Johann, sondern alle beide wären da und würden nur darauf warten, sie abwechselnd zu lieben, durchströmt sie ein Schauer tiefster Wonne.

Inzwischen ist die Sonne schon weit über dem Horizont. Eve steht auf und geht nackt, wie sie immer schläft, wenn es nicht zu kalt ist, ins Badezimmer. Dort betrachtet sie sich spontan im Spiegel. Wie oft, wenn sie sich so sieht, weiß sie nicht recht, ob sie sich über ihre nicht besonders großen Brüste ärgern oder freuen soll. Während es sie früher eher ärgerte, ist es ihr in den letzten Wochen nicht mehr so wichtig. Manchmal freut sie sich sogar schon über ihren kleinen Busen.

Immerhin bin ich das und ich gefalle, so wie ich bin, nicht nur einem Gleichaltrigen wie Jakob, sondern auch einem reiferen Mann wie Johann. Überhaupt scheint Schönheit gar nicht so sehr von der Größe des Busens oder der Schlankheit der Taille abzuhängen. Viel wichtiger ist wohl, ob ich mich selbst schön fühle. Und dies wiederum scheint nicht allein von äußeren Formen abzuhängen, sondern auch von der inneren Verbundenheit mit sich selbst und dem ganzen Universum. Dabei fällt ihr auf, wie besonders schön ihr Antlitz heute erscheint. Jenes Lächeln, das man nicht absichtlich machen kann, liegt wie ein dauerhafter Hauch auf ihrem ganzen Gesicht und ihre dunklen Haare umfließen sanft ihre Konturen, aus denen ihre blaugrauen Augen mit stillem Glühen leuchten.

Es ist schon phantastisch, wenn man sich frei und ohne Ängste von dieser überall fließenden Liebesenergie durchströmt fühlt. Vermutlich hat es mit den Chakra-Übungen zu tun, dass ihr das immer öfter gelingt.

Da kommt ihr wieder Johann in den Sinn. Bisher hat sie nichts von ihm gehört. Er hätte sich ja ruhig mal bei mir melden können. Weil sie sich nicht traut ihn anzurufen, da sie nicht weiß, ob dann seine Frau ans Telefon geht, beschließt Eve ihm eine Email zu schreiben.

Hi Johann,
ich habe heute Morgen im Bett sehr intensiv an Dich gedacht und hätte Dich gern bei mir gehabt. Meine Abschlussprüfungen habe ich gut überstanden und habe jetzt Ferien, d.h. viel freie Zeit. Morgen fahre ich mit Jakob und Anne zum Rittergut Deiner Freunde. Kannst Du nicht auch einfach hinkommen?
Oder wann bist Du wieder einmal in Sachsen?

Was hat Deine Frau gesagt, als Du ihr von mir erzählt hast? Ich habe ein interessantes Buch des Nobelpreisträgers Russell über neue, lebendigere Formen von Ehe und Moral gelesen. Soll ich es Dir und Deiner Frau mal schicken?
Was machen die Solarmuscheln?
Gruß und Kuss,
Deine Eve

Da ihr Magen inzwischen knurrt, macht sie sich in der Küche ein Müsli. In einer Schale liegen noch frisch aussehende Erdbeeren. Offenbar hat ihre Mutter diese noch für sie gepflückt, bevor sie zur Arbeit fuhr. Dabei fällt ihr ein, dass sie ihrer Mutter versprochen hat, sich in den Ferien etwas um den Garten zu kümmern: Unkraut rupfen, zwischen den Erdbeeren und zwischen den Tomaten. Da sie morgen wegfährt, wird sie es heute machen müssen. Dabei würde sie lieber den ganzen Tag am See verbringen.

Während des Essens erinnert sie sich, dass in ihrem Traum vom matriarchalen Stamm die jungen Frauen ganz selbstverständlich und mit viel Freude und Stolz die Gärten pflegten. Wenn es früher so war, so ist es doch seitdem ganz schön aus der Mode gekommen. Sie beschließt, die Gartenarbeit mit Freude zu machen. Bevor sie in den Garten geht, schickt sie noch eine Email an Diotima:

Liebe Diotima,
ich habe neue Fragen: Gab es diese matriarchalen Liebesformen, in denen Frauen und Männer parallel mehrere Partner liebten? Sind diese einfach überholt oder können auch moderne, individualisierte Menschen etwas davon lernen, damit es mehr Liebe und vielleicht hier im Westen auch mehr Kinder gibt? Eve

Eve geht in den Garten und befreit erst die Tomaten und dann einen Teil der Erdbeeren von den wuchernden Gräsern und Kräutern.

Eigentlich ist es gar nicht so anstrengend, denkt sie. Man hat das Gefühl, etwas Sinnvolles zu tun. So richtig Freude macht es mir aber nicht. Vielleicht liegt das daran, dass die Frauen früher nicht allein, sondern meist zu mehreren in den Gärten waren?

Als sie ihre Gartenarbeit beendet, deutet der hohe Sonnenstand darauf, dass es schon Mittag ist. Eve, die sich nebenbei an Erdbeeren satt gegessen hat, trinkt nur noch ein Glas Wasser und schaut dann in ihre Emails. Tatsächlich ist Diotimas Antwort da, aber auch eine Nachricht von Johann. Voller Neugier ruft sie diese zuerst auf:

Liebe Eve,

danke für Deine Mail. Ich habe auch schon öfter überlegt, ob ich Dir schreibe, da ich Dich aber nicht enttäuschen wollte, habe ich es nicht getan.

An unseren Abend in Dresden denke ich immer voller Freude zurück und ein Teil in mir hat ziemliche Sehnsucht nach Dir.

Ich habe meiner Frau von unserer Begegnung erzählt und sie hat nicht besonders erfreut reagiert, besser gesagt, sehr aufgebracht. Sie ist eben ganz konventionell erzogen worden und hat Angst, dass die Familie und besonders die Kinder darunter leiden könnten.

Da die Kinder noch klein sind und einen Vater brauchen, habe ich ihr versprochen, Dich vorläufig nicht wiederzusehen. Ich finde das sehr schade, aber die Dinge sind so.

Im Stillen habe ich aber ein wenig Hoffnung, dass auch meine Frau irgendwann einsieht, dass ich auch sie wieder viel mehr lieben könnte, wenn sie mich nicht so einengt. Außerdem wäre es schön, wenn sie erkennen würde, dass auch den Kindern dadurch nichts verloren geht, sie im Gegenteil vielleicht sogar mit mehr Liebe aufwachsen. Darum schicke mir doch mal dieses Buch von Russell, vielleicht kann ich es mit ihr zusammen lesen.

Mit der Solarmuschel geht es nur langsam voran, da ich nicht mehr so viel Kapital habe und die sich anbietenden Geldgeber immer gleich entscheidenden Einfluss auf meine ganze Firma haben wollen. Das will ich aber nicht, denn dann wäre nicht mehr garantiert, dass meine Erfindung später auch in den von mir gewünschten Unternehmensformen gebaut würde. Aber es geht voran, der Prototyp bewegt sich schon automatisch der Sonne nach und liefert ganz gute Ergebnisse.

Es ist schön, dass Du aufs Gut fährst. Grüße mal alle von mir! Ich weiß noch nicht, wann ich wieder in Sachsen sein werde.

Alles Liebe,

Dein Johann

Eve spürt, wie enttäuscht und traurig sie auf einmal ist.

Da habe ich nun einen der bestimmt noch wenigen Männer getroffen, mit dem es sich nicht nur sehr schön lieben, sondern auch umfassend über die Liebe philosophieren lässt und dann darf ich ihn vielleicht nie wieder sehen. Das ist doch zum Heulen. Obwohl ich mit ihm seit Dresden keinen Kontakt hatte, war da immer ein tiefes Gefühl unserer Verbundenheit in mir. Nun fühle ich mich plötzlich total einsam.

Sie legt sich auf ihr Bett und weint eine ganze Weile. Ihr wird bewusst, dass sie zwar nicht allein ist, denn da sind ihre Freundinnen aus der Schule und ihre Eltern, doch dass ihre tieferen Lebens- und Liebessehnsüchte dabei nur wenig Erfüllung finden.

Ob sie, wenn sie Philosophie und Pädagogik studiert, dabei Leute treffen wird, mit denen sie über alles reden und auch manches für diese Welt tun kann? Oder trifft sie die eher bei einer Tätigkeit, in der nicht das Studium, sondern das konkrete praktische Tun für die Welt im Vordergrund steht?

Als sie aufgehört hat zu weinen, geht sie kurz in die Küche und macht sich einen Tee mit einem großen Löffel Honig. Es wird sich schon der richtige Weg vor mir auftun, vernimmt sie eine Art Stimme in sich oder vielmehr eine Art Gewissheit.

Sie wird mal ihre Mutter fragen, ob sie Johann das Buch von Russell über andere Formen der Liebe und Familie schicken darf. Jakob hat sie es ja auch versprochen. Vielleicht kopiert sie einfach die wichtigsten Seiten oder schaut, ob sie die auch im Internet findet.

Dann ruft sie Diotimas Mail auf und liest diese gleich am Bildschirm:

Liebe Eve,

Deine Fragen berühren einen sehr wichtigen Punkt in der Geschichte und Weisheit der Liebe, einen Punkt, der schon so weit zurückliegt, dass er in der modernen Wissenschaft, ja schon in der alten griechischen Philosophie, kaum bekannt ist.

Wie ich Dir anfangs schon berichtet habe, spielte die Liebe eine entscheidende Rolle in der ursprünglichen Menschwerdung. Durch die Erweiterung des zuerst nur in den Mutter-Kind-Beziehungen vorhandenen Gefühls der Liebe wurden die Menschen fähig, Sippen und Stämme zu bilden und Sprache, Gartenbau und vieles andere zu erfinden.

Die litauisch-amerikanische Archäologin Marija Gimbutas entdeckte anhand von handwerklichen und künstlerischen Relikten, dass solche matriarchalen Völker vom 7. bis zum 3. vorchristlichen Jahrtausend auch in ganz Europa lebten. In ihrem Buch „Die Zivilisation der Göttin" steht etwas, was ich dir wortwörtlich übermitteln will, da sie damit auf neue, ungewöhnliche Weise altes Wissen und moderne Wissenschaft verbindet. Sie schreibt:

Ich lehne die Ansicht ab, dass der Begriff der Zivilisation nur auf von Männern beherrschte Kriegergesellschaften angewendet werden dürfe. Die Basis jeder

Zivilisation liegt in ihrem jeweiligen Maß an künstlerischem Schaffen, ästhetischen Errungenschaften, immateriellen Werten und Freiheit, die das Leben sinnvoll und lebenswert machen, sowie in einem ausgeglichenen Verhältnis zwischen den Geschlechtern. Die Jungsteinzeit in Europa war keine Zeit „vor der Zivilisation"; sie war vielleicht eher eine Zivilisation im besten Sinne des Wortes. Im 5. und frühen 4. vorchristlichen Jahrtausend, kurz bevor diese Zivilisation unterging, gab es im alten Europa Städte mit beachtlichen Einwohnerzahlen, mit mehrstöckigen Tempeln, kultischen Schriftzeichen, geräumigen Häusern und professionellem Handwerk.

Die Urgottheit für unsere paläolithischen und neolithischen Ahnen war weiblich – in ihr spiegelt sich die Erhöhung der Mutterschaft. Tatsächlich sind aus vorgeschichtlicher Zeit keine Darstellungen einer Vatergottheit gefunden worden. Die Symbole und Darstellungen konzentrieren sich um eine sich selbst zeugende Göttin und ihre grundlegenden Funktionen als Lebensspenderin, Beherrscherin des Todes und Wiedergebärerin.

Obwohl dies die wirklichen Ahnen Europas waren, hast Du in der Schule möglicherweise nur sehr wenig oder gar nichts davon gehört. Dies liegt daran, dass diese frühen Kulturen später von anderen Krieg führenden Völkern verdrängt wurden und es daher viel mehr Relikte aus dieser späteren Zeit gibt. Außer Marija Gimbutas gab und gibt es aber auch andere Forscher, welche die Existenz und Bedeutung matriarchaler Kulturen für die Geschichte der Menschheit erforschten und betonten. Der erste war im 19. Jahrhundert der Schweizer Johann Jakob Bachofen. Im 20. Jahrhundert beginnen dann auch immer mehr Frauen, ihre Bedeutung für die Geschichte neu zu entdecken und es entwickelt sich weltweit eine neue Frauenforschung, die sowohl die Vergangenheit neu entdeckt als auch daraus Schlussfolgerungen für eine gewaltfreie und liebevollere Zukunft ableitet.

Meist sind es Frauen, die anhand vieler Beispiele aus aller Welt nachweisen, dass die hohe, würdevolle und gleichberechtigte Stellung der Frau in matriarchalen Gesellschaften neben ihrer Mutterrolle immer auch mit wichtigen Funktionen im Wirtschaftsprozess verbunden war. Die Frauen erfanden nicht nur den Gartenbau, sondern waren lange Zeit, in manchen Kulturen bis heute, die wichtigsten Ernährerinnen ihrer Familien. Leider stehen diese Forscherinnen bisher meist nur am Rand der offiziellen Wissenschaften und Universitäten. Somit wird dieses andere Wissen nur von wenigen, wirklich danach suchenden Studentinnen und Studenten gefunden. Die große Mehrzahl der jungen Menschen erfährt nichts davon. Auch viele derjenigen, die eigentlich ernsthaft etwas für eine gewaltfreiere und ökologischere Zukunft der Erde tun möchten, finden meist nur die technischen oder technokratischen Angebote, die aus dem Wissen des patriarchalen Zeitalters hervorgegangen sind. Dieses technische Detailwissen ist zweifellos auch notwendig, aber ohne Einbettung in liebevollere und ganzheitlichere Wissensformen wird es die Natur und Gesellschaft kaum von der Überlastung durch Militär, Kriege und Wegwerfkonsum befreien.

Nun konkreter zu Deiner Frage, ob sich die matriarchalen Lebens- und Liebesformen und ihre Vorteile wiederherstellen lassen. Deine Frage klingt so, als ob Du Dir schon selber gedacht hast, dass man Geschichte nicht zurückdrehen kann. Doch das heißt nicht, dass man nicht Sinnvolles aus diesen früheren Formen wieder entdecken und in neuer Weise wieder beleben kann.

Ich schrieb Dir anfangs schon einmal vom widersprüchlichen Gang der Geschichte, ihren manchmal grausamen Zufällen und Umwegen und ihren letztlich dennoch tendenziell sinnvollen Entwicklungen hin zu einer vielfältigeren und weltweit vernetzten menschlichen Welt.

Viele Geschichtsphilosophen haben diesen Geschichtsprozess als eine Art spiralförmige Entwicklung beschrieben. Um neue Möglichkeiten zu erproben, werden frühere Strukturen oft fast völlig aufgelöst und alle Entwicklungsenergie konzentriert sich auf die Ausprägung gegenteiliger Formen. Erst auf der Grundlage der beiden nacheinander oder fern voneinander ausgeprägten Formen kommt es dann zu einer neuen, komplexeren und schöneren Integration dieser Gegensätze.

Vieles deutet darauf hin, dass die menschheitliche Zukunft eine solche Integration der jeweils besten Seiten der heutigen patriarchalen mit den früheren matriarchalen Zivilisationen braucht. Aus dieser Perspektive ließe sich dann zum Beispiel ein wiederbelebter ökologischer Gartenbau und ähnliche artgerechte Tierhaltung mit hochmodernen technischen Produktionsformen zur Erzeugung von Computern, Autos, Telefonen etc. kombinieren. Diese Ansätze würden sich aus einer integralen Perspektive dann nicht mehr ausschließen, sondern ergänzen.

Ähnliche Integrationen lassen sich für die Liebesformen denken. Die heutige, offiziell monogame und oft doch heimlich untreue Eheform dürfte langfristig gesehen kaum das Modell für liebevolle, wissende und mutige Menschen sein. Andererseits haben vielseitig entwickelte freie Individuen vermutlich kaum Lust dazu, in die oft auch engen Bande blutsverwandt-schaftlicher Großfamilien zurückzukehren. Wenn man sich die besten Seiten beider geschichtlicher Modelle anschaut, ergeben sich eine ganze Reihe von Integrationsmöglichkeiten. Sie tendieren in die Richtung, die bereits Goethe mit seinem Begriff der Wahlverwandtschaften vorzeichnete.

So könnte es sich als äußerst erfüllende Liebesform herausstellen, wenn sich zwei oder drei Frauen und zwei oder drei Männer jeweils mehr oder weniger ineinander verlieben und beschließen, dass sie sich als seelenver-wandt empfinden, ihr Leben lang zueinander gehören und füreinander ein-stehen wollen. Wer dann jeweils mit wem und wie intensiv auch erotisch verkehrt, wer durch welchen Job Geld verdient und wer lieber Kinder und Garten betreut, sind Fragen, die alle miteinander ganz konkret, je nach den individuellen Vorlieben und Fähigkeiten regeln können. Ebenso individuell lässt sich regeln, ob diese alle zusammen in einem Haus oder zum Teil in verschiedenen Wohnungen, Orten oder Staaten wohnen; ob Eltern bzw. Großeltern als Kindesbetreuer und Lehrer mit integriert werden; ob es auch Liebe zwischen den Frauen oder zwischen Männern gibt; ob man auch mit Menschen außerhalb dieser Wahlverwandtschaft erotisch verkehrt und vieles andere mehr.

Liebesformen könnten frei gewählt werden. Zeitweise oder dauerhafte monogame Ehen wären genauso gern gesehen wie komplexere Liebesformen. Das Hauptkriterium solch einer neuen Moral könnte dann zum Beispiel Wahrhaftigkeit der Liebesgefühle und ein guter Entwicklungsraum für Kin-der sein. Bei solch einer Art von Moral wäre es dann zweitrangig, wie viele Partner miteinander leben und lieben. Es würde dann viel mehr darauf ankommen, dass sie Menschen finden, die sich gegenseitig in ihrer Entwick-lung unterstützen und sich möglichst frei ihren eigenen Träumen entspre-chend entwickeln können.

Inzwischen gibt es ja schon die sogenannten Patchworkfamilien. Hier ver-suchen die Partner mit ihren Ex-Partnern Freundschaft zu halten, die vor allem dazu dient, die gemeinsamen Kinder gut zu umsorgen und ihnen die Frustration von Vater- oder Mutterverlust zu ersparen. Dazu gibt es inzwi-schen schon einige Ratgeberbücher, die sich allerdings vor allem auf die gemeinsame Elternschaft beziehen.

Aber es spricht nichts dagegen, das Wort auch für andere Netzwerke der Liebe zu verwenden, wenn diese dazu dienen, den Kindern ein liebevolles Aufwachsen zu ermöglichen und auch die Erwachsenen glücklicher und erfüllter sein zu lassen.

Ich wünsche Dir den Mut zu neuen, bewussten Liebesgefühlen,
Deine Diotima

Eve sinnt den Worten Diotimas nach. Obwohl sie sehr ungewohnt klingen, wären solche integrierten Lösungen oft bestimmt spannender und schöner. Zumindest in den meisten Fällen, denkt Eve. Wen kenne ich eigentlich, der wirklich glücklich zu sein scheint in seiner Beziehung? Ihr fällt niemand ein. Ganz im Gegenteil, die Ehepaare, die sie so kennt, erscheinen ihr irgendwie aneinander gewöhnt und als ob sie sich einfach damit abgefunden hätten, dass ihre anfängliche Verliebtheit im Laufe der Jahre verpufft ist. Ich will nicht, dass mir das mal so ergeht, beschließt Eve in Gedanken. Dann erscheint ihr das Bild von Katrin und ihrem Freund – die beiden machten den Eindruck, als wäre wache, freudige Liebe zwischen ihnen – ich weiß aber gar nicht, wie lange die beiden schon zusammen sind und wie genau die ihre Liebe leben. Eve nimmt sich vor, Katrin danach zu fragen.

Warum ist die Form der Ehe anscheinend wichtiger als die Wahrhaftigkeit und die Intensität der Liebe? Warum geben die Menschen neuen Formen der Liebe nicht mal eine Chance? Wir haben doch eine freie Grundordnung, in der jeder und jede das Recht hat, sich selbst möglichst optimal zu verwirklichen. Das muss ich Diotima unbedingt gleich noch fragen.

Kurz nachdem sie ihre Frage abgeschickt hat, findet sie in ihren Emails eine Antwort:

Deine Frage trifft den wunden Punkt der Sache: Wir haben heute eine formal-rechtlich freie Gesellschaft, d.h. eine Verfassung, welche die Freiheit des Individuums garantiert, solange sie sich nicht gegen andere richtet. Das ist ein bedeutsamer Fortschritt gegenüber früheren Gesellschaften, die Gewalt gegen oder Missbrauch von Menschen nicht ausschlossen und daher viel Angst und Unsicherheit in den Menschen züchteten.

Aber wir haben noch lange keine Gesellschaft, die wirklich freie Menschen hervorbringt. Die modernen Menschen sind zwar äußerlich in ihrer Kleidung, ihren Autos und Häusern individualisiert, doch in ihrem Inneren, in ihrer Moral, ihrem Denken und Fühlen sind sie oft noch stark abhängig von den Meinungen der anderen. Da sind sie noch weit von wirklicher, freier Individualität entfernt.

Ohne groß darüber nachzudenken, wiederholen sie einfach das, was ihnen die Eltern, die Lehrer, die Kollegen oder die Medien vormachen. Daran haben sie natürlich keine Schuld, sie haben ja nirgendwo gelernt, ihre eigene, sanfte innere Stimme wahrzunehmen und dieser zu folgen.

Deshalb betone ich immer wieder den individuellen Mut zur Liebe. Denn wirkliche Liebe ist immer darauf aus, die ganz besondere Freiheit und Schönheit des eigenen und des anderen individuellen Wesens zu verstehen und zu fördern. Wie es sogar so schön in der Bibel heißt: „Gott ist die Liebe. Ihr werdet die Wahrheit erkennen und die Wahrheit wird Euch frei machen."

Diese im Evangelium mystisch ausgedrückte Erkenntnis des Zusammenhangs von Liebe und Freiheit kann man übrigens inzwischen sehr gut mit Hilfe der modernen Neurobiologie erklären und verstehen. Dazu muss ich Dir jedoch einige neuere Erkenntnisse mitteilen, die selbst in der Psychologie und Neurobiologie erst wenigen bekannt sind. Ich werde sie bei Gelegenheit einmal für Dich zusammenfassen, erinnere mich daran, falls ich es vergesse. Denn erst dann, wenn Du das weißt, kannst Du das Geheimnis dieses tieferen Lächelns wirklich verstehen: Es ist nicht nur das Lächeln der Liebe, sondern auch das Lächeln der tief im Herzen gefühlten Freiheit.

Diotima

Eve ist etwas erschüttert, fast verzweifelt nach diesem Brief. Dachte sie doch bisher, um die Liebe in der Welt zu verstärken, käme es einfach darauf an, dass alle Menschen erfahren, warum die Liebe das Schönste und Wichtigste in der Welt ist.

Jetzt wird ihr klar, dass es so einfach nicht ist. Es gibt so unendlich viele Widerstände, Gewohnheiten und Ängste in den Menschen selbst, die verhindern, dass sie die einfache Wahrheit, dass Gott die Liebe ist, auch verwirklichen. Jetzt versteht sie, warum Diotima nicht nur die Liebe und das Wissen, sondern auch den Mut so betont.

Sie nimmt sich vor, wenigstens bei sich selbst immer mehr darauf zu achten, auf ihre innere Stimme zu hören und nicht einfach der unbewussten Moral ihrer Vorfahren nachzugehen. Je mehr ihre Entschiedenheit dazu wächst, desto mehr löst sich ihre Verzweiflung. Auch die Traurigkeit, die sie nach dem Lesen von Johanns Nachricht überfiel, ist kaum noch da. Welche Kraft doch darin liegt, sich für den Mut zur Liebe zu entscheiden, denkt sie.

Sie fährt in ihren verwilderten Garten. Trotz der vielen Erdbeeren ist sie inzwischen wieder hungrig, daher pflückt sie sich ein paar Äpfel. In der Hängematte döst sie zuerst vor sich hin und nutzt dann die Ungestörtheit dafür, das Atmen und Fühlen der Chakras zu üben. Es fällt ihr immer leichter wahrzunehmen, wie verschieden sich die universelle Energie anfühlt, je nachdem, ob man sie zwischen den Beinen, im Herzen oder im Kopf spürt.

Ihr kommt in den Sinn, wie schön es wäre, all diese Felder wieder einmal mit einem Mann auszutauschen. Doch mit Johann wird es wohl so schnell nichts werden und mit Jakob, wer weiß, ob er die Übung mit den Chakras auch wirklich gemacht hat. Meist ist er ja nicht so eifrig, wenn es darum geht, etwas kontinuierlich einzuüben. Außerdem hat sie ihn erst einmal Anne überlassen. Das kann also dauern. Und sich mit irgendeinem anderen Mann einzulassen, der überhaupt keine Ahnung von diesen Dingen hat und bloß sexuell drauf ist, hat sie immer weniger Lust. Wie könnte man einen finden, der da etwas weiter ist? Vielleicht im Internet? Oder im Rittergut von Johanns Freunden? Der Gedanke macht sie noch neugieriger auf den Besuch dort.

Ganz in Gedanken, erinnert sie sich an die gestrigen Erlebnisse am See. Wieder sieht sie die Wolken am Himmel tanzen und erneut wird die liebevolle Verbindung, die sie zu dem Baum dort empfand, in ihr wach. Ich liebe dieses Verbundenheitsgefühl, denkt Eve. Gleich darauf packt sie ihre Sachen und macht sich auf zu dem versteckten Badeplatz am See. Als sie schwimmen geht, gibt sie sich ganz dem Wasser und dem Himmel hin und lässt sich treiben. – Erneut überkommt sie ein Gefühl der Liebe, das sie durchströmt und sie scheinbar mit allem verbindet.

Als sie am frühen Abend nach Hause kommt, sieht sie Mutter und Vater vertraut und fröhlich, wie schon seit Langem nicht mehr, am Gartentisch sitzen. Da sie die zwei nicht stören will, ruft sie ihnen nur schnell ein „Gute Nacht ihr zwei, ich gehe schlafen" zu und geht in ihr Zimmer. Müde vom frühen Aufstehen, von Gartenarbeit und Schwimmen, schläft Eve ein.

Am nächsten Morgen befreit sie die restlichen Erdbeerpflanzen von Gräsern und Ranken und beginnt dann ihre Sachen für den Trip nach Dresden zu packen. Da sie vergessen hat, ihrer Mutter Bescheid zu sagen, dass sie heute wegfährt, schreibt sie ihr kurz einen Zettel:

Liebe Mutsch,
ich bin heute Nachmittag mit Jakob und Anne zu Besuch auf einem öko-
logischen Gut bei Dresden. Ich weiß noch nicht, wann ich heute Abend
zurückkomme, Du brauchst nicht auf mich zu warten.
Deine Eve

Sie packt etwas Geld und aus einer Intuition heraus auch Handtuch und Zahnbürste in ihren Rucksack und geht los, um rechtzeitig am Zug zu sein. Jakob und Anne kommen kurz nach ihr am Bahnhof an. Eve erinnert sich an ihren Entschluss, mutig zu sein und umarmt beide zur Begrüßung sehr innig.

Im Zug erzählt sie ihnen von dem gestrigen matriarchalen Traum und von Diotimas Erklärungen zu diesen frühen menschlichen Lebensformen. Anne und Jakob hören neugierig zu. Als sie fertig ist, bemerkt Jakob: „Wenn ich ehrlich bin, könnte ich mir durchaus vorstellen, euch alle beide und vielleicht sogar noch eine dritte zu lieben. Ob dann aber auch noch andere Männer im Spiel sein sollten, muss ich mir erst noch überlegen."

Das ruft Anne auf den Plan: „Das könnte dir so passen, du hältst dir einen Harem und suhlst dich in der Liebe, die Frauen aber lässt du mit wenig Liebe verschmachten", entgegnet sie leicht aufgebracht und fügt dann noch hinzu: „Wenn schon, dann will ich mir auch wenigstens noch ein oder zwei Männer aussuchen, die mich in Liebe baden, täglich abwechselnd sanft massieren und meine Kinder betreuen ..."

Für einen Moment sagt keiner was, bis Eve, als würde sie einfach nur ihre Gedanken laut aussprechen, mit verträumter Miene sagt: „Mir drei besonders sympathische Männer aussuchen, vielleicht sogar aus verschiedenen Ländern und mit verschiedenen Begabungen zur Liebe – das könnte mir gefallen. Man kann ja trotzdem immer mal längere intensive Zeiten mit demjenigen verbringen, mit dem gerade ein besonderes gemeinsames Gefühl oder Thema vorherrscht."

„Und was machen die anderen Männer solange?", wirft Jakob ein und starrt Eve an, als würde er eine überzeugende Antwort erwarten, so dass diese plötzlich wieder ganz bei der Sache ist und antwortet: „Durch ihre Berufe in der globalen Welt sind die Männer zukünftig vielleicht auch eher mal unterwegs – wenn man nicht nur einen liebt, wäre man dann nicht unnötig einsam. Außerdem dürfen die Männer ja auch noch eine andere lieben. Und die Vorstellung, mit einem Deutschen, einem Italiener und einem Indianer je ein Kind zu bekommen und alle drei als Väter der Kinder zu haben, ist doch echt schön und aufregend."

„Und wie verhältst du dich gegenüber den anderen Frauen dieser Männer? Wärst du nicht eifersüchtig oder ängstlich, dass sie die Männer nur für sich haben wollen?", fragt Anne.

„Warum? Wenn so ein Mann so dumm ist, mich zu verlassen, dann kann ich auch auf ihn verzichten. In diesen matriarchalen Kulturen gab es offenbar kaum Eifersucht, vielleicht deshalb, weil die Menschen damals eh immer in Sippen miteinander waren und daher keine Angst hatten, verlassen zu werden." Dann hält Eve kurz inne. Sie schaut Jakob an und wendet sich dann wieder zu Anne. „Manchmal bin ich ja wegen Jakob schon eifersüchtig, aber nur selten. Vielleicht weil wir beide uns gut kennen und ich weiß, dass du ihn zwar liebst, aber nicht primär aus Konkurrenz zu mir. Würdest du ihn denn mit mir teilen?"

„Na ja, wenn du mich so direkt fragst, vielleicht. Als ich das erste Mal mit ihm geschlafen habe, war er ja noch mit dir zusammen und, ehrlich gesagt, hat das die Liebe zu ihm nicht gestört, eher angeregt. Was denkst du denn dazu?", wendet sie sich an Jakob.

„Na, wenn ihr das mitmacht, ich wäre der Letzte der *nein* dazu sagt", freut sich Jakob. „Wollen wir das nicht wirklich mal versuchen? Vielleicht mit einer Art Testzeit?"

„Typisch Mann, muss gleich wieder planen. Aber davon mal abgesehen, finde ich die Idee nicht doof", witzelt Eve und gibt Jakob einen spielerischen Hieb in die Seite. „Aber bevor wir weiter darüber reden, will ich Anne von unserer Absprache erzählen. Es sollten ab sofort keine Geheimnisse mehr zwischen uns bestehen, finde ich. Egal, wie wir uns dann entscheiden."

Eve bemerkt, wie Anne zusammenzuckt und plötzlich etwas unsicher wirkt.

„Es ist im Grunde halb so wild", sagt Eve, um Anne schon vorab etwas zu beruhigen. „Als Jakob und ich uns getrennt haben, damit Jakob ganz mit dir zusammen sein kann, habe ich ihm vorgeschlagen, dass wir uns zwar erotisch trennen – doch nicht ganz und gar – und dass wir Freunde bleiben und uns immer mal wieder über unsere Liebeserfahrungen austauschen. Sei nicht böse, dass wir dir das nicht eher erzählt haben. Obwohl ich dir Jakob einfach so überlassen habe, war es emotional auch schwierig, meinen Freund an dich zu verlieren. Deshalb habe ich von Jakob verlangt, dass er niemandem etwas von dieser Vereinbarung sagt. Er hat dich also nicht belogen, sondern nur mir zuliebe etwas verschwiegen."

Anne kämpft eine Weile mit sich und antwortet dann: „Etwas in mir fühlt sich schon übergangen, dass Jakob mir nichts davon erzählt hat. Andererseits kann ich's nachvollziehen. Hab' mich ja auch ohne dein Einverständnis mit Jakob eingelassen und dich so in eine schwierige Situation gebracht. Genau genommen habe ich ihn ja hinter deinem Rücken verführt", sagt Anne und kann sich ein kleines schelmisches Lächeln kaum verkneifen.

„So war das also. Na ja, Männer verlieren eben den Verstand, wenn sich ihr Schwanz angesprochen fühlt", wirft Eve halb belustigt ein.

„Ich hoffe doch sehr, dass Jakob und mich mehr als nur *Schwanz* verbindet", schießt Anne spaßhaft zurück und sagt dann entschlossen: „Kurz und gut: Ich kann eure Heimlichkeit verzeihen und wäre einverstanden, ein Experiment zu dritt zu machen. Jakob liebt dich ja nach wie vor und bedauert es eh, dass ihr euch meinetwegen getrennt habt."

„O.k., lasst uns das versuchen", willigt Eve ein. „Aber wenn schon, denn schon: Ich habe euch ja von Diotimas Botschaften über die Bedeutung der Liebe für die Zukunft erzählt. Also lasst es uns nicht nur als persönliche Spielerei, sondern etwas ernsthafter, auch als Spiel der Evolution verstehen. Nicht nur Diotima, auch viele andere haben geahnt, dass neue und wahrhaftigere Formen der Liebe möglich und notwendig sind. Sogar Goethe hat seinerzeit ja schon ein Buch namens *Wahlverwandtschaften* geschrieben und meinte damit eine Liebesbeziehung, die nicht nur zwei, sondern vier Menschen umfasst."

Die beiden anderen nicken zustimmend.

Dann bemerkt Anne: „Ja, aber bisher ist unsere Wahlverwandtschaft etwas einseitig. Jakob kann zwei tolerante und schöne Frauen lieben, diese aber nur den einen Mann. Wie kommen wir zu wenigstens noch einem weiteren Mann, den wir beide scharf finden und der dann auch noch den Mut zu solch einem Experiment hat? Suchen wir zusammen einen, den wir wie Jakob alle beide lieben oder sucht jede für sich einen und wir sehen dann später, ob er auch etwas für die andere ist?"

Jakob kommt Eves Antwort zuvor:

„Ich glaube, das müsst ihr entscheiden, ich enthalte mich dabei erst einmal der Stimme. Aber bevor wir einen anderen Mann in unsere experimentelle Wahlverwandtschaft aufnehmen, will ich ihn wenigstens kennenlernen und dann auch mit entscheiden können."

„Na gut, das ist klar. Und was die Suche nach einem weiteren Mann betrifft, so schlage ich vor, das dem Zufall zu überlassen. Vielleicht treffen wir ja zusammen einen, der uns beiden gefällt. Oder falls einer von uns dreien einen geeigneten kennenlernt, prüfen wir ihn eben zuerst allein und stellen ihn dann den anderen vor. Schade, dass Johann sich wieder in seine Kleinfamilie zurückgezogen hat. Er wäre wissend und mutig genug für unser Experiment und lieben kann er echt gut", fügt Eve etwas verschmitzt hinzu. „Habt ihr schon Diotimas Brief über die Chakras gelesen?"

Anne erwidert: „Ja, wir haben ihn sogar zusammen gelesen. Das war alles sehr neu und ich hab's noch nicht so richtig verarbeitet."

„Ihr kennt es also wenigstens. Habt aber die Übungen dazu nicht gemacht?"

„Nein, haben wir nicht, aber vielleicht sollten wir das noch tun?"

„Unbedingt!", betont Eve, „Bloß darüber reden, hilft hier nicht. Man muss wirklich üben, sich in die Energiefelder hineinzufühlen. Mit der Zeit geht das dann von ganz allein …"

Lebendige Utopien

Als der Zug in Nowitz ankommt, beenden sie ihr Gespräch und steigen aus. Wie Katrin es beschrieben hat, sehen sie nach 500 Metern Fußweg am Ende des Dorfes große Gebäude. Eines sieht fast aus wie ein Schloss, die anderen scheinen Ställe und Scheunen zu sein.

Auf dem Hof des Gutes angekommen, schaut sich Eve um, ob sie Katrin sieht. Da sie diese nicht entdecken kann, fragt sie einen blonden Mann mittleren Alters, der gerade Strohbündel von einem Hänger auf ein Förderband wirft. Er gibt ihr die Hand und meint:

„Ihr seid bestimmt die Freunde von Johann, die Katrin für heute angekündigt hat. Sie ist vermutlich noch im Büro. Geht einfach dort in das Haupthaus. Im ersten Stock müsstet ihr sie finden."

Sie gehen in das gezeigte Gebäude. Im Foyer sehen sie an Wänden und Decke ungewohnte, doch Eve auf den ersten Blick sympathische Malereien. Ein Schild mit der Aufschrift *Sophia im Spiegel – Interaktive Lernwerkstatt für Philosophie und Ethik* weist die Treppe hinauf.

Auch im Treppenaufgang hängen mystisch anmutende Bilder – auf einem ein in sich gewundenes Haus mit einem spiralförmigen Weg unter alten Bäumen, was sich als Ganzes wiederum in einem Spiegel spiegelt.

Im ersten Stock finden sie das Büro und Katrin, die sie herzlich begrüßt: „Hallo Eve, ich freu' mich dich zu sehen. Und ihr müsst dann ja Anne und Jakob sein!"

Anne und Jakob stellen sich kurz vor.

„Wollt ihr etwas trinken oder essen? Oder wollen wir erst einen Rundgang durchs Gut machen?"

Die drei schauen sich kurz an und Eve antwortet für alle:

„Zuerst etwas umsehen, dann können wir später beim Essen besser darüber reden, als wenn wir gar kein Bild und Gefühl dazu haben, wie es hier so ist."

Katrin räumt rasch ihre Papiere zusammen und wendet sich ihnen dann zu. „O.k., dann zeig' ich euch zuerst das Haus und dann die Ställe. Wir haben nämlich mehr Tiere als Menschen hier, vor allem Ziegen, über hundert."

Katrin führt sie durch Büros, Gästezimmer, Tagungsräume, eine Bibliothek, einen Meditationsraum, einen kleinen Laden und einen riesigen Saal. Hier hängen eigenartige Geflechte von der Decke und ringsum stehen Gebilde, die halb an Kunstwerke und halb an große Spielzeuge erinnern.

„Ist das die philosophische Lernwerkstatt?", fragt Eve: „Da stand so ein Schild auf der Treppe."

„Ja genau", antwortet Katrin. „Geschichte der Philosophie zum Anfassen. Jedes Objekt stellt die wichtigsten Ideen eines großen Philosophen dar. Man kann überall etwas drehen, schieben oder aufklappen und öffnet damit andere Dimensionen von Gedankenwelten. Dort hinten beginnt es mit den alten Griechen, hier ist das Mittelalter und dort die modernen Denker. Auf der Empore ist eine besondere Ausstellung, mit der das hier alles begann. Vor ein paar Jahren haben wir entdeckt, dass hier in der Gegend gleich mehrere bedeutsame Philosophen geboren wurden – Jacob Böhme, Gotthold Ephraim Lessing, Johann Gottlieb Fichte und Rudolf Bahro stammen alle aus dieser Gegend. Sie alle hielten es für möglich, dass die Menschen in nicht allzu ferner Zeit in sich selbst aufs Neue die Kräfte erkennen und mehr denn je entfalten, die sie eigentlich zu Menschen machen und von denen die Zukunft der Menschheit abhängt. Interessanterweise stellten dabei alle vier die menschliche Selbstveränderung und dabei besonders die Liebe ins Zentrum. Zumindest von Lessing und seiner Ringparabel habt ihr bestimmt schon in der Schule gehört. Aber kennt ihr auch den wichtigsten Satz daraus?"

„Ich weiß nur noch, dass jeder Ring eine Religion war und diese gleichberechtigt sein sollten. An einen besonders spannenden Satz kann ich mich nicht erinnern", antwortet Eve.

„Kein Wunder, der ist nämlich so rebellisch, dass ihn weder Lehrer noch Theaterregisseure besonders oft hervorheben. Er lautet: ‚Es eifre jeder seiner eignen, von Vorurteilen freien Liebe nach'."

„Das klingt ziemlich mutig für die Zeit!", wirft Jakob erstaunt ein. „Waren die anderen drei auch so drauf?"

„Ja, auch bei den anderen finden sich ähnlich schöne Sätze über die Liebe. Stehen da auf den Tafeln, könnt ihr euch ja später mal in Ruhe ansehen."

„Und weil es hier so viele mutige Philosophen gab, kamt ihr auf die Idee, hier dieses lustige Philosophiemuseum einzurichten?"

„Ja. Aber *wir* wäre zu viel gesagt. Die Entdeckung, welch ungeheurer geistiger Reichtum hier in der Region schlummert, verdanken wir Kai. Der hat auch die kleine Ausstellung dort oben auf der Bühne dazu organisiert und die Kunstobjekte hat Albert gebaut.

Da immer mehr Schülergruppen zu Projekttagen hierher kommen, um ihren Ethik- oder Philosophieunterricht etwas interessanter zu gestalten, haben sich inzwischen auch andere in die Sache hineingearbeitet."

Jakob bekennt etwas traurig: „Schade, dass das so wenig bekannt ist. Ich hätte hier auch gern mal Philosophieunterricht gehabt."

„Morgen kommt wieder eine Gruppe. Vielleicht bleibt ihr einfach bis dahin hier und geht mit."

„Keine schlechte Idee", reagiert Eve spontan, „sollten wir uns unbedingt überlegen, finde ich."

Sie verlassen das Haus und gehen zu den Ställen. Nur wenige Tiere sind zu sehen. Katrin merkt die Verwunderung der drei und erklärt: „Die meisten Ziegen und Kühe sind draußen auf der Weide. Die Ziegen werden aber abends hereingeholt, nicht nur zum Melken, sondern auch, weil sie ziemlich sensibel sind."

„Ah, haben wohl Angst vor Gespenstern", witzelt Jakob. Eve stupst ihn an: „Schau doch mal dieser hier in die Augen – wie ein tiefes schwarzes Meer. Wirkt fast so, als könnte sie durch uns hindurch gucken."

Dann spazieren sie weiter, durch einen Park und verschiedene Gärten.

„Wie macht ihr das? Wer pflegt das alles? Machen da alle mit oder hat jeder seinen Garten?", fragt Eve.

„Weder noch, die Realität liegt irgendwo dazwischen. Einige haben einen wirtschaftlich selbstständigen ökologischen Landwirtschaftsbetrieb. Sie bewirtschaften die Felder, die Ställe, die Käserei und die Bäckerei. Zwei davon sind die Gesellschafter, die anderen Mitarbeiter und dazu noch einige Helfer, Praktikanten und Lehrlinge. Die Produkte verkaufen sie an Bioläden, Restaurants und auf Märkten der Region, einiges natürlich auch hier im Hofladen.

Andere haben ihren Garten einfach nur zur Freude oder um naturfrisches Obst und Gemüse zu haben. Das dort hinten ist ein sogenannter Waldgarten, andere nennen es auch Permakultur."

„Noch nie gehört, was ist das, Permakultur?"

„Bevor man den Anbau auf großen Feldern erfand, wurde ja viel mehr in Zusammenarbeit mit der Natur gewirtschaftet. Nutzpflanzen wurden zuerst einfach auf Waldlichtungen oder an Waldrändern gepflanzt und die Menschen sorgten nur dafür, dass sie nicht von den Wildpflanzen überwuchert wurden. Permakultur ist die deutsche Abkürzung für Permanent Agriculture. Praktisch bedeutet es, die Kooperation zwischen Mensch und Natur wieder zu beleben. Es wurde von einem Australier, Bill Mollison, erfunden. Der kam darauf, als er die australischen Ureinwohner, die Aborigines, beobachtete."

„Solche halbwilden Gärten mag ich", erinnert sich Eve an ihren Lieblingsplatz mit der Hängematte.

„Ja, ich auch", lächelt Katrin ihr zu.

Als sie den Rundgang beendet haben, setzen sie sich vor dem Haupthaus auf Bänke, die um einen großen Steintisch gruppiert sind. Katrin holt Tee und Gebäck. Die drei anderen beobachten das bunte Geschehen auf dem Hof.

„Hättet ihr Lust, bis morgen zu bleiben?", fragt Eve die beiden anderen. „Ich würde gern bei dieser Führung durch die philosophische Spielwerkstatt dabei sein."

„Zeit hab' ich", sagt Anne und auch Jakob nickt: „Ja, warum nicht, wenn wir einmal hier sind, wäre es schade, nachher schon wieder zu fahren. Weiß zwar so spontan gar nicht, wie das gehen soll, da ihr nun beide mit hier seid, aber da wir nun wahlverwandt sind, findet sich sicher eine Lösung." Weiter kommt er nicht, denn inzwischen ist Katrin zurückgekommen, gibt jedem eine Tasse Tee und eine Art Gebäck: „Das ist Früchtebrot, eine Spezialität unserer Bäckerei. Lasst's euch schmecken!"

Als sie essen, kommen zwei kleine Kinder, ein Mädchen und ein Junge, aus der spielenden Menge angelaufen. Das Mädchen springt zu Katrin auf die Bank und ruft: „Ich will auch was."

Katrin stellt ihre Tochter Lucy und Boris, den Sohn einer Freundin, vor. Die beiden Fünfjährigen spielen oft miteinander, und als Katrin ihnen eine Scheibe Fruchtbrot reicht, ziehen die beiden wieder von dannen.

„Was hab' ich da eben von *wahlverwandt* gehört?", bringt Katrin das Gespräch wieder in Gang.

„Können wir das vielleicht auf später verschieben? Das mit der Wahlverwandtschaft ist bisher nur so eine verrückte Idee, die uns auf der Hinfahrt hierher kam", reagiert Eve, denn ihr erscheint es zu früh, um gleich mit anderen darüber zu reden. Wo sie doch selbst noch schauen müssen, wie genau ihre neue Dreier-Beziehung denn aussehen könnte. „Erst würde ich gern noch mehr von euch erfahren. Ist das Ganze hier so eine Art Kommune?"

„Das Wort *Kommune* verwenden wir schon lange nicht mehr. Anfangs schon, da hatten wir noch die Idee, einfach alles zusammen zu machen. Wir haben dreimal am Tag zusammen gegessen, haben jeden Morgen die anstehende Arbeit untereinander verteilt und auch das Geld hatten wir zusammengeworfen. Alle Einnahmen sind in eine Kasse geflossen und jeder hat sich daraus nur ein Taschengeld genommen und hatte ansonsten hier Wohnung und Essen frei. Von dem erwirtschafteten Geld wurden Wohnungen ausgebaut, Büros eingerichtet und Maschinen für die Landwirtschaft und die Tischlerei angeschafft. Es wurde über alles in vielen gemeinsamen Besprechungen entschieden. Das hatte seine Romantik, aber nach einer Weile merkten wir, dass wir so nicht allzu weit kommen. Wir waren zwar viel miteinander beschäftigt und lernten uns so auch gut kennen, aber einige verließen sich zu sehr auf die anderen und nur wenige begannen ernsthaft, wirtschaftliche Bereiche aufzubauen. Auch menschlich führten all die Besprechungen irgendwann nicht mehr weiter. Die, die sich gern reden hörten, haben sich immer wieder in Szene gesetzt und die anderen hielten sich meist schweigend zurück. Da man aber immer mit vielen zusammentraf, wurde nicht sichtbar, wer mit wem gut kann und wer sich durch Reden eher hinter dem Tun der anderen versteckt. In dieser kommuneartigen Phase haben wir dennoch viel über uns selbst gelernt. So auch, dass es nicht darum geht, einfach alles anders zu machen, sondern eher darum, eine neue Mitte zu finden zwischen dem, was die moderne Welt ausmacht, und dem, was ihr fehlt und was vielleicht früher schon einmal besser gelöst wurde.

Jedenfalls haben wir nach einigen Jahren wieder mehr Selbstverantwortung und Eigeninitiative eingeführt. Jetzt ist jeder für das eigene Einkommen in erster Linie selbst verantwortlich. Einige arbeiten wie gesagt im ökologischen Landwirtschaftsbetrieb, andere in der Bildungswerkstatt hier im Gut und wieder andere haben Jobs in der Umgebung. Zugleich sind Leute aus der Umgebung, die nicht mit auf dem Gut leben, hier in den Betrieben tätig. Die beiden größeren Unternehmen, Biolandbau und philosophische Bildungswerkstatt, sind eine Art Markenzeichen des Guts, daher nennen wir es scherzhaft manchmal ein ökologisch-philosophisches Unternehmen neuer Art."

Eve wundert sich: „Wenn jeder finanziell nur für sich selbst verantwortlich ist, dann ist es ja nicht anders als in der sonstigen Welt, wo jeder primär an sich selbst und seine eigene Familie denkt?"

„Na ja, ich hab's vielleicht etwas einseitig erzählt. Neben der Eigenverantwortung gibt's auch eine gehörige Portion Solidarität untereinander. Wir wissen bestimmt mehr voneinander als bloße Nachbarn, fühlen mehr füreinander und helfen uns auch mehr. Zum Beispiel helfen wir uns dabei, dass jeder, der hier lebt, auch eine seinen Talenten entsprechende Tätigkeit findet, die ihm Freude macht und das zum Leben nötige Geld abwirft. Dabei gehen wir auch ungewöhnliche Wege und haben zum Beispiel das in der Gesellschaft noch viel diskutierte Grundeinkommen einfach schon mal eingeführt. Das heutige Geldsystem ist in mancher Hinsicht einseitig, ungerecht und auch unökologisch. Wer an der Börse spekuliert oder andere ausbeutet, wird oft reich, obwohl er Zukunftschancen vieler anderer zerstört. Wer sich der Erziehung von Kindern oder der Naturerhaltung widmet, gilt als unproduktiv und bleibt oft materiell eher arm, obwohl er die Grundlage für Wirtschaft und Gesellschaft schafft. Deshalb haben wir hier neue Werte gesetzt. Wichtig ist, dass jeder etwas Sinnvolles für sich selbst, für andere Menschen und für die Erde tut und tun kann. Woher er seinen Lebensunterhalt bezieht, ob vom Verkauf eigener Produkte, von einem Angestelltenverhältnis oder durch gesellschaftliche Unterstützungen wie Mutter- oder Arbeitslosengeld, erscheint uns nebensächlich."

„Klingt gut. Aber wie unterhaltet ihr nun, da es keine Kommune mehr ist, dieses riesige Anwesen?", möchte Jakob wissen.

„Jeder bezahlt ganz normal seine Miete an den Verein. Da das Ganze uns selbst gehört und wir keine Kredite abbezahlen müssen, ist die Miete für die inzwischen meist recht gemütlichen, komfortablen und gesunden Wohnungen nicht teuer. Dafür bezahlt jeder neben seinen Privaträumen noch zusätzlich etwas für die freie Nutzung all der gemeinschaftlichen Räume, die ich euch eben gezeigt habe."

„Nun weiß ich ungefähr, wie ihr arbeitet", sagt Eve und kann sich nicht verkneifen, auch noch ganz direkt zu fragen: „Und wie liebt ihr? Lebt ihr immer zu zweit?"

„Auch dazu kann ich weder ja noch nein sagen. Als wir damals, vor zehn Jahren, zu zehnt hier anfingen, schlugen unsere Herzen auf jeden Fall füreinander – uns verband besonders die Vision einer menschlicheren Welt. Dabei hatte natürlich nicht jede mit jedem eine erotische Beziehung, aber wir waren alle stolz aufeinander, dass wir den Mut hatten, dieses doch etwas ungewöhnliche Vorhaben hier einfach anzufangen. Erotisch gesehen kam und blieb man eher als Paar, aber es gab auch Dreier- und Viererbeziehungen. Vielleicht waren diese sogar entscheidend dafür, dass der Anfang gelang, denn sie haben irgendwie den Glauben an eine liebevollere Welt gestärkt. Aber diese große Verliebtheit blieb dann nicht so. Es gab auf einmal sehr viel Praktisches zu tun. Die Gebäude waren heruntergekommen und mussten erst bewohnbar gemacht werden, wirtschaftliche Bereiche mussten aufgebaut und Besucher aus nah und fern mussten betreut werden. All das war möglichst im Konsens miteinander abzustimmen. Das viele sachliche Reden und Tun führte dazu, dass wir die Fragen der Liebe kaum thematisiert haben. Vielleicht war es uns auch ein zu heißes Eisen. Obwohl wir uns schon irgendwie bewusst darüber waren, dass andere Wirtschaftsweisen allein wenig nützen, wenn jeder weiter primär in seinem kleinen privaten Horizont denkt und fühlt. Na ja, war wie gesagt ein schwieriges Thema und ist es auch heute noch für die meisten. Aber immerhin gibt es hier keine äußerlich vorgegebene Moral, darauf achten wir. Jeder kann sich trauen, so zu lieben, wie er wirklich möchte, ohne scheele Blicke der anderen fürchten zu müssen. Wobei unsere Erfahrung auch hier zeigt, dass es nicht darum geht, einfach alles anders zu machen. Als wir jünger waren, haben wir erotisch etwas freizügiger gelebt, als die Moral der letzten Jahrhunderte es vorgibt. Was jedoch gar nichts Besonderes ist, da die Jugend heute generell wiederentdeckt, dass es gut ist, verschiedene erotische Erfahrungen zu sammeln, ehe man sich langfristiger bindet. Aber den Wert langjähriger Vertrautheit und Intimität wissen wir inzwischen auch sehr zu schätzen."

Da Katrin einen sehr offenen Eindruck macht, fühlt Eve sich ermutigt, gleich noch weiter zu fragen: „Und du selbst? In was für einer Art Beziehung lebst du?"

„Ich lebe seit langem in vertrauter Partnerschaft mit Kai. Allerdings hat sich die Form dafür verändert. Wir hatten sehr schöne Phasen zu zweit, aber nach und nach wurde spürbar, dass eine langjährige Liebesbeziehung als ewige Dauerlösung tendenziell an Lebendigkeit verliert. Da ich es mir lange nicht erlaubte, auch zu anderen Menschen intensivere Gefühle zuzulassen, fing ich an, meinen Mann trotz aller vertrauter Liebe für dieses nicht gelebte Leben in mir auch etwas zu hassen. Irgendwann habe ich dann diese Mauer durchbrochen und nach Möglichkeiten gesucht, um tiefe Vertrautheit und Lebendigkeit zugleich leben zu können. Dabei habe ich mich in einen jüngeren Mann verliebt. Nach einer nicht ganz einfachen Zeit, in der mich Kai aus verletztem Stolz zuerst hinauswarf und dann aber, Gott sei Dank, erkannte, dass er mich auch liebt, wenn ich nicht immer bei ihm bin, haben wir einen neuen Konsens miteinander gefunden. Wir leben wieder zusammen, aber eben nicht monogam. Das heißt Roland, in den ich mich damals verliebte, gehört nun einfach mit zum Familienkreis. Von ihm ist ja auch meine Tochter Lucy, die ihr vorhin schon kurz kennengelernt habt. Mit Kai habe ich noch einen etwas älteren Sohn, Konrad ist sein Name."

„Super!", entfährt es Eve und freut sich darüber, wie witzig das Universum manchmal spielt. Immerhin beschäftige ich mich gerade intensiv mit anderen Liebesformen und lerne nun jemanden kennen, der so etwas auch tatsächlich lebt. „Also eine Art Ehe zu dritt, oder? Geht das immer gut? Ich meine, kommt da keiner bei zu kurz?", will Eve noch wissen.

„Gut, ich will ehrlich sein. Es kommt auch vor, dass sich einer von uns dreien hin und wieder noch in jemand anderen verliebt und uns so eine Zeitlang untreu wird", sagt Katrin, wobei sie das Wort *untreu* so ulkig betont, dass Eve klar ist, dass Katrin damit keine Verurteilung, sondern eher Lebensfreude ausdrückt.

„Würdet ihr denn noch jemanden in eure Dreier-Beziehung aufnehmen?", meldet sich plötzlich Anne zu Wort.

„Hm, wahrscheinlich schon, aber bisher hat sich das so noch nicht ergeben. Jetzt versteht ihr vielleicht, warum ich vorhin, als ihr über eure Wahlverwandtschaft gesprochen habt, hellhörig geworden bin. Das Buch von Goethe, das diesen Gedanken beziehungsweise dieses Wort wohl zuerst aufbrachte, hat mich schon früh inspiriert, ohne dass ich dem damals nachgegangen bin."

„Wir drei haben uns erst heute auf der Zugfahrt zu so einem größeren Liebesabenteuer entschlossen", platzt Jakob daraufhin heraus. „Ich würde heute Abend total gerne noch weiter mit euch darüber reden. Bestimmt können wir manche Fehler vermeiden, wenn wir etwas mehr von euch erfahren."

„Das heißt, ihr habt euch schon entschlossen, bis morgen zu bleiben?"

Die drei nicken und sagen fast gleichzeitig: „Ja."

„Natürlich nur, wenn es euch keine großen Umstände macht", setzt Eve noch hinterher.

„Dann hätt' ich's euch ja gar nicht erst angeboten. Das mit dem Gespräch heute Abend über die Liebe ist ne gute Idee. Seid ihr einverstanden, wenn auch Roland und Kai, meine beiden Männer, dabei sind? Ich würde sie gerne dabei haben."

Diesmal antwortet Anne: „Das wäre super! Auch wenn wir zwei Frauen und ein Mann sind, so sind die dabei entstehenden Probleme sicher ähnlich."

„Ich muss jetzt mal nach Lucy und Konrad sehen. Das Schöne an diesem Ort, nämlich dass die Kinder viele freie und natürliche Spielräume und viele Spielgefährten haben, ist manchmal auch schwierig.

Sie vergessen nämlich oft das Ende des Tages oder auch ihre Eltern. Vielleicht mögt ihr euch noch etwas im Park oder bei den Tieren umsehen. In einer Stunde seid ihr dann bei uns zum Abendbrot eingeladen."

„Können wir uns auch die Bibliothek anschauen?", fragt Eve. „Als wir da vorhin einen kurzen Blick reingeworfen haben, standen da ne Menge sehr interessanter Bücher, in denen ich gern einmal blättern würde."

„Ja, wir sammeln da vieles – all das, was wir für unser Zukunftsexperiment für wichtig halten. Hier ist der Schlüssel für die Bibliothek. Dann hole ich euch nachher einfach dort ab."

„Super, danke."

Anne und Jakob machen sich auf einen Spaziergang durch die Gärten und den Park. Eve geht in die Bibliothek. Sie freut sich über die sortierten Themen der Regale. Neben *Ökologie*, *Gartenbau* und *Kindererziehung* gibt es auch Regale mit Aufschriften wie *Politik*, *Philosophie*, *Erotik*, *Liebe*, *Männer* und *Frauen*. Letzteres zieht sie besonders an und beim näheren Hinschauen entdeckt sie Bücher von Maria Gimbutas, von der Diotima schrieb. Sie blättert darin und staunt über die Kunst dieser Zeit, die oft schwangere oder tanzende Frauen zeigt. Ihr Traum vom matriarchalen Volk in der Schanze kommt ihr in den Sinn. Gestern erst davon geträumt und heute mit Anne und Jakob so einen Liebesbund gegründet. Das Leben ist doch manchmal phantastisch. Ob das Universum, wenn man wirklich an die Liebe glaubt, hin und wieder unerwartete Geschenke macht?

Sie entdeckt auch Bücher über Tantra, in denen die Energiefelder der einzelnen Chakras zu sehen sind und wie weit sie über die Körper hinausreichen. Ob die Leute hier alle von den energetischen Wechselwirkungen zwischen Frauen, Männern und dem Universum wissen? Auffällig fand sie jedenfalls, wie offen Katrin auf all ihre doch ziemlich intimen Fragen geantwortet hat. Vielleicht ist Offenheit ja ansteckend, geht es Eve durch den Kopf und bemerkt, wie selbstverständlich auch Jakob und Anne vor Katrin über ihre neue Liebesbeziehung gesprochen haben.

Eve bemerkt kaum, wie schnell die Zeit über diesen Büchern, Gedanken und Träumen vergeht. Schon kommen Anne und Jakob. Sie kann ihnen gerade noch die schönen tantrischen Bilder zeigen, als auch Katrin auftaucht und sie abholt.

Sie gehen zusammen zur Wohnung von Katrin, im hinteren Flügel des Schlosses. „Hier in diesen drei Zimmern mit Küche und Bad wohne ich mit den beiden Kindern. Die Männer haben jeweils ein Zimmer für sich in anderen Ecken des Guts. Kai ist als Zukunftsforscher oft zu Kongressen oder Gesprächen irgendwo in der Welt unterwegs. Roland ist Tischler und zugleich für die Außenpolitik des Guts zuständig, also auch oft unterwegs. Daher kommt es gar nicht so oft vor, dass wir alle drei beziehungsweise alle fünf zusammensitzen."

Die Wohnung wirkt einfach, aber sehr schön, fast romantisch. Ein Teil der Wände ist mit hellbraunem Lehm verputzt. Fenster, Türen und auch fast alle Möbel sind aus naturbelassenem Holz und durch die Fenster erschließt sich die grüne Pracht der Gärten.

„Eine gemütliche Wohnung", bemerkt Eve.

„Ja, wir fühlen uns wohl hier. Die ersten Jahre haben wir alle im Gut relativ eng aufeinander, in den Räumen des Vorderhauses, gelebt. Da herrschte damals noch etwas triste ehemalige Wohnheimatmosphäre. Das war für die Euphorie des Anfangs o.k., aber nach und nach haben wir uns erweitert und jeder hat sich im Gut oder im Ort seine Insel gesucht, um jenseits der gemeinschaftlichen Belange auch ungestört Privatsphäre genießen zu können."

In der Küche sitzen bereits Kai, Roland und die Kinder.

„Eve und Roland, ihr kennt euch. Das ist mein Sohn Konrad und das ist Kai. Lucy kennt ihr ja auch schon."

Als sich auch Eve, Anne und Jakob vorgestellt haben, setzen sie sich mit an den großen Küchentisch. Neben Tomaten und Gurken duften da verschiedene Brot- und Käsesorten.

„Wird das alles hier im Gut hergestellt?", fragt Jakob.

„Ja", antwortet Katrin mit zufriedenem Gesichtsausdruck. „So frische und gesunde Lebensmittel bekommt man sonst meist nur mit weiten Wegen und zu hohen Preisen. Wir haben dazu noch den Vorteil, wirklich zu wissen, wie sie hergestellt sind und welche Felder und Tiere sie uns schenkten.

Nur der Wein ist nicht von hier. Hat sich noch keiner hier gefunden, der welchen herstellt. Aber man muss ja auch nicht alles selber machen, sondern sollte auch die Schätze anderer Regionen kennen. Der Bioburgunder hier passt zum Beispiel super zu unserem Käse. Möchtet ihr ein Glas?"

Die drei nicken und lassen es sich schmecken.

Relativ bald nach dem Essen steht Konrad mit der Bemerkung auf, noch unten spielen zu wollen und auch Lucy verlässt die Küche, als ihr Spielgefährte Boris nach ihr ruft.

Zu Kai und Roland gewandt, beginnt Katrin das Gespräch und erzählt, dass die drei auch eine kleine Wahlverwandtschaft sind und darum baten, sich über Erfahrungen diesbezüglich auszutauschen.

Eve erzählt noch einmal kurz ihre Geschichte, angefangen von der Beziehung zwischen Eve und Jakob, über die Trennung aufgrund der Verliebtheit zwischen Anne und Jakob, bis zu ihrem heutigen Entschluss, probeweise alle drei zusammenzugehören.

„Wir haben aber kaum Ahnung, wie es praktisch gehen kann. Wie macht ihr denn das? Wie wird entschieden, wer welche Zeit mit Katrin verbringt? Und wie macht ihr es mit der Eifersucht?"

„Eine Menge Fragen, ich fange einfach mal an zu erzählen und ihr beiden könnt ja dann ergänzen", beginnt Roland mit Blick zu Katrin und Kai. „Wichtig ist, dass jeder seinen eigenen Raum hat. Wir haben Monate gebraucht, um zu lernen, wie wir uns am besten miteinander abstimmen, fast Jahre. Die waren nicht immer einfach, manchmal sehr konfliktgeladen. Aber Streit gehört ja zum Leben und man lernt sehr viel dabei, wenn man sich traut, ihn liebevoll zu gestalten. Inzwischen kennen wir uns so gut, auch in unseren Stärken und Schwächen, dass es insgesamt recht gut gelingt.

Konkret ist es so: Kai ist oft unterwegs, dann verbringe ich meist die Nächte bei Katrin, und wenn er da ist und ich weg, eben umgekehrt. Wenn beide da sind, dann überlassen wir es einfach Katrin zu entscheiden. Sie achtet schon darauf, dass es allen möglichst gut geht.

Eifersucht zwischen uns beiden Männern gibt es daher kaum noch, vielleicht hin und wieder im Stillen, wir sind ja keine Heiligen", sagt Roland lachend und schaut dabei rüber zu Kai, der das genauso zu sehen scheint. „Jedenfalls herrscht hier kein permanentes Drama. Und gelegentlich so ein kleiner Kick Eifersucht im Innern bewahrt auch davor, die Partnerin zu sehr als gewohnte Selbstverständlichkeit zu sehen. Man bleibt sich ihrer Besonderheit und Begehrtheit irgendwie stärker bewusst. Anfangs, wie gesagt, als wir uns noch nicht so gut kannten und nicht genau wussten, ob der andere Katrin nicht letztlich doch alleine haben wollte, war das noch anders. Inzwischen sind wir sicher, dass so eine etwas weitere Liebe nicht nur intensiver, sondern auch dauerhafter sein kann als jede Zweierkiste, zumindest wenn diese nicht ehrlich ist."

„Wie meinst du das?", fragt Anne dazwischen.

„Na ja, als allein mit einer Frau lebender Mann könnte ich nie wissen, ob die Frau jetzt wirklich bei mir sein will oder nur da ist, weil Moral oder Gewohnheit dies vorgibt. Wenn sie aber immer wieder frei wählen kann, kann ich davon ausgehen, dass sie mich wirklich liebt und dann auch wirklich bei mir sein will, wenn sie da ist."

Dann mischt sich Katrin ein: „Vor Kurzem habe ich im Radio eine statistische Befragung gehört, in der achtzig Prozent der verheirateten Männer zugaben, zumindest in Gedanken fremdzugehen. Über die Hälfte der Befragten hat es auch schon getan. Und der Prozentsatz der Frauen, die in Gedanken hin und wieder einen fremden Typen vernaschen, war fast genauso hoch. Dabei ist bloßes Fremdgehen aus meiner Sicht nur eine Notlösung für eheliche Langeweile, eine nicht so enge Familie finde ich viel schöner, auch erotisch gesehen. Ich könnte mir auch vorstellen, dass so eine etwas erweiterte Liebesform eine gute Alternative für die ganzen Singles wäre. Mir scheint, dass die traditionelle Ehe für kreative Menschen in mancher Hinsicht kontraproduktiv ist. Sie gibt zu wenig kreative Impulse, schläfert diese eher ein. Das Leben als Single ist jedoch meist auch keine glückliche Lösung. Man kann seine Bedürfnisse nicht richtig befriedigen – denn immer wieder nur One-Night-Stands lassen zu wenig Raum für wirkliche Vertrautheit, so dass man trotz vieler Bekannter seelisch oft einsam ist."

„Ja, ich kann mich da nur anschließen", wirft Kai ein. „ Der Anfang war zwar schwer, ich meine, als Roland plötzlich dazu kam. Aber als wir die anfänglichen Probleme wie Eifersucht und so dann gelöst hatten, tat sich mir eine ganz neue Welt auf – In unserem erweiterten Liebesbund erleben wir einerseits Vertrautheit und Geborgenheit und andererseits lebendiges Liebesabenteuer und kreative Anregung. Ich würde nicht mehr tauschen wollen." Dann macht er eine kurze Pause, als würde er sich an etwas erinnern. „Was auch witzig ist und was ich vorher nie gedacht hätte, ist, dass Roland und ich total gute Freunde geworden sind. Dieselbe Frau zu lieben ist viel verbindender als irgendein anderes gemeinsames Hobby, wie Fußball oder so."

„Aha, eine Frau ist für dich eine Art Hobby?", wirft Eve schmunzelnd ein.

„Ich habe davon gesprochen eine Frau zu lieben, nicht zu haben. Außerdem denke ich, dass wir das Leben und Lieben heutzutage oft viel zu ernst nehmen. Es soll doch Spaß machen!", sagt Kai lachend und fährt dann fort: „Mal im Ernst, östliche Philosophien betrachten das ganze Universum als *Leela*, als ein göttliches Spiel der Liebe. Warum also nicht auch die Liebe als schönstes aller Hobbys betrachten, statt als bitterernste Angelegenheit? Es gibt da einen schönen Dokumentarfilm des Regisseurs Gordian Tröller: *Abschied vom*

Lachen. Er zeigt zuerst die alltägliche Lebensfreude eines ursprünglich lebenden Volkes und dann, wie dieses tägliche Lachen verschwand, als ihnen westliche Missionare die Botschaft der Erbsünde einzutrichtern begannen."

„Ist ja irre, habt ihr den Film, vielleicht können wir ihn nachher noch ansehen?", fragt Eve.

„Ja, er müsste in der Bibliothek sein, ich kann ihn euch nachher anmachen", wirft Roland mit intensivem Blick auf Eve ein.

Die fährt fort: „Und wie ist es für dich, Katrin? Du bist ja in einer anderen Situation als die beiden Männer, die sich eine Frau teilen. Wird es dir nicht manchmal zu viel, zwei Männer zufrieden stellen zu müssen, auch wenn meist einer der beiden unterwegs ist?"

„Was gibt's denn Schöneres, als von soviel Liebe umgeben zu sein? Ich habe das Gefühl, dass ich mehr Liebe geben und auch mehr empfangen kann. Außerdem fühle ich mich nicht abhängig von einer Person, sondern eher getragen vom ganzen Universum.

Überfordert oder so, fühle ich mich dabei eigentlich nicht. Manchmal nehme ich mir auch einfach eine Auszeit und verbringe einige Zeit nur mit mir selbst, ohne jeglichen Mann. Frauen mit nur einem Mann erscheinen mir inzwischen regelrecht arm, denn sie sind auf die Bedürfnisse, Fähigkeiten und auch jeweiligen Seelenzustände eines Mannes angewiesen. In einer reinen Zweierbeziehung sind die Partner bewusst oder unbewusst von den Stimmungen oder Unstimmungen ihres einen Partners abhängig. Da ein erfülltes erotisches Leben Einfluss auf viele andere Lebensbereiche hat, ist es doch schön, wenn man Intimität genau dann leben kann, wenn einem danach zumute ist."

„Du erzählst das alles so selbstverständlich. Ich kenne außer Eve und Jakob sonst niemanden, mit dem ich darüber reden könnte. Die würden mich alle für verrückt erklären", meldet Anne sich kurz zu Wort.

„Ich kann mir gut vorstellen, dass das alles ziemlich ungewöhnlich klingt. Es wird jedoch sofort gewöhnlicher, wenn man daran denkt, dass diese Art von multipler Besuchsehe viele Jahrtausende lang bei den meisten Völkern ganz normal war. Das wird schon seinen Grund gehabt haben. Es ist einfach lebensnäher. Es entstehen immer wieder anregende und wahrhaftig-liebevolle Situationen. Kai kenne ich nun schon zehn Jahre und zwischenzeitlich, am Fast-Ende unserer Ehe, war es oft eher bloße Gewohnheit als wirkliches Liebesleben. Aber seit der Erweiterung unserer Liebe ist er mir trotz der Vertrautheit immer wieder ein neues Geschenk für Seele, Körper und Geist. Es gibt da einen schönen Satz unseres Lieblingsphilosophen: ‚Die Wonne des Geistes ist immer neu!'"

„Klingt schön. Wer ist denn euer Lieblingsphilosoph?", fragt Anne.

Nun springt Kai ein: „Aurobindo Ghose, auch bekannt als Sri Aurobindo. Er lebte in der ersten Hälfte des 20. Jahrhunderts in England und Indien und vollbrachte eine wunderbare Integration des westlichen und des östlichen Denkens. Während die westlichen Philosophen vor allem die Struktur der Welt erforschten, gingen die östlichen in die innere Tiefe des Menschen. Er erkannte, dass beides zusammenkommen muss und schrieb dazu Bücher, bei denen einem im wahrsten Sinne des Wortes Herz und Geist aufgehen. Die großen Denker unserer Region, die ihr in der Lernwerkstatt sehen könnt, hatten auch alle etwas von so einem integralen, d.h. Außen- und Innenwelt verbindenden Geist."

Eve fühlt sich angesprochen: „Katrin hat uns das schon kurz gezeigt und gesagt, dass sie alle die Liebe als Hauptthema einer neuen Welt gedacht haben. Ich muss mir das morgen unbedingt mal genauer ansehen."

Roland, erneut mit intensivem Blick auf Eve, geht darauf ein: „Du scheinst dich ja wirklich sehr für die Liebe zu interessieren, nicht nur so spontan als Verliebtheit, wie es in deinem Alter normal ist, sondern auch darüber hinaus. Wie kommt das?"

„Das ist eine besondere Geschichte, die ich nicht so einfach erzählen kann. Vielleicht ein andermal. Jedenfalls habe ich mir vorgenommen, in meinem Leben nicht irgendetwas zu tun, sondern etwas, was die Liebe in dieser Welt fördert. Weiß allerdings noch nicht genau, wie ich das tun kann, ob ich nach den Ferien erst einmal studieren oder etwas anderes, vielleicht ein ökologisches oder soziales Jahr, machen soll."

Roland fällt etwas ein: „Ich habe Freunde beim *Blauen Bund*. Das ist eine weltweite Nichtregierungsorganisation, die sich für eine ökologische und gerechtere Erde engagiert. Mir gefällt an ihnen, dass sie Ökologie, Solidarität und die Dritte Welt zusammen und nicht voneinander getrennt betrachten. Zerstörung der Umwelt und Elend vieler Menschen haben dieselben Ursachen und verstärken sich gegenseitig. Daher kann man nur beides zusammen lösen."

„Den Zusammenhang verstehe ich nicht", wirft Anne ein.

„Zum Beispiel: Wenn sich immer mehr Menschen in der Dritten Welt den Lebensstil der Ersten Welt zu eigen machen und ein großes Auto und große, klimatisierte Wohnungen ganz für sich allein anstreben, wird das Klima kollabieren. Und andersherum, wenn sich das Klima weiter verändert, werden noch mehr Menschen, vor allem in der Dritten Welt, verelenden."

„Und warum heißen die *Blauer Bund*?", will Eve wissen.

„Das *blau* in ihrem Bund kommt vom Erlebnis und Eindruck eines der ersten Astronauten. Er berichtete, dass ihm die Erde aus der Ferne so wunderschön, in strahlendem Blau erschien, aber auch sehr verletzlich wirkte und dass es sich lohnt, für die Bewahrung dieser sensiblen Schönheit unseres Planeten etwas zu tun."

„Aber inwiefern könnte ich da was tun?"

„Sie haben da immer auch Leute, die FÖJ, das heißt ein freiwilliges ökologisches Jahr machen. Vielleicht mache ich dich mal mit meinen Freunden dort bekannt, dann kannst du sehen, ob es etwas für dich wäre."

„Au ja. Das wäre ja super klasse."

Spontan und scheinbar darauf bedacht, Eve eine Freude zu machen, schlägt Roland vor: „Wenn du willst, kannst du auch gleich morgen Nachmittag mitkommen. Ich muss da eh nach Dresden, etwas im Umweltministerium besprechen, und wollte am Abend meinen Freund Klaus, den Dresdner Geschäftsführer des *Blauen Bundes*, treffen."

Eve überlegt kurz. „Warum eigentlich nicht. Ich wollte ja sowieso bis morgen bleiben."

„Das ist doch eine gute Idee", sagt Katrin und fügt dann noch hinzu: „Sorry, ich kann nicht mehr, ich muss jetzt ins Bett. Aber was ich noch fragen wollte, wie steht es eigentlich bei Johann und dir? Ich finde den ja ziemlich süß ..."

„Da gibt es momentan nicht viel zu erzählen. Johann hat beschlossen, sich vorläufig neben seiner Solarmuschel nur einer, das heißt seiner Frau, zu widmen. Weil sie das so will und er wegen ihren gemeinsamen, noch kleinen Kindern unnötigen Stress vermeiden möchte."

Kai steigt noch einmal ein und meint: „Na ja, es ist halt in der irdischen Realität, wo die wirkliche Liebe oft noch mit vielen anderen Erwartungen und Notwendigkeiten verknüpft ist, oft schwieriger als in himmlischen Träumen, wo klar ist, dass Liebe nur ein großes Geschenk an einen anderen, aber keine einforderbare Verpflichtung sein kann."

„Ist es euer Ziel, dass hier früher oder später alle so eine offene Beziehung oder wie habt ihr das genannt – Liebe zu dritt – leben?", fragt Jakob.

„Wie schon gesagt", antwortet Kai, „die Wirklichkeit, auch hier, ist immer etwas anders als unsere kühnsten Träume, hat immer auch Notwendigkeiten, Gewohnheiten und Ängste. Es geht ja nicht darum, dass nun alle einfach irgendwelchen neuen Normen folgen und statt traditioneller Ehe nur noch offene Beziehungen leben. Das Gut hier bietet einen Freiraum, um neue Möglichkeiten in vielen Bereichen praktisch zu erforschen. Welche Schritte jeder einzelne dabei geht, ob dabei vor allem die Liebe das zentrale persönliche Thema ist oder man seine Aufgabe stärker in ökologischer Landwirtschaft, Solarenergie oder noch anderen Dingen sieht, das ist jeweils eine ganz persönliche Entscheidung."

„Hauptsache, man versucht überhaupt, etwas Sinnvolles zu tun und wartet nicht einfach ab, bis Umwelt und Klima zerstört sind. Ich finde es unglaublich, wie viele Leute einfach nicht wahrhaben wollen, dass etwas verändert werden muss", wirft Eve ein.

„Ich verstehe, dass es dir nicht schnell genug geht, aber du solltest aufpassen, dass du nicht dein Mitgefühl für andere Menschen verlierst. Menschen und Gesellschaften hier in den nördlichen Klimazonen hatten in den vergangenen Jahrhunderten einfach auch viel zu tun, um die Lebensgrundlagen zu sichern. Dass jetzt moderne Technik einen Großteil dieser Not und Last abnimmt, ist ein so ungeheurer Umschwung, dass es nicht leicht fällt, die ganze Tragweite zu erfassen. Plötzlich geht es nicht mehr darum, möglichst viel zu produzieren, sondern eher darum, weniger Energie zu verbrauchen. Nicht mehr darum, den Großteil des Lebens an Werkbänken zu schwitzen, sondern darum, kreativ zu planen, wie man mit dem, was jedem Menschen von den Ressourcen der Erde ökologisch zusteht, ein möglichst sinnvolles, liebevolles und schönes Leben führen kann. Das ist etwas so völlig Neues, gegenüber den jahrhundertelang eingespielten Denkgewohnheiten, dass man fast Jesus zitieren könnte: ‚Wer es fassen kann, der fasse es.' Auch Rudolf Bahro, dem wir die Idee für dieses Gut verdanken, brachte es auf einen kurzen Satz: ‚Nur glücklich können wir richtig sein'."

„Was meint er denn damit?", fragt Eve.

„Na einfach, dass gegenseitige Vorwürfe, schlechtes Gewissen und bloße neue Pflichten uns bei diesen epochalen Veränderungen kaum weiterhelfen. Dass es vielmehr darum geht, die alten Sorgen und Zwänge in sich selbst loszulassen und sie so auch nicht mehr den anderen aufzubürden. Die Welt, wie sie heute ist, hat sich in den letzten Jahrhunderten herausgebildet. Hier, in den gemäßigten Klimazonen, ging es vor allem darum, sich mit Wissenschaft, Technik und

Wirtschaft gegen die Kräfte der Natur so abzusichern, dass man einigermaßen sicher, geschützt und frei leben konnte. Inzwischen haben die Industrieländer einen Zustand erreicht, den man früher als paradiesisch erträumt hat. Es wird so viel produziert, dass im Prinzip jeder ausreichend warmen Wohnraum, beliebig zu essen und Zugang zu allen möglichen Vergnügungen hat. Um nun zu verstehen, wie wir mit den ganz neuen Überflussproblemen umgehen können, ist es wichtig, erstmal innezuhalten. Wir sollten zunächst einmal frei aufatmen und erfühlen, wie wir mit dieser neuen, paradiesischen Situation so umgehen können, dass unser Glück auch das Glück zukünftiger Generationen ermöglicht. Dazu aber müssen wir das Glück der Gegenwart überhaupt fühlen können und nicht weiter unzufrieden und vielleicht noch verbissener als bisher arbeiten."

„Klingt spannend. Bisher scheint aber in dieser Richtung nicht allzu viel los zu sein. Wenn ich nur an die Schule denke, durch die man sich zwölf Jahre mit lauter Pflichten und wenig Freuden quälen muss."

„Ja, gerade die Schule. Hier müsste die neue Welt eigentlich beginnen. Sicher sollten Kinder auch lernen, wie Wirtschaft, Gesellschaft, Kultur und Natur bisher funktionierten, aber mindestens genauso viel Zeit sollte darauf verwendet werden, frei von den Pflichten und Normen der letzten Jahrhunderte die zukünftige Welt zu erträumen. Denn, ob wir wollen oder nicht, diese Zukunft wird in vieler Hinsicht anders sein, als wir es kennen und wer, wenn nicht die Jugend, kann ein Gespür dafür entwickeln, was diese Zukunft braucht. Leider sind nicht nur die Lehrpläne, sondern auch die Lehrer im Geist der vergangenen Jahrhunderte trainiert und daher eher mit Kantscher Pflichtethik am Werk und weniger mit paradiesischer Entdeckerfreude."

„Wird so eine neue Welt denn wirklich nur Jubel, Trubel, Heiterkeit sein? Irgendjemand muss doch weiterhin all das Erforderliche produzieren und organisieren?", gibt Eve ihren Zweifel kund.

Kai weiß auch darauf eine Antwort: „Natürlich wird es weiterhin ausreichend Arbeit für alle geben. Auch wenn Technik immer mehr monotone Arbeiten übernimmt, geht es vor allem darum, diese intelligente Technik – also zum Beispiel vollautomatische Bäckereien, Nähereien und Autofabriken – zu bauen, zu warten und weiterzuentwickeln. Dazu braucht man nicht weniger, sondern mehr Wissen, Erfahrung und Verantwortungsbewusstsein. Aber man kann es anders organisieren als bisher – dieses Arbeiten muss nicht künstlich von der Natur und vom Leben getrennt werden, sondern kann Teil eines lebenslangen kreativen Spiels sein."

„Aber es kann doch nicht alles nur Spiel sein", sagt Jakob mit ungläubiger Miene.

„Kommt drauf an, was man darunter versteht. Ähnlich wie die indischen Weisen hat zum Beispiel Fichte, einer der Philosophen dieser Region, auch erkannt, dass der letzte Sinn der Schöpfung nur das unendliche und kreative Spiel der Liebe sein kann. Spaltungen, Kämpfe und ähnliche Negativitäten sind letztlich Hilfsmittel, um neue Formen dort zu erzeugen, wo es den Wesen anders nicht gelingt, sich für neue Entwicklungen, die letztlich immer Entwicklungen der Liebe sind, zu öffnen."

Jakob bohrt nach: „Ja, vielleicht philosophisch gesehen, aber ansonsten ist das alles doch eine unrealistische Utopie."

„Utopie war das vielleicht noch vor hundert Jahren. Inzwischen könnte man es – mit den schweren Worten dieser alten Welt – auch bittere Notwendigkeit und harte innere Arbeit nennen, uns dahingehend zu verändern. Wenn wir so ängstlich am Bestehenden festhaltend weitermachen wie bisher, wird es mit großer Wahrscheinlichkeit ökologisch katastrophal. Eigentlich ist inzwischen fast jedem denkenden Menschen klar, dass sich mehr als nur die Technik verändern muss, wenn die Menschheit einigermaßen menschlich weiterleben will."

„Klingt überzeugend", wirft Eve ein, „aber wie soll das funktionieren, wenn doch fast alle auf diese alte Art und Weise denken und fühlen?"

„Da gibt es viel zu experimentieren und zu erforschen. Wie wichtig die Gefühle dabei sind, darüber habe ich kürzlich zusammen mit zwei Naturwissenschaftlern ein ganzes Buch geschrieben – *Die Emotionale Matrix*. Könnt ihr euch ja in der Bibliothek anschauen."

„Mir gefällt die Art wie ihr Wissen und Mut mit Leben und Lieben verbindet", bemerkt Eve mit staunendem Blick auf Kai. „Aber woher wisst ihr, dass es wirklich richtig ist, was ihr tut? Bei utopischen Konzepten besteht doch immer die Gefahr, dass das Ganze zu einer Diktatur entartet, oder? Ich meine, wie viele Menschen waren zu Anfang total begeistert von den Ideen der Nazis oder des Kommunismus?"

Kai freut sich offensichtlich über die nachdenklich begeisterte Eve und antwortet ihr lächelnd zugewandt: „Ja, man muss lernen, die meist falschen Extreme in jeder Hinsicht zu vermeiden. Popper, einer der mutigsten Philosophen des letzten Jahrhunderts, hat es in einem Vortrag über den Sinn der Geschichte ungefähr wie folgt formuliert:

Wir können der Geschichte kein Ziel und keinen Sinn unterstellen, aber ihr aufgrund unseres eigenen Engagements für Freiheit, Wissen und Liebe einen geben. Diese Welt braucht Menschen, die sich selbst dazu erziehen, den eigenen Ideen kritisch gegenüber stehen zu können, ohne zu Relativisten oder Skeptikern zu werden und ohne den Mut und die Entschlossenheit zu verlieren für ihre Überzeugungen zu kämpfen."

Dann lehnt sich Katrin liebevoll zu Kai rüber und sagt: „Ich höre dir so gerne zu, aber für heute vielleicht genug philosophiert, oder? Ich bin so müde und will morgen auch wieder früh raus."

Die anderen nicken zustimmend. Sie verabreden sich für das morgige Frühstück. Eve möchte beim Melken der Ziegen zusehen. Katrin sagt ihr, dass sie dazu einfach um Sechs im Stall erscheinen und den Leuten dort sagen soll, dass sie bei ihr zu Gast sei und mitarbeiten möchte.

Katrin fragt noch, wie sie schlafen wollen, ob alle in einem oder in zwei Zimmern. Anne, Jakob und Eve schauen sich an, sind zuerst unentschieden, fangen dann aber plötzlich erleichtert an zu lachen. „Ein Zimmer reicht", sagt Anne.

Nachdem Roland ihnen ihr Zimmer gezeigt hat, begleitet er die drei noch in die Bibliothek, wo er das Video *Abschied vom Lachen* einlegt und fragt: „Stört's euch, wenn ich noch ein wenig mitschaue? Ich sehe diesen Film immer wieder gern."

Da die drei nichts dagegen haben, macht er den Film an und sie setzen sich alle auf ein großes Sofa. Als Roland mehr als nötig an sie heranrückt, weiß Eve nicht so genau, was sie davon halten soll, sagt aber erst einmal nichts, sondern beschließt abzuwarten, wie es sich anfühlt. Unsympathisch findet sie ihn ja nicht.

Der Film erweist sich tatsächlich als eine sehr eindrückliche Dokumentation. Im ersten Teil sieht man einen offenbar wirklich existierenden Stamm mitten im Urwald, mit viel Lachen und Tanzen zwischen Frauen, Männern und Kindern inmitten des alltäglichen Geschehens von Werkzeug-, Schmuck- und Essenbereiten. Das besondere, tiefe Lächeln fällt Eve bei erstaunlich vielen Menschen dort auf.

Im zweiten Teil sieht man einige Menschen dieses Volkes, wie sie für Touristen Tänze aufführen, Schmuckstücke als Souvenir anbieten und in einer kleinen Kirche eher traurig klingende Lieder singen. Wo ist die ursprünglich so fröhliche Stimmung hin, fragt man sich da. Selbst das Lächeln, das sie beim Verkaufen ihrer Schmuckstücke zeigen, ist eher gequält. Es wird erläutert, dass nur noch wenige Stämme dieses Volkes ursprünglich leben und immer mehr von den westlichen Gepflogenheiten eingeholt werden.

Als der Film vorbei ist, stellt Jakob fest: „Eine richtig biblische Geschichte. Der Fall eines Volkes aus dem Paradies. Die Frage für mich ist nur, warum so was passiert. Wenn die Menschen früher wirklich glücklicher waren, warum haben sie ihre Sitten und Gepflogenheiten für eine viel weniger freudvolle Welt aufgegeben?"

„Interessante Frage", geht Roland darauf ein: „Da musst du mal mit Kai weiter philosophieren. Ich weiß nur, dass vieles daraufhin deutet, dass bestimmte indogermanische Hirtenvölker infolge ungünstiger Klimaverhältnisse in Not gerieten und begannen, durch die Welt zu ziehen, um andere Völker ihrer, von Angst vor Hunger und Not geprägten Psychologie zu unterwerfen. Da sie gewohnt waren, große Schaf- oder Ziegenherden notfalls mit Gewalt im Zaum zu halten, übertrugen sie diese Gewohnheit einfach auf die Eroberung und Unterdrückung anderer, friedlicherer Völker. Wahrscheinlich ist das aber nicht die ganze Erklärung. Denn auch nicht gewaltsam zivilisierte Völker folgen oft den Verlockungen der Konsumgesellschaft. Vermutlich ist, trotz aller sozialen, erotischen und ökologischen Unvollkommenheiten, das in modernen Gesellschaften etablierte Gut der individuellen Freiheit doch ein wichtiges Feld für menschliche Entwicklung und daher auch so attraktiv."

„Schade, dass es nicht viel mehr lebensnahe Zukunftsforschung gibt", sagt Jakob.

„Ja, das wäre schön. Aber es ist leider so, dass die bisherige Wissenschaft vor allem dazu dient, die bisherige Welt zu erkennen und zu rechtfertigen. Deshalb kann und wird sie die in vieler Hinsicht ganz neue Wissenschaft der Zukunft nicht von selbst hervorbringen und es kommt mehr denn je auf die an, die sich trauen, die alten Gewässer zu verlassen, um ganz neue zu erkunden. Fast wie einst bei der Entdeckung des Kontinents Amerika – es waren ja nicht die Denker der alten Welt, die Amerika entdeckten, denn diese sahen die Erde als eine Scheibe und da war kein Platz für etwas anderes hinter dem Ozean. Ähnlich ist es heute, nur dass die neue Welt weniger im Außen als im Innen zu entdecken ist. Die bisherige Wissenschaft sieht den Menschen vor allem als gesellschaftlich geprägtes Handlungsbündel. Da ist kein Raum dafür, dass wir tief in uns natürliche Gefühle, Ahnungen und Sehnsüchte haben, die eine ganz andere, ökologischere und liebevollere Welt hervorbringen könnten." Nach einer kurzen Pause fährt er fort: „Aber so ganz allein sind wir übrigens nicht. Da die offizielle Wissenschaft und Politik nicht flexibel genug ist, um trotz des Wissens um die drohenden ökologischen Katastrophen ausreichend intensive Zukunftsforschung zu unterstützen, gibt es etwas abseits dieser offiziellen Strukturen weltweit solche Experimente wie auch Netzwerke, in denen wir uns darüber austauschen."

„Heute bin ich zu müde, aber ich würde gern noch mehr über diese Netzwerke erfahren, da ich auch noch überlege, was ich jetzt, nach dem Abitur, am besten mache", erwidert Jakob gähnend.

„Und du Eve, bist du auch schon so müde? Oder wollen wir noch etwas spazieren gehen? Dann kann ich dir vom *Blauen Bund* erzählen, bevor wir morgen dahinfahren."

Eve ist sich unsicher. Einerseits ist sie neugierig, mehr darüber zu erfahren, was sie vielleicht nach den Ferien machen könnte. Andererseits spürt sie, dass es Roland nicht nur darum geht, sondern auch darum, noch mit ihr zusammen zu sein. Ein Teil in ihr hat durchaus Lust, diesen sympathischen Mann kennenzulernen, ein anderer Teil aber würde lieber mit Jakob und Anne schlafen gehen. Mit einem Blick auf die Wanduhr, die kurz nach Mitternacht zeigt, antwortet sie ihm einerseits deutlich, doch zugleich mit einem nichts ausschließenden Lächeln: „Ich hätte schon Lust dazu, aber heut hab' ich schon so viel Neues erlebt und erfahren, dass ich es erst einmal verdauen will. Wir können uns doch morgen, wenn wir nach Dresden fahren, darüber unterhalten, oder?"

„Stimmt auch, na dann gute Nacht euch dreien."

Eve, Anne und Jakob sagen ihm auch gute Nacht und gehen in ihr Zimmer. Nach kurzer Beratung rücken sie drei der dort stehenden Betten nebeneinander, kuscheln sich, mit Jakob in der Mitte, sanft aneinander und schlafen ein. Eve nimmt sich noch vor, um Sechs aufzuwachen.

Als sie tatsächlich früh morgens erwacht, wundert sie sich zuerst über die Stille, die nur vom munteren Gezwitscher der Vögel und hin und wieder von Hahnenschrei unterbrochen wird. Offenbar hat es seinen Reiz, auf dem Land zu leben und zu arbeiten. Die Stille ist wirklich wunderbar, denkt Eve, und das tolle selbst angebaute Gemüse … Mal sehen, wie das mit den Ziegen läuft.

Ihr Blick fällt auf die noch Schlafenden neben sich. Im morgendlichen Licht fällt ihr auf, dass sie nicht nur Jakob, sondern auch Anne als sehr schön, fast anziehend empfindet. Ihre Gesichtszüge und die unter der leichten Decke wahrnehmbaren Konturen ihres Körpers sehen so geschmeidig aus. Sie bemerkt eine bisher unbekannte Sehnsucht nach Nähe zu diesem ihr ähnlichen Wesen, die sich anders, leichter und zärtlicher anfühlt als die Anziehung eines Mannes.

Seltsam, denkt sie, ich bin doch eigentlich nicht lesbisch. Außerdem, wenn ich mir Jakob anschaue und an unsere schönsten Erlebnisse denke, dann ist es irgendwie anders. Da ist dann eine gewisse prickelnde Spannung, aber warum soll man deshalb, weil man Männer sexuell anziehender findet, eigentlich auf Zärtlichkeiten zwischen Frauen verzichten. Wenn ich an den matriarchalen Traum von vorgestern denke, da haben sich die Frauen oft umarmt. Bestimmt hat das, was ich jetzt als ungewohnt empfinde, mit der jahrhundertelangen Unterdrückung der lebendigen Energien der Liebe zu tun, von der Diotima erzählte. Schon merkwürdig, denkt sich Eve. Dann steht sie leise auf und geht aus dem Zimmer.

Im Stall sind schon zwei dabei, die ersten Ziegen mit einer offenbar halbautomatischen Apparatur zu melken. Eve stellt sich kurz mit Verweis auf Katrin vor.

Einer der Melker, der auch Kai heißt, fragt sie, ob sie nur zuschauen oder auch etwas machen will. Als sie Letzteres bejaht, gibt er ihr eine Heugabel und zeigt, wie sie das vor dem Stall liegende frisch gesenste Gras in den Futterstellen verteilen soll. Beim Verteilen beobachtet Eve die Ziegen und merkt, wie schön und intelligent diese Tiere aussehen. Sie scheinen überhaupt nicht scheu zu sein, sondern stecken ihre Köpfe neugierig durch das Gatter, um schneller an das Gras heranzukommen. Als sie eine dieser Grazien vorsichtig am Kopf krault, wendet diese ihr den Blick zu und Eve schaut in große, tiefe, fast sehnsuchtsvolle Augen. Die blicken ja lebendiger als die Augen mancher Menschen, denkt sie.

Nach dem Melken und Füttern ist noch Zeit bis zum verabredeten Frühstück. Eve beschließt die Ausstellung über die einheimischen Denker im Saal schon einmal anzusehen. Auf der Empore findet sie vier große Tafeln mit künstlerisch-philosophischen Objekten daneben. Auf den Tafeln sind jeweils einige Gedanken zitiert.

Sie beginnt bei Jacob Böhme, der am frühsten, um 1600, lebte. Dabei fällt ihr auf, dass sie selbst auch Böhme heißt, und dass sie, wie auch er, in der Nähe von Görlitz geboren ist. Ob sie entfernt mit ihm verwandt ist? Sie liest:

> Es kann ein Mensch im ganzen Lauf seiner Zeit in
> dieser Welt nichts fürnehmen, das ihm nützlicher und

nötiger sei als dieses, dass er sich recht lerne erkennen, was er sei, woraus oder von wem, wozu er geschaffen worden, und was seine Bestimmung sei ... (*Drei Prinzipien göttlichen Wesens*).

Der Mann oder Limbus oder Limas terrae (Extrakt der Erde) und des Himmels sehnt sich nach Veneris Matrice (der weiblichen Wesensseite), als nach der freudreichen Conjunction des Liebe-Lebens, als des Liebe-Schmeckens, welcher Schmack in Adam einig ineinander war, darin er sich selber liebte und die Vollkommenheit darinnen stand ...
Wo die vier Elemente zerbrechen, da bleibt die Wurzel derselben, das ist das heilige Element, welches steht in der aufsteigenden Freudenqual; und das Element ist die sanfte, stille Wonne ... Gleichwie der Himmel die Welt beherrschet und die Ewigkeit die Zeit, also auch herrschet die Liebe über das natürliche Leben (*Vom übersinnlichen Leben*).

Der wahre Glaube ist frei und an keinen Artikel gebunden, als nur an die rechte Liebe; daraus holt er seines Lebens Kraft und Stärke (*Von der Menschwerdung*).

All die Philosophie, Theologie und Wissenschaft ist ein köstlicher Baum, der in einem schönen Lustgarten wächst ... Wenn du Geist und Sinn erkennst, so wird's keiner Ermahnung mehr bedürfen, sondern du wirst dich in diesem Licht freuen und fröhlich sein, und deine Seele wird darinnen lachen und triumphieren (*Aurora*).

Eigentümliche Sprache, denkt Eve. Aber wenn man sich hineinvertieft, steckt da in wenigen Worten sehr viel drin: „Aufsteigende Freudenqual ... als sanfte stille Wonne" – das erinnert sie an das Prickeln in der Wirbelsäule bei den Chakraübungen. Beim ersten Mal hat sie sich fast erschrocken, da der Schub vom Steiß aufwärts fast weh tut, wenn man es nicht kennt. Doch im nächsten Moment ist es himmlische Wonne. Vielleicht ist es ja die Energie der Liebe, die sich dann durch die Chakras aufrichtet und sich ihren Weg bahnt? Irgendwie mystisch, denkt Eve. Auch wegen der Namensvetternschaft neugierig geworden, liest sie unter den Zitaten noch einiges über Böhmes Leben. Sie ist verblüfft zu lesen, dass er der erste deutsche Philosoph war und ihm die gesamte Geistes- und Kulturgeschichte seither Wesentliches verdankt. Goethe, Hegel, Newton, Hesse und viele andere haben sich von ihm anregen lassen. Er hat lange vor Goethe gesagt, der Mensch sei ein Mikrokosmos des großen Kosmos. Auch gilt Böhme als Begründer evolutionärer Spiritualität und der Erkenntnis, dass der menschliche Geist nicht naturgegeben fix und fertig ist, sondern sich durch Widersprüche hindurch allmählich selbst entwickelt. Bis heute wird er jedoch von den herrschenden Philosophen eher verschwiegen, da er, als einfacher Schuster ohne jegliches Studium, offenbar mehr erkannt hat als die Professoren. Die Theologen meiden ihn, da er ein geistiges Konzept entwickelte, in dem Leib und Seele sowie Lebensfreude und Geistigkeit nicht getrennt sind, sondern zusammengehören. Er schreibt:

> Der Leib ist der Seelen Spiegel und Wohnhaus, und ist auch eine Ursache, dass die pure Seele den Geist verändert, als nach der Lust des Leibes oder des Geistes dieser Welt (*Psychologia Vera oder Vierzig Fragen der Seele*).

Wenn er, der erste deutsche Philosoph ist, warum habe ich dann in der Schule nichts über ihn erfahren? Nach einiger Zeit der Verwunderung liest sie bei Lessing weiter:

> Menschlichkeit und Sanftmut verdienen bei jeder Gelegenheit empfohlen zu werden, und kein Anlass dazu kann so entfernt sein, den wenigstens unser Herz nicht sehr natürlich und dringend finden sollte (*Hamburgische Dramaturgie*).

> Aber welches von beiden möchte wohl das Schwerere sein? Die christlichen Glaubenslehren annehmen und bekennen oder die christliche Liebe ausüben? Es würde Ihnen nichts helfen, wenn ich

auch einräumte, dass das Letztere bei Weitem das Schwerere sei (*Das Testament Johannis*).

Es eifre jeder seiner eignen, von Vorurteilen freien Liebe nach (*Nathan der Weise*).

Er hat wohl recht, geht ihr durch den Sinn, es scheint einfacher zu sein, irgendeine Moral oder Glaubenslehre anzunehmen, als wirklich die Liebe frei von allen Vorurteilen zu leben.

Mal sehen, was dieser Fichte sagt:

> Das Leben ist Liebe, und die ganze Form und Kraft des Lebens besteht in der Liebe und entsteht aus der Liebe. Ich habe durch das soeben Gesagte einen der tiefsten Sätze der Erkenntnis ausgesprochen. Die Liebe teilet das an sich tote Sein gleichsam in ein zweimaliges Sein, dasselbe vor sich selbst hinstellend, und macht es dadurch zu einem Ich oder Selbst, das sich anschaut und von sich weiß. Wiederum vereinigt und verbindet innigst die Liebe das geteilte Ich, das ohne Liebe nur kalt und ohne alles Interesse sich anschauen würde. Diese letztere Einheit, in der dadurch nicht aufgehobenen, sondern ewig bleibenden Zweiheit, ist nun eben das Leben. Nun ist die Liebe ferner Zufriedenheit mit sich selbst, Freude an sich selbst, Genuss ihrer selbst, und also Seligkeit; und so ist klar, dass Leben, Liebe und Seligkeit schlechthin Eins sind und dasselbe.
>
> Offenbare mir, was du wahrhaftig liebst, was du mit deinem ganzen Sehnen suchest und anstrebest, wenn du den wahren Genuss deiner selbst zu finden hoffest und du hast mir dadurch dein Leben gedeutet. Was du liebest, das lebest du. Diese angegebene Liebe eben ist dein Leben, und die Wurzel, der Sitz und der Mittelpunkt deines Lebens. Alle übrigen Regungen in dir sind Leben nur, inwiefern sie sich nach diesem einzigen Mittelpunkte hinrichten (Anweisung zum seligen Leben).

Auch das gefällt ihr wunderbar. Liebe ist der Grund des Universums und deshalb bin ich richtig lebendig nur, wenn ich liebe – das ist doch das, was sie selbst ahnte, noch bevor Diotima auftauchte. Was wohl dieser Bahro über die Liebe denkt?

> Wir kommen weder praktisch noch im Verstehen an die Ursachen der ökologischen Krise heran, wenn wir nicht anstatt aus Abwehr aus Urvertrauen handeln lernen.
> Deshalb hängt die Heilung der Kultur davon ab, ob es gelingt, in ihren Mittelpunkt die Kommunion von Liebe her und auf Liebe hin zu sichern. Das erspart soviel kompensatorischen Tatendrang nach außen.
> Alle Menschen haben die Anlage dazu. Sie auch zu entfalten, setzt voraus, dass wir unser Zentralnervensystem nicht nur in seinen Teilfunktionen, sondern integral nutzen – als eine Funktion ganzheitlicher Kommunikation und Kommunion mit der Welt, mit dem Nicht-Ich, mit der Tiefenstruktur des universellen Lebens. Das ist die Qualität des komplexen und ungehemmten, liebenden Kontakts über die Ich-Grenzen hinaus.
> Wir können unser Selbstbewusstsein erweitern, uns aus den Bedingungen unserer Geburt und Sozialisation befreien, um ein liebevolles neues Gesamtverhältnis von Mensch und Erde, Mann und Frau zu entwickeln.

Eve überlegt, warum diese Sätze, die sie nur teilweise erfassen kann, sie dennoch besonders berühren. Vielleicht deshalb, weil er im Unterschied zu den anderen dreien bis vor Kurzem noch gelebt hat. Im Grunde sagt er ja das gleiche wie Diotima: Alles andere Tun nützt wenig, wenn wir nicht auch unsere Liebesfähigkeit erweitern. Aber nicht als Pflicht, wie in der Schule, sondern nur wenn wir wieder lernen, ungehemmter zu lieben und miteinander glücklich zu sein.

Da ihr die Gedanken für ihre persönliche Situation wichtig scheinen, liest sie noch etwas weiter:

> Nicht entbehren kann der Mensch, der seine eigene Mitte finden will, den anderen Menschen: als Spiegel, mehr: als Freund, mehr: als Geliebten, mehr: als Gehilfen zur Gottheit. Hier ein Gleichgewicht zwischen Abhängigkeit und Freiheit, Bedürftigkeit und Selbst-

genügsamkeit zu finden, ist die endlich unentrinnbar gewordene Aufgabe der Kultur …

Europa hat an diesem Punkt eine bessere Lösung als der asketische indische Yoga, und zwar aus den vorchristlichen keltischen, germanischen und slawischen Zeiten unterschwellig bewahrt. Unsere Epen aus der Ritterzeit sehen Frau und Mann auch im Bett als einander Gehilfen zur Gottheit an. Unsere Romantik war dicht am Tantra der Liebe. Mann und Frau müssen diese Freiheit erlernen, sich nicht mehr gegenseitig geschlechtlich auszubeuten. Die Heimkehr des Eros zu den Göttern könnte eine Chance bekommen (*Über die Grundlagen ökologischer Politik*).

Eve kann den ganzen Sinn auch dieser Worte nicht sofort fassen. Doch sie spürt, dass Bahro, ähnlich wie der erste der vier, Jacob Böhme, nicht nur die Bedeutung der Liebe für die Zukunft hervorhebt, sondern auch das Zusammenspiel von Frau und Mann und von Körper, Seele und Geist dabei betont. Das gefällt ihr. Es erinnert sie sehr an die Briefe Diotimas und sie nimmt sich vor, bei Gelegenheit noch mehr über diese beiden Philosophen zu erfahren, besonders, da die beiden aus ihrer Heimat kommen.

Dann verlässt sie den Saal und geht rüber zu Katrin. Dort sitzen bereits Anne und Jakob. Zum Frühstück gibt es seltsamerweise Eves Lieblingsmüsli, gepoppten Amaranth, zusammen mit frischen Erdbeeren aus dem Garten und frischer Milch vom Hof. „Lecker, mein Lieblingsfrühstück – wir haben ja so manches gemeinsam", kichert Eve und zu ihrer Freude geht Katrin direkt darauf ein: „Ja, fiel mir auch schon auf. Vielleicht sind wir ja seelenverwandte Schwestern."

„Kürzlich hatte ich einen schönen Traum. Da ging es auch um Schwestern, und zwar in einem matriarchalen Volk. Damals haben sich mehrere Schwestern sogar mehrere Männer geteilt."

„Ja, hab' ich auch schon von gehört. Roland hat mir heute Morgen übrigens erzählt, dass er dich sehr anziehend findet und sich freut, mit dir heute nach Dresden zu fahren. Also pass auf, er ist manchmal etwas direkt mit seinen Sehnsüchten."

Eve bleibt fast der Löffel im Mund stecken. Sie hat es zwar gestern Nacht schon geahnt. Aber wie nun damit umgehen? Es erleichtert sie nur teilweise, als Katrin fortfährt: „Aber falls du ihn auch magst, fühl dich von mir nicht gebremst …"

Nach einer Weile fasst sie sich, erinnert sich an all die Weisheiten über den Sinn der Liebe, versetzt sich in dieses Spiel des Universums, und fragt lächelnd Anne und Jakob: „Wie denkt ihr darüber? Wir haben ja gestern erst unseren Dreierbund beschlossen, wäre es für euch o.k., falls ich mich ein bisschen in Roland verliebe?"

Anne stutzt erst, steigt dann aber augenzwinkernd in das Spiel ein: „Na ja, wir haben ja bereits festgestellt, dass unser Bund noch die eine oder andere männliche Ergänzung vertragen könnte", witzelt Anne. „Bei Roland hätte ich aber auf den ersten Blick nichts dagegen ..."

„Wehe, du machst dich auch noch an den ran", sagt Eve mit erhobener Faust, kann sich dabei ein Lächeln aber nicht ganz verkneifen. „Jetzt bin ich erst mal dran."

Obwohl Eve zwar eine spaßige Miene macht, ist es ihr doch irgendwie erst, was Anne aber nicht davon abhält, noch weiter zu machen: „Was wäre denn dann?"

Da steigt auch Jakob ein: „Vielleicht hab' ich ja auch noch etwas dazu zu sagen?"

„Was denn? Hoffentlich nichts Patriarchales und Konkurrenzorientiertes?", amüsiert sich Anne.

„Wow, ich weiß nicht, ob mir das alles ein bisschen schnell geht. Aber mir bleibt immer noch die Machonummer – gute Miene zum bösen Spiel", sagt Jakob und setzt seine John Wayne-Miene auf.

Eve beginnt zu lachen. „Was heißt hier böses Spiel? Soll das etwa eine Herausforderung sein? Anne, nehmen wir die an und denken uns mal etwas Böses für Jakob aus?"

„Warum eigentlich nicht? Wir könnten ihn ja eine Nacht ganz allein schlafen lassen und dann zusammen wilden Sex mit einem anderen Mann haben ..."

„Aber nicht mit Roland", beendet Eve das Spiel mit etwas ernsthafterer Stimme. „Erst einmal muss ich ihn mögen. Aber mal sehen, bin auch gespannt, wie es sich entwickelt."

Nach dem Frühstück gehen die drei zur Führung durch die Lernwerkstatt. Albert hat sich als mittelalterlicher Gelehrter verkleidet und ist bereits dabei, einer Klasse von 16-jährigen Schülern die Philosophie näher zu bringen.

Diese Art des Unterrichts scheint ziemlich gut anzukommen, denkt sich Eve. Einige hören gebannt zu, andere spielen neugierig mit diesem oder jenem Objekt. Die meisten stehen vor einer nachgebildeten Höhle, in der einige kleine menschliche Gestalten versuchen, die

Sonne zu entdecken. Albert erzählt, dass dieses Gebilde Platons Ideenlehre darstellt. Platon meine damit, dass zwar alle Menschen sich nach der wahren Erkenntnis der Dinge sehnen, aber dennoch meist nicht aus der Höhle ihrer Gewohnheiten, erlernten Worte und Normen heraustreten und so nur einen Schatten der Wahrheit erhaschen.

Klasse Idee, Platons Philosophie so darzustellen, denkt Eve, doch schade, von Platons Geschichte über den Eros, in der auch Diotima vorkommt, ist nichts ausgestellt. Woran das wohl liegt?

Später freut sie sich, dass die Liebe in der Philosophiewerkstatt doch nicht ganz vergessen wurde. Anhand eines großen, aus aufeinander geschichteten Ringen gebildeten Kunstwerks erläutert Albert, wie Dante in seiner *Göttlichen Komödie* die Erkenntniskreise sah, welche die Seele zwischen Himmel und Hölle zurücklegt. Laut Albert hat Dante den letzten und schönsten Kreis des Paradieses mit der Liebe assoziiert:

> Oh Jungfrau, Mutter, Tochter deinem Sohne,
> der nichts an Demut, nichts an Hoheit gleich,
> In deinem Schoß die Liebe neu erglühte,
> in deren Strahl so herrlich auf der Schwelle
> des ewigen Friedens sprosste diese Blüte.
> Doch reichten nicht so weit die eigenen Schwingen.
> Doch Wunsch und Willen, wie der Himmelsferne
> Urewig kreisend Rad, führt ihre Bahn
> Die Liebe, die in Gang hält Sonn und Sterne.

Um die Bedeutung der Liebe für Dantes philosophische Dichtung zu unterstreichen, zitiert Albert noch eine Passage aus dessen Gedicht *Vita Nova* oder *Neues Leben*:

> Zur fernsten Sphäre, die viel weiter kreist,
> steigt aus dem Herzen auf mein Sehnen:
> Es ist das neue Wissen, das mit Tränen
> die Liebe in uns legt, das uns nach oben reißt.

Als sie das hört, fühlt Eve einen sanften Schauer über ihren Rücken laufen. Als ob alle Chakras gleichzeitig jubeln, denkt sie. Ja, es ist die Liebe, deren Wissen uns Mut macht und zu den Sternen greifen lässt. Ob Dante wusste, dass Liebe und Wissen durch unseren Körper ziehende kosmische Energien sind?

Während sie sich die zum Teil sehr spannenden Geschichten über all die anderen Philosophen anhören und mit den Objekten spielen, vergeht die Zeit wie im Flug. Zwischendurch kommt Roland vorbei, um Eve zu sagen, dass er gleich nach dem Mittagessen nach Dresden fahren wird und fragt noch mal, ob sie wirklich mitkommen will. „Na klar will ich noch mitkommen", sagt Eve, wirft ihm ein vielsagendes Lächeln zu und wendet sich schnell wieder Alberts Vortrag zu.

Später denkt sie darüber nach und ist plötzlich unsicher, ob sie wirklich zu einem ihr kaum bekannten Mann ins Auto steigen sollte, der seine Gefühle ihr gegenüber in keiner Weise zurückhält. Aber reizen tut es sie schon. Wie war das? Mut zur Liebe? Ja, wer nicht wagt, der nicht gewinnt, denkt sie sich und freut sich auf die Fahrt nach Dresden.

Zeit und Ewigkeit

Da Roland auf dem Weg noch einige Gutsprodukte zu einem Dresdner Bioladen bringen will, fahren sie nach dem Essen mit einem der Autos des Gutes los. Unterwegs erzählt Roland ihr vom *Blauen Bund* und dass er schon mit seinem Freund Klaus telefoniert hat, der dort arbeitet. Tatsächlich haben sie ab Herbst wieder eine FÖJ-Stelle zu vergeben. Er hat allerdings nicht gefragt, ob die noch frei ist, da er Klaus erst einmal Eve vorstellen wollte.

Nachdem sie Brote, Käse, Aufstriche und Gemüse im Bioladen abgeliefert haben, bringt Roland Eve zum Büro des *Blauen Bundes* in das Dresdner Haus der Nichtregierungsorganisationen. Mensch, hier war ich schon mal, denkt Eve. Im gleichen Gebäude befindet sich nämlich ein Club, in dem Eve vor einiger Zeit mal auf einer super Party war. Es gefällt ihr, eine sympathische Mischung aus einfachem aber modernem Baustil und vielen kreativen Elementen. Die Fenster des insgesamt grün getönten Baus haben verschiedene Formen und sind fast alle in einer anderen Farbe gestrichen. Das Dach ist begrünt und man kann dort oben sogar tanzen, was nachts, so inmitten der schönen Dresdner Kulisse, einen Riesenspaß macht.

Roland bringt Eve in die dritte Etage. Es gibt zwar einen Fahrstuhl, aber sie benutzen die Treppe, an deren Wänden Eve mit vorüberschweifendem Blick interessante Aushänge über ökologische oder internationale Initiativen wahrnimmt.

Er stellt sie Klaus vor und fährt selbst weiter zu seinem Termin beim Ministerium.

Klaus berichtet von den Zielen des *Blauen Bundes*. Er erzählt, dass sie eine der bisher noch wenigen internationalen Organisationen sind, die sich nicht entweder dem Umweltschutz oder der internationalen Gerechtigkeit beim Zugang zu Ressourcen und Lebensmitteln widmen, sondern beides tun. Der *Blaue Bund* geht davon aus, dass diesen beiden weltweiten Problemen gemeinsame Ursachen zugrunde liegen, zum Beispiel ungenügend entwickelte internationale Rechts- und Wirtschaftsstrukturen, auf tieferer Ebene aber auch eine noch ungenügende Vernetzung von aktiven Menschen der Erde. Beide Probleme sind derzeit die größten Bedrohungen für die Zukunft von Mensch und Erde und man kann das eine nicht ohne das andere lösen. Denn solange Milliarden Menschen in Asien und Afrika trotz des Überflusses in Europa oder Nordamerika hungern, ist ersteren eine gesunde Umwelt für letztere offensichtlich egal. Und solange man die Hungernden nur durch immer weiteres Wirtschaftswachstum versorgen zu können glaubt, zerstört man ganz nebenbei die Natur. Deshalb ist es wichtig, dass mehr Menschen erfahren, dass und wie diese beiden Zukunftsbedrohungen zusammenhängen. Dazu sollen moderne Medien, vor allem das Internet, genutzt werden und, weil nur digitale Kommunikation auf Dauer zu unlebendig ist, im nächsten Sommer ein großes internationales Festival organisiert werden.

Eve findet die Sache und die Art, wie er sie darstellt, sehr spannend. „Klingt klasse. Gern würde ich dabei mitmachen. Roland hat mir erzählt, dass ihr auch FÖJ-Stellen vergebt. Habt ihr vielleicht noch eine frei?"

„Roland hat mir heute Morgen am Telefon erzählt, dass du nicht nur kommunikative Talente hast, sondern dich auch vom Herzen her für die Zukunft engagierst. So eine Empfehlung eines Freundes ist mir viel wert und ich würde dir gern eine Stelle geben. Leider haben wir die einzige noch freie Stelle für den Herbst vor ein paar Tagen schon einem anderen versprochen."

Eve ist mehr als enttäuscht, fast kommen ihr die Tränen. So ein wunderbarer Job, der fast hundertprozentig mit dem übereinstimmt, was sie sich selbst vorgenommen hatte zu suchen. Fast flehend, um sich mit diesem so knapp verfehlten Glück nicht einfach abzufinden, sagt sie: „Ich würde das so gern machen, lässt sich da nicht noch irgendeine Lösung finden?"

„Sorry, aber was soll ich machen? Dieser Till, dem ich sie kürzlich zugesagt habe, freut sich bestimmt auch darauf."

Till! Wie bitte? Das darf doch wohl nicht wahr sein! Hatte der aufdringliche Streber aus ihrer Klasse nicht nebenbei einmal fallen lassen, dass er sich für eine FÖJ-Stelle in Dresden bewirbt?

Er mag ja intelligent sein, aber diese Aufgabe braucht auch Einfühlungsvermögen und Herzblut! Der ist dazu doch gar nicht geeignet, schimpft Eve in Gedanken vor sich hin. Aber kann sie das Klaus erzählen? Klingt das nicht wie Herabwürdigung eines anderen im eigenen Interesse?

„Ja, so heißt er. Du kennst ihn?"

„Aus der Schule. Vielleicht kann ich ja noch mal mit ihm reden, ob er die Sache mir überlässt?"

„Von mir aus, wenn er freiwillig zurücktritt, soll's mir egal sein."
Kurz darauf fügt er hinzu: „Entschuldige, das *egal* bezog sich nicht
auf dich. Könnte mir gut vorstellen, dass du hier arbeitest. Wäre es
für dich denn einfach machbar? Wohnst du in Dresden oder musst
du dir hier noch 'ne Wohnung besorgen?"

„Ich wohne mit dem Zug etwa eine Stunde von Dresden entfernt.
Aber ich könnte Roland und seine Freunde fragen, ob ich mit in ihrer
Dresdner WG wohnen kann, wenn ich hier manchmal länger zu tun
habe und es sich nicht lohnt, nach Hause zu fahren."

„Gut, falls dieser Till sich tatsächlich deinem Charme beugt, trag
vorsichtshalber hier im Computer schon mal deine Daten ein, o.k.?"

Eve trägt ihre Daten ein und nimmt sich dann das Informationsma-
terial vor, das Klaus ihr in der Zwischenzeit zusammengestellt hat.
Sie fragt, ob sie noch in einer Ecke lesen und auf Roland warten kann,
bis er sie wieder abholt. Klaus ist einverstanden und widmet sich
anderen Dingen.

Als Roland sie abholt, setzen sie sich zuerst kurz in einen Park
nicht weit vom Haus. Eve erzählt ihm begeistert von dem Job und
wie viele ihrer eigenen Talente und Sehnsüchte darin aufgehen
könnten – und vergisst fast, dass sie ihn noch gar nicht sicher hat. Als
es ihr wieder bewusst wird, und auch, wer die Stelle stattdessen hat,
hält sie ihre Traurigkeit diesmal nicht zurück und fängt an zu weinen. Roland kann das anscheinend nicht gut mit ansehen und nimmt
sie in die Arme. Eve lässt das gerne geschehen und vergräbt ihr
Gesicht für Minuten zwischen Rolands Hals und Schulter. Trotz
ihres Schluchzens nimmt sie seinen Geruch wahr. Mann, riecht der
gut, denkt sie und bemerkt erst viel später, wie sich ihre Tränen mit
Wimperntusche gemischt auf seinem rot-braun karierten Hemd verteilt haben.

„Was hast du denn? Das sieht nicht aus wie Freudentränen?", fragt
Roland, als Eve aufgehört hat zu weinen.

„Sind's auch nicht." Und sie erzählt ihm alles, auch von Till, und
wie ausweglos die Situation deshalb ist. Sie kann ihn doch nach all
dem, was zwischen ihnen vorgefallen ist, nicht bitten, ihr zuliebe
zurückzutreten. Und selbst wenn sie so viel Demut aufbrächte, ihn
zu bitten, würde der arrogante Kerl sie vermutlich nur auslachen.

Sie spürt, wie ehrlich Roland ihr zuhört. Dann überlegt er und sagt:
„Immerhin ist die Sache nicht ganz verloren. Also lass uns überlegen,
welche Strategie am ehesten Erfolg verspricht."

Eve wird wieder leichter ums Herz. Allerdings fragt sie sich, ob Roland ihr Weinen nicht total übertrieben und kindisch fand, geht dem Gedanken aber nicht weiter nach, sondern folgt lieber Rolands Lösungsvorschlägen.

„Ad hoc fallen mir drei Möglichkeiten ein: Du könntest dir seinen damaligen Vergewaltigungsversuch zunutze machen und ihm drohen, ihn doch noch anzuzeigen, wenn er nicht zurücktritt. Oder, falls du dich ihm gegenüber dafür zu schwach fühlst, könnte ich mal bei euch vorbeikommen und ihm zusammen mit Jakob ein bisschen drohen?" Dabei macht er komische Boxbewegungen und legt die Stirn in Falten, so dass Eve spontan losprustet, dann wird er wieder etwas ernster und sagt: „Allerdings gefällt mir beides nicht wirklich."

„Mir ehrlich gesagt auch nicht. Was wäre denn die dritte Variante?"

„Na ja, das wäre die, die du selbst anfangs in Erwägung gezogen hast. Du könntest ihn einfach bitten, dir zuliebe zurückzutreten. Müsstest natürlich dabei das Risiko in Kauf nehmen, von ihm ausgelacht zu werden."

Bei diesem letzten Vorschlag überkommt Eve Ekel vor Till, aber auch Stolz macht sich in ihr breit. Diesen Idioten auch noch um einen Gefallen bitten? Doch je länger sie darüber nachdenkt, desto sinnvoller erscheint es ihr, genau so vorzugehen. Sie wird sich schon keinen Zacken aus der Krone brechen und irgendwie ist Till trotz seiner guten Zensuren ja auch ein armer Kerl. Soweit sie weiß, ist er nur bei seinem Vater aufgewachsen und der ist irgend so ein rechtsextremer Parteibonze, der ihm diese Mischung aus Gehorsam und Strebertum eingedrillt hat. Es heißt, dass seine Mutter früh ausgerissen ist, weil sie es mit seinem Vater nicht mehr aushielt. Er hat also in den letzten Jahren nicht viel Liebe erfahren. Vielleicht hatte er eigentlich nur Sehnsucht nach tieferer Liebe und wusste nicht, wie er das rüberbringen sollte? Schön wär's, denkt Eve. Aber so doof kann sich doch keiner anstellen, oder? Dann sagt sie schließlich: „Ich glaube, die dritte Strategie ist die einzig sinnvolle."

Da sie merkt, wie sehr Roland sich darüber freut, fährt sie fort: „Vorausgesetzt, die kleine Chance, dass es gelingt, tritt ein, wäre es dann möglich, hin und wieder in eurer Dresdner WG zu übernachten?"

„Das dürfte kein Problem sein", antwortet er augenzwinkernd, „aber nur, wenn ich auch da bin. Wer weiß, ob ich dich mit den anderen allein lassen kann."

Eve gibt, noch zaghaft lächelnd, zurück: „Wer weiß denn, ob ich mich mit dir allein lassen kann?"

Nach einigem albernen Hin und Her wird ihr Lächeln strahlender. Ihr kommt sogar in den Sinn, sich über die Herausforderung zu freuen. Immerhin kann sie so vielleicht sogar etwas wirklich Gutes für Till tun, denn bestimmt hat ihre briefliche Androhung einer Anzeige seine innere Kerbe des Ungeliebtseins eher noch vertieft.

Dann überlegen sie etwas ernsthafter, was sie an diesem Tag noch tun könnten.

„Hast du überhaupt Zeit?", fragt Eve.

„Wenn ich will, schon. Es gibt zwar immer genug zu tun bei uns, aber man muss sich ab und zu auch Raum für andere schöne Dinge des Lebens nehmen, sonst verliert man den Überblick über den Sinn des Tuns, wie wichtig all die konkreten Dinge auch sein mögen."

„Würdest du einen Abend mit mir denn zu den schönen Dingen des Lebens zählen?"

„Das kann man zwar vorher nicht genau wissen, aber ich würde sagen, alles deutet darauf hin. Und wie sieht das bei dir aus?"

Eve fühlt sich geschmeichelt, doch antwortet keck: „Ja, schwer zu sagen … Obwohl es durchaus denkbar wäre. Was könnten wir denn machen?"

„Bei der Hitze könnten wir gut an einen stillen See fahren, dort baden, Picknick machen und dann mal sehen … Ich hätte auch ein Zelt dabei."

„Hört sich ziemlich gut an", sagt Eve und springt von der Bank. „Dann mal los! Wie weit ist das überhaupt?"

„Lass dich überraschen", sagt Roland geheimnisvoll, was Eve gar nicht so richtig einordnen kann, aber irgendwie führt es dazu, dass sie aufgeregt ist. Eve betrachtet ihn und stellt fest, dass er mit seinen kurzen Locken und seinem eindringlichen Blick ganz anders wirkt als Jakob oder Johann. Sie ist neugierig darauf ihn näher kennenzulernen.

Nach nicht allzu langer Fahrt parkt Roland das Auto auf einem kleinen Rastplatz unterhalb eines Berges. Er nimmt zwei fertig gepackte Rucksäcke aus dem Kofferraum und gibt einen Teil davon Eve zum Tragen. Sie wandern leicht bergauf durch einen lichten Buchenwald und gelangen schließlich etwas verschwitzt und keuchend zu einer größeren Lichtung.

Roland zeigt nach vorn: „Hinter dieser Wiese ist ein alter Steinbruch voller Wasser. Mir ist ziemlich heiß, ich würde hier gern ne

Runde schwimmen?" Als sie die Wiese überquert haben, tut sich vor ihnen ein wunderschöner, ganz einsam gelegener See auf. Wie selbstverständlich zieht sich Roland splitternackt aus und lässt sich an einer niedrigen Stelle der ansonsten steil heraufragenden Steinwände in den wassergefüllten Steinbruch gleiten. Super Body, denkt Eve. Eigentlich badet sie am liebsten an Nacktbadestränden, doch hier, so ganz allein mit ihm, ist ihr etwas flau zumute. Zögernd betrachtet sie die mächtigen Buchen rund um den See. Wie alt diese wohl sind und was sie bereits alles erlebt haben?

Dabei fällt ihr Diotimas Rat ein, Liebe und Wissen mit Mut zu verbinden. Sie hört noch einmal in sich hinein und spürt, dass ein Teil in ihr es sehr reizvoll findet, hier inmitten dieser urigen Natur nackt zu sein, noch dazu in der Gegenwart eines Mannes. Also zieht sie sich aus und folgt Roland. Das Wasser ist kühl, aber nicht kalt. Sie schwimmen nebeneinander zum gegenüberliegenden Rand. Roland steuert auf eine über dem Wasser in der Abendsonne glitzernde Steinplatte zu und klettert hinauf. Dann hält er Eve eine Hand hin und zieht sie hoch.

Der Granit ist von der Sonne richtig heiß. Eve legt sich auf den Bauch und genießt die sie durchströmende Wärme. Auf ihrem Rücken spürt sie das leichte Kribbeln der Sonnenstrahlen. So bemerkt sie anfangs kaum, dass außer der Sonne auch Rolands Hand sie vorsichtig zu streicheln beginnt. Sie konzentriert sich darauf und spürt, dass es kein forderndes, sondern ein sehr sanftes, fast zaghaftes Berühren ist. Als er merkt, dass sie seine Berührung wahrnimmt, sagt er: „Als ich die ganzen Wassertropfen auf deinem Körper so in der Sonne glitzern gesehen habe, hier zwischen Wasser, Fels und Bäumen, konnte ich nicht anders", und strahlt über beide Ohren. „Das Wunder des Daseins, diese einfache und doch unerklärliche Existenz von Schönheit wurde mir plötzlich so bewusst wie lange nicht."

Eve, die sich über seine Berührung nicht gewundert hat, sondern diese als natürlich empfand, ist durch seine Worte angenehm berührt. „Das hat schon was Mystisches hier. Ich komme mir hier so klein vor und trotzdem total geborgen – wie ein Teil des Ganzen."

„Der eine unserer Philosophen, Fichte, beginnt eines seiner Werke mit der Frage: Warum ist überhaupt Etwas und nicht vielmehr Nichts? Er denkt, dass letztlich das Wunder der Liebe der Grund aller Dinge ist. Aus Liebe hat sich das Ureine in Myriaden verschiedene Existenzen gespalten, damit diese myriadenfach die Schönheit und Freude der Liebe erfahren können. Als ich dich eben hier so sah, getrennt von Bäumen, Sonne und Wasser und doch in vollendeter Harmonie damit, wurde mir klar, wie recht er hat."

„Ja, ich glaube, ich verstehe, was du meinst. Hier fällt es leicht, die Einheit von allem zu erkennen und zu spüren, dass alles irgendwie verbunden ist. Ich habe mal irgendwo gelesen, dass Leid in dem Moment entsteht, wo sich der Mensch getrennt vom Kosmos erlebt."

„Das denke ich auf jeden Fall", sagt Roland spontan. Dann schweigen beide und schauen gedankenverloren auf den See. Eve schließt die Augen und genießt die Ruhe und die Wärme an diesem kraftvollen Ort. Fast scheint es ihr, als könne sie in den Stein, in den See und auch in die Bäume hineinfühlen. Als sie ihre Augen öffnet und Roland anschaut, lächelt er ihr liebevoll zu. „Du bist schon eine beeindruckende Frau. Und wenn ich hier so mit dir sitze, erscheinen mir die Probleme, die mich sonst so beschäftigen, irgendwie überhaupt nicht mehr problematisch."

Dann lacht er los und sagt, wieder mit Blick auf den See: „Diese Existenz all der Dinge, die aus einzelner Sicht oft gar nicht idyllisch, sondern eher wie ein ständiger Kampf ums Dasein erscheint, hat einen tieferen, mystischen Sinn. Davon bin ich überzeugt. Vielleicht geht es wirklich darum zu erkennen, dass alles miteinander durch Liebe verbunden ist."

„Ich würd' schon sagen", stimmt Eve ihm zu. „Als ich eben die Augen zu hatte, konnte ich diese Verbindung zu der Natur richtig spüren. Ich finde das so unglaublich. Wir liegen hier zwischen jahrhundertealten Bäumen und auf was weiß ich schon wie alten Felsen. Ganz abgesehen von der schon Milliarden Jahre scheinenden Sonne. Und irgendwie gehören wir dazu. Wie jung wir im Vergleich sind, obwohl …", dann hält sie kurz inne, „du bist ja auch schon richtig alt", neckt sie Roland, indem sie ihn in die Seite piekst. Roland lässt sich das nicht gefallen und piekst Eve auch in die Rippen. Diese quietscht los, versucht sich noch kurz zu wehren, ergreift dann aber die Flucht und springt ins Wasser. Roland folgt ihr und wie zwei Teenager balgen sich die beiden im Wasser, wobei sie immer wieder leicht untergehen, da der See viel zu tief ist, um dort stehen zu können. Nach kurzem Spiel ändert sich die Situation schlagartig und Eve schließt nur noch die Augen und empfängt Rolands Lippen wie im Traum. Beide hören auf, Schwimmbewegungen zu machen und sinken langsam zusammen ab, wobei es Eve wie eine zeitlose Ewigkeit vorkommt, bevor die beiden wieder an die Oberfläche schwimmen und zurück auf den Fels klettern.

Sie lassen sich auf dem warmen Felsen nieder und schließen die Arme umeinander, wobei sie sich wortlos in die Augen schauen.

Eve bemerkt, wie Roland bewusst tief und ruhig anfängt zu atmen. Und wie von selbst tut sie es ihm gleich. Je tiefer sie atmet, desto größer wird ihre Freude und der Wunsch, die ganze Welt zu umarmen. Nie zuvor hat sie jene universelle Liebe, die sie bei ihren Chakra-Übungen schon im Ansatz kennengelernt hat, so intensiv wahrgenommen wie jetzt. Sie spürt, wie auch die anderen Chakras anders, intensiver als sonst lebendig werden. Wie ihr Kopf nicht denkt, sondern die tiefe Harmonie aller Dinge schaut. Wie auch zwischen ihren Beinen Lust erwacht, die jedoch diesen Mann nicht einfach als Mann, sondern als ganz besonderen männlichen Vertreter einer mystischen Kraft, Weisheit und Schönheit begehrt.

Sie spürt, dass spiegelbildlich auch in Roland ein ähnliches Schauen und Begehren geschieht. Als sie in seinen Augen jenem unbegreiflich tiefen, echten Lächeln begegnet, ist ihr, als ob da uralte und zugleich ewig junge Mächte von Männlichem und Weiblichem einander wahrnehmen. Wie ihr, so scheint auch ihm klar zu sein, dass diese Wahrnehmung mehr bedeutet als sexuelles Spiel und dass ein Übergehen zu Sexualität die lächelnde Ekstase des Momentes vielleicht intensivieren, aber auch zerstören könnte. Beide scheinen intuitiv zu wissen, dass sie sich zu wenig kennen, um abschätzen zu können, ob solch ein Spiel sie einander noch näher bringen oder voneinander entfernen würde.

So genießen sie noch einige Momente dieses Mysterium und lösen sich dann allmählich aus der Umarmung. Ohne Worte gleiten sie zurück ins Wasser, schwimmen hinüber und steigen wieder auf die Wiese, lassen sich von der Sonne trocknen und betrachten einander voller Freude. Als sie wieder bekleidet sind, holt Roland Brot, Käse und Tomaten aus einem der Rucksäcke und breitet diese auf einem Tuch aus. Noch beim Essen schweigen sie lange Zeit. Dann bricht Eve das Schweigen: „Eben auf dem Stein, bei unserer Umarmung, hatte ich das Gefühl, du weißt von den Chakras und kannst bewusst damit umgehen?"

„Ja. Wir haben bei uns auf dem Gut eine kleine Forschungsgruppe, die versucht, möglichst viel dieses alten Wissens wieder zu entdecken und es mit modernen Erkenntnissen zu verbinden."

„Deshalb also auch die vielen Bücher darüber in eurer Bibliothek. Habt ihr auch modernes Wissen gefunden, was euch da weiterhilft?"

„Wenn man die vielen Ergebnisse der Wissenschaft mit diesem Fokus betrachtet, ist es erstaunlich, wie viele davon sich in diesen oder jenen Teilaspekten damit beschäftigen. Allerdings meist, ohne es als Ganzes zusammenzudenken. Ich habe die einzelnen Ergebnisse nicht alle im Kopf. Aber ein Schweizer Freund von uns, Marko Bischof, der uns hin und wieder besucht und bei unseren Tagungen manchmal Vorträge hält, hat vor Kurzem ein schönes Buch dazu veröffentlicht. Darin gibt er einen Überblick, wie viele Ergebnisse moderner Wissenschaften auf die Existenz universeller Energie- und Informationsfelder hinweisen. Und unser Zukunftsforscher Kai ist gerade dabei, die alte Weisheit der Chakras mit moderner westlicher Wissenschaft zu verbinden."

Als er merkt, dass Eve gespannt zuhört, fährt er fort: „Ihm fiel auf, dass die in Amerika entwickelte humanistische Psychologie der alten Weisheit der Chakras sehr ähnlich ist. Der Kopf dieser humanistischen Psychologie heißt Maslow. Durch die Untersuchung sehr vieler Menschen und ihrer Verhaltensweisen kam er zu dem Schluss, dass trotz aller kulturellen Unterschiede allen Menschen bestimmte Grundbedürfnisse oder Basisemotionen angeboren sind. Dabei handelt es sich nicht nur um körperlich-materielle Dinge wie Essen, Wohnen, Schlafen oder Sexualität, sondern auch um psychische oder seelische Bedürfnisse wie menschliche Nähe, Anerkennung, Liebe, Neugier, Erkenntnis und sogar freie geistige Entwicklung. Wenn dies so ist, müsste eine ökologischere Gesellschaft neben der äußeren Umwelt auch diese Natur des Menschen unbedingt berücksichtigen. Sie müsste sich so organisieren, dass die Menschen möglichst alle Grundbedürfnisse oder Chakras optimal in sich entfalten können. Wenn viele Menschen im inneren Einklang mit sich selbst sind, wird es möglich, dass sie auch die Natur um sich herum besser verstehen, liebevoller wahrnehmen und weniger zerstören.

Kai meint, dass es gar nicht so schwer wäre, die Gesellschaft entsprechend zu organisieren. Man müsste nur die vielen heutzutage existierenden Ministerien und anderen Verwaltungsstrukturen anhand der grundlegenden Ebenen der Wirklichkeit neu ausrichten. Auch dabei könnte man von dem alten Wissen der Chakras lernen, denn letztlich sind diese ja ein Ausdruck der grundlegenden Ebenen des Seins. Wenn man vergleicht, für welche Seinsebenen oder Chakras es bisher Ministerien gibt und für welche nicht, so fällt wieder auf, dass gegenwärtig die eher männlichen oder partriarchalen Seiten bevorzugt sind. So gibt es Ministerien für die Ebenen des Materiellen, also für Wirtschaft, Natur und Umwelt, und für die Ebenen von Macht, Bildung und Wissenschaft. Es gibt jedoch keine für die Entwicklung der Liebe, der Kommunikation und der Spiritualität, deshalb haben moderne Gesellschaften hier auch ihre größten Defizite."

„Ich habe so eine Lust darauf, noch ganz viel über den Zusammenhang von Liebe und Kosmos und Menschen und überhaupt zu lernen", sprudelt es aus Eve hervor. „ Bestimmt komme ich auch mal wieder zu euch, um in eurer Bibliothek zu lesen", lächelt sie ihm zu.

Roland geht mit einem zärtlichen Blick darauf ein: „Sehr gute Idee."

Nach einer Weile schlägt er vor: „Hast du Lust, noch auf den Gipfel des Berges zu wandern und dort den Sonnenuntergang anzugucken? Dort auf dem Hauptweg steht ein interessanter Gedenkstein für den ersten deutschen Philosophen, Jacob Böhme, der früher dort angeblich oft vorbei spazierte."

„Das ist eine tolle Idee." Sie packen ihre Sachen zusammen, verstecken die Rucksäcke unter einem Busch und gehen bergaufwärts. Der Weg führt vorbei an bizarren Granitfelsen, die, überwölbt von dichten Buchen und Tannen, erneut mystische Gefühle wecken. Noch innerlich angeregt vom spirituellen Liebesspiel mit Roland, spürt Eve eine angenehme, prickelnde Verbundenheit mit dieser wilden Natur. Ihre Hände berühren im Vorbeigehen sanft die Blätter und Steine am Wegesrand. Unterwegs fragt sie Roland spontan:

„Weißt du etwas mehr über diesen Jacob Böhme? Interessiert mich, weil ich ja auch Böhme heiße und weil ich seine Worte in eurer Ausstellung besonders mutig fand. Er traute sich zuzugeben, wie inspirierend die innere Begegnung mit dem anderen Geschlecht für Erkenntnis und Freiheit ist. Die meisten anderen sogenannten Philosophen glaubten ja anscheinend, alles komme aus ihrem Kopf."

„Ja, Böhme war schon eine erstaunliche Erscheinung. Er hat als erster in deutscher Sprache über die tieferen Zusammenhänge von Mensch, Gott und Natur geschrieben und viele Gedanken in die Welt gebracht, von denen sich immer wieder bedeutende Wissenschaftler, Künstler und Politiker inspirieren ließen und lassen. Auch unsere Ausstellung ist ja nach seiner Jungfrau Sofia benannt – so nannte er oft die ihn inspirierende göttliche Weisheit."

„Eine gute Idee, dafür einen weiblichen Namen zu nehmen, dann damit wird in gewisser Weise auch die erotische Seite der Weisheit neu belebt." Sie zögert eine Weile, traut sich aber dann doch, das Gespräch in diese Richtung weiterzuführen und fragt Roland: „Hast du vorhin auch so eine schöne erotische Energie zwischen uns gespürt?" Eve lässt ihn dann aber gar nicht zu Wort kommen, sondern fügt gleich noch hinzu: „Ich wusste nicht, wie ich damit umgehen sollte und fand es daher gut, dass auch du in dem Moment nicht mehr von mir wolltest. Aber vielleicht können wir uns ja überlegen, wie wir zukünftig damit umgehen oder was meinst du?"

„Ja, ich hab' diese Energie auch zwischen uns gespürt. War sehr schön, fand ich!", sagt Roland und lächelt Eve so offen und liebevoll an, dass ihr kurz die Knie weich werden. „Ich habe da keine weitere Initiative ergriffen, da wir uns erst so kurz kennen, außerdem weiß ich nicht, wie du so mit erotischen Energien umgehst. Aber ich finde es schön, dass du das Thema anschneidest. Was denkst du denn generell zum Thema Sexualität und Erotik?"

Eve überlegt einige Minuten, bevor sie antwortet: „Ehrlich gesagt, bin ich mir da nicht sicher, vielleicht auch noch zu jung, um eine endgültige Meinung zu haben. Ich merke nur, dass die Leute, auch meine ehemaligen Mitschülerinnen, sehr verschiedene Haltungen dazu haben. Für einige ist es die wichtigste Sache im Leben und wo immer sie einen einigermaßen akzeptablen Typen treffen, müssen sie mit dem in die Kiste. Andere haben entweder gar keine sexuellen Bedürfnisse oder tun zumindest so. Ich hab' neulich gelesen, dass es einen gar nicht so geringen Prozentsatz von sogenannten Asexuellen gibt, also Leuten, die aus welchen Gründen auch immer keinerlei sexuelles Bedürfnis haben."

„Und du selbst, was denkst du dazu?", fragt Roland.

„Hm, ich mag Sex. Ich glaube auch, dass Sex ein wichtiger Teil des Lebens ist. Damit meine ich aber nicht bizarre Verrenkungen oder so …", dann überlegt sie kurz und fügt noch hinzu: „Eine ältere weise Frau, mit der ich befreundet bin, hat mir erzählt, dass es wichtig ist, zwischen Sexualität und Erotik zu unterscheiden."

„Ja, der Unterschied zwischen Sexualität und Erotik ist bestimmt wichtig. Die Frage ist aber, ob nur die durch den Geist veredelte Sexualität, die man Erotik nennen kann, gut und menschlich ist oder auch all jene, die diesen Anspruch nicht hat. Ich habe lange dazu geneigt, nur mit Geist und Seele veredelte Sexualität anzuerkennen und anderen, einfacheren Sex zu verurteilen. Inzwischen bin ich da vorsichtiger geworden."

„Warum?", will Eve wissen.

„Das ist eine spannende Frage. Und zwar deshalb, weil wir in einer Zeit leben, deren Grundproblem darin besteht, dass die Zivilisation sich von der Natur so weit abgekoppelt und dabei die Natur so weit zerstört hat, dass sie daran zugrunde gehen wird, wenn keine neue Verbindung geschieht. Und vielleicht ist Sexualität genau die Gratwanderung zwischen Natur und Kultur, wo ein wichtiger Moment dieser Verbindung im Menschen und zwischen Menschen geschieht oder eben nicht. Wir Menschen sind doch freie und vielfältige Wesen und es gibt keine Norm, nach der alle leben müssen. Doch vielleicht gibt es so etwas wie eine gute Mitte, die uns bejahen lässt, dass wir nicht nur geistige, sondern auch leibliche Wesen sind. Und vielleicht macht uns erst die Bejahung aller unserer Dimensionen wirklich glücklich – also wenn wir keinen Aspekt unseres Lebens ausschließen oder verurteilen, sondern versuchen, das rechte Maß von allem zu finden."

„Super!", rutscht es Eve raus. „Ich meine, einfach nur *poppen* ist auch schön."

„Ja, genau. Es ist doch sogar schon wissenschaftlich erwiesen, dass guter Sex fast so etwas wie gesunde Ernährung ist und sogar noch mehr", sagt Roland in doppeldeutigem Ton und guckt Eve dabei verführerisch an. Daraufhin müssen beide lachen.

„Nein, wirklich! Wenn man eine erfüllte sexuelle Begegnung hat, aktiviert das viele organische Prozesse, Hormone und Nervenverbindungen. Sex soll sogar das eigene Immunsystem und offenbar auch viele noch gar nicht erkannte feinstoffliche Prozesse aktivieren, die für Kreativität verantwortlich sind. Besonders Künstlern sagt man ja ein sehr reges Sexualleben nach. Außerdem bringt uns Sexualität ins Gespräch, lässt uns einander berühren und fühlen, dass wir trotz aller Unterschiede zutiefst ähnlich, also menschlich sind."

„Sex macht deiner Ansicht nach also kreativ?", wundert sich Eve.

„Ich glaube schon. Auch wenn ich nicht genau weiß, was dabei alles geschieht, vermute ich, dass sich beim Liebesspiel nicht nur die Geschlechtsorgane, sondern auch viele andere weniger sichtbare Energiefelder verbinden. Wir hatten uns ja schon kurz über die Chakras unterhalten. Wenn man davon ausgeht, dass jedes Chakra ein für unser menschliches Leben wichtiges Energiefeld verkörpert, lässt sich leicht vorstellen, dass beim intensiven Kontakt miteinander, also wenn es nicht nur die Körper, sondern auch Seele und Geist zueinander zieht, ein unendlich komplexer Austausch geschieht. Und wenn ich noch dazu davon ausgehe, dass dabei nicht nur die subtilen Energiefelder der Beteiligten in Resonanz kommen, sondern durch deren aktivierte Energie auch ein stärkerer Austausch mit entsprechenden Feldern entsteht, die das ganze Universum durchziehen, dann ist es einfach vorstellbar, wieso man danach auf einmal viel mehr weiß als vorher."

„Vielleicht ist das ja der Unterschied zwischen Sexualität und Erotik?", kommt es Eve in den Sinn. „Vielleicht könnte man also sagen,

dass Sexualität vor allem der Gesundheit und Lebensfreude dient –
ja, und Erotik ist dann, wenn dabei auch die anderen Chakras möglichst stark einbezogen sind."

„Das klingt logisch. Wenn man will, könnte man dann wohl noch
zahlreiche Feinheiten der Erotik unterscheiden."

„Spannend, was meinst du damit?"

„Man kann beim Liebesspiel möglichst alle Chakras gleichzeitig
einbeziehen, aber sich auch vor allem auf bestimmte konzentrieren.
Vielleicht hast du ja schon mal vom sogenannten Herzorgasmus
gehört?"

„Machst du Witze?", fragt Eve ungläubig aber neugierig.

„Nein, ganz im Ernst. Wenn Frau und Mann die sexuelle Lust und
auch die geistigen Gedanken ganz in ihre Mitte, also auf die Herz-
ebene richten, dann kann es geschehen, dass dort etwas Ähnliches
geschieht, was man sonst vom rein sexuellen Orgasmus kennt, nur in
gewisser Weise noch schöner: Alle persönlichen Gedanken und
Gefühle lösen sich auf und man geht gemeinsam in einer riesigen,
freudvollen Woge auf, die sich im eigenen und im Herzen des anderen ausbreitet."

Verträumt schaut Eve Roland an: „Schön, das würde ich gern mal
erleben." Als er zurückschaut, wird sie etwas verlegen und fragt
schnell weiter: „Und was gibt es da noch so?"

„Eine andere, besonders von Menschen mit spirituellen Begabungen gepflegte Form versucht, die Energien der unteren Chakras
möglichst weit nach oben, also auf die universelle geistige Ebene zu
ziehen. Wenn es gelingt, kann man dabei eine sogenannte Unio
Mystica, also die absolute Einheit aller Dinge erleben."

Schweigend gehen sie weiter. Am Fuße eines Felsens, der hoch
durch die Bäume ragt, macht Roland sie auf einen fast rechteckigen
großen Stein aufmerksam. Als sie näher hinschaut, erkennt sie darauf
Worte mit dem Signum Jacob Böhmes:

> Wem Zeit ist wie Ewigkeit und Ewigkeit wie Zeit,
> der ist befreit von allem Streit.

Auf der anderen Seite des Steins steht:

> Es kann ein Mensch im ganzen Lauf seiner Zeit in
> dieser Welt nichts fürnehmen, das ihm nützlicher und
> nötiger sei als dieses, dass er sich recht lerne erkennen,

was er sei, woraus oder von wem, wozu er geschaffen
worden, und was seine Bestimmung sei.

„Das zweite Zitat hab' ich auch schon bei euch im Saal gelesen. Es
erinnert mich ein bisschen an Sokrates, der gesagt hat, dass das
Wichtigste von allem sei, sich selbst zu erkennen. Ich kann das
immer noch nicht fassen, dass ich in der Schule nichts, aber auch gar
nichts von diesem Böhme gehört habe. Vielleicht deshalb, weil er ein
einfacher Schuster war und sich noch dazu zur weiblichen Weisheit
bekannte. Ich kann mir vorstellen, dass das vielen sogenannten Philosophen gar nicht schmeckt", sagt Eve aufgebracht. Daraufhin
schaut er sie etwas unsicher mit hochgezogenen Augenbrauen an, als
wollte er fragen, was denn auf einmal in sie gefahren sei. „Ja, mich
regt dieser patriarchale Scheiß manchmal echt auf!", antwortet diese
und muss dann auch schon wieder lachen.

„Auf jeden Fall ist das eine berechtigte Frage", sagt Roland und
wirft ihr einen zärtlichen Blick zu.

Eve fühlt sich bestärkt. Sie ergreift seine Hand. „Schau mal, hier auf
der anderen Seite des Steins ist eine seltsame Zeichnung." Eve zeigt
auf einen Kreis, in dem ein gleichseitiges Kreuz mit einem Herz in
der Mitte zu sehen ist. „Erinnert mich seltsam an etwas, was Diotima
gesagt hat: ‚Wenn Mann und Frau sich im Herzen berühren und
dabei im Anderen erst ganz sich selbst erkennen, jubelt das Universum in ihnen'."

„Vielleicht gibt's da einen Zusammenhang zum Orgasmus der
Herzen?", merkt Roland an.

„Könnte sein. Es gibt ja inzwischen Physiker, die zugeben, dass sie
80% der den gesamten Kosmos durchdringenden Energien nicht
kennen. Und es gibt Messungen dazu, dass das Herz eine feine elektromagnetische Schwingung ausstrahlt, die viel stärker ist und weiter reicht als die des Gehirns. Wenn man nun 1 und 1
zusammenzählt, dann fehlt da vielleicht noch die Lust und Freude
der Herzen, aber wie der uns oft als Intuition erscheinende universelle Informationsaustausch funktioniert, lässt sich leicht schlussfol-
gern."

„In dir schlummert eine echte Philosophin. Noch dazu eine äußerst
erotische", sagt Roland. Er legt seinen Arm um ihre Taille, fasst mit
der anderen Hand die ihre und schaut ihr tief in die Augen. Aus dieser Tanzhaltung heraus, dreht er sie einmal und fängt sie kurz über
dem Boden gekonnt wieder auf. In dieser Haltung schauen sich beide

für eine kleine Ewigkeit verwundert an. Als Eve die Augen schließt, gibt er ihr einen sanften Kuss.

Dann machen sich die beiden auf zum Gipfel. Sie klettern auf den über die Baumwipfel ragenden Felsen und schauen im Licht der letzten Sonnenstrahlen auf die Landschaft ringsum. Eve ist sprachlos. Ihr war nicht bewusst, wie wunderschön diese ganze Gegend mit ihren Hügeln, Tälern und Wäldern tatsächlich ist.

Als sie wieder bei der Lichtung am See ankommen, ist die Sonne schon fast untergegangen. Roland baut noch schnell das Zelt auf, während Eve die zwei Isomatten und die Schlafsäcke ausrollt. Sie spürt förmlich, dass eine von Gesprächen über Liebe und Sexualität angeregte Erotik zwischen ihnen in der Luft liegt. Sie ist jedoch vom Schwimmen und Wandern sehr müde und hat zum anderen das Gefühl, all die Ereignisse des Tages noch etwas nur in sich verarbeiten zu wollen. Darum gibt sie ihm nur kurz einen Gute-Nacht-Kuss, verzieht sich in ihren Schlafsack und schläft auch bald ein. Kurz vor dem Einschlummern denkt sie verwundert noch einmal an die Fülle dieses Tages, der mit den Augen der Ziegen begann, sie dann in der philosophischen Ausstellung mit weiteren Gedanken zur Liebe vertraut machte, ihr eine schöne Arbeit für das kommende Jahr in Aussicht gestellt hat und dann am Nachmittag noch all die schönen Erlebnisse mit Roland.

Als Eve erwacht, ist Roland schon munter und schaut sie an. Sie folgt ihrem Gefühl und kriecht mit unter seine Decke. Roland nimmt sie zärtlich in seine Arme, streichelt sie sanft über Kopf und Rücken und sagt: „Hast du Lust, dich noch mal in die Chakras zu vertiefen, und zwar noch etwas bewusster als gestern?"

„Oh ja, wie genau machen wir das?", fragt Eve.

„Lass uns die Decken nehmen und draußen in die Morgensonne legen. Ist ganz einfach. Wir atmen jeweils zuerst in unser eigenes Chakra und dann versuchen wir uns in das des anderen hineinzufühlen. Wenn das gelingt, können wir noch versuchen, die jeweilige Kraft oder Schwingung der Natur um uns herum wahrzunehmen."

„Als ich alleine geübt habe, mich in meine Chakras einzufühlen, hatte ich schon mal die Idee, dass es zu zweit noch schöner sein könnte", sagt Eve und legt sich, Roland zugewandt, inmitten der morgendlichen, von Tau und ersten Sonnenstrahlen glitzernden Wiese, auf die Decke.

Roland erklärt noch, dass es am besten sei, die Chakras der Reihe nach von unten nach oben und dann wieder zurück wahrzunehmen. Dann beginnen sie. Sie vertiefen sich in das Wurzel-, das Sexual-, das Bauch-, das Herz-, das Kehlkopf, das Stirn- und schließlich das Scheitelchakra. Immer wenn es zum nächsten Chakra geht, gibt Roland ein kurzes Signal. Sich in ihre eigenen Charaks einzufühlen, gelingt Eve inzwischen ganz einfach und macht ihr großen Spaß. Sie genießt die Fähigkeit, die Energie- und Informationsknoten in ihrem Leib selbst steuern zu können. Dieselben dann jeweils auch in Roland wahrzunehmen, fällt ihr leichter als gedacht. Es ist, als ob sich das eigene Empfindungsfeld über den eigenen Körper hinaus ausdehnt und mit dem des anderen zu einem intensiveren und innigeren Sein verschmilzt. Auch der jeweils dritte Schritt, dieses gemeinsame Empfindungsfeld auf die Bäume, Gräser und die ganze Natur ringsum auszuweiten, gelingt fast wie von selbst.

Als sie die Reihenfolge wieder rückwärts gehen, fühlt Eve, wie sich die Intensität der Wahrnehmung gegenüber dem ersten Durchgang noch erhöht hat. Ihr ist, als ob nicht nur ihre Wahrnehmung, sondern ihr Körper selbst zu fließen und mit Roland und der Natur zu verschmelzen beginnt. Besonders als sie im Herzchakra verweilen, scheint eine ungeheuer sanfte und zugleich starke Energie von ihnen auszugehen und zugleich durch sie hindurchzufließen. Als sie ins Sexualzentrum gelangen, gibt es diesmal kein Zurückhalten mehr. Ohne Worte spürt Eve, wie beider Energien und Leiber mit starker Intensität zueinander gezogen werden und ineinander aufgehen. Fast wie in einem Traum registriert sie, wie sie einander ausziehen und er sich ein Kondom überstreift. Schon spürt sie ihn tief in sich, nicht männlich vordergründig aktiv, sondern wie selbstverständlich mit ihr verschmolzen. Nur hin und wieder bewegt er sich, zärtlich ihr Inneres berührend – innige Energie verbindet sie beide in einer unendlich glücklichen Schwingung.

Irgendwann gibt er ihr zu verstehen, ins Wurzelchakra zu gehen. Dabei ergreift sie eine bisher unbekannte Ekstase, deren Zentrum nicht im Kopf oder zwischen ihren Beinen, sondern ihr ganzer Körper ist. Seligkeit, Licht und Liebe, die sie so ganz erfüllen, scheinen jedoch nicht nur in ihr, sondern zugleich im ganzen Kosmos zu fließen.

Eve und Roland bleiben noch lange liegen und genießen die stärker werdenden Sonnenstrahlen. Irgendwann fangen sie an zu reden und versuchen, für die wahrgenommene tiefe Freude miteinander Worte zu finden.

Auf der Rückfahrt sieht Eve die Berge, in denen sie die Nacht verbrachten, noch einmal aus einiger Distanz und sagt wie verzaubert: „Diese Berge sind einfach wunderbar."

„Schön, dass es dir gefallen hat. Ich bin auch gerne hier. Manchmal habe ich das Gefühl, dass sich in dieser Landschaft uralte mystische Kräfte verbergen. Die in früheren Zeiten hier lebenden Völker haben zweien dieser Berge besondere Namen gegeben. Einer heißt der Weiße und ein anderer der Dunkle Gott."

„Was gibt es denn noch so für Geheimnisse? Hier in den Bergen bei den Sieben Zwergen?", fragt Eve kichernd. „Sorry, ich bin albern. Das kommt, weil es mir so gut geht, aber mich interessiert das wirklich."

„Nun …", sagt Roland mit tiefer Stimme und macht dabei eine übertriebene Lehrermiene, „die Oberlausitzer Landschaft, mein Kind, wie auch das gleich daran anschließende Schlesien mit seinen Bergzügen und unzersiedelten Tälern hat viele weltbewegende Denker hervorgebracht. Böhme selbst ist hier viel gewandert." Dann muss auch er lachen und Eve stimmt freudig mit ein. Sie fühlt sich so leicht wie lange nicht mehr, vollkommen unbeschwert.

Nach einer kleinen Pause fragt Eve, wieder etwas nachdenklich: „Daher auch der Böhmegedenkstein, da oben auf dem Berg. Ja …, dieser erste Spruch von der Ewigkeit, wie war das noch?"

„Wem Zeit ist wie Ewigkeit und Ewigkeit wie Zeit, der ist befreit von allem Streit."

Eve lässt es in sich nachklingen. „Klingt wirklich weise und schön … Zeit, die Ewigkeit fühlbar macht – ein bisschen so, habe ich es vorhin empfunden, als wir miteinander geschlafen haben." Roland nickt, sagt aber nichts.

Nach einigen Minuten des Schweigens sagt Eve: „Die Ausstellung über die vier bei euch im Saal habe ich mir übrigens gestern Morgen in Ruhe angeschaut, vor allem ihre Gedanken zur Liebe. Erstaunlich, obwohl sie zu ganz verschiedenen Zeiten gelebt haben, erkannten alle vier, dass die Liebe das Schönste und Wichtigste auf dieser Welt ist. Von Bahro war ja besonders viel zu lesen. Bestimmt deshalb, weil er euer zukunftsforschendes Gut mitbegründet hat, oder?"

„Ja, wir sind stolz darauf, dass er das Projekt konzipiert hat. Kai, der diesen Teil der Ausstellung gemacht hat, denkt, dass Bahro unserer Zeit weit voraus war. Vor einigen Jahren wurde er durch eine amerikanische Zeitschrift sogar zu einem der Propheten des 21. Jahrhunderts gekürt. Aber Propheten gelten ja selten etwas im eigenen Land. Das hat er mit den drei anderen gemeinsam. Böhme, Lessing und Fichte sind zwar heute, als wichtige Figuren der Geistesgeschichte anerkannt, aber zu ihren Lebzeiten hatten sie alle ne Menge Widerstand zu erdulden."

„Das scheint vielen so gegangen zu sein, die den Mut aufgebracht haben eher ihrer inneren Stimme zu folgen als den herrschenden Normen. Ich hab' gerade ein sehr interessantes Buch von Bertrand Russell über Ehe und Moral gelesen. Er hinterfragt und regt dazu an, auch mal anders über Ehe und Moral nachzudenken, wofür er dann seinerzeit auch bekämpft wurde."

„Ja, kenne ich, ein klasse Buch", entgegnet Roland.

Eve lächelt eine Weile in sich hinein, ehe sie ihn mit etwas scherzender Stimme fragt: „Wie kommt es eigentlich, dass es hier so viele mutige, im Sinne der Liebe weiterdenkende Menschen gab und gibt? Nicht nur die vier aus eurer Ausstellung, sondern auch ihr selbst mit eurem Zukunftsexperiment." Ihn direkt anlächelnd fährt sie fort: „Man kann sich hier ja echt verlieben."

Roland scherzt zurück. „Danke für das Kompliment. In wen bist du denn so alles verliebt?"

„Na ja, wenn du mich so direkt fragst, kann ich kaum leugnen, dass du gerade das zentrale Objekt meiner Begierde bist", antwortet Eve und macht dabei einen übertriebenen Augenaufschlag.

„Ich kann mir Schlimmeres vorstellen", witzelt Roland zurück.

„Mal im Ernst. Ich frage mich momentan, was es genau ist, was mich hier so beeindruckt und was davon wirklich du bist."

„Hm, ich hätte zumindest zwei Erklärungsebenen anzubieten, eine praktische und eine mystische."

Da Roland nach dem Wort *mystisch* eine Weile schweigt, stößt Eve ihn an: „Mach's nicht so spannend!"

„Die praktische Erklärung ist die, dass sich hier vor Jahrtausenden immer wieder slawische und indogermanische Völkerstämme getroffen und vermischt haben. Durch die Gegend führen alte Handelsstraßen, die früher Waren aus dem Orient nach Westeuropa und umgekehrt gebracht haben. Handel war immer auch mit freiem ideellem Austausch verbunden. So traf sich hier westliches und östliches Gedankengut und es begann relativ zeitig eine aufgeklärte frühbürgerliche Entwicklung. Als eine der ersten Regionen Europas entwickelte man hier in Schlesien und Oberlausitz moderne Industrien, freie Städte und damit auch freie, selbstbewusste Bürger."

„Klingt gut. Viel scheint von dieser damaligen Bedeutung der Gegend aber nicht mehr übrig zu sein. Und du hast noch nicht verraten, was die mystische Erklärung ist."

„Beides hängt zusammen. Mystisches kann man ja nicht so logisch erklären. Man kann es ahnen, mit dem inneren Auge sehen oder eben auch nicht. Ich bin jedenfalls nicht der Einzige, der gern mit dem Gedanken spielt, dass der durch die Folgen des Zweiten Weltkriegs verursachte Verlust an kultureller und wirtschaftlicher Stärke, auch eine Chance bietet: Die Chance der Leere."

„Was meinst du damit?", will Eve wissen.

„Wirklich Neues entsteht oft dort, wo nicht zu viel des Alten ist. Buddha nannte solch kreative Leere das Nirvana. Der moderne Mystiker Heidegger nannte es das Freisein vom Gestell."

„Was soll das heißen: Gestell?"

„Damit meinte er, dass all die Techniken, Institutionen und Gewohnheiten der modernen Welt, die unser Leben erleichtern, auch eine Schattenseite haben. Sie beschäftigen uns tagein, tagaus und verstellen so den Blick auf ganz andere Möglichkeiten der menschlichen Entwicklung.

Um hier in dieser Gegend, die durch die Grenzlage zwischen Polen, Tschechien und Deutschland lange Zeit blockiert war und im Vergleich zu ihrer einstigen Blüte sowohl wirtschaftlich als auch kulturell weit zurückgefallen ist, die Chance für eine große Zukunft zu sehen, braucht man schon einen sehr freien Blick. Kai hat das gestern so nett mit Poppers Worten ausgedrückt:

> Man kann der Geschichte keinen selbstständigen, objektiven Sinn unterstellen – aber man kann ihr als engagierter Mensch durchaus einen geben.

Immerhin zeigt auch die moderne Evolutionstheorie, dass neue Mutationen in Natur wie Kultur oft am Rande entstehen, da dort mehr Spielräume sind als in den Zentren der dominanten Strukturen. Ein gutes Beispiel ist unser Zukunftsexperiment auf dem Gut. In Berlin oder München wäre trotz aller geistigen Freiheit vermutlich gar kein so freier geistiger Raum dafür. Außerdem wäre so ein schöner großer Platz kaum bezahlbar."

„Klingt gut", freut sich Eve. „Dann sollte man in dieser Gegend unbedingt auch eine neue Art von Universität gründen, welche die Wissenschaft der Liebe entwickelt."

„Super Idee. Zumindest gab es wohl noch nie so gute Voraussetzungen für kreative utopische Unternehmungen wie hier und heute. Früher musste man in Zentren leben, um auf der Höhe der Zeit zu sein. Doch heute, dank moderner Kommunikationsmedien, ist es egal, ob ich in einer Großstadt oder auf dem Land lebe."

„Ja! Mehr Liebesfähigkeit für alle!", sagt Eve und gibt Roland einen überschwänglichen Kuss auf die rechte Wange. „Ich will noch ganz viel machen in dieser Richtung!"

„Ich auch!", sagt Roland und strahlt dabei vor Freude.

Eifersucht und Wunder

Als Eve gegen Mittag wieder zu Hause ankommt, beginnt sich der Himmel einzutrüben. In der Ferne grollt bereits Donner, ein Sommergewitter zieht heran.

Sie nimmt es zum Anlass, sich nach einer kurzen Mahlzeit in ihr Zimmer zu verkriechen. Gemütlich auf ihrem Sofa ausgestreckt, lässt sie die Geschehnisse der letzten Tage an sich vorbeiziehen. Sie versucht diejenigen Momente festzuhalten, die ihr neue Horizonte eröffnet haben. Dabei fallen ihr Fragen ein, die sie Diotima stellen wollte. Eine betraf Eifersucht, die sie in letzter Zeit trotz gegenteiligen Willens hin und wieder überfiel. Die andere Frage war, ob es sein kann, dass das Universum einen manchmal unerwartet beschenkt und Wünsche erfüllt, wenn man an die Schönheit der Liebe glaubt und selbst etwas dafür tut.

Sie nimmt ihr Handy und schickt eine SMS:

Neue Frage: Wie ist's mit der Eifersucht? Angeboren oder nur anerzogen? Eve

Ihr Handy meldet bald darauf eine SMS, in der Diotima mal wieder auf eine Email verweist. Eve geht zum Computer, druckt sich Diotimas Brief aus, legt sich damit wieder aufs Bett und beginnt zu lesen:

Liebe Eve,
schön, wieder einmal von Dir zu hören. Ich dachte mir, dass diese Frage früher oder später aufkommt, daher hab' ich die Antwort schnell parat. Die Frage nach der Eifersucht betrifft einen heiklen und wichtigen Punkt, denn das Verstehen der scheinbar dunklen Seite einer Sache ist wichtig, um auch ihre helle Seite klarer sehen und fühlen zu können. Nach dem, was Du über matriarchale Lebens- und Liebesformen weißt, dürfte Dir klar sein, dass die Eifersucht nicht für alle Zeiten und Menschen gleich bedeutsam war und ist.

Um die Frage zu beantworten, müssen wir zwei Aspekte berücksichtigen. Zum einen den generellen Zusammenhang von Natur und Kultur des Menschen, und zum anderen die Entwicklungsformen des menschlichen Bewusstseins.

Zur Bedeutung der aus der Evolutionsgeschichte ererbten und jedem Menschen als Anlage angeborenen Emotionen habe ich Dir ja schon einiges berichtet. Daran kann ich jetzt anknüpfen.

Auch die Eifersucht hat eine angeborene Grundlage. Wie die gesamte biologische Natur, so sind auch wir Menschen, die wir evolutionär aus dem Tierreich hervorgingen, vom Wechselspiel zwischen dem in der DNS verankerten Genotyp und dem Phänotyp all der daraus gebildeten Organe und Verhaltensanlagen geprägt. Die Soziobiologen des 20. Jahrhunderts haben erkannt, dass die Gene in gewisser Weise ein Eigenleben führen und nicht nur die Form des Körpers, sondern besonders auch das Verhalten beeinflussen.

Gene können ja nur dann überleben, wenn ihr körperlicher Träger sie weitergibt, also an Nachkommen vererbt. Dass der körperliche Organismus dies tut, dafür sorgt der Fortpflanzungsinstinkt – nicht nur bei den Tieren, auch bei den Menschen.

Aber wie oft in der Evolution wurden ältere Instinkte später mit neuen, ergänzenden Funktionen belegt, so auch der Fortpflanzungsinstinkt bei der Menschwerdung. Er wurde zur Sexualität oder besser gesagt zur Erotik – den Unterschied habe ich Dir ja schon erläutert. Sexualität bzw. Erotik der Menschen ist nicht mehr primär an die biologischen Zeiten des Eisprungs gebunden. Wann und wie oft Frau mit Mann verkehrt, wird nicht von biologischen Rhythmen, sondern von gesellschaftlichen Normen und von persönlichen Überzeugungen bestimmt. Die biologische Funktion steht hier weitgehend im Dienst der sozialen und kulturellen Organisation und Information.

In diesem Zusammenhang können wir auch die Eifersucht verstehen. Ihre biologische Wurzel ist eng mit dem Fortpflanzungsinstinkt und dem Überlebensinteresse der Gene verknüpft. Gene vererben sich nur, wenn sichergestellt ist, dass sie fortgepflanzt werden. Im Tierreich führt dies in Verbindung mit dem Wettbewerb um Fitness zu manchmal recht extremen Verhaltensweisen, zum Beispiel dazu, dass ein neuer Rudelführer bei den Löwen die Nachkommen des vorherigen Rudelführers tötet, um das Überleben der eigenen Nachkommen durchzusetzen. Im Reich der Murmeltiere, wo zur Brunstzeit meist drei bis vier Weibchen von einem Männchen tragend werden, kämpfen die Weibchen so lange miteinander, bis die schwächeren Weibchen ihre Föten verlieren und nur das stärkste seine Jungen wirklich austrägt.

Aufgrund dieser genetischen Wurzel funktionieren die Emotionen der Eifersucht auch beim Menschen trotz aller kulturellen Unterschiede letztlich sehr ähnlich. Frauen spüren tief in sich Anklänge unerklärlicher Angst, wenn der als Vater ihrer Kinder erkorene Mann ohne ihre innere Zustim-

mung mit einer anderen Frau Sex hat. Und Männer verfallen bisweilen in regelrechte Hahnenkämpfe, wenn die für ihren Samen auserkorene Frau ohne ihre innere Zustimmung einem anderen zugeneigt ist.

Nun ist der Mensch nicht nur biologisches, sondern auch soziales und kulturelles Wesen. An dem Zusatz „ohne innere Zustimmung des anderen" hast Du vielleicht schon gemerkt, dass Eifersuchtsreaktionen beim Menschen nur dann geschehen, wenn man sich aus unbewusster Gewohnheit oder aus moralischer Norm für diese eher angst- und konkurrenzorientierte Verhaltensmöglichkeit entscheidet. Dies geschieht nicht, wenn man in Gesellschaften mit solchen Normen aufwächst, die Eifersucht nicht unterstützen. Es geschieht aber auch nicht, wenn der einzelne realisiert hat, dass dieses Erbe aus dem Tierreich wirkliche Liebe eher behindert als fördert.

Wie es bei matriarchalen Kulturen war, weißt Du ja schon. Ein anderes Beispiel sind die früheren Harems und noch heutigen Mehrfrauenehen der arabischen Völker. Die hier geltende Moral erlaubt den Männern Verkehr mit mehreren Frauen, verbietet den Frauen jedoch mehr als einen Mann zu haben. Dementsprechend war und ist dort die Eifersucht zwischen Männern sehr stark, zwischen Frauen jedoch eher schwach ausgeprägt. Mohammed, der Begründer der islamischen Religion, erklärte zwar schon vor Jahrhunderten, dass es menschlicher sei, eine oder zwei Frauen wirklich zu lieben als dem alten Gesetz der Vielweiberei zu folgen, aber bisher hat sich diese Entwicklung erst teilweise durchgesetzt. Religionen und andere Moralkodexe sind eben meist ein Kompromiss aus jahrhundertelangen Gewohnheiten und neuen, aus tieferen Einsichten und Gefühlen geschöpften Visionen.

Ganz anders als in Arabien ist es in Tibet, wo nach wie vor eine Frau oft mehrere Männer hat und zwischen diesen auch kaum Eifersucht auftritt. Das zeigt, wie stark die Ausprägung der Anlage zur Eifersucht von den kulturellen Umständen abhängt.

Auch die noch relativ jungen westlichen Gesellschaften, deren offizielle monogame Ehemoral die Eifersucht legitimiert und deren inoffizielle Moral jedoch oft auch Geliebte gestattet, sind ein Kompromiss und eine Übergangsform. Man kann dies am besten anhand ihrer Entstehung nachvollziehen. Die Patriarchen des Alten Testaments führten, wie noch heute die arabischen Völker, Ehen mit mehreren Frauen. Später brachte das griechische Volk, welches auf seinen Inseln noch in mancher Hinsicht matriarchale Lebensformen bewahrt hatte, wieder ein Stück gleichberechtigterer erotischer Lebensfreude in die Geschichte ein. Es gab dionysische Feste, bei denen die Fruchtbarkeit der Natur durch öffentliche erotische Rituale verehrt und gefeiert wurde. Liebe unter Männern war ebenso anerkannt wie Liebe unter Frauen.

Die Römer und das römische Recht übernahmen dann einiges aus der griechischen Kultur, verbanden das jedoch wieder mit einer stärkeren patriarchalen Ausrichtung. Das führte dazu, dass nicht nur die Männer, sondern auch die Frauen das Recht erhielten, ihren Partner als ihren Besitz zu betrachten – das heißt die monogame Ehe entstand. Doch während es Männern erlaubt war, neben ihrer Ehefrau Geliebte zu haben oder mit Prostituierten zu verkehren, galt dies für die Ehefrauen noch lange Zeit als Schande. Sie wurden nicht selten sogar umgebracht, wenn sie einen anderen Mann als den Ehegatten liebten. Dass auch hier eine gewisse Gleichberechtigung der Liebe einzog, verdanken wir vermutlich der ursprünglichen Jesusbewegung. Egal ob es Jesus wirklich gab oder ob er nur ein Mythos ist, die mit ihm verbundene menschliche Bewegung trug wie kaum eine andere dazu bei, die patriarchale Tradition in eine Kultur wirklicher Liebe zu verwandeln. Sie setzte sich ja unter anderem deshalb durch, weil sie den Mut verkörperte, für eine Welt der Liebe einzutreten und diese auch selbst zu leben.

Eine solche Szene ist sogar in den Episoden des neuen Testaments nachzulesen. Eine Frau, die einen anderen als den gesetzlich bestimmten Mann geliebt hatte, sollte deshalb gesteinigt werden. Jesus stellte sich vor diese Frau und rief der aufgebrachten Menge zu: „Wer von Euch in Gedanken noch keine Ehe gebrochen hat, der werfe den ersten Stein." Seine Worte beschämten die Menschen, die in ihrem Inneren bestimmt alle auch gern diese oder jenen geliebt hätten, und sie ließen von der Frau ab.

Oft wird diese Szene so ausgelegt, als ob Jesus damit predigte, man solle seine Ehe auch in Gedanken nicht brechen, aber gegen diese Auslegung spricht manches andere, was überliefert ist. Vieles deutet darauf hin, dass Jesus nicht nur geistig, sondern auch sinnlich-körperlich liebte, und zwar nicht nur eine, sondern wenigstens zwei Frauen, Maria Magdalena und Marta. Die erste dieser beiden wurde viele Jahrhunderte hindurch ja als Hure gesehen, doch inzwischen gibt es zunehmend Hinweise darauf, dass dies nur ein schwacher Abglanz ihrer Qualitäten war. Vermutlich war sie in matriarchalen Geheimlehren ausgebildet, in denen Sexualmagie eine wichtige Rolle spielte. Daher war es kein Zufall, dass Jesus gerade sie als seine Geliebte betrachtete und dass er es unterstützte, wenn ihre weibliche Energie und Ausstrahlung den Kreis der Jünger mit zusammenhielt. All das lässt darauf schließen, dass er auch Frauen das Recht auf Lebendigkeit und Wahrhaftigkeit der Liebe zugestand. Daraus schließe ich, dass er bei der oben genannten Szene eigentlich sagte, die Leute sollen auf ihre innere Stimme hören, für die es ganz natürlich und menschlich sei, manchmal auch mehr als nur eine oder einen wirklich zu lieben. In gewisser Weise war gleichberechtigte und wahrhaftige Liebe zwischen Jesus und diesen Frauen sogar eine entscheidende Kraft, ohne die es das ganze spätere Christentum nicht gegeben hätte. Als Jesus von den um ihre Macht besorgten Agenten der alten Moral gekreuzigt wurde, bekamen seine männlichen Jünger Angst und verschwanden alle. Jedoch die ihn liebende und von ihm geliebte Maria Magdalena war so von ihrer Liebe getragen, dass sie trotz aller Bedrohung da blieb. So war es nicht ein männlicher Jünger, sondern sie, die ihn zwei Tage später wiederauferstehen sah. Und diese von ihr beobachtete Wiederauferstehung war letztlich der entscheidende Fakt, auf den sich die Glaubensstärke des weltverändernden Christentums gründete. Egal, ob dieser wiederauferstandene Jesus real oder eine Liebesfiktion war, es war die wundervolle Kraft wahrhaftiger Liebe, welche sich mit dem Christentum aufs Neue in der Welt verbreitete. Aufs Neue deshalb, weil alles dafür spricht, dass bereits die ursprüngliche Menschwerdung vor allem durch eine Öffnung und Ausweitung der Liebe geschah. Da das jedoch anfangs unbewusst war und durch die Ausbreitung von männlicher Gewalt dominierter Zivilisationen großteils verloren ging, brauchte es einen neuen Anfang, der es durch symbolische Verkörperungen und Kulturformen bewusst machte, dass die Liebe das Wichtigste ist.

Aus den Überbleibseln des halbpatriarchalen römischen Eherechts und dem christlichen Anspruch wirklicher Liebe entwickelte sich schließlich die moderne Ehemoral. Eine moderne Ehe wird darum nicht allein aus wirtschaftlichen Erwägungen oder politischem Kalkül, sondern auch aus Liebe zwischen Mann und Frau geschlossen. Und sie kann geschieden werden, wenn Frau oder Mann diese Liebe als gescheitert betrachten. Dennoch ist die moderne Ehe in vielerlei Hinsicht noch behaftet mit den Überresten der patriarchalen Moral, die persönliche Besitzansprüche oft über wahrhaftige Liebe stellt. Dementsprechend ist auch die Eifersucht oft noch stark ausgeprägt und wird von Generation zu Generation weitergegeben. Kinder und Jugendliche übernehmen von ihren Eltern oder aus den Medien die Ansicht, dass man nur eine Frau oder einen Mann zu lieben habe und dass darüber hinausgehende Liebe ungehörig ist.

Als Ventil für die mit zunehmender Ehezeit oft unerfüllten erotischen Bedürfnisse und auch als Trost für die, die im Wettbewerb um Lebenspartner zu kurz kamen, gibt es Prostitution in großem Ausmaß, neuerdings zunehmend auch für Frauen, nicht mehr nur für Männer. Insgeheim, und sei es nur in der Fantasie, hat fast jede Frau und jeder Mann die eigene monogame Ehe mehr als einmal gebrochen. Damit meine ich nicht nur sexuelle Abwechslungsbedürfnisse, sondern auch Neugier und Sehnsucht nach anderen Seelenwesen und damit auf beides verbindende Erotik im besten Sinne des Wortes. Man hat jedoch selten den Mut, dies einander einzugestehen. Dabei liegt genau darin die Chance, die wirkliche Liebe, die modernen Ehen meist anfangs zugrunde liegt, in gegenseitiger Wahrhaftigkeit und

Freiheit zu erhalten. Stattdessen führt die halbwahrhaftige Moral der Gegenwart zu immer mehr Ehescheidungen. Diese sind mit gegenseitiger Trauer und Enttäuschung um den einstmals geliebten Menschen verbunden. Und wenn es aus dieser gegenseitigen Enttäuschung zum frustrierten Kontaktabbruch kommt, sind vor allem die Kinder die Leidtragenden an dieser Halbheit der modernen Liebe.

Um den Tatbestand immer kürzerer und immer häufiger geschiedener Ehen kulturell zu legitimieren, spricht man seit einigen Jahren immer mehr von Lebensabschnittspartnern. Eifersucht gilt dabei nach wie vor als legitim. Doch Geliebte sind moralisch nicht mehr so verpönt wie noch vor einigen Jahrzehnten. Und es gibt zunehmende gesellschaftliche Anerkennung für Patchworkfamilien. Auch wenn diese komplexen Beziehungsmuster aus gegenwärtigen und früheren Lebensabschnittspartnerschaften vorwiegend der Kinder wegen anerkannt werden, so kommt es doch vor, dass dabei auch ganzheitliche Liebe zwischen mehr als nur einer Frau und einem Mann lebendig ist und gelebt wird.

Wenn Liebende kulturell weniger darauf eingestellt werden, dass eine weitere Person den eigenen Partner nicht wegnehmen, sondern eher ergänzen könnte, wird auch der tiefenbiologische Hintergrund von Eifersucht beruhigt. Kann man sich doch im tiefsten Inneren sicher fühlen, dass ein anderer Partner für das behütete Aufwachsen meiner genetischen Kinder keine Bedrohung, sondern vielmehr eine deren Sicherheit und Kompetenz verstärkende Ergänzung ist. Ob und inwieweit solche Patchworkfamilien oder Wahlverwandtschaften auch Erotik einschließen, dafür braucht es keine moralische Regel zu geben, das kann der individuellen Entscheidung überlassen werden. Denn der eigentliche Kern wahrhaftiger Liebesbeziehung – die Lebensfreude und Lebensmut stärkende Verbindung weiblicher und männlicher Energie in Körper, Seele und Geist – ist nun einmal einfach da, wo sie lebendig spürbar ist. Das kann in langjährigen monogamen Partnerschaften der Fall sein, wenn beide sich füreinander in allen Dimensionen öffnen und sich miteinander entwickeln. Aber es kann auch die Integration mehr als nur einer Frau und eines Mannes in einen persönlichen Bund der Liebe einschließen.

Für Menschen unserer Zeit, die Eifersucht von klein auf durch tausende Szenen in Familie oder Medien bestätigt bekamen, ist es allerdings keine leichte Aufgabe, diese verfestigte Emotion zu wandeln. Sitzt sie doch nicht primär als Idee im Kopf und kann so durch eine andere Idee aufgelöst werden – nein, sie sitzt in allen Körperzellen. Selbst wenn man sich mit starkem Willen entscheidet, sie loszuwerden, ist dies oft ein längerer Prozess voller Versuche und Fehlschläge.

Aber wenn man sich im tiefsten Herzen für diese Veränderung, ja Befrei-
ung der eigenen Gefühle entscheidet, gelingt es früher oder später. So
kommt es vielleicht tendenziell dazu, dass mehr und mehr Menschen die
Bedeutung wahrhaftiger Liebe für sich selbst, für ihre Partner und Kinder
und für die Zukunft dieser Welt erkennen. Stell Dir vor, all die Aufmerk-
samkeit, Energie und Information, die man heutzutage für Eifersucht, Pros-
titution oder heimliches Fremdgehen verwendet, würde in die Schönheit
wahrhaftiger Liebe fließen. Wie schön würde diese Erde! Letztlich kann
nichts und niemand verhindern, dass es so wird, es sei denn, die Menschen
verhindern es selbst.

Ich hoffe, ich konnte Dir einiges Interessantes über die Eifersucht ver-
raten.

Deine Diotima

Eve erscheint es logisch und zutreffend, was Diotima schreibt. Bei
ihr ist es ja auch so, dass Eifersucht in Bezug auf Anne manchmal da
ist und manchmal überhaupt nicht, je nachdem, in welcher seelischen Verfassung sie gerade ist. Wenn es ihr gut geht und sie sich im
Einklang mit sich selbst und dem Universum fühlt, kann sie Annes
Liebe zu Jakob nicht nur akzeptieren, sondern freut sich sogar darüber. Ist sie aber ängstlich oder unsicher, ob sie selbst schön oder intelligent genug ist, um für andere liebenswert zu sein, fällt es ihr sehr
schwer, diese andere Liebe ohne Neid zu betrachten.

Ihr wird klar, dass es gar nicht so einfach ist, wenn es keine vorge-
gebenen Moralnormen mehr gibt, an denen sich die widersprüch-
lichen Emotionen orientieren können. Dann wächst zwar die Chance
wahrhaftiger Liebe, aber es braucht eine gut entwickelte innere
Stimme, die je nach konkreter Situation erkennt und rät, was im
Sinne der Liebe das Stimmigste ist. Außerdem braucht es Willen und
Mut, um sich frei und unabhängig von anderen für neue Formen der
Liebe zu entscheiden.

Sie freut sich, dass Jakob und Anne mit ihr den gemeinsamen Mut
aufbrachten, etwas für die heutige Welt noch Ungewohntes auszuprobieren. Sie haben gar nicht darüber nachgedacht, was ihre Eltern
und Freunde dazu sagen, ob sie dies verstehen und tolerieren oder
verurteilen werden. Bestimmt sind nicht alle so tolerant oder gar
erfreut darüber wie Katrin, Roland und Kai. Vielleicht sollten sie sich
alle drei darüber unterhalten, was sie Eltern und Freunden erzählen
wollen?

Sie nimmt das Telefon und ruft Jakob an. Er ist allein zu Hause und
geht einer seiner Lieblingsbeschäftigungen nach: im Internet surfen

und nach interessanten Geschehnissen und Entwicklungen irgendwo auf der Welt suchen. Eve fällt ein, dass sein Hobby eine gute Unterstützung für ihre Aufgaben beim *Blauen Bund* sein könnte. Als sie Jakob davon erzählt, ist er spontan begeistert und verspricht, sie zu unterstützen, so weit er es neben seinem Zivildienst im Pflegeheim kann.

Dann teilt sie ihm ihre Unsicherheit mit, was sie ihrem Umfeld von ihrer Wahlverwandtschaft erzählen sollen.

Er erwidert: „Nicht einfach zu entscheiden. Wir haben ja selbst noch gar keine rechte Ahnung, was das eigentlich konkret bedeutet und müssten uns erst etwas klarer werden, bevor wir anderen etwas Sinnvolles darüber mitteilen können. Sonst klingt es nur wie eine abgedrehte Idee. Wie wäre es, wenn wir drei für ein paar Tage zusammen zelten fahren. Irgendwohin, wo uns keiner kennt und wir ungestört Zeit haben, uns selbst darüber klarer zu werden?"

„Gute Idee, sollten wir machen."

„Ich werde Anne fragen. Soviel ich weiß, hat sie in den nächsten Wochen bis September nichts Wesentliches vor und wird bestimmt mitkommen."

Als sie aufgelegt haben, stellt Eve sich vor, wie es sein wird, einige Tage und Nächte mit beiden zusammen zu verbringen. Die Nacht im Gut waren sie auch zu dritt, aber von den vielen Eindrücken des Tages so müde, dass sie nur gemütlich alle nebeneinander eingeschlafen sind. Wenn sie jedoch viel Zeit haben, ob sie dann auf die Idee kommen, zu dritt Sex zu haben? Ihr fällt ein, dass sie Katrin nicht danach gefragt haben, ob so etwas bei ihrer erweiterten Liebe vorkommt. Katrin betonte zwar, dass meist nur ein Mann wirklich da ist, aber was ist, wenn beide da sind und sie sich nicht für einen entscheiden mag?

Sie befragt ihre innere Stimme. Als sie versucht, ohne Angst oder Vorurteile vorzufühlen, wie dies wäre, muss sie sich eingestehen, dass da eine gewisse Lust ist, sich Jakob einmal ganz konkret mit Anne zu teilen. Gerne würde sie dabei sein, wenn die beiden sich lieben. Ob es ähnlich abläuft wie zwischen Jakob und ihr? Es gibt ja heutzutage immer mehr dieser Swingerclubs, wo Paare hingehen, um andere Paare sexuell zu erleben oder sogar den eigenen Partner beim Sex mit anderen zu beobachten. Bisher dachte sie immer, das sei doch unmoralisch, ja eklig. Doch nun, da sie selbst in eine ähnliche Situation kommen könnte, wird ihr klar, dass es eine offenbar vielen Menschen eigene Neugier gibt, Sexualität auch anders als im gewohnten Rahmen zu erleben. Sie fragt sich, woran das liegt. Vielleicht ist Sex mit Fremden nur ein Ventil für in Zweierkisten oft nach gewisser Zeit erlahmende Erotik? Wenn man wahrhaftig liebt, sich selbst und seinem Partner zugesteht, den Gefühlen des Herzens nachzugehen und Erotik auch mit einem zweiten oder dritten Menschen zu teilen, wird man dann noch verborgene Lust auf Fremde haben? Patchworkfamilien können offenbar auch in dieser Hinsicht wahrhaftiger und kreativer sein als traditionelle Ehen. Denn egal, ob in einer nach außen hin musterhaften Ehe einer oder beide ans Fremdgehen denken, ob sie heimlich Prostituierte oder gar gemeinsam einen Swingerclub aufsuchen, alle diese Lösungen scheinen ihr bei Weitem nicht so schön wie auch erotisch erweiterte Wahlverwandtschaften. Vermutlich wird man dann Erotik zu dritt oder gar zu viert schon deshalb nur selten suchen, weil intensive Begegnung zwischen zwei Menschen die Konzentration und Kommunikation aller eigenen Chakras mit denen des geliebten Gegenübers bedeutet. Das ist kaum in ganzer Intensität möglich, wenn man nicht allein zu zweit ist und ungestört ganz – in Körper, Herz und Geist – mit dem anderen verschmelzen kann.

Aber egal was letztlich am schönsten sein mag und wie immer andere denken und leben, ich kann wohl davon ausgehen, dass wie in mir auch in Jakob und Anne eine gewisse Neugier auf ungewöhnliche erotische Erlebnisse ist. Und egal wie wir uns entscheiden werden, wir sollten zumindest darüber reden.

Nach einer Weile der inneren Stille kommt Eve noch in den Sinn, was Diotima in einem der ersten Briefe zu kleiner Liebe und großer, mit dem ganzen Kosmos verwobener LIEBE schrieb. Sie sprach davon, dass eine Wissenschaft dieser LIEBE in gewisser Weise eine moderne Suche nach dem ist, was man früher den heiligen Gral oder das goldene Fließ nannte – die Suche nach den tiefsten Geheimnissen und schönsten Gefühlen des Daseins und dass diese Entwicklung bisher jedoch erst in Ansätzen geschieht, weil die meisten Wissenschaftler in den Denkgewohnheiten und Ängsten der vergangenen Jahrhunderte gefangen sind. Was einen selbst aber nicht daran hindern sollte, es zu suchen, wenn man die Sehnsucht verspürt – denn nur Menschen mit lebendiger Sehnsucht können es entdecken und auch anderen erschließen. Sie freut sich, dass sie in den letzten Wochen da ein ganzes Stück vorangekommen ist, dass sie immer öfter Ahnungen hat von diesem wundervollen Gefühl, das innerlich wärmt und wie eine goldene Wolke einhüllt, ohne dabei andere auszuschließen.

Das nach dem Mittag tobende Gewitter hat sich inzwischen in einen sommerlichen Dauerregen verwandelt. Eve liegt noch auf ihrem blauen Sofa und träumt vor sich hin. Da sich in den vergangenen Tagen viele ihrer Wünsche unerwartet erfüllt haben, will sie auch das Geheimnis solcher wundersamer Fügungen besser verstehen und schreibt eine Email an Diotima:

Danke für die Worte zur Eifersucht. Gleich noch eine Frage: Kann es sein, dass das Universum einen manchmal unerwartet beschenkt und tiefe Sehnsüchte erfüllt, wenn man wirklich an die Schönheit der Liebe glaubt und selbst auch etwas dafür tun will?
Liebe Grüße Eve

Sie macht sich in der Küche einen Tee, nimmt diesen mit ein paar Keksen in ihr Zimmer und wartet, auf ihrem Sofa vor sich hinträumend, auf Diotimas Antwort. Roland kommt ihr in den Sinn. Sie hat Sehnsucht nach ihm. Auf einmal kommt ihr eine Idee, wie sie mit einer etwas anderen Variante des Chakraspiels dieser Sehnsucht nachgehen könnte. Sie atmet zuerst von unten nach oben in ihre Energiezentren. Eve freut sich darüber, wie schnell diese inzwischen schon erwachen und sie von Fuß bis Kopf mit angenehmen Schwingungen erfüllen. Dann konzentriert sie sich auf die weite Energie des Herzens und stellt sich vor, dass diese Schwingung Roland erreicht und mit seiner Herzenergie zusammen tanzt und schwingt. Als nächsten Schritt versucht sie, alle anderen Chakras mit in diesen Tanz hineinzunehmen – und tatsächlich, es gelingt. Obwohl Roland viele Kilometer weit weg ist, spürt sie in sich fast all die Wonne, die sie mit ihm zusammen an jenem Morgen in den Bergen fühlte. Der Geruch seiner Haut, die Zärtlichkeit seiner Hände und die einhüllende Energie der Bäume fehlen natürlich, aber immerhin – ihr Wesen fühlt sich wunderbar belebt und erfüllt von diesem raumübergreifenden Liebesspiel. Ob Roland etwas davon gespürt hat?

Als sie ihr Spiel beendet, sieht sie, dass Diotimas Antwort eingetroffen ist. Sie druckt sie aus und legt sich wieder aufs Sofa.

Liebe Eve,
auf deine neue Frage kann ich Dir keine vollständige Antwort geben. Auch die Wissenschaft wird es wohl nie hundertprozentig erforschen und experimentell nachweisen können, ob es einen Zusammenhang zwischen persönlicher, menschlicher Liebe und universeller Liebe gibt und was dieser

Zusammenhang so alles bewirkt. Das ist auch gut so, denn diese tiefste und stärkste Kraft der Schöpfung sollte nie den oft beschränkten Interessen von Menschen unterwerfbar sein.

Wenn man sich in das Energie- und Informationsfeld der universellen oder göttlichen Liebe begibt, deutet vieles darauf hin, dass hin und wieder so etwas wie Kurzschlüsse zwischen Mensch und Schöpfung geschehen. Diese Kurzschlüsse zeigen sich dann in Form von unerwarteten, glücklichen Zufällen. Der Psychologe Carl Gustav Jung war der erste, der dieses Phänomen benannt hat. Er nannte es Synchronizität und ihm folgten weitere Wissenschaftler, die es weiter untersucht haben, unter anderem auch der Physiker und Nobelpreisträger Wolfgang Pauli. Inzwischen kann man mit Hilfe physikalischer Feld- und Frequenzmessungen zumindest zeigen, dass das Nervengewebe des Herzens außergewöhnlich starke elektromagnetische Felder ausstrahlt, stärker sogar als die vom Gehirn ausgehenden. Man nimmt an, dass im bisher nicht messbaren superschwachen, quantenmechanischen Bereich noch viel weiter reichende Felder der Lebensenergie existieren.

Einen Überblick über all die offiziell noch wenig bekannten physikalischen und neurobiologischen Forschungen, die auf die Existenz alles verbindender und hochsensibler Energie- und Informationsfelder hindeuten, gibt (vielleicht nicht zufällig) eine Frau, die amerikanische Wissenschaftsjournalistin Lynne McTaggert, in ihrem Buch „The Field". Auf Deutsch heißt es „Das Nullpunktfeld".

Diese noch unbekannten Felder sind vermutlich der rationale Gehalt dessen, was in den Religionen, die in ihren Blütezeiten immer große Inspirationen der Liebe gewesen sind, als sogenannte „Wunder" bezeichnet wurde. Allerdings sollte man Synchronizitäten strikt von dem Hokuspokus unterscheiden, den manche Religionen später daraus gemacht haben, um damit ihr Ansehen oder ihre Macht zu festigen.

Man könnte auch sagen, Gott oder das Universum hat einen Selbstschutzmechanismus vor unerlaubten Kurzschlüssen eingebaut: Wer sich die mystischen Felder der Liebe nur für egozentrische oder gar andere Wesen schädigende Zwecke zunutze machen will, kommt damit nicht weit, da er nicht wirklich in der Frequenz der LIEBE ist und so keine Resonanz mit der universellen Schöpfungskraft entsteht. Echte Synchronizitäten oder Kurzschlüsse zwischen menschlicher und universeller LIEBE geschehen vermutlich nur dann, wenn die jeweiligen Menschen in ihrem Innersten wirklich auf der Wellenlänge der LIEBE sind.

In theologischer Sprache nennt man es auch Gnade, die einem nur bei wirklicher Demut zuteil wird. Allerdings mag ich das Wort Demut nicht besonders, denn es kann auch blinde Unterwürfigkeit unter Herrschaft oder

Moralnormen bedeuten. Besser finde ich es, von dem Mut der inneren Ent-
scheidung für die universelle LIEBE zu sprechen – kurz gesagt: vom Mut
zur Liebe. Dazu gehört das Wissen, dass man der universellen LIEBE in
gewisser Weise vertrauen kann. Da die äußere Vielfalt und die innere Ver-
flochtenheit aller Dinge hochkomplex und in ständiger Veränderung sind,
wird der Mensch nie in der Lage sein, die Geschehnisse der Zukunft bis ins
Detail zu planen. Menschlicher Verstand und moderne Wissenschaft sind
wichtige Helfer für verschiedenste konkrete Probleme, zum Beispiel für die
Entwicklung von Telefon oder Internet zur besseren Kommunikation oder
für die gerechte Verteilung von Ressourcen. Aber all dieses konkrete Wissen
der Wissenschaft allein kann die globalen ökologischen Probleme nicht lösen
– das kann es nur in Verbindung mit der umfassenden Information der
Liebe. Dieses unendlich komplexe und mehrdimensionale Zusammenspiel
von Mensch, Natur und Gesellschaft kann der menschliche Verstand nicht
kontrollieren. Aber wer eine gute Intuition oder ausreichend Urvertrauen in
sich hat, kann darauf vertrauen, dass Wissen sich mit Liebe und Mut ver-
binden und so durchaus hin und wieder in den Kern des Geschehens einwir-
ken kann.

Vieles spricht dafür, dass die aus dem Mut zur LIEBE erwachsenden Syn-
chronizitäten in verschiedener Art und Weise geschehen, je nachdem, wie
man sich mit der universellen LIEBE verbindet. Man kann ganz allein für
sich in Zwiesprache damit gehen, das nennt man Gebet, Meditation oder
Kontemplation. Dabei können Intuitionen, also unerwartete Ideen oder
Klärungsmöglichkeiten für zuvor scheinbar unlösbare Probleme, entstehen.
Das kann auch in tiefer innerlicher Resonanz mit einem natürlichen Wesen,
zum Beispiel mit einem Baum, geschehen. Vielleicht kennst Du es, dass Dir
beim entspannten Träumen unter alten Bäumen manchmal ganz neue und
vielleicht auch ungewöhnliche Ideen oder Lösungen einfallen. Oder es kann
in tiefster, liebevoller Resonanz mit einem anderen Menschen geschehen.
Wenn so etwas gelingt, wenn sich zwei oder mehr Menschen in universeller
LIEBE verbinden, spürt man oft eine ganz besondere, geradezu göttliche
Intensität und Schönheit. Hin und wieder ereignen sich dadurch wirkliche
Wunder, dann kommt durch diese universelle LIEBE zwischen Menschen
etwas ganz Neues, Schönes, alles ringsumher Veränderndes auf die Welt.
Denken wir nur an die Liebe zwischen Maria Magdalena und Jesus, die –
wie ich im letzten Brief erzählte – vermutlich entscheidend war für die
Geburt des Christentums und die damit verbundene kulturelle Wiederge-
burt der Liebe. Vielleicht kennst Du den Jesus-Satz: „Wenn zwei oder drei
in meinem Namen zusammen sind, dann bin ich mitten unter euch ..."
Übersetzt man das in unser modernes Wissen, so bedeutet es: Wenn zwei
oder drei Menschen sich nicht nur für materielle, sexuelle oder andere ego-

zentrische Zwecke gegenseitig benutzen, sondern sich im Sinne universeller LIEBE verbinden, dann entsteht eine riesige Informationsfülle. Jeder Mensch verkörpert nicht nur die Informationsfülle der kosmischen und irdischen Evolution, sondern auch die Kultur seiner Zeit und noch dazu seine einmaligen persönlichen Lebenserfahrungen. Tiefsinnige Denker, wie mancher altgriechische Philosoph, indische Weise wie Bodhidharma, der französische Denker Pascal oder der deutsche Dichter Hölderlin kamen daher darauf, dass der Mensch in gewisser Weise sogar kreativer als die Götter ist und es die eigentliche Bestimmung des Menschen sei, die göttliche Schöpfung durch die Entfaltung der irdischen LIEBE weiterzuführen. Die Natur oder Schöpfung hat den Menschen hervorgebracht, aber nur der Mensch verkörpert in sich sowohl die ganze Information der Schöpfung als auch die ganz besonderen Informationen seiner individuellen Lebensgeschichte und Lebensumstände. Wenn sich das einmalige menschliche Individuum auf die universelle LIEBE einschwingt, kommen in ihm die universelle Information und seine persönliche Lebenserfahrung zu einer einmaligen Inspiration zusammen. Wenn nicht nur ein, sondern zwei oder sogar drei einmalige menschliche Individuen zugleich miteinander als auch mit der universellen LIEBE in Resonanz treten, dann entsteht eine, im Vergleich zum einzelnen Individuum, noch potenzierte Fülle von Inspiration, Kreativität und Schönheit.

Falls irgendwann viele Menschen diese sanfte Macht wirklicher LIEBE erkennen und bewusst zu verwirklichen beginnen, dürfte es ein Kinderspiel sein, die gegenwärtigen ökologischen und sozialen Probleme der Erde zu lösen. Dann verfügen diese Menschen über eine solche Menge an Information und stiller, harmonischer, innerlich ansteckender Schönheitskraft, dass wohl keine der alten, egozentrisch-beschränkten Mächte sich lange Zeit widersetzen wird. Ein so entstehender neuer menschlicher Bund braucht daher nicht gegen die alten Mächte zu kämpfen. Deren Vertreter werden früher oder später von allein einsehen, dass all ihr Besitz an Dingen und Macht ihnen nicht einen Bruchteil der Freude und Erfüllung gewährt, die sie durch Mitwirkung in einer Welt der LIEBE immer wieder neu finden.

„Ihr werdet die Wahrheit (der LIEBE) erkennen und die Wahrheit wird euch frei machen." Dieser schon einmal zitierte Satz des Johannesevangeliums ist eine schöne und kurze Zusammenfassung der sanften, befreienden, unendlich kreativen Macht der zwischen zwei und mehr Menschen lebendigen LIEBE.

Ich hatte Dir noch eine Zusammenstellung moderner Erkenntnisse zum Zusammenhang von Freiheit und Liebe versprochen und warum das ganz besondere Lächeln nur entsteht, wenn Freiheit und Liebe zusammenfallen. Das werde ich Dir demnächst dann endlich aufschreiben. Soweit erst einmal *meine Antwort auf deine Frage nach den Wundern der Liebe. Wie anfangs gesagt, übernehme ich für die Richtigkeit aber keine Gewähr. Diese kann sich jede und jeder nur selbst gewähren, indem er oder sie es lebendig verwirklicht.*

Dir wüsche ich ein glückliches Zusammenspiel von Mut, Liebe und Wissen!

Deine Diotima

Eve hat wie gebannt ohne Pause gelesen und fühlt sich danach – wie oft nach Diotimas Botschaften, auf wundervolle Weise berührt und ermutigt. Sie ist sich sicherer denn je, dass ihr Leben nur dann sinnvoll, erfüllt und glücklich sein kann, wenn sie sich vor allem anderen der Verstärkung der LIEBE auf der Erde widmet – der Liebe zwischen den Menschen genauso wie der Liebe der Menschen zur Natur.

Kurz nach dieser Euphorie kommen ihr jedoch wieder Zweifel, ob sie dazu fähig ist. Ob sie als einzelne Frau in einer Welt, die in vieler Hinsicht noch von anderen Mächten wie Angst, Eifersucht oder Konkurrenz regiert wird, überhaupt etwas bewirken kann. Ob sie nicht vielmehr Gefahr läuft, von diesen oft nicht zimperlichen alten Mächten bekämpft, aus dem normalen Leben ausgeschlossen, vielleicht sogar umgebracht zu werden, so wie es in der bisherigen Geschichte oft geschah mit Menschen, die es wagten, unerschrocken für die LIEBE einzutreten.

Die Ängste halten sie eine Weile gefangen und sie überlegt, ob sie Diotima auch dazu befragen soll. Aber sie beschließt, diese inneren Zweifel noch einige Zeit zu beobachten, sie kann ja nicht immer und ewig Diotima fragen, sondern muss lernen, ihre eigene innere Stimme oder Intuition zu hören.

Sie legt sich hin und versucht, sich zu entspannen. Sie atmet durch all ihre Chakras und konzentriert sich besonders auf das des Herzens. Sie spürt, wie die Ängste und Zweifel allmählich weichen und das Gefühl von sanfter, warmer und golden einbettender LIEBE zurückkehrt.

Bald kommen ihr auch Gedanken in den Sinn, wie wichtig es ist, in ihrem Tun für die Liebe nicht nur auf sich allein zu setzen. Sich nicht als Einzelkämpferin zu sehen, sondern die Verbindung mit anderen ähnlich denkenden und fühlenden Menschen wahrzunehmen und zu stärken. Sich mit Freunden und noch unbekannten Menschen im Sinne von LIEBE, Wissen und Mut zu verbinden, ist ja nicht nur stärker und kreativer, sondern auch freudvoller und spielerischer, als allein gegen die Gewohnheiten und Widerstände der bisherigen Zeitalter zu kämpfen.

Da es inzwischen später Nachmittag ist und ihre Mutter sowie heute wohl auch ihr Vater bald nach Hause kommen, beschließt sie, ein schönes Abendbrot vorzubereiten und so etwas für die Harmonie ihrer Herkunftsfamilie zu tun. Sie holt frische Tomaten und Basilikum aus dem Garten. Aus dem Kühlschrank nimmt sie Mozzarella-Käse und macht daraus einen leckeren Salatteller.

Bald nachdem sie den Tisch fertig gedeckt hat, kommen die beiden dann auch nach Hause.

Beim Essen erzählt Eve kurz vom Gut und ihren Eindrücken. Dass sie sich in Roland verliebt hat, das verschweigt sie aber lieber, wie auch die Tatsache, dass sie gleich eine Nacht mit ihm verbracht hat. Hatte sie ihnen doch erst kürzlich von Johann erzählt und nun schon wieder ein neuer Mann, wer weiß, ob ihr Vater das nachvollziehen könnte. Sie erzählt weiter: „Vielleicht bekomme ich dadurch sogar eine schöne Arbeitsstelle bei einer unter anderem für Ökologie engagierten Nichtregierungsorganisation."

Ihr Vater scheint sich über diese Nachricht zu freuen und schaut sie interessiert und liebevoll an. Das ermutigt Eve, mit ihm noch einmal offener über die Erkenntnisse zu sprechen, die sich seit dem letzten gemeinsamen Gespräch zur Klimaproblematik bei ihr ergeben haben. Beim Abendbrot scheint ein solches Gespräch aber nicht zu passen und den Abend danach möchte sie den beiden, die sich die ganze Woche nicht gesehen haben, nicht nehmen. Daher verschiebt sie es auf ein andermal, geht nach dem Essen in ihr Zimmer und liest noch einmal die heutigen Briefe von Diotima. Ein Teil ihrer Gedanken und Gefühle wandert immer wieder zu den letzten beiden Tagen, vor allem zur Begegnung mit Roland. Sie ist neugierig und freut sich darauf, was aus dem kleinen Bund der LIEBE, der so unerwartet aus ihrer Wahlverwandtschaft mit Jakob und Anne erwuchs, so alles entstehen könnte. Mit dieser träumerischen Sehnsucht sinkt sie in den Schlaf.

Das ganze Wochenende verbringt Eve teils mit ihren Eltern und teils für sich allein in ihrem Zimmer oder im Garten. Hin und wieder befällt sie Zweifel, ob sie all dem genügen kann, was sich an Aufgaben vor ihr auftut. Aber immer rascher gelingt es ihr, diese angstvollen Zweifel aufzulösen – am einfachsten durch Erinnerung an die positiven Zufälle, die nur eintreten können, wenn man ohne allzu viele persönliche Interessen, Sorgen oder Ängste der Kraft der LIEBE vertraut und dafür eintritt.

Am Samstag nach dem Mittagessen setzt sie sich dann zu ihrem Vater in die Hollywoodschaukel, um mit ihm über ihre neuen Erkenntnisse zu sprechen. Eve erzählt ihm vom Zukunftsexperiment ihrer neuen Freunde. Sie schwärmt von der dort gefundenen Lebensfülle, die sie zwischen Ziegenfütterung, Philosophieausstellung und Gesprächen über die Liebe und die Zukunft der Menschheit empfand. Am Ende des Berichtes sagt sie traurig: „Schade, dass es nicht mehr solcher lebendiger Zukunftsforschung gibt."

Ihr Vater stimmt sogar freimütig zu: „Ja, das wäre sicher gut, wenn die aus ökologischer Sicht dringenden Veränderungen nicht erst in letzter Not geschehen, sondern möglichst frühzeitig erprobt werden. Jede weitblickende Gesellschaft sollte innerhalb bestimmter Rahmenbedingungen einige auf den ersten Blick utopische Experimente zulassen, sie unterstützen und davon lernen, wenn dabei etwas Nachahmenswertes entsteht. Das kostet zwar etwas, aber irgendwie müssen ja ganz neue Lebensperspektiven erarbeitet werden, so dass Folgegenerationen auch noch eine Zukunft auf diesem Planeten haben. Denn dass man mit den bisherigen Herangehensweisen die Klimakatastrophe nicht wirklich abwenden kann, ist für jeden ersichtlich, der die Augen nicht verschließt."

„Das stimmt sicher", erwidert Eve, „Aber irgendwie klingt es ziemlich technisch. Ich habe in letzter Zeit viel darüber gehört, dass der letztlich entscheidende Schlüssel, um die ökologischen Probleme der globalen Welt zu lösen, eine Erweiterung der menschlichen Liebesfähigkeit ist."

Am Runzeln der Stirn sieht sie, wie ihr Vater mit sich ringt, ehe er darauf reagiert. „Das klingt wiederum ziemlich esoterisch. Ich glaube kaum, dass sich ökologischere Energieerzeugung oder eine gerechtere Verteilung von Emissionsrechten durch Liebesgeplänkel verwirklichen lässt."

„Ich habe auch nicht von Liebesgeplänkel gesprochen, sondern eher von einer Erweiterung der menschlichen Liebesfähigkeit, die …", weiter kommt sie nicht, da ihr Vater sie unterbricht: „Übertreib es nur nicht mit deiner jugendlichen Liebessehnsucht. Letztes Wochenende beim Golfen hab' ich zufällig Till aus deiner ehemaligen Klasse getroffen. Was er mir beim Bier von dir erzählte, fand ich sehr bedenklich."

Mit flauem Gefühl im Magen erinnert sich Eve schlagartig an Tills sexuellen Erpressungsversuch im Wildgarten. Weil sie die Vorurteile ihres Vaters gegen weibliche Gefühle und Leidenschaften kennt, hat sie den vor erneuter Bedrohung durch Till schützen sollenden Briefumschlag nicht ihm, sondern ihrer Mutter zur Verwahrung gegeben und auch nur sie in die Sache eingeweiht. „Was hat Till denn so erzählt?", will Eve wissen.

„Er meinte, dass du im Ethikunterricht von sexuellen Orgien zur Rettung der Menschheit geschwärmt hättest und dass du dich an einen Mann nach dem anderen ranmachst. Er hatte einige Bier getrunken und wirkte auch etwas traurig, aber wenn auch nur ein Teil davon wahr ist, möchte ich dir ernsthaft ins Gewissen reden. Das hast du doch nicht nötig, du hast doch von deinen Eltern eine gute Erziehung bekommen."

Eve ist zuerst aufgebracht, empört, wütend. Till, dieser miese Kerl. Wenn sie jetzt ihrem Vater erzählen würde, dass Till sie vergewaltigen wollte, wird er ihr bestimmt nicht glauben. Und wenn er bei Herrn Renn nachfragt, wer weiß, wie dieser ihre liebevolle Provokation nach den Chardin-Zitaten verdaut hat. Zum Glück hat sie nicht erzählt, dass sie sich nach Johann nun in Roland verliebt hat. Langsam begreift sie, warum Mutter sagte, dass es zwischen ihr und Vater kriselt. Auch wenn er sich mit der Umweltkrise beschäftigt, so ist ihr Erzeuger offenbar in anderer Hinsicht ein typisch patriarchaler Wissenschaftler, der zwar die äußere Natur retten will, doch dabei seine eigenen natürlichen Gefühle unterdrückt.

Sie entgegnet schnippisch: „Du hast ja keine Ahnung, wie fies dieser Till sein kann. Vielleicht solltest du dich mal etwas mehr mit der Liebe als mit sogenannter Umweltwissenschaft beschäftigen, da würde deine Frau sich bestimmt auch drüber freuen." Um seiner zu erwartenden ersten Abwehr ihrer Worte aus dem Weg zu gehen, sagt sie, dass sie schnell mal auf Toilette muss und verschwindet für einige Minuten.

Nachdem die Wut – auf Till und auch ihren Vater – etwas verebbt ist, fällt ihr ein, dass sie Till um die FÖJ-Stelle bitten wollte. Was nun? Nach diesem zwar indirekten, doch weiteren Angriff gegen sie kann sie doch unmöglich vor Till zu Kreuze kriechen. Sollte sie vielleicht doch Roland und Jakob bitten, diesem Typen die Fresse zu polieren, um ihn so zum Einlenken zu zwingen? Aber wie eigentlich?

Man könnte ihn ja zwingen, seinen Rücktritt schriftlich zu unterzeichnen? Aber wäre das angesichts ihres Anspruchs der LIEBE vertretbar? Dann doch besser den Job vergessen und sich einen anderen suchen. Aber einen, der ihren Sehnsüchten und ihren Talenten so sehr entspricht, findet sie bestimmt nicht noch einmal. Was tun?

Es gelingt ihr nicht, ihre widerstreitenden Gedanken und Gefühle zu klären.

Als Eve wieder da ist, wechselt ihr Vater das Thema. „Übrigens habe ich ein Exemplar dieser Studie *Great Transition* mitgebracht. Kannst du dich noch daran erinnern?"

Eve ist froh, mit ihm jetzt nicht weiter über die Liebe philosophieren zu müssen. „Ja, natürlich."

„Kannst du dir ja mal durchlesen."

„Ja, mache ich."

Traumreisen

Das zwiespältige Gespräch mit ihrem Vater, Tills erneuter Angriff auf sie und ihre Traurigkeit über das Dahinschwinden des ersehnten Jobs bescheren ihr eine unruhige Nacht. Sie wälzt sich im Bett, wacht öfter auf und fällt morgens in einen seltsamen Traum:

Mit Anne und Jakob – später verwandeln sie sich in Katrin und Roland – geht sie Arm in Arm durch eine Stadt. Sie kommen in einen Park mit Spielplatz, auf dem Kinder herumtollen, die aber immer wieder von ihren Vätern zurechtgewiesen werden, doch nicht so wild zu sein. Auf einer Wiese voller Margeriten legen sie sich ins Gras und sind zärtlich zueinander – nicht sexuell, doch mit erotischen Akzenten, sanften Küssen auf Wangen und Münder.

Dann gehen sie Hand in Hand durch eine schmale Gasse. Plötzlich kommen aus einem der Häuser aufgeregte Männer und Frauen. Die laufen auf sie zu, schreien und gestikulieren mit den Armen. Eve kann nur undeutlich verstehen, dass sie beschuldigt werden, sich vor ihren Kindern zu dritt umarmt zu haben und nun wegen Missachtung der Moral und wegen Gotteslästerung eingesperrt und zum Tode verurteilt werden sollen.

Sie erschrecken alle drei, schauen sich kurz an und wollen weglaufen. Es gelingt aber nicht, da auch aus der anderen Richtung wütende Leute auf sie zugestürmt kommen. Ihnen bleibt nichts, als sich gegenseitig festzuhalten. Roland ruft: „Es sind die Widersacher, atmet aus vollem Herzen in ihre Herzen!"

Als die verstörte Menge sie fast erreicht hat, erscheint eine in weiß und rot gekleidete Frau in einem großen offenen Fenster über der Gasse. Mit einer gewaltigen, jedoch nicht aggressiven, sondern eher ergreifenden Stimme spricht sie zu der empörten Menge:

Ich bin Diotima, Göttin der Liebe.
Und ich frage Euch:
Wollt ihr leben oder sterben?
Wo ist die lebendige Sehnsucht Eurer Herzen?
Habt ihr all Eure Jugendträume vergessen?
Gott ist die Liebe.

Nicht diese drei, sondern ihr seid Gotteslästerer.
Ohne immer weiteres Erblühen Eurer Liebe seid
Ihr bereits gestorben!
Wenn Ihr aus Verzweiflung Eures ungelebten
Lebens die tötet,
die Mut zur Liebe haben, seid Ihr verloren.
Die Erde wird fürchterlich ohne eine neue
Leichtigkeit und Stärke der Liebe.

Die Leute halten inne. Bestürzt und beschämt schauen sie auf zu Diotima, die – inzwischen mit ihrem rot-weiß leuchtenden Kleid und ausgebreiteten Armen außen auf dem Fensterbrett stehend – wie eine Göttin wirkt.

Die Szene wandelt sich. Aus der aufgebrachten Menge in der Gasse wird ein Sommernachtsball im Park. Unzählige Erwachsene, Jugendliche und Kinder aus allen Erdteilen, zum Teil kostümiert und zum Teil halbnackt, feiern unter hellem Mondschein ein Fest der Liebe des Planeten Erde. Einige küssen oder umarmen sich zu zweit, andere halten sich zu dritt, viert oder mehr an den Händen und singen und tanzen zusammen.

Eve, Katrin und Roland sind inmitten all dieser Menschen. Keinen stört es, dass sie zu dritt zärtlich zueinander sind. Im Gegenteil, andere Pärchen oder Gruppen, die vorbeikommen, tanzen umso fröhlicher um sie herum. Auch Johann und seine Frau tauchen plötzlich auf, mit zwei der von Johann entwickelten riesigen Solarmuscheln. Die stellen sie so auf, dass sich das Mondlicht darin spiegelt und die gebündelten Mondstrahlen auf Eve, Roland und Katrin fallen. Das intensivierte Mondlicht und die ebenso gebündelten Töne der festlichen Menschen schwingen mit ihren Herzenergien zusammen. Die davon ausgehenden intensiven Schwingungsfelder bewirken, dass die Herzenergien aller Menschen ringsumher als warme, behütende und zugleich freudvoll befreiende Schwingungen verstärkt werden. Ein großer Kristall aus dieser Energie schwebt wie eine zweite, nur mit dem Auge des Herzens sichtbare Sonne über der Erde. Sie ist nicht getrennt von den Menschen, sondern geht mitten durch diese hindurch – ein wunderbares, allumfassendes ekstatisches Gefühl. Alle scheinen es plötzlich zu bemerken, die Tänze intensivieren sich und Eve weiß auf einmal: Ja, das ist wohl dieser mysteriöse heilige Gral, nach dem die Menschen immer wieder im Außen suchen, wenn sie ihn in sich verloren haben.

Diese Gegenwart der LIEBE vermittelt ein intuitiv klares Gefühl davon, was die Erde ist: ein einzigartiger Planet in einem großen Tanz von Myriaden Sonnen und Planeten, mit Lebens- und Liebesräumen für unendlich viele. Und auf dieser Erde entstehen, trotz aller Widersacher, immer wieder neue Begegnungen und Erkenntnisse der Liebe zwischen Pflanzen, Tieren und Menschen.

Als Eve erwacht, ist der Traum noch sehr gegenwärtig. Sowohl der erste Teil in seiner Verwundbarkeit, Fragilität und Bedrohung als auch der zweite Teil in seiner Intensität des lebendigen Reichtums der Liebe, zeichnen sich deutlich vor ihrem inneren Auge ab. Um damit klarzukommen, schreibt sie eine SMS an Diotima:

Hallo Diotima.
Ich hatte einen spannenden Traum, in dem auch Du vorkamst. Wie geht man mit den verschiedenen Gefühlen und Dimensionen um, die eine offenere und erweiterte Liebe erzeugt? Eve

Bald kommt eine SMS Diotimas, die wiederum auf eine Email verweist. Eve druckt die Email aus und beginnt neugierig zu lesen:

Liebe Eve,
die Frage trifft ein zentrales Problem einer neuen menschlichen Welt, man kann sogar sagen, einer neuen Epoche der Evolution auf der Erde. Nämlich das Problem: Wie kann ein Mensch sowohl emotional als auch gedanklich mit viel komplexeren Welten und vielfältigeren, intensiveren Beziehungen umgehen, ohne dabei an innerer und äußerer Überforderung zu scheitern?
Ich werde die Frage in zwei Dimensionen beantworten, innerlich und äußerlich. Zuerst zum Innerlichen:
Vielleicht hatte ich schon einmal erwähnt, dass manche Vordenker und Visionärinnen die neue Welt mit dem Wort „integral" charakterisieren. Der Kulturphilosoph Jean Gebser versuchte darüber hinaus, passende Worte für die in vieler Hinsicht neuen, komplexeren und widersprüchlicheren Balancen und Gefühle dieser neuen Welt zu finden. Er filterte diese Worte aus Avantgarden der Kunst, Philosophie, Wissenschaft und anderen Bereichen menschlicher Tätigkeit heraus. Ein dabei von ihm gefundenes Wort für das neue Fühlen, Denken und Handeln ist das „Aperspektivische".
Das Denken und Handeln der modernen Menschen ist sehr rational geprägt. Ob in Schule, Familie, Beruf oder Liebe, wir sind es gewohnt und versuchen immer, in möglichst einer und nur einer klaren Perspektive zu denken.

Die Wirklichkeit ist jedoch nie eindimensional und einperspektivisch. Sie besteht in jedem Moment aus vielfältigsten offenen, dynamischen Systemen, die jeweils wiederum viele Möglichkeiten zur weiteren Entwicklung haben. Unsere innere Gefühlswelt entspricht im Grunde schon immer der Mehrdimensionalität der Wirklichkeit: Wenn Du Dich innerlich beobachtest, wirst Du merken, dass in jedem Moment nicht nur ein, sondern verschiedene Gefühle wach sind.

Wenn ich mich nur auf ein Gefühl der in jedem Moment vielfältigen Gefühle und Möglichkeiten festlege, ist dies für die konzentrierte Umsetzung dieser einen Perspektive sehr effektiv. Daher ist die moderne Welt in mancher Hinsicht so effektiv und erfolgreich – jedoch um den Preis der Ausblendung anderer Gefühle, Perspektiven und Lebewesen.

Im Unterschied zur perspektivhaften Sicht der modernen Welt war das Leben früherer Kulturen in gewisser Hinsicht ohne Perspektive. Die Menschen dieser Kulturen waren in vielfältige Rhythmen der Natur in und um sich eingebunden und jeglicher Gedanke, all diese Lebendigkeit einer eindimensionalen beruflichen Perspektive unterzuordnen – zum Beispiel nur Gärtner, nur Mutter oder nur Politiker zu sein – wäre ihnen lebensfremd und absurd erschienen.

Die spannende Frage ist nun, wie eine neue, diese beiden bisherigen Bewusstseinsverfassungen integrierende Welt aussieht und sich anfühlt. Es gab immer wieder Menschen, die den Mut hatten, über die einseitigen Perspektiven moderner Wirtschaft und Kultur hinauszugehen. Sehr bekannt ist zum Beispiel Leonardo da Vinci. Etwas weniger bekannt, aber dennoch sehr mutig und visionär war die Russin Alexandra Kollontai. In den zwanziger Jahren des 20. Jahrhunderts schrieb sie zwei Bücher: Eines davon heißt: „Wege der Liebe". Dieses handelt von drei Generationen liebender Frauen: Während die Großmutter in lebenslanger Monogamie lebt, durchbricht ihre Tochter dies durch die Aufeinanderfolge mehrerer Liebesbeziehungen. Deren Tochter wiederum, die Enkelin, geht noch weiter und lebt gleichzeitig die Liebe zu zwei Männern.

Das andere Buch ist ihre Autobiografie und heißt: „Ich habe viele Leben gelebt." Schon in diesem Titel wird die neue, aperspektivische Qualität sehr schön deutlich: Für einen sich seiner selbst bewusst werdenden Menschen ist es möglich, sich als lebendiges Wesen inmitten der Welt vielfältiger und sich fließend verändernder Zusammenhänge zu verstehen. Hat man dies begriffen, werden auch die eigenen Gefühlswahrnehmungen und Willensentscheidungen mehrdimensional oder aperspektivisch.

Das mag im ersten Moment Angst machen, da die gewohnten festen Perspektiven z.B. der lebenslangen Ehe oder des lebenslangen Berufs ins Fließen geraten. Angesichts unserer immer komplexer werdenden globalen

Welt, die uns mit völlig neuen Gedanken und Möglichkeiten, aber auch Gefahren konfrontiert, kommen wir jedoch nicht darum herum, den Fluss und die Aperspektivität der Dinge zu akzeptieren. Sonst, wenn man an nur einer Perspektive festhält, droht den Einzelnen die Gefahr der Verzweiflung oder gar der Psychose und der Menschheit als Ganzes droht beim Beharren auf einseitigen Sichtweisen von Wirtschaftswachstum oder auf einseitigen Formen der Liebe die Gefahr der Zerstörung unserer Lebensgrundlagen.

Wenn eine anfangs lebenslang gedachte Ehe die später oft in verschiedene Richtung gehenden Entwicklungsprozesse der beiden Beteiligten nicht mehr fassen kann und sich auflöst, bringt dies oft Einsamkeit und Leid für Erwachsene und Kinder. Leben und lieben die Menschen in einem etwas komplexeren Gewebe von wahrhaftiger Freundschaft oder Wahlverwandtschaft, dann ist der Verlust einer Liebe nicht der Verlust aller Liebe. Dann fällt es leichter, die Trennung von einem langjährigen Freund, der vielleicht Mutter oder Vater meiner Kinder ist, nicht aus eigener Frustration zur absoluten Trennung zu übertreiben, sondern einfach miteinander neu zu schauen, was sich verändert hat, was getrennt werden und was verbunden bleiben sollte .

Eine andere, mit der Aperspektivität verbundene neue Qualität, die Gebser für die zukünftige Welt vordachte, ist die Ich-Freiheit. Moderne Menschen sind sehr stark in ihrem Ego verhaftet und haben das Bild, sie seien eine und nur eine feste Ich-Persönlichkeit mit bestimmten, festen Eigenschaften. Das ist jedoch in Wirklichkeit nicht so, es gibt in jedem Moment sehr verschiedene Gefühls-, Denk- und Handlungsmöglichkeiten und damit auch verschiedene Aspekte des eigenen Ichs. Erkennt man das, befreit man sich von der Illusion und Verhaftung an ein eindimensionales Ich. Man wird ich-freier bzw. lernt die unterschiedlichen Ich-Zustände und Gefühle freier wählen zu können und kann sich so freier dafür entscheiden, was die innere Stimme, diese Stimme der universellen LIEBE im konkreten Hier und Jetzt, einem rät.

Wichtig ist dabei zu begreifen, dass das Ich an sich nichts Schlechtes ist, dass es bei der Überwindung von der Ich-Haftigkeit nicht um Ich-Losigkeit, sondern um Ich-Freiheit geht. Denn ohne ein Ich, ohne die Fähigkeit, mich als ganz besonderes Wesen erkennen und eigene Willensentscheidungen treffen zu können, kann die menschliche Welt nicht zu der ihr möglichen Schönheit erblühen. Warum das so ist? Ich habe Dir ja früher einmal über die drei Qualitäten erzählt, die zusammen den Menschen zum Menschen machen: Liebe, Erkenntnis und Wille. Solange man nicht versucht, sich selbst zu erkennen, ist das Ich oft nur ein anderes Wort für den eigenen Willen, der dann jedoch meist blind ist, also wenig davon weiß, warum er etwas will. Vom Ich im besseren Sinne des Wortes kann man eigentlich erst spre-

chen, wenn zum Willen auch das Wissen hinzukommt. Dann erkenne ich mich selbst als besonderes Wesen, das den Dingen um sich herum nicht einfach ausgeliefert ist, sondern das aus dieser Erkenntnis heraus Entscheidungen treffen kann, die Einfluss auf die Umwelt haben. Wenn zu Willen und Wissen dann auch die Liebe hinzukommt, erfährt das Ich eine ganz besondere Kraft: Es denkt, fühlt und handelt mehr und mehr in dem Bewusstsein und dem Wunsch, die Welt liebevoller und schöner werden zu lassen.

An dieser Stelle können wir von der inneren noch einmal zur äußeren Betrachtung Deiner Frage übergehen. Wenn die Menschen gelernt haben, in ihren Lebens- und Liebesangelegenheiten aperspektivischer und ich-freier zu sein, wird dies auch die äußere Welt verändern. Sie werden fähig, mit komplexeren Strukturen, als sie es bisher gewohnt sind, umzugehen und diese mitzugestalten. Als vor einigen Jahrtausenden die zuvor eher kleinen, überschaubaren Gesellschaftsformen in größere Einheiten wie Nationen oder Staaten übergingen, ging dies nur um den Preis einer Aufspaltung der im Kleinen noch lebendig verbundenen menschlichen Lebensfunktionen. Aus den ins Leben eingewobenen mystischen Gedanken und Ritualen zur Vergegenwärtigung der Allverbundenheit wurden vom lebendigen Alltag getrennte Kirchen und Wissenschaften. Aus den ins Lebensspiel verwobenen Tätigkeiten wurden getrennte Berufe, Arbeitsformen und Wirtschaftsbetriebe, die aufgrund dieser Trennung vom Leben inzwischen die Lebensgrundlagen selbst zerstören. Aus Großfamilien, in denen Generationen, Nachbarschaften und erotische Freundschaften komplex verwoben waren, wurden weitgehend isolierte private Kleinfamilien. Nur so konnten die für die einzelnen Bereiche jeweils erforderlichen besonderen Kenntnisse und Kompetenzen spezialisiert und gesichert werden. Die Erfolge dieser Differenzierung – effektivere und vielfältigere Produkte, sowie bessere Absicherung gegen Naturereignisse – haben jedoch ihre Schatten: Es gibt kaum Wissen und Gefühl dazu, wie Mensch und Gesellschaft mit der ganzheitlichen Natur in und um sich verwoben sind. Diese fehlende Eingewobenheit in das Ganze ist letztlich der entscheidende Grund für die ökologischen Probleme. Wenn die Menschheit die ökologischen Krisen überleben will, müssen also Wirtschaft, Wissenschaft, Familienleben etc. wieder integrativer gestaltet werden – ohne deshalb wieder in isolierte kleine Stammesverbände zurückzukehren. Damit so eine neuartige planetarisch-integrative Entwicklung möglich wird, brauchen wir Menschen die Fähigkeiten dazu. Und das sind vor allem Fähigkeiten wie aperspektivisch denken und ich-freier fühlen und lieben zu können.

Wir leben heute in einer Welt, in der Reichtum und Wert von Menschen und Dingen vor allem durch materiellen Besitz definiert werden. Dies ist jedoch kein wirklicher, lebendiger Reichtum, sondern oft nur ein Ersatz für fehlenden Beziehungsreichtum. Dichter aller Zeiten haben besungen, dass der größte Reichtum der Reichtum menschlicher Beziehungen ist. In einem früheren Brief habe ich Dir ja von der Bedeutung der Information für alle Dinge und Systeme berichtet. Auch schrieb ich darüber, dass menschliche Individuen sowohl die Informationen der Evolutions- und Kulturgeschichte als auch ihres ganz persönlichen Entwicklungsweges verkörpern und daher unendlich größere Informationsmengen als alle Computer dieser Welt enthalten.

Daraus folgt: Wenn ich mit mehr als nur einem Menschen in wahrhaftiger Liebe oder Freundschaft verbunden bin, dann ist die mir zugängliche Informationsfülle – und damit die Fülle meiner Lebensmöglichkeiten – viel komplexer und reicher, als stehe ich nur mit einem in ganzheitlicher Resonanz. Natürlich setzt es voraus, dass es keine oberflächlichen, vordergründig sexuellen oder wirtschaftlichen Zweckbündnisse sind, sondern die menschliche Seele darin aufatmet. Insofern ist eine echte Ehe zu zweit auch mehr wert als oberflächliche sexuelle Beliebigkeit. Aber leider geht in den Ehen der alten Moral die wahrhaftige ganzheitliche Resonanz oft verloren, da man aus Angst vor dieser Moral große Teile seiner Lebens- und Liebessehnsüchte voreinander verbirgt.

Den Unterschied zwischen echter Ehe und nur dem Wort, nicht dem Sinn nach vorhandener Ehe oder zwischen oberflächlichen und seelisch-tiefen Freundschaftsbünden kann man leicht erkennen und spüren. Zum Beispiel am wirklichen Lächeln oder Nicht-Lächeln der Beteiligten. In sich selbst erkennt man das Echte der Liebe am besten an der Leichtigkeit und Stärke, die durch sie erwachen. So kann man auch leicht verstehen, warum Menschen, die den lebendigen Reichtum wahrhaftiger Beziehungen lieben, weniger Lust auf nur materiellen Konsum und Reichtum haben – denn dieser gewährt keine wirkliche innere Freude.

Eine Welt der Liebe wird so auch eine ökologischere Welt sein. Die Menschen als entscheidende Akteure der Erde werden viel mehr Lebewesen als bisher in ihr Mitgefühl integrieren können. Wer die Schönheit und den lebendigen Reichtum der Liebe spüren kann, wird weniger Zeit mit totem und oft auch tötendem Konsum verbringen. Viel lieber wird er neue Möglichkeiten der Liebe erforschen und verwirklichen.

Zum Schluss dieses Briefes schenke ich Dir noch einen wunderschönen, das soeben Erklärte poetisch verdichtenden Satz von D.H. Lawrence, einem Visionär der neuen Liebe:

Wir bluten an den Wurzeln, weil wir abgeschnitten sind von der Erde, der Sonne und den Sternen, und Liebe ist eine grinsende Verhöhnung ihrer selbst, denn – arme Blüte – wir rupfen sie ab vom Baum des Lebens und meinen, sie würde weiterblühen in unserer zivilisierten Vase auf dem Tisch.

Die letzten dreitausend Jahre der Menschheit waren ein Ausflug zu Idealen, zu Körperlosigkeit und Tragik, und jetzt ist der Ausflug vorbei. Wir können dies begreifen und die Gemeinsamkeit wieder finden, die Gemeinsamkeit von Körper, Sexualität und Gefühl mit der Erde, der Sonne und den Sternen.

Ich hoffe Deine Frage damit etwas beantwortet zu haben.
Deine Diotima

Beim Lesen muss Eve öfter innehalten. Die ungewohnten Worte darin, wie aperspektivisch oder ich-frei, sind ihr zuerst kaum verständlich. Je länger sie aber versucht, sich in sie hineinzufühlen, desto mehr scheinen sie Sinn und Bedeutung zu gewinnen und dabei sogar die Welt um sie ein wenig zu verändern. Einmal mehr wird ihr deutlich, wie sehr doch die Dinge um uns herum davon abhängen, was wir von ihnen denken und fühlen.

Mitten in dieser entspannten Reflexion meldet sich ihre andere Gefühlslage und Stimme von gestern Abend zurück. Schön und gut, diese kommende aperspektivische, ich-freiere Welt ... Was nützt ihr das ganz konkret für die kommende Zeit? Noch immer weiß sie nicht, was sie ab September machen soll. Vielleicht dann doch studieren? Doch als sie an Herrn Renn denkt, der früher Geschichtslehrer war und dann ein Fernstudium für Philosophie- und Ethikpädagogik nachlegte ... Die Vorstellung, vielleicht fünf Jahre lang so lebensfern herumabstrahieren zu müssen, ist ihr unbehaglich. Nervös rauft sich Eve die Haare und kaut an ihren Fingernägeln. Sie ist ratlos.

Vielleicht könnte sie bei Katrin und Roland im Gut irgendetwas machen, was Sinn hätte und wovon sie leben könnte? Aber was? Sie hat weder Ahnung von Gartenbau oder Ziegenmelken, noch davon, in der Philosophiewerkstatt Klassen oder andere Gäste zu führen.

Vielleicht sollte sie erst einmal Roland anrufen und erzählen, dass Till sie zwar indirekt, doch erneut sehr mies angegriffen hat und die so schön ausgedachte dritte Strategie daher wohl nicht mehr funktioniert.

Sie greift zum Telefon und wählt die Nummer seines Büros im Nowitzer Gut. Da er nicht rangeht, versucht sie es danach auf seiner Handynummer. Auch hier nur der Anrufbeantworter. Dann ihm wenigstens eine Email schreiben, denkt sie sich, aber als sie überlegt, wie sie ihm die neue Situation erklären könnte, wird sie unsicher und überlegt, was denn daran wirklich neu ist. Was ist denn jetzt anders als nach dem direkten sexuellen Erpressungsversuch zuvor? Ist er nicht weiterhin nur ein armer, ungeliebter Kerl, dem man eigentlich etwas Liebe schenken müsste?

Ihr fällt Diotimas Rat ein, in schwierigen Situationen nachzuspüren, was im Sinne von Wissen, Liebe und spielerischem Mut eine gute Lösung sein könnte. Da es ihr aber nicht gelingt, ihre widerstreitenden Gefühle in klare Sätze zu bringen, gibt sie den Versuch auf, Roland die Lage schriftlich zu erläutern. Stattdessen teilt sie sich Diotima mit, was ihr leichter gelingt.

Liebe Diotima,
danke für den Brief über das neue, integrale oder aperspektivische Denken
und Fühlen. Obwohl ich ahne, was damit gemeint ist, gelingt es mir kaum,
meine Gefühle, die momentan ehrlich gesagt ziemlich durcheinander sind,
wirklich zu klären, geschweige denn mich in ich-freieren Entscheidungen zu
üben. Ich habe das Gefühl, dass oft, wenn ich mich fast schon am Ziel meiner
Träume fühle, plötzlich etwas auftaucht, was alles wieder zerschlägt. Gerade
geht es mir auch so und ich fühle mich ferner denn je davon, wirklich etwas
für die Zukunft der LIEBE und damit für diese Welt tun zu können.
Deine Eve

Eve wartet ungeduldig auf eine Antwort und ist froh, dass diese bald eintrifft.

Liebe Eve,
zunächst: Gönne Dir hin und wieder, auch mal traurig zu sein. Trotz
aller schönen und liebevollen Möglichkeiten, die sich in wenigen Jahren für
die Menschheit öffnen könnten, bleibt der Fakt, dass es gegenwärtig genug
Anlass zu trauern gibt. Täglich sterben Tierarten aus, verhungern Kinder,
verdorren lebendige Sehnsüchte. Aber selbst falls eines Tages diese Gründe
zum Traurigsein weniger geworden sind, werden andere, doch nicht minder
traurige seelische Anlässe bleiben: Eine unerwiderte Liebe, eine unheilbare
Krankheit, eine Naturkatastrophe ...
Vielleicht werden Menschen lernen, die Gründe für Traurigkeit ich-freier
zu sehen, das mindert nicht die Trauer, doch nimmt es vielleicht etwas von

der Verzweiflung, die sonst manchmal in Rache, Hass oder Verschlossenheit umschlägt und so die Ketten der Unfreiheit fortsetzt, statt sie zu durchbrechen.

Alle Gründe wird man nie verstehen, aber für traurige Geschehnisse, die mit scheinbar verhinderten Erfüllungen großer Taten oder Sehnsüchte zu tun haben, gibt es eine oft zutreffende Erklärung: Widersacher.

Die Rolle von Widersachern kann man zwar versuchen zu erklären, doch letztlich nur mystisch bzw. intuitiv verstehen, da sie, ähnlich wie das Göttliche oder die universelle LIEBE, der sie letztendlich dienen, die Grenzen unseres nachprüfbaren Wissens überschreiten. Nur wenige Philosophen haben sie erforscht, einer von ihnen war der schon einmal erwähnte indische Philosoph Aurobindo, der wie der kürzlich genannte Jean Gebser viele Momente einer integralen Welt entdeckte und vordachte. Er kam zu der Erkenntnis, dass Widersacher die Aufgabe haben, die Wahrhaftigkeit und Liebeskraft unserer Motive zu prüfen. Deshalb treten sie nicht selten dann auf, wenn die erfolgreiche Lösung einer uns wichtigen Sache zum Greifen nah ist und fordern uns zu einer manchmal unbequemeren, doch letztlich noch stärkeren Entscheidung für die LIEBE heraus. Oder anders formuliert: Sie fordern uns heraus zu prüfen, ob wir wirklich aus Erkenntnis und Liebe handeln wollen oder ob da auch kleinlichere Motive am Werke sind. Letztere scheitern dann meist an den Widersachern, die wirklichen Kräfte der Liebe wachsen jedoch eher daran, indem sie auch die Widersacher in ihrer oft inneren Not erkennen und mit Liebe integrieren.

Bisher waren immer nur wenige Menschen in der Lage, in weiten Teilen ihres Lebens für die LIEBE zu arbeiten und so – gewissermaßen als göttlicher Lohn dafür – in der Freude ihrer ins Unendliche schwingenden Seligkeit zu weilen. Ob frühe matriarchale Völker oder spätere wirklich freie buddhistische, taoistische, philosophische, christliche oder sufistische Kulturkreise, sie wurden immer wieder von weniger liebevoll entwickelten Mächten angegriffen oder sogar zerstört und doch ging dabei meist etwas vom Kern ihrer Weisheit und ihres Glücks auf die sie überrollenden Horden über und trug so zur allmählichen Anreicherung von LIEBE in der Welt bei.

Ich wollte Dir ja noch detaillierter über die Zusammenhänge von LIEBE und Freiheit erzählen. Es ist nicht einfach, diese hochkomplexen Zusammenhänge und innersten Geheimnisse des menschlichen Daseins monologisch zu beschreiben, die alten griechischen Philosophen wussten schon, warum sie über die schönsten und schwierigsten Dinge lieber Dialoge führten. Und ich habe das Gefühl, Du hast in den wenigen Wochen seit wir uns kennen schon so große Schritte gewagt, dass eine Atempause der äußeren Ereignisse um Dich herum Dir gut tun könnte …

Kurz: Hast Du nicht Lust, eine kleine Reise zu machen und mich zu besuchen?
Deine Diotima

Eve fallen fast die Augen aus dem Kopf. Sie liest noch mal und noch mal, dreht ihren Bildschirm ungläubig hin und her, kann es kaum fassen. Steht da wirklich eine Einladung zur lebendigen Diotima? Ist das ein Scherz oder ein Traum?

Ihr wird bewusst, dass sie bisher die Frage, wer Diotima wirklich ist und wie es möglich ist, dass sie ihr Botschaften sendet, verdrängt hat. Sie hat sich eher etwas wie im Buch vom kleinen Prinzen gefühlt, wo nur eine Kiste zu sehen ist und die Wirklichkeit des Schafes darin ganz davon abhängt, ob er genug Fantasie hat, seine Existenz zu erkennen.

Aber klar, da kommen zwar mystische Briefe, doch auf einem sehr realen Weg über Handy und Computer, also muss es irgendwo jemanden geben, der sie schreibt.

Nachdem sie die größte Verwunderung verdaut hat, schreibt sie zurück:

Liebe Diotima,
Deine Einladung hat mich zuerst ziemlich verblüfft, aber ich nehme sie gerne an! Wo finde ich Dich denn? Wer bist Du eigentlich? Und was machst Du im Alltag?
Deine Eve

Als ob Diotima nur auf diese Fragen gewartet hat, kommt kurz darauf die Antwort:

Liebe Eve,
ich habe vermutet, dass Du mir irgendwann diese Frage stellen wirst. Ich hoffe, Du bist nicht enttäuscht von der Antwort. Ich bin kein vom Himmel auf Dich herabsehender Schutzengel, sondern lebe in vieler Hinsicht wie eine ganz normale Frau und zwar in der Schweiz, in den Bergen nicht weit von Bern.
Ich sehe zwar noch recht jung aus, bin aber nicht mehr die Jüngste, sondern schon Pensionärin. Früher verdiente ich meine Brötchen teilweise als Gärtnerin und teilweise als Wissenschaftlerin und Journalistin. Als ich so alt war wie Du, habe ich zuerst Gartenbau gelernt und dann Völkerkunde und Psychologie studiert. Dabei lernte ich manche Sachen, doch zugleich wurde mir bewusst, dass andere mir wichtige Themen von der offiziellen

Wissenschaft zu wenig erforscht und gelehrt werden. In der Völkerkunde oder Ethnologie, wie es modern heißt, erfuhr ich kaum etwas über die Geschichte der Frauen und über frühe Gesellschaften, in denen das Weibliche eine viel wichtigere Rolle spielte als heutzutage. Und in der Psychologie erfuhr ich viel zu wenig über die Liebe, die jedoch meine größte Sehnsucht war.

Da ich mir selbst treu bleiben wollte, blieb kein anderer Weg, als mich selbst auf die Suche zu machen. Ich zog durch die halbe Welt, studierte das uralte Wissen in den wenigen noch lebendigen Klöstern des Himalaya, lebte bei matriarchalen Völkern in China und bei den Aborigines in Australien.

Um die dabei entdeckten geistigen Schätze nicht für mich allein zu behalten, gründete ich zusammen mit einigen Freundinnen ein kleines Forschungsinstitut für die Zukunft der Liebe. Obwohl wir hier in der westlichen Welt in einer Gesellschaft mit freier Wissenschaft und Forschung leben, ist die offizielle, d.h. staatlich finanzierte Wissenschaft nach wie vor sehr eng mit den heutigen Strukturen liiert und daher wenig offen für über die gegenwärtige Welt hinausdenkende Forschung. Daher werden unsere Konferenzen und Bücher von der offiziellen Wissenschaft nach wie vor eher ignoriert als unterstützt.

Trotz aller Freude am Sinn dieser Arbeit und an der Schönheit einst lebendiger Völker, die man dabei entdeckt, war und ist es nicht immer einfach, den schweigenden Widerstand dieser etablierten und vorwiegend männlichen Wissenschaft gegenüber uns und unseren Themen auszuhalten. Manchmal war ich fast am Aufgeben, doch die spürbare Resonanz von Menschen überall auf der Welt, welche die Bedeutung dieser Forschung verstehen, hat mich immer weiter getragen.

In einer dieser dunklen, verzweifelten Stunden hatte ich einen Herzanfall und schwebte einige Tage zwischen Leben und Tod. Dabei geschah mir eine sogenannte Nahtoderfahrung. Mein Geist oder meine Seele hatte sich bereits von meinem Körper getrennt und war phasenweise in eine andere Welt eingetaucht. Dabei erfuhr sie genau das, was sie auch im Körper vermutet und wonach sie sich gesehnt hatte: Dass die alles durchdringende Energie des Universums mit unseren menschlichen Begriffen am besten als universelle LIEBE zu übersetzen ist und dass andere Erscheinungen, wie goldenes Licht und engelhafte Töne, Ausdrucksformen dieser göttlichen LIEBE sind.

Da mein Körper doch überlebte, brachte mich irgendetwas zurück in diesen. Ich, das heißt meine Seele, wollte das zuerst nicht, sondern in der Welt ewiger göttlicher Liebe bleiben. Doch andere Wesen zwischen Himmel und Erde überzeugten mich, dass es wichtig für mich sei, wie auch für viele andere, derzeit auf der Erde zu leben und zu arbeiten. Eines dieser Wesen war Diotima, die ewige Göttin der Liebe. Mit ihr fühlte ich mich in diesem

Zwischenzustand von Leben und Tod so intensiv verbunden, dass ich eine uralte Seelenverwandtschaft zwischen ihr und mir vermute. Also habe ich mir seitdem den Beinamen Diotima gegeben.

Als ich zurück war in dieser Welt, hatte ich eine ganz neue Fähigkeit erlangt. Ich konnte hin und wieder unabhängig von Zeit und Raum wahrnehmen, welche anderen menschlichen Seelen sich ähnlich intensiv nach einer liebevolleren Welt auf dieser Erde sehnen. Eines Tages vernahm ich dabei eine besonders starke andere innere Stimme, nämlich die Deine. Also besorgte ich mir Deine Telefonnummer und eines Tages, als Deine Sehnsucht wieder einmal besonders stark durch das Universum schallte, schrieb ich Dir die erste SMS. Alles Weitere, was seitdem zwischen uns geschah, kennst Du und hast Du selbst mit auf den Weg gebracht durch Deine Fragen.

Und über andere Fragen können wir ja vielleicht bald direkt miteinander reden. Fahre einfach nach Bern und von dort mit dem Bus Nr. 6 weiter nach Kitzberg. Dort steigst Du an der Kirche aus und folgst dem Wanderweg mit dem roten Dreieck. Am Rande des Ortes kommst Du zu einer ehemaligen Pferdefarm mit einem Schild: Hölder-Morgenroth. Institut Sofia Philos. Dort findest du mich, bzw. falls ich gerade nicht da bin, werden die anderen wissen, wo ich bin.

Deine Diotima

Um diese neuen Aussichten zu verdauen, schnappt sich Eve ihren Rucksack, holt sich Brot, Käse und eine Flasche Wasser aus der Küche und fährt in ihren Wildgarten.

In ihrer Hängematte liegend, versucht sie, ein klareres Bild der nächsten Tage zu bekommen. Das Problem mit Till und der FÖJ-Stelle drängt wieder mit aller Macht die Sehnsucht nach einem sinnvollen Job in ihren Sinn. Wäre es nicht am besten, sie fährt jetzt einfach zu ihm und versucht, mit ihm zu reden? Vielleicht sollte sie ja sogar seinem Wunsch nachgeben und einmal mit ihm schlafen? Was ist dabei schon zu verlieren? Wenn sie in ihrem eigenen Herzen dabei in der LIEBE weilt, kann es doch auch ihm gut tun.

Aber wird er sich dabei nicht verkauft vorkommen? Denken, dass sie das ja nur tut, um die Stelle zu bekommen und sich so letztlich wieder nicht geliebt, sondern nur benutzt fühlen? Und wer weiß, ob er ihr dann nicht etwas Unschönes antut. Damals beim Apfelbaum schien er wirklich dazu fähig. Da sie freiwillig zu ihm gegangen ist, könnte sie hinterher ja nicht behaupten, er hätte sie gezwungen. Zumal es einige gibt, die ihr nach ihrem mutigen Auftritt bei Renn unterstellen, sie wäre sexbesessen. Wenn schon der eigene Vater so etwas glaubt, was sollen dann erst andere denken?

Besser, sie denkt noch etwas darüber nach. Es ist ja erst Anfang August und sie kann, wenn sie von Diotima wiederkommt, immer noch hingehen, dann hat sie bestimmt auch wieder mehr innere Stärke und Ausstrahlung. Aber sie könnte ihn schon einmal darauf einstimmen, auf dem indirekten Wege eines Briefes merkt er nicht, wie unsicher sie derzeit ist und zweifelt vielleicht nicht so daran, ob sie es ernst meint. Zum Glück hat sie immer Papier und Stift im Rucksack, um wichtige Gedanken festzuhalten:

Hallo Till,

bestimmt wunderst Du Dich, dass ich Dir noch einen Brief schreibe. Aber Du bist noch zweimal in meinem Leben aufgetaucht – zwar indirekt, doch beide Male nicht angenehm – und ich würde gern eine für uns beide faire Lösung finden, um das in Zukunft zu vermeiden. Ich habe über Dich nachgedacht und kann in gewisser Weise verstehen, dass ich Dich in den letzten Wochen angezogen habe – das ist nicht arrogant gemeint. Aber vielleicht verstehst auch Du, dass die Art und Weise, wie Du mir das mitgeteilt hast, nicht wirklich dazu beigetragen hat, deine netten Seiten schätzen zu lernen. Genau genommen fand ich Dich sogar ziemlich attraktiv zu dem Zeitpunkt, als Du mich das erste Mal angebaggert hast, war da aber noch mit Jakob zusammen und hab' Dich daher abblitzen lassen. Aber lass uns die Vergangenheit vergessen – das Leben beginnt in jedem Moment neu. Ich wünsche mir, dass Du weder mir noch anderen (z.B. meinem Vater) vorgaukelst, ich sei sexsüchtig. Wenn Dir daran liegt, mich zu verstehen, fühl Dich doch mal in den Unterschied zwischen Sex und Erotik bzw. Liebe ein. Meine Erklärung damals am Baum war aufgrund der Situation vermutlich zu kurz, deshalb lege ich Dir einige Briefe einer Philosophin der Liebe bei, in denen das sehr schön und ausführlich erklärt ist. Und ich habe eine große Bitte an Dich, die Du vielleicht verstehen wirst, wenn Du ihre Briefe gelesen hast. Zufälligerweise hab' ich mich um dieselbe FÖJ-Stelle beim Blauen Bund beworben wie Du, nur etwas später, so dass sie bereits Dir versprochen war. Ich möchte Dich bitten, mir zuliebe zurückzutreten. Wenn Du das machst, hast Du bei mir einen Wunsch frei. Ich bin jetzt ein paar Tage in der Schweiz und würde mich freuen, wenn ich zurückkomme eine Nachricht von Dir zu finden.

Ich wünsche Dir glückliche Sommertage, Eve

Als sie den einfach nach ihrem intuitiven Gedankenfluss geschriebenen Brief noch einmal liest, freut sie sich, wie gut er ihr gelungen ist. Ihm verzeihen und sich ihm in der Seele so weit öffnen, mehr kann sie nicht tun. Ob er es kapieren wird?

Gespannt und unsicher, wie sie ist, würde sie gern bald seine Antwort erfahren. Ob sie zu viel Vertrauen in die LIEBE hat und er ihren Brief vielleicht benutzt, um sich wieder aufzugeilen und anderen zu erzählen, sie würde sich ihm sogar anbiedern? Oder ob er ihr die Stelle gibt? Und wenn ja, was er dafür von ihr will.

Da das Haus von Tills Vater nur ein paar Straßen vom Wildgarten entfernt ist, springt sie mit neuer Hoffnung aufs Fahrrad, um ihn zum dortigen Briefkasten zu bringen. Je näher sie kommt, desto vorsichtiger wird sie, steigt in der Straße vorher ab, stellt das Fahrrad an eine der Straßenlinden und späht um die Ecke, ob Till nicht irgendwo zu sehen ist. Ihm zu begegnen, will sie unbedingt vermeiden, solange er ihren Brief nicht gelesen hat. Da sie ihn nicht sieht, geht sie raschen Fußes zum Ziel, wirft den Brief ein und geht ebenso rasch wieder zurück. In der Hast übersieht sie eine aus dem Weg ragende Wurzel, stolpert darüber und spürt einen stechenden Schmerz im rechten Knöchel.

Auch das noch! Alles mit Till verbundene scheint tatsächlich ihr Widersacher, ihre negative Herausforderung zur größeren Liebe zu sein. Ob sie das noch lernt, damit gelassener umzugehen? Sie hätte ja auch souverän zum Haus radeln können und selbst wenn er dort gestanden hätte, ihm den Brief lächelnd mit der Bitte überreichen können, ihn möglichst bald zu lesen.

Also, das nächste Mal besser. Hoffentlich ist der Knöchel nur verstaucht, sie hat so viel vor in den nächsten Tagen.

Nach der etwas schmerzvollen Fahrt zurück zum Wildgarten macht sie es sich wieder in ihrer Hängematte bequem und überlegt, ob sie Jakob und Anne, mit denen sie ja zu dritt zelten wollte, mitnehmen oder lieber allein zu Diotima fahren soll. Als sie in sich hineinhorcht, merkt sie, dass sie diesmal lieber allein fahren will. Jakob und Anne sind zwar ihre besten Freunde und kennen auch einige Briefe von Diotima, doch sie hat das Gefühl, sie würden das Gespräch eher stören.

Dann fällt ihr ein, dass sie auch Roland und Katrin versprochen hatte, diesen Sommer noch einmal nach Nowitz zu kommen. Als ihr bewusst wird, dass das so schnell nicht klappen wird, befällt sie Traurigkeit. Dieser Mann ist ihr wirklich in kurzer Zeit sehr lieb geworden. Einige Momente zögert sie, ob sie nicht doch lieber dahin und später einmal zu Diotima fahren sollte. Aber sie verwirft diesen Gedanken, erinnert sich, wie wichtig es ist, dass Frauen nicht alles ausschließlich auf Männer setzen, sondern ihre Gedanken und Verbindungen auch untereinander stärken. So schreibt sie Roland eine SMS, dass sie ihn sehr lieb hat, aber leider in den nächsten Tagen nicht vorbeikommen kann, da Diotima sie eingeladen hat, sie sich danach aber gleich bei ihm melden werde.

Als sie nach dieser Stunde des Nachdenkens Appetit auf einen Apfel bekommt und zum Baum geht, merkt sie erleichtert, dass sich der Knöchel schon wieder besser anfühlt. Mit dem Rucksack voller Äpfel schwingt sie sich wieder aufs Fahrrad und fährt nach Hause. Dort angekommen, schaut sie im Internet nach einer Zugverbindung nach Bern und findet eine sehr günstige Nachtverbindung. Sie beschließt sobald als möglich, vielleicht schon morgen Abend, loszufahren und schickt Diotima gleich eine SMS. Auch Jakob und Anne schickt sie eine, um ihnen mitzuteilen, dass sie kurzfristig zu Diotima verreist und daher ihren gemeinsamen Urlaub verschieben muss.

Ihre Mutter ist zuerst verwundert und auch etwas enttäuscht, als Eve ihr zum Abendbrot den Entschluss zu ihrer Reise verkündet.

„Schade", sagt ihre Mutter, „Ich sehe dich so selten und hätte gerne etwas mehr Zeit mit dir verbracht, jetzt wo du Ferien hast."

„Mutsch, sei nicht traurig. Das mit Diotima brennt mir einfach auf der Seele. Und ehrlich gesagt, hab' ich nach den letzten Gesprächen mit Dad auch keine allzu große Lust, mich hier zu Hause viel aufzuhalten, jetzt, wo er auch Urlaub hat. "

„Na ja, versteh' ich schon." Kurz darauf lichtet sich Mutters Gesicht und sie fährt fort: „Vielleicht auch gut, wenn ich mal wieder mit ihm allein bin. Vielleicht fahren wir auch einfach mal an irgendeinen romantischen Ort, ganz allein, nur wir zwei. Seit wir dich haben, waren wir das selten, eigentlich nie."

„Gute Idee, vielleicht entdeckt ihr dadurch wieder mehr Freude und Neugier aufeinander und findet eine schönere Lösung, als euch scheiden zu lassen."

„Weißt du was, ich spendiere dir die Fahrkarten zu deiner Diotima. Aber pass auf, dass du dich nicht schon wieder in einen neuen Mann verliebst, die Schweizer sollen ja stattliche Kerle sein, zumindest die Garde, die den Papst bewacht."

Aus dem nicht ganz ernsten Lächeln und der lachenden Stimme der Mutter entnimmt Eve, dass sie das nicht moralisch, sondern ganz anders, etwas ironisch, aber auch etwas anerkennend meint. Sie freut sich darüber, gibt ihr einen Kuss auf die Wange und sagt, dass sie nicht genau weiß, wie lange sie bleiben wird. Sie macht die Länge ihres Aufenthaltes bei Diotima davon abhängig, was sich dort so alles Neues und Gutes ergibt. Bis Ende August will sie aber wieder zurück sein.

Freiheit des Lächelns

Den weiteren Abend verbringt Eve damit, ihre Sachen für die Reise zu packen. Der nächste Tag verläuft ohne besondere Ereignisse. Eve nutzt die Zeit, um sich noch einmal alle Briefe Diotimas durchzulesen und so für die Gespräche mit ihr möglichst gut vorbereitet zu sein. Als sie den Brief liest, in dem Diotima von einstigen Priesterinnen berichtete, die ihre Liebeskunst gegen eine Spende für heilige Stätten an Pilger verschenkten, kommt ihr eine verwegene Idee. Warum eigentlich immer nur reden, statt mutig zu experimentieren, ob manches Lebens- und Liebesfördernde der Vergangenheit in neuer Form nicht auch für die Zukunft sinnvoll sein könnte?

Sie packt ein paar Kondome mit in ihren Rucksack und holt einen großen Zeichenblock aus ihrem Schreibtisch. Auf die Pappseite, die sie abtrennt, schreibt sie mit großen Buchstaben:

Will Richtung Bern und
100 Euro für Greenpeace.
Biete dafür eine Nacht mit mir!

Damit ihre Mutter nichts merkt, rollt sie die Pappe ein, geht nachmittags wie geplant zum Zug und fährt damit bis Dresden. In Dresden-Neustadt angekommen, wartet sie jedoch nicht auf den Nachtzug nach Basel, sondern kauft sich in der Bahnhofsdrogerie ein Selbstverteidigungsspray und nimmt die Straßenbahn zur Autobahnauffahrt *Wilder Mann*. Dort rollt sie ihr Plakat aus und stellt sich damit an eine günstige Stelle ...

„Damit, Peter, sind wir am Ende meiner Geschichte angelangt, denn dann bist du aufgetaucht. Wollen wir nicht mal wieder eine Pause machen und noch einen Kaffee trinken? Ist schließlich schon nach Mitternacht und ich bin einerseits innerlich aufgewühlt von all den Erinnerungen, andererseits aber auch etwas müde."

„Gut, dann können wir im Bistro auch entscheiden, wie wir nun mit deinem Angebot umgehen."

Trotz all des Vertrauens, das sie inzwischen zu ihm gewonnen hat, spürt Eve nun doch wieder eine etwas ängstliche Spannung in sich. Ob er ihr jetzt sagt, dass er sie nur weiter mitnimmt, wenn sie ihm jetzt endlich auch praktisch das Versprochene gewährt, statt immer nur über die Einheit von Körper, Seele und Geist zu reden?

Was tun?, denkt sie. Soll ich mich wirklich diesem Mann hingeben, wenn er das will? Wären hundert Euro für *Greenpeace* das wirklich wert? Eve ist angespannt.

Sie atmet dreimal tief durch und erinnert sich an ihre mutige Entscheidung von gestern Nachmittag, als sie mit dem Vorsatz losfuhr, die alten, liebesfeindlichen Gewohnheiten dieser zerstörerischen Welt zu durchbrechen. Sie bricht das Schweigen und fragt: „Also, was denkst du denn zu der Sache?"

„Hm, so ganz sicher bin ich mir da noch nicht. Ich hätte schon Lust, mit dir zu schlafen, aber auf der anderen Seite bin ich verheiratet und …", dann hält er kurz inne. „Ich habe schon oft darüber nachgedacht, wie es wäre, mal mit einer anderen Frau zu schlafen, mich dafür aber irgendwie immer schlecht gefühlt."

Dann schweigt er wieder und rührt versunken in seinem Kaffe.

„O.k.", sagt Eve, einfach, um überhaupt etwas zu sagen. Mit so einer Antwort hatte sie nicht gerechnet. Was will er denn nun? Und was will ich überhaupt? Irgendwie nervt sie die ganze Geschichte schon fast. Dann aber erinnert sie sich an die innere Stimme. Sie atmet wieder tief durch, lehnt sich zurück und versucht sich zu entspannen. Ihre Gedanken wuseln förmlich vor ihrem inneren Auge: Was tun? Was sollte ich tun? Was wäre richtig? War die ganze Idee vielleicht vollkommen daneben? Sich einem wildfremden Mann hingeben? Ist es Angst, die mich jetzt unsicher macht? Aber irgendetwas muss ich doch für eine liebevollere Welt tun!

Dann aber spürt sie, hinter dem ganzen Gewusel, eine Art Ruhe, fast eine Form von Gewissheit. Sie bemerkt, wie sich ihre Gedanken langsam beruhigen und wie die feine innere Freude wieder in ihr erwacht. Es ist alles genau so richtig, wie es jetzt ist, denkt Eve. Dann wendet sie sich Peter zu, lächelt ihn an und sagt: „Weißt du was? Ich glaube, du hast recht. Vielleicht sollten wir den Sex einfach lassen. Ich bin eben auch unsicher geworden und ehrlich gesagt, habe ich mir die ganze Sache leichter vorgestellt. Ich meine, ich finde dich nett, aber ich kenn' dich kaum und … Könntest du damit leben, wenn wir das mit den Hundert Euro einfach lassen und du mich so mit nach Bern nimmst?"

Peter, der aufmerksam zugehört hat, nickt spontan. Dann sagt er: „Wahrscheinlich ist das die beste Lösung. Mir ist meine Frau wirklich wichtig und ich glaube, ich würde ihr gerne von deiner Geschichte erzählen. Wer weiß, vielleicht geht es ihr ja ähnlich? Vielleicht hat sie auch manchmal Lust auf andere? – Wobei ich gar nicht weiß, ob ich das wissen will – Na ja, darüber kann ich mir später noch Gedanken machen. Vielleicht bleiben wir aber trotzdem in Kontakt. Mich würde schon interessieren, wie deine Geschichte weitergeht."

Eve freut sich über diese unerwartete Wendung der Dinge. „Das ist eine gute Idee. Ich geb' dir nachher dann noch meine Emailadresse."

Als Eve vormittags gegen zehn in Bern aussteigt und sich mit einem sanften Kuss auf die Wange von Peter verabschiedet, empfängt sie ein bereits warmer Sommertag. Obwohl sie noch nie in der Schweiz war und daher auch neugierig darauf ist, etwas von Land und Leuten zu sehen, verweilt sie nicht lange. Sie schaut sich die Umgebung des Bahnhofs an, empfindet kaum einen Unterschied zu deutschen Städten und sucht den Busbahnhof. Mit Freude entdeckt sie, dass ein Bus der Linie 6 abfahrbereit steht, und steigt ein.

Als sie bezahlen will, wird ihr bewusst, dass die Schweiz kein Euroland ist und sie vergessen hat, Geld einzutauschen. Der Busfahrer wirkt auch nicht gerade besonders entgegenkommend, denkt Eve. Aber wenn sie jetzt erst irgendeine Bank sucht, ist der Bus vermutlich weg. Da erinnert sie sich an Diotimas Rat, auch in scheinbar ausweglosen Situationen nicht den Mut der Liebe zu verlieren. Sie ruft in sich Erinnerungen an das Gefühl universeller LIEBE wach und lächelt den Fahrer an. Sagt, dass sie dringend eine für sie wichtige Lehrerin besuchen muss und ob sie nicht ausnahmsweise in Euro bezahlen darf.

Sie spürt, wie der Fahrer, ein drahtiger, rothaariger Mann Mitte Vierzig, mit sich ringt, ehe er zurücklächelt und sagt, dass Ausnahmen ja die Regel bestätigen. Er fragt sogar, wo ihre Lehrerin denn wohnt.

„In Kitzberg, da ist auch das berühmte *Institut Sofia Philos* zur Erforschung der Zukunft der Liebe."

„Sofia Philos?" Der Fahrer scheint sich nicht sicher, ob sie ihn auf den Arm nehmen will.

Sie lässt ihm diese Verunsicherung und fügt lächelnd hinzu: „Vielleicht heutzutage noch nicht so berühmt, aber in Zukunft bestimmt. Außerdem: Prophetinnen gelten ja im eigenen Lande nichts."

Der Fahrer wirkt verwirrt. Mit leicht ironischer Stimme fragt er dann: „Und was wird da genau gemacht?"

Eve bleibt im Ton fröhlichen Überschwangs: „Keine Ahnung, ich war auch noch nie da, aber ich habe lauter Fragen an die Gründerin, da ich selber etwas Ähnliches aufbauen will. Aber wenn es Sie interessiert, können Sie mir einfach ihre Handynummer geben und ich schreibe Ihnen eine SMS, ob es was Spannendes zu sehen gibt und wann es einen Tag der offenen Tür gibt."

Der Fahrer schaut sie etwas ungläubig an und sagt dann aber: „Abgemacht, aber jetzt müssen wir losfahren. Ich sag' Ihnen Bescheid, wenn wir kurz vor Kitzberg sind."

„Danke für ihr nettes Entgegenkommen."

Nach circa vierzig Minuten ruft der Busfahrer, dass sie gleich in Kitzberg seien. Mit nochmaligem Lächeln zu ihm steigt Eve aus, schaut nach der Kirche und nach dem Zeichen für den Wanderweg und folgt diesem bis zum Ortsrand. Schon von Weitem erblickt sie einen größeren Bauernhof, der sich durch die fast bunt anmutenden Gebäude von anderen Höfen ringsum deutlich unterscheidet. Das Schild bestätigt ihr, dass sie da ist.

Als sie den Hof betritt, ist es gegen Elf. Drei kleine Kinder planschen in einem Wasserbecken und beäugen sie neugierig. Eve fragt, wo sie Diotima finden kann. Die Kinder lachen.

„So jemand gibt es hier nicht", sagt das größere Mädchen. Eve ist verwundert, fragt dann aber nach der Leiterin des Instituts.

„Ach, Doris meinst du! Die ist bestimmt in ihrem Büro, dort oben im größten Haus."

„Danke", sagt Eve, lächelt die Kleinen an und geht weiter.

Im Eingangsbereich des besagten Hauses hängen Fotos aus allen Teilen der Erde. Auf allen Bildern sind vor allem Frauen zu sehen – mit Kindern, in Gärten, aber auch tanzend und Männer umarmend. Dann entdeckt sie ein Schild mit der Aufschrift *Büro*, welches die Treppe hochweist, und folgt diesem nach oben.

Dort angekommen, klopft Eve, hört ein freundliches „Herein" und betritt einen Raum, der wie eine Mischung aus Bibliothek, Computerkabinett und Kunstausstellung wirkt. Vom Schreibtisch am Fenster erhebt sich behände eine Frau mit halblangen schwarzen Haaren und braunen, strahlenden Augen. Sie sieht etwas asiatisch aus. Vielleicht hat sie einen indischen Elternteil. Ihr Alter kann Eve nicht schätzen, irgendwie wirkt sie fast zeitlos. Ihr lebendiges Mienenspiel lässt sie jung erscheinen, die vielen Fältchen im Gesicht verraten jedoch gelebte Jahre.

„Ich bin Eve", sagt sie und weiß ansonsten nicht so recht, wie sie sich verhalten soll.

„Und ich bin Diotima, im bürgerlichen Leben auch Doris, was ich ganz vergessen hatte, dir zu schreiben", lächelt diese ihr entgegen und nimmt sie dann einfach in den Arm. „Schön, dass du so schnell herkommen konntest. Möchtest du einen Tee oder etwas zu essen? Ich mache jetzt einfach Pause und zeig dir erst einmal unser kleines Paradies."

„Was hast du denn gerade gemacht? Und wie soll ich dich nennen, Doris oder Diotoma?"

„Beide Namen gefallen mir, also nimm einfach den, der dir besser gefällt. Ich schreibe an einem Buch über die Philosophien der Liebe, diesmal aber ein nicht so sehr wissenschaftliches, sondern vielmehr abenteuerliches. Da das Thema anderer, weniger männlich-rational-dominierter Lebensweisen in der offiziellen Wissenschaft eh kaum Platz findet, braucht man auch deren oft unnötig sterile Ausdrucks-formen nicht fortzusetzen und kann neue, lebendigere Formen erfin-den."

„Schöne Idee! Wann wird das Buch denn fertig? Das würde ich auch gerne lesen."

„Ich hoffe noch in diesem Jahr. Aber komm', lass uns erst einmal losgehen. Wolltest du etwas essen oder trinken? Ansonsten haben wir auch ganz leckere Himbeeren, Brombeeren und Äpfel im Garten und den wollte ich dir sowieso zeigen."

„Das hört sich gut an."

Als sie aus dem Hof in Richtung der Felder und Wälder gehen, kommen sie in einen Garten, der Eve spontan an den Waldgarten erinnert, den sie im Nowitzer Gut gesehen hat. Sie erzählt Diotima davon und tatsächlich, auch das hier ist so ein Versuch, modernen Gartenbau mit der Kraft der Wildnis zu verbinden. Sie suchen sich einen Platz, wo viele reife Himbeeren und Brombeeren an den Büschen hängen. Nachdem sie genug davon haben, gehen sie weiter. Eve sieht ein paar Schafe mitten zwischen den Bäumen und fragt, ob die auch zu ihnen gehören.

„Ja, das sind Milchschafe, die ersparen uns nicht nur das Gras-mähen, sondern schenken uns jeden Morgen ein paar Tassen frische Milch."

„Kann ich die morgen früh auch mal melken?"

„Warum nicht, hast du das schon mal gemacht?"

„Nein. Aber ich würd's gern können."

„Macht nichts, ist leicht zu lernen, können wir morgen früh zusam-men machen."

Plötzlich klingelt ein Handy, offenbar Diotimas, denn Eve hat ihres im Haus gelassen.

Nachdem Diotima ein Eve unbekanntes Gerät aus der Tasche ihres Kleides geholt hat und kurz etwas anschaut, bemerkt Eve, die sich vorgenommen hat, keine ihr einfallende Frage unausgesprochen zu lassen: „Was ist denn das für ein Teil? Sieht ja irre aus."

„Ein neues Mobiltelefon, das zugleich internetfähiges Mininotebook ist. Man kann die Zeit nicht zurückdrehen und das will ich auch gar nicht", antwortet Diotima lachend. „Das kleine Ding macht Dinge möglich, die früher undenkbar waren. Ich kann hier in der Natur sein und trotzdem weltweit mit Menschen kommunizieren und Informationen austauschen. Klar ist die moderne Welt oft hektisch und es fehlt ihr an Naturverbundenheit, aber wenn man alles Moderne ablehnt und nur Dinge benutzt, die früher benutzt wurden, hilft das wohl nur begrenzt, um die Probleme unserer Gegenwart zu lösen."

Als sie bemerkt, dass Eve es verstanden hat, fährt sie fort:

„Ähnlich ist es mit dem Verhältnis von Lokalität und Globalität. Bisher war es so, dass nur eines von beiden wirklich ging, entweder man lebte in einer lebendigen, dörflichen Gemeinschaft oder in einer mehr oder weniger anonymen Stadt. Diese Spaltung führte dazu, dass die vorwiegend großstädtisch denkenden Wirtschafts-, Wissenschafts- und Politikleute viele gutgemeinte Projekte, Gesetze und Techniken förderten, die den Menschen vor Ort, zum Beispiel in Afrika, nicht wirklich geholfen haben, sondern oft sogar neue, größere Probleme erzeugten. Wenn in Afrika heute superreiche Stammeshäuptlinge mit modernsten Waffen Kriege gegeneinander führen oder wenn die Bevölkerung so schnell wächst, dass sie in vielen Gebieten die letzten Bäume abholzen und sich nicht mehr selbst ernähren können, so sind das sehr unschöne Dinge. Vieles davon hätte man verhindern können, wenn diejenigen, die mit vielleicht guten Absichten Gelder dort hingeschickt haben, nicht nur technisch, sondern auch sozialökologisch oder ganzheitlich gedacht hätten.

Andererseits ist der Horizont einer dörflichen Gemeinschaft nicht nur technisch, sondern auch oft soziokulturell zu begrenzt, um ihn zu idealisieren. Man ist meist auf die Personen vor Ort und deren traditionelle Moralnormen beschränkt, was oft damit einhergeht, dass die Dorfbewohner alles andere als feindliche Bedrohung wahrnehmen. Daraus entstanden und entstehen noch immer Stammeskriege selbst unter den natürlichsten Völkern.

Daher ist es gut und sinnvoll, wenn Lebens- und Wirtschafts-
formen entstehen, die lokale Verbundenheit zwischen Menschen und
Natur einerseits und globale Kommunikation andererseits integrieren. Wie zum Beispiel hier auf einer dörflichen Wiese mitten unter
Milchschafen eine SMS aus den USA empfangen. Das war nämlich
Sally aus New York, die mir eine wichtige Email angekündigt hat.
Mit ähnlich denkenden und fühlenden Menschen weltweit, darunter
sind Wissenschaftler, Handwerker, Unternehmer, Künstler und
sogar Politiker, sind wir dabei, eine neue weltweite Kommunikationsplattform zu entwickeln, die Ideen, Gefühle und vor allem Menschen für eine liebevollere Zukunft auf möglichst lebendige Weise
verbindet – eine Integration von Methoden des Webfernsehens,
direkter Kommunikation, interaktiver Spiele und manches mehr. Sie
will mir das bei einem dortigen Brainstorming weiterentwickelte
Konzept schicken."

„Sehr spannend. Wenn ich etwas Glück habe, mache ich ab September einen Job, wo es um so was Ähnliches geht. Vielleicht können
wir dann ja richtig zusammenarbeiten."

„Warum nicht. Momentan suchen wir nach einem optimalen Wort
oder einem Slogan, der ausdrückt, was wir machen und wofür wir
kämpfen und womit wir dann auch eine größere Öffentlichkeit
ansprechen können. Vielleicht fällt dir ja was ein", sagt sie und
schaut Eve herausfordernd aber freundlich an.

„Wow, so spontan weiß ich nichts."

„Es gibt einen Satz von Meister Eckhart, der wäre von der Intention
her geeignet – nur leider sind seine Worte für die heutige Zeit wohl
etwas zu veraltet."

„Was sagte er denn?"

„Er sagte: Gott ist der Ursprung und ist Lust und Liebe."

„Ich verstehe, was du meinst, obwohl er echt schön ist." Dann
bemerkt Eve, wie ihre innere Freude förmlich in ihr hochsprudelt. Sie
läuft ein Stückchen vor, zur Kante des kleinen Hügels, der eine
natürliche Grenze des Wildgartens bildet, lässt sich ins Gras fallen
und kugelt sich hinunter.

Unten angekommen, bleibt sie liegen, streckt Arme und Beine aus
und lächelt in die Sonne. Dann sieht sie, wie Diotima oben auf dem
Hügel steht und zu ihr runter schaut. Es wirkt, als würde sie kurz
zögern und sich umschauen, ob auch niemand sonst in der Nähe ist.
Dann, zu Eves Erstaunen, tut sie es ihr gleich und kugelt sich eben-
falls den kleinen Hügel hinunter und kommt unweit von Eve entfernt zum Liegen. Als Diotima dann ihren Kopf zu Eve dreht und die

beiden Frauen sich in die Augen schauen, fangen beide wie kleine Mädchen an zu kichern.

Als sie sich dann wieder auf den Weg machen und eine Weile selig schweigend durch die Wiesen gelaufen sind, sagt Diotima: „Weißt du Eve, ich freu' mich sehr, dass du her gekommen bist und dass es dich gibt. Trotz all meines Wissens fehlt mir manchmal etwas von dieser spontanen Lebensfreude, die dich so durchströmt. Die ständigen Widerstände der patriarchalen Welt gegen das neue Wissen der Liebe haben mich in all den Jahren doch etwas abgestumpft. Bewahre dir deine Spontanität, denn ohne diese lebendigen, frei aus dem Herzen fließenden Impulse der Liebe nützt alles Wissen wenig.

Dabei fällt mir ein, ich wollte von den modernen neurobiologischen Erkenntnissen erzählen, die es nachvollziehbar machen, wie die freie Spontanität der Liebe und das besondere Lächeln entstehen. Komm, lass uns zurückgehen und einen Tee machen. Dann versuche ich mal, es zu rekapitulieren."

Diotima führt Eve diesmal nicht in ihr Büro, sondern in ihre Wohnung. Unterwegs fragt Eve: „Wie lebst Du eigentlich persönlich, ich meine, was Männer betrifft?"

„Da habe ich noch nicht die letzte Weisheit gefunden, aber vielleicht gibt es die ja auch nicht", sagt Diotima lächelnd und Eve wundert sich wieder über diese Leichtigkeit, die Diotima ausstrahlt. „Solange meine beiden Kinder klein waren, habe ich mit ihnen und ihrem Vater relativ eng zusammengelebt. Als die Kinder nicht mehr diese Geborgenheit brauchten, das Feuer der Liebe zwischen mir und ihrem Vater nicht mehr so intensiv war und unsere Unterschiede, die uns früher inspirierten, uns im Laufe der Zeit eher auf die Nerven gingen und langweilten, haben wir uns in gewisser Weise voneinander getrennt."

Eve horcht auf, als sie *in gewisser Weise* hört und fragt, was sie denn damit meine.

„Mit *gewisser Weise* meine ich, dass wir auch vorher nicht verheiratet waren. An einem gewissen Punkt haben wir einfach beschlossen, die relativ starke Nähe zwischen uns aufzulösen, wobei wir aber unsere Freundschaft und auch unsere erotische Verbindung nicht ganz aufgeben wollten. Das, was in all den Jahren zwischen uns gewachsen war, gemeinsame Erlebnisse, seelische Vertrautheit, Kinder und auch gegenseitige Entwicklungsanstöße – das alles war uns viel zu wertvoll, um es einfach für null und nichtig zu erklären. Obwohl nun hunderte Kilometer zwischen unseren Lebensorten liegen und wir uns nur ein- oder zweimal im Jahr sehen, sind wir weiterhin beste Freunde und holen gegenseitig beieinander Rat ein."

„Und seitdem?"

„Na ja, keusch bin ich danach nicht geworden", sagt Diotima und lacht herzlich. „Ganz im Gegenteil. Ich habe dann sehr bald ein neues Gegenüber gefunden. Mit dieser neuen großen Liebe habe ich eine wunderbar inspirierende Phase meines Lebens verbracht. Zehn Jahre lang haben wir relativ eng zusammen in einer Wohnung gelebt. Ja, wir haben uns richtig geliebt. Dann aber schien das Feuer der gegenseitigen Anziehung und gemeinsamen Entwicklung mehr und mehr zu versiegen, und so haben wir uns dann getrennt."

„Und bist du auch mit diesem jetzt noch befreundet?"

„Ja, auch mit ihm verbindet mich weiterhin eine räumlich-ferne, doch seelisch vertraute Freundschaft."

„Und dann hast du dir wieder eine neue große Liebe gesucht?"

„Nein, nach diesen zwei jeweils sehr engen Liebesbeziehungen habe ich eine andere Form des Lebens gewählt. Ich verliebe mich zwar hin und wieder ganz gerne mal, aber seitdem habe ich keine so enge Beziehung mehr daraus gemacht", sagt Diotima mit vielsagendem Blick und lächelt Eve irgendwie mädchenhaft zu. Dann fährt sie fort: „Es gibt immer wieder Phasen, wo mich ein Mann stark anzieht und wir eine Zeit lang intensiver zusammen sind. Dann folgen wieder Phasen, wo meine volle Aufmerksamkeit in ein Buchprojekt, eine Forschungsreise oder Ähnliches fließt."

„Fühlst du dich nicht manchmal einsam?", fragt Eve genauer nach.

„Nein, eigentlich überhaupt nicht. Ich hab' ja dieses Projekt hier zusammen mit Freundinnen gegründet und habe so geistige Resonanz und auch seelische Vertrautheit täglich um mich, verstehst du?"

Eve nickt, überlegt einen Moment und entscheidet sich dann, Diotima gegenüber auch ganz offen zu sein: „Bei meinen Eltern scheint seit Jahren irgendwie die Luft raus zu sein. Was denkst du? Ist es überhaupt möglich, dass Liebe zu zweit lebenslang lebendig bleibt?"

„Ich glaub' schon, dass es sowas gibt, scheint nur nicht so oft der Fall zu sein. Jedenfalls meiner Erfahrung nach. Ich glaube, dass das aber an der Art und Weise liegt, was man hierzulande so unter Ehe versteht bzw. meint damit erfüllen zu müssen."

„Wie meinst du das?"

„Nun, ich hatte dir doch in einem meiner Briefe erzählt, wie sich die moderne westliche Eheform geschichtlich herausgebildet hat. Die Ehe ist geschichtlich betrachtet ja so etwas wie ein Zweckbündnis gewesen – eine Mischung aus Liebe mit den Zwecken von Elternschaft, Status, hauswirtschaftlicher Versorgung, gesicherter Erbschaft usw. Heute aber reicht den Menschen ein bisschen Liebe meist nicht mehr aus. Wenn die Liebe also aus was auch immer für Gründen nachlässt oder von den ganzen *Eheregeln* eingezwängt und erstickt wird, kommt es zum Problem und nicht selten zu Trennung."

„Bei meinen Eltern wirkt es oft nur noch wie Gewohnheit. Meine Mutter meinte, dass das früher wohl anders war", sagt Eve. „Ich finde eigentlich die Form der Beziehung ziemlich zweitrangig, also ob nun verheiratet oder nicht ist doch lange nicht so wichtig wie wahrhaftige und offenherzige Liebe. Ich will jedenfalls nicht so stumpf nebeneinander her leben."

„Das verstehe ich gut", entgegnet Diotima. „Hast du im Moment eine Beziehung?"

„Ja, schon, aber die ist noch nicht so richtig gefestigt, würde ich sagen." Dann überlegt Eve kurz und fügt noch hinzu: „Was denkst du über eine Liebesbeziehung zu dritt oder viert, hältst du so etwas für möglich?"

„Warum nicht. Wobei man sicher unterscheiden muss, ob es nur ein Übergang oder eine langfristige Liebesbeziehung werden soll. Wenn eine Zweierbeziehung sich ihrem Ende zuneigt und eine neue schon in der Tür steht, da gibt es oft Phasen, wo man noch mit dem bisherigen Partner verbunden ist und auch schon mit dem neuen. Aber meist endet dieser Übergang nach einigen Monaten und es wird wieder eine klassische Zweierbeziehung daraus. Langfristige Mehrfachbeziehungen sind jedoch eine ganz andere Sache. Hab' dir ja auch schon geschrieben, dass es solche in anderen Kulturen durchaus öfter gab und gibt.

Ich nehme aber an, dass es dir jetzt nicht darum geht, eine dieser alten Formen wieder aufleben zu lassen, sondern du dich fragst, wie man heute eine Beziehung zu dritt oder zu viert sinnvoll gestalten kann?"

„Ja genau", entgegnet Eve spontan. „Kennst du gelungene Beispiele dafür?"

„Ja, ich kenne zwar nicht viele, doch einige Beispiele. Die Dreier- oder Vierer-Gespanne, die ich kenne und schon über Jahre zusammen sind, machen sogar einen außergewöhnlich glücklichen Eindruck. Ich kenne allerdings mehr Beispiele, wo solch eine komplexere Form der Liebesbeziehung zwar angestrebt wurde, es dann aber doch nicht geklappt hat."

„Hast du eine Idee, woran die gescheitert sind?"

„Ich denke, das liegt hauptsächlich daran, dass es in unserer Gesellschaft bisher kaum Normen und Muster für solche erweiterten Liebesbeziehungen gibt. Obwohl es in den letzten Jahren ja auch zunehmend Bücher und Filme zu diesem Thema gab, aber das reicht wahrscheinlich nicht aus, um sich gegen die herrschende Moralvorstellung durchzusetzen. Das Problem ist wohl auch, dass man bei so einem Vorhaben nicht nur seine eigenen Ängste überwinden muss, sondern sich dann auch noch mit Verurteilung im Bekanntenkreis usw. auseinander setzen muss."

„Ich kann diese Leute nicht leiden, die mit dem Finger auf andere zeigen und so tun, als ob es eine einzige und richtige Lebensweise gibt. Zum Kotzen! Zumal ich oft den Eindruck habe, dass besonders die, die mit dem Finger zeigen und lästern, selbst total unzufrieden sind und wahrscheinlich einfach nur zu feige sind, ihren Traum zu leben."

„Hui", entgegnet Diotima und geht ein Stück zurück. „Das scheint dir ja ganz schön nahe zu gehen."

Eve nickt und sagt erst mal gar nichts. Dann aber geht Diotima weiter darauf ein: „Die heutige Gesellschaft basiert leider vor allem auf den Normen der Selbstbehauptung und Konkurrenz. Was dann eben dazu führt, dass Menschen sich die ganze Zeit vergleichen und in Form von *Ich bin besser* oder *Ich bin schlechter als du* denken. Solidarität und liebevolles Mitgefühl gibt es zwar auch, aber für meine Begriffe eindeutig zu wenig. So kreativ, produktiv und sinnvoll eine gewisse Konkurrenz auch ist – Gesellschaften, in denen Konkurrenz, also egozentrisches *Ich-Denken* und reiner Individualismus über Liebe und Solidarität triumphieren, werden wohl nicht mehr lange überleben, denn ihre kurzfristigen und einseitigen Interessen zerstören offensichtlich auch ihre eigenen Lebensgrundlagen, wie man an unserer gegenwärtigen Umweltsituation ja gut erkennen kann. Da kümmert sich jeder zu sehr nur um sein eigenes Wohl und sieht gar nicht, wie viel anderes Leben auf der Erde dadurch verhungert oder erstickt."

„Ich frag' mich, wie das jemals anders werden soll", sagt Eve und gibt so ihrer Verzweiflung Ausdruck. „Ich würde so gerne mehr dafür tun, dass sich das ändert, aber weiß ehrlich gesagt manchmal gar nicht, was ich da als Einzelperson überhaupt bewirken kann."

„Hey, nun wirf mal nicht die Flinte ins Korn", sagt Diotima und legt ihren Arm um Eve. „Ich kenne das Gefühl selbst nur allzugut: Da sieht man diesen riesigen Berg vor sich, der anscheinend von A nach B soll und kommt sich so klein und unbeholfen vor. Man ist aber nie alleine, liebe Eve. Wichtig ist vor allem, auf seine innere Stimme zu hören und dieser zu folgen. Wenn deine also zum Beispiel sagt, dass du etwas für eine liebevollere Gesellschaft tun willst, dann tue es einfach. Egal, was andere sagen und egal wie aussichtslos es vielleicht manchmal erscheinen mag. Genau darauf kommt es nämlich an, auf Menschen, die trotz der sie umgebenden alten Normen ausreichend Sehnsucht und Mut dazu haben, neue Lebens- und Liebesformen zu entwickeln. Eine neue menschliche Welt entsteht ja nicht einfach so, sondern letztlich nur durch Menschen, die sie verwirklichen."

„Das stimmt!", freut sich Eve und ist glücklich darüber, dass sie selbst schon mitten in solch einem kleinen Zukunftsexperiment steckt.

Inzwischen sind sie in Diotimas Wohnung angekommen. Wie schon außen am Haus, fallen ihr auch hier die warm anmutenden Farbtöne der Wände auf.

„Wie magst du grünen Tee? Mit Honig oder vielleicht mit frischer Johannisbeermarmelade?"

„Mit Marmelade?", wundert sich Eve. „Das kenne ich gar nicht. Lass mich das versuchen."

Solange Diotima in der Küche ist, bewundert Eve die aus verschiedenen Materialien gefertigten weiblichen Figuren, die überall im Wohnzimmer auf Schränken und Regalen stehen, sitzen oder liegen. Einige Figuren stellen auch die Umarmung zwischen Mann und Frau dar. Obwohl die Figuren in Stil und Form kaum unterschiedlicher sein könnten, so ist ihnen doch eins gemein: Sie scheinen alle eine Art Wonne auszustrahlen.

„Die habe ich auf meinen Forschungsreisen gesammelt", hört Eve plötzlich Diotima hinter sich. „Aber lass uns Tee trinken und ich beginne einfach zu erzählen. Du kannst mich ja einfach unterbrechen, wenn du mehr wissen willst."

„Na dann los."

„Vielleicht hast du etwas von den Diskussionen zur Frage der Freiheitsfähigkeit des Menschen gehört – ausgelöst durch neurobiologische Experimente wurde sehr intensiv darüber diskutiert, ob der Mensch überhaupt fähig ist, frei zu denken und zu handeln."

„Ja, ich erinnere mich, dass wir im Philosophieunterricht darüber gesprochen haben, aber es erschien mir ehrlich gesagt nicht sehr spannend."

„Kein Wunder, so trocken und lebensfern wie das Thema von den werten Forschern vorgetragen wird", sagt Diotima mit zusammengekniffenen Lippen und in einem Tonfall, als hätte sie eine zu enge Krawatte um den Hals. Eve muss lachen. Dann fährt Diotima wieder ernster fort: „Bei dem Streit geht es jedenfalls darum, ob Menschen wirklich eigene freie Entscheidungen treffen können oder ob wir uns die *Freiheit* nur einbilden und alles durch unbewusste Hirnprozesse gesteuert wird."

„Das ist ja absurd", meint Eve.

„Ja. Einige Neurobiologen ziehen aufgrund von neueren Experimenten die Schlussfolgerung, dass das Gefühl der Freiheit nur eine Illusion oder Selbsttäuschung ist. Denk- und Bewusstseinsprozesse würden unsere Handlungen nur begleiten, nicht verursachen.

Einige Philosophen wehren sich nun dagegen und berufen sich dabei unter anderem auf Kants Argument, dass naturwissenschaftliche Gesetze und menschliche Freiheit zwei ganz verschiedenen Dimensionen der Wirklichkeit angehören. Oder sie berufen sich auf die moderne Quantenmechanik, die erkannt hat, dass man nur die Geschwindigkeit oder den Aufenthaltsort eines Teilchens, nicht jedoch beides zugleich bestimmen kann. So richtig befriedigend sind diese Argumente aber nicht, denn sie erklären nicht, ob und warum wir trotz aller unbewussten neurobiologischen Prozesse frei sein können. Ich habe vor einiger Zeit eine nach meinem Gefühl stimmigere Antwort dazu gefunden. Dazu angeregt hat mich ein berühmter Philosoph, und zwar Hegel, von dem hast du bestimmt schon mal gehört. Seinen schönsten Satz dazu will ich dir gerne mal vorlesen." Ditotima steht kurz auf, geht zu einem ihrer riesigen Bücherregale und holt ein offenbar sehr altes Buch, aus dem sie dann auch gleich anfängt zu zitieren:

> Das Denken der Notwendigkeit ist die Auflösung jener Härte; denn es ist das Zusammengehen Seiner im Anderen mit sich selbst, – die Befreiung, welche nicht die Flucht der Abstraktion ist, sondern in dem andern Wirklichen, mit dem das Wirkliche durch die Macht der Notwendigkeit zusammengebunden ist, sich nicht als anderes, sondern sein eigenes Sein und Setzen zu haben. Als für sich existierend heißt diese Befreiung Ich, als zu ihrer Totalität entfaltet freier Geist, als Empfindung Liebe, als Genuss Seligkeit.

Da es Eve offensichtlich schwer fällt, diesen dichtgepackten Satz ad hoc zu verstehen, erläutert Diotima ihn: „Ist das nicht Liebe zur Weisheit im besten Sinne des Wortes Philo-Sophie? Die lebendige Erkenntnis, dass wirkliche Freiheit nur dann entsteht, wenn man mit anderen verbunden ist, wenn man Liebe spürt und die dabei entstehende Seligkeit genießt? Dieser schöne alte Gedanke wird durch modernste Erkenntnisse über die neurophysiologischen und psychischen Funktionen des Herzens bestätigt. Davon hatte ich dir in einem meiner ersten Briefe schon mal kurz berichtet, nun ist es Zeit, es zu vertiefen. An sich bemerkt fast jeder hin und wieder, dass das Herz nicht nur eine Pumpe ist. So reagiert das Herz bei Angst oder intensiver Freude mit starkem Klopfen, es lässt uns aber auch Sehnsucht spüren. Umgekehrt beeinflussen die Prozesse des Herzens den ganzen Menschen. Man hat herausgefunden, dass Menschen, denen wegen unheilbarer Herzkrankheit das Herz eines anderen eingepflanzt wurde, dann auch Erinnerungen und Gefühle des anderen spüren bzw. Charaktereigenschaften des anderen annehmen.

Wie auch schon mal geschrieben, zeigen moderne Erkenntnisse und Messungen, dass vom Herzen, im Vergleich zu allen anderen Organen, die stärksten elektromagnetischen Schwingungen ausgehen, welche die Herzfunktionen des einzelnen nicht nur mit seinem ganzen Körper, sondern vermutlich auch mit dem ganzen Universum abstimmen. Das Herz und seine universelle Wechselwirkung, die man auch universelle Liebe nennen kann, hat also einen sehr starken Einfluss auf unser Denken und Fühlen. Allerdings kann diese innere Stimme der Liebe von anderen Emotionen, von Angst oder schlechten Denkgewohnheiten auch blockiert werden.

Das Problem ist, dass die Wechselwirkungen zwischen der Weisheit des Herzens und den anderen Hirnstrukturen, die unser Verhalten regeln, vor allem in der frühen Kindheit und in der Adoleszenz, also ungefähr in deinem Alter, geprägt werden. Je nach der Intensität der Liebe oder dem Mangel an Liebe, der uns umgibt, bilden sich in der frühen Kindheit grundlegende Nervenverbindungen und damit auch Charaktereigenschaften, die im späteren Leben nur noch schwer veränderbar sind. In der Adoleszenz entstehen daraus, bei dafür günstiger Umgebung, dann für das Menschsein entscheidende Gefühlsfähigkeiten wie zum Beispiel Sehnsüchte nach universeller Liebe oder nach tieferem Lebenssinn. Wenn sie in dieser Phase nicht entwickelt werden, dann entstehen sie meist auch im späteren Leben nicht mehr. Dann bilden sich vielleicht noch Gedankenkonstrukte oder Ideologien, aber diese haben meist keinen Bezug zu den in jenen Jahren verschütteten Energien des Herzens.

Im positiven Fall entsteht in den genannten Lebensphasen eine neurobiologische Brücke zwischen den vorderen Stirnlappen und den Nervengeweben des Herzens. Daraus bildet sich der Hirnbereich, den die Inder das *Höchste Chakra* oder *Operatorchakra* nennen. Die Entwicklung der Vernunft-, Beziehungs- und Liebesfähigkeit eines ganzen Lebens hängt also in starkem Maße zuerst von der liebevollen Geborgenheit des Säuglings ab und später davon, welchen Lebenssinn und welche Liebesdimensionen der junge Erwachsene in seinem Umfeld erleben und in sich aufnehmen kann."

„Dann hängt es vielleicht auch damit zusammen, dass ich in den letzten Monaten so eine Sehnsucht danach habe zu verstehen, was ich auf dieser Welt soll und wie ich möglichst viel Liebe in mir und um mich herum fühlen kann?", wirft Eve ein. „Dann wäre es doch sehr wichtig, dass gerade Jugendliche neben all dem anderen Wissen auch viel mehr davon erfahren, was Liebe ist und wie diese in ihnen und um sie herum funktioniert?"

„Ja, die Sehnsucht ist dein subjektives Erleben davon, dass sich diese komplexen Sinn- und Gefühlsstrukturen in dir ausprägen wollen. Es ist leider wirklich traurig, dass Jugendliche in unserer so wissenschaftlichen Kultur so wenig über diese Wechselwirkungen zwischen sich und dem Universum lernen. Frühere Kulturen hatten meist besondere Rituale, um die jungen Menschen in diesen sensiblen Entwicklungsphasen in die größeren Zusammenhänge der Welt einzuweihen. Aber was heute, mit Konfirmation oder Jugendweihe, davon übrig geblieben ist, scheint meist nur ein geselliger Tag zu sein, an dem es sich mehr um Geld und Dinge als um Sinn dreht.

Es gibt mit moderner Computertomographie gemachte Aufnahmen der vorderen Stirnlappen, die auf erschreckende Weise zeigen, wie sehr sich die Entwicklung dieser höchsten Hirnbereiche je nach Umfeld unterscheiden kann. Bei Jugendlichen, die mit ausreichend Liebe und mit vielen Impulsen für ihre Sehnsucht nach Lebensgefühl und Lebenssinn aufwachsen, sind diese Hirnbereiche voll ausgebildet. Bei Jugendlichen, die in Not oder Krieg aufwachsen, aber auch bei denen, die mit wenig Liebe und ohne fühlbaren Lebenssinn heranwachsen, fehlen ganze Areale dieser Hirnregionen, die das Gefühl des Herzens mit der Fähigkeit zum umfassenden Gedanken verbinden."

„Das ist ja echt schade", sagt Eve mit trauriger Stimme. „Es wäre so wichtig, dass sich das ändert. Was sollen all die Bemühungen um

Umwelttechnik, wenn Menschen nicht mit der Natur und anderen Menschen mitfühlen können? Aber was hat das nun mit Freiheit und Lächeln zu tun?"

„Kommst du nicht allein darauf? Das echte Lächeln ist der spontane, nicht verfälschbare äußere Ausdruck davon, dass ein Mensch nicht Ängsten oder egozentrischen Wünschen ausgeliefert ist, sondern sich in umfassender und intensiver Liebe befindet."

„Das verstehe ich. Aber wieso ist man dann frei?"

„Auch nicht schwer zu verstehen. Wie alle menschlichen Emotionen organisiert sich auch Liebe – das Zusammenfühlen im Anderen mit sich selbst – durch ein kompliziertes Zusammenspiel von Hormonen und Neuronen. Der dabei stattfindende Informationsaustausch zwischen dem eigenen Organismus und dem anderer Menschen, Lebewesen oder auch Dingen ist allerdings viel zu komplex, um ihn rational auch nur einigermaßen erfassen zu können. Deshalb sind wir in solchen Momenten weniger als sonst mit Gedanken beschäftigt, sondern mehr mit jener Art von Wahrnehmung, die man als intuitives Gefühl bezeichnen kann. Unser sonst meist auf überschaubare alltägliche Dinge beschränkter Gedankenstrom wird aufgehoben in einen Gefühlszustand, der uns über unser kleines Ego-Ich und dessen Sorgen hinaushebt und uns innerlich weiter, offener, resonanzvoller und so *freier* sein lässt.

Freiheit in diesem Sinne steht also nicht im Gegensatz zu den hochkomplexen und nur teilweise bewusst werdenden neurobiologischen Strukturen von Denken, Fühlen und Handeln. Und die innere Wahrnehmung, frei zu sein, entsteht nicht durch eine willkürliche Beliebigkeit des Ichs, nur das zu denken, zu tun und zu wollen, was es gerade will. Wirkliches Freiheitsgefühl drückt aus, dass ich mich nicht von anderen Menschen und vom Universum abgetrennt und eingeschränkt fühle, sondern im Gegenteil: Als freier Mensch empfinde ich die anderen als Erweiterung und Bereicherung meiner eigenen Gedanken, Gefühle und Handlungen. Daher kommt auch Hegels Gedanke, dass Freiheit mit Notwendigkeit, also mit liebevoller Verantwortung für größere Zusammenhänge zusammenfällt. Je mehr ich durch die in den Wirbeln des Herzens integrierten Informationsflüsse mit vielen anderen Wesen abgestimmt bin, desto weniger bin ich durch egozentrische Impulse oder durch traditionelle Normen eingeengt, desto offener und kreativer ist mein Denken, Fühlen und Handeln.

Freiheit hat so zwei Akzente: Zum einen das Gefühl der Freiheit im Resonanzraum aktiver Liebe. Zum anderen das Gefühl der Freiheit für Spontanität, für ein Fühlen, Denken und Handeln, das nicht durch gewohnte Muster oder herrschende Machtstrukturen eingeschränkt ist. Beide Akzente haben einen gemeinsamen Grund: Individuelles Fühlen, Denken und Handeln im unendlich weiten Freiheitsraum liebevoller Verbundenheit steht in Bezug zu so komplexen inneren und äußeren Einflussfeldern, dass die sich daraus letztlich ergebende konkrete Handlung spontan, also immer erst im jeweiligen Moment geboren wird. In unseren neurohormonellen Prozessen werden in jedem Moment riesige Informationsmengen aus früheren Prägungen und Erfahrungen, aus innerorganischen Zuständen sowie aus unbelebten und belebten, geliebten und ungeliebten sozialen Umwelten verarbeitet. Diese Informationsverarbeitungen geschehen nicht zentral, sondern dezentral in vielfältigen, sich zum Teil überlagernden, ergänzenden oder auch konkurrierenden Erregungsmustern. Aus diesen dynamischen Zuständen in uns ergibt sich für konkret zu lösende Probleme oder für Handlungen letztlich jeweils eine weitgehend in sich stimmige, kohärente Lösung, eine nicht erzwungene, sondern *freie* Entscheidung.

Dass wir dieses Gefühl von Freiheit weniger im Kopf als im Herzraum spüren, dafür gibt es übrigens seit Kurzem noch eine weitere spannende Erklärung, die amerikanische Wissenschaftler der Mayo Klinik in Arizona entdeckten. Mit modernster, hochauflösender Ultraschalltechnik und 200 Aufnahmen pro Sekunde konnten sie Mikrostrukturen der flüchtigsten Veränderungen des Blutflusses im Herzen darstellen. Es zeigte sich, dass das Blut, anders als bisher angenommen, nach Einströmen ins Herz nicht zum Stillstand kommt um mit der nächsten Kontraktion wieder ausgetrieben zu werden. Im Gegenteil befindet es sich in allen Herzschlagphasen in hochdynamischer Bewegung und vollzieht hier komplexe Strömungswirbel. Weniger die Muskelkraft des Herzens ist entscheidend für den Blutstrom, sondern die wirbelnde Eigenbewegung des Blutes bestimmt, wie stark das Herz des einzelnen Individuums ist. Da, wie schon gesagt, sehr viele Nervenbahnen und relativ starke elektromagnetische Felder das Herz durchziehen, deutet alles darauf hin, dass hier eine wirkliche Integration von Körper, Geist und Seele stattfindet. Man könnte es wohl so beschreiben, dass das Blut das Körperliche, die Nerven und Hormone das Seelische und die elektromagnetischen Felder das Geistige darstellen. Dass wir Freiheit oder Unfreiheit nicht nur im Kopf, sondern in all unseren Zellen spüren, lässt sich so leicht erklären: Es hängt davon ab, wie viel universelle Verbundenheitsfeldinformation über die Verwirbelungen des Bluts im Herzen auf den gesamten Körper übertragen wird."

Eve hat interessiert zugehört und das Gefühl, es verstanden zu haben. Sie wiederholt wie für sich selbst: „Das heißt also, wenn man sich in einem innerlich und äußerlich harmonischen Zustand befindet, entsteht mitten aus dem Herzen heraus jenes spontane Lächeln, das man nicht absichtlich machen kann."

Diotima nickt und lächelt Eve aus ganzem Herzen an.

„Das bedeutet dann ja auch, dass dieses tiefe Lächeln ein unverfälschbarer Ausdruck großer innerer Freiheit und Liebe ist, oder?"

„Ja, genau, das ist die Freiheit des Lächelns der Liebe", sagt Diotima und geht noch mal frischen Tee holen. Als sie zurück kommt, sagt sie: „Ich wollte noch kurz die Kehrseite des freien Herzens ansprechen. Bestimmt kennst du die Sprichwörter über gebrochene Herzen und die Gerüchte, dass man daran sogar sterben kann. Wenn man versteht, wie sich durch die Felder und Blutwirbel des Herzens sehr traurige Gefühle oder auch sehr schlechte seelische und geistige Zustände bis in alle Zellen unseres Körpers auswirken, wird verständlich, warum viele Krankheiten letztlich seelische Ursachen haben."

Eve seufzt. „Dann hängt also sogar unsere Gesundheit vor allem von der Liebe ab." Beim Stichwort Liebe kommt ihr plötzlich die so schöne Wanderung mit Roland in den Bergen in den Sinn und sie hat eine Vision: „Ich habe mich gerade an eine Skizze erinnert. Sie zeigt ein Herz genau im Zentrum eines gleichseitigen Kreuzes, welches in einem Kreis ist. Die vier Seitenlinien des Kreuzes stehen, soweit ich mich erinnere, für verschiedene Qualitäten von Gott und Mensch und Himmel und Erde. Kennst du Jacob Böhme?"

„Ja, er hatte so manche erstaunliche Erkenntnis. Vermutlich kein Zufall, dass er nicht nur das Herz im Zentrum aller Dinge sah, sondern auch die Idee der menschlichen Freiheit und des Willens entscheidend geprägt hat. Später versuchte Kant, die Freiheit von der Notwendigkeit abzugrenzen. Fichte schmiedete seine weltverändernde Philosophie der Freiheit und Hegel schrieb, dass aller Fortschritt ein Fortschritt im Bewusstsein der Freiheit sei", sagt Diotima und hält kurz inne, als würde sie überlegen. „Vermutlich wurden sie alle durch die von Böhme erstmals formulierten Ahnungen inspiriert – ich meine von seiner Idee, dass tief im Herzen eine Brücke zu jenen alles verbindenden Wirklichkeiten ist, die man Schöpfung oder auch Gott oder auch *Ungrund* nennen kann."

„Unter Göttlichem kann ich mir schon wenig vorstellen, aber was ist denn *Ungrund*?"

„Na, dieses Wort kommt von Jacob Böhme, der die Grenzen von damals auch schon oft missbrauchten Worten wie Gott oder Schöpfung erkannt hatte und nach neuen suchte, um das auszudrücken, was alles verbindet und allem zugrunde liegt. Wenn man darüber nachsinnt, so ist *Ungrund* ein fast schon modernes Wort, denn darin steckt ja der Gedanke, dass diese verborgene Dimension der Wirklichkeit allen anderen Dingen zugrunde liegt, sie selbst jedoch nicht aus diesen Dingen ableitbar ist."

Da es über ihrem intensiven Gespräch Abend geworden ist, fährt Diotima nach einigen Sekunden des Schweigens fort: „Heute ist wie jeden Mittwoch ein gemeinsamer Abend, wo alle Mitarbeiterinnen des Instituts sich treffen, um zusammen zu essen und sich dann in entspanntem Rahmen über all das zu unterhalten, wofür die vielen Aufgaben unter der Woche keine Zeit lassen. Wenn du magst, kannst du mitkommen, denn Freunde sind dabei immer willkommen. Vorher zeige ich dir aber noch dein Zimmer, damit du dich zurückziehen kannst, wenn du genug hast. Wir treffen uns dann einfach morgen gegen acht Uhr zum Frühstück. Wie lang willst du eigentlich bleiben?"

„Das kommt etwas darauf an, wie viel Zeit du für mich hast. Wir haben ja heute schon über vieles gesprochen, aber morgen würde ich gern noch dableiben. Du musst dich aber nicht um mich kümmern, ich laufe einfach herum, schaue mir eure Bibliothek an und kann auch irgendetwas im Garten machen."

„Wenn du Lust dazu hast, sehr gerne. Die Beerensträucher freuen sich immer, wenn sie jemand gegen die vielen Brennnesseln verteidigt. Hacke und Handschuhe findest du in der Laube da im Garten."

„Mach' ich", antwortet Eve und freut sich schon auf den nächsten Tag.

LIEBE-bin-ICH

Nachdem sie also noch einen Tag bei Diotima verbracht hat, fährt Eve wieder mit dem Nachtzug zurück. Als sie morgens zuerst in Dresden ankommt, überlegt sie, ob sie den Tag hier verbringt, durch die Stadt bummelt und in der WG vorbeischaut. Vielleicht ist Roland ja zufällig da. Da sie trotz aller Gegenargumente noch eine leise Hoffnung auf die FÖJ-Stelle hat, siegt jedoch die Neugier auf Tills Antwort und sie fährt weiter nach Hause. Dort angekommen, findet sie tatsächlich einen Brief von ihm und reißt ihn an Ort und Stelle auf.

Hallo Eve,
Ja, ist ziemlich dumm gelaufen zwischen uns. Na ja egal, aber auf jeden Fall kannst Du den Job beim „Blauen Bund" haben.
Gruß Till

Eve könnte die Welt umarmen. Wieder so ein Wunder der Liebe! Wer hätte das gedacht. Und nun? Der Brief ist ja nicht gerade besonders ausführlich, denkt Eve. Hört sich auch ein bisschen resigniert an. Er ist nicht mal darauf eingegangen, dass er etwas bei mir gut hat. Wenn sie ihn jetzt nach seiner großherzigen und liebevollen Entscheidung einfach ignoriert, fühlt er sich vielleicht von ihr nur ausgenutzt. Dann wäre er bestimmt wieder voller Frust gegen die Welt und die Frauen. Eine gar nicht einfache Situation. Sie beschließt, erst noch eine Weile zu überlegen, wie sie am besten weiter damit umgeht.

Da sie im Schlafsessel des Nachtzugs nicht viel Schlaf gefunden hat, geht sie früh zu Bett und wacht am nächsten Morgen entsprechend früh auf. Nach all dem Unterwegssein der letzten Wochen genießt sie ihr vertrautes Bett und träumt vor sich hin. Sie überlegt, wie sie die letzten Tage des Sommers mit Jakob und Anne verbringen könnte. Oder, fällt ihr da plötzlich ein, vielleicht sogar zu viert – Roland gehört ja jetzt auch zu ihrer Wahlverwandtschaft. Je mehr sie in sich hineinfühlt, desto unentschlossener wird sie. Sie spürt besondere Sehnsucht nach Roland. Wieder kommt ihr die wundersame Begegnung mit ihm am Bergsee in Erinnerung. Für Momente gibt sie sich einfach ihrer Fantasie hin und lässt die Bilder und Gefühle in sich aufsteigen. Nie zuvor hat sie so eine Einheit mit einem Mann gespürt und nie zuvor hat sie über eine Verbindung mit einem Mann sich so dem Kosmos geöffnet. Wäre diese Art von Hingabe aneinander überhaupt möglich, wenn wir zu viert irgendwo sind? Da sie keine befriedigende Antwort findet, steht sie auf und schreibt eine Email:

Liebe Diotima,
bin nun wieder zu Hause. War wirklich schön bei Dir!
Ich hab' aber noch was vergessen: Wir sind uns einig, dass die universelle oder göttliche Liebe nicht nur im Kopf sein kann, sondern auch in Herz und Leib lebendig sein muss. Obwohl ich dem intuitiv zustimme und auch kein Problem darin sehe, mehr als nur einen Mann wirklich zu lieben, hab' ich noch keine Idee, wie das praktisch gehen soll. Wie man die heutzutage übliche Eifersucht auflöst, dazu hast Du mir ja schon was geschrieben. Aber es gibt ja auch ganz praktische Probleme. Zum Beispiel Raum und Zeit. Also ganz konkret, wann und mit wem? Verstehst Du, was ich meine?
Deine Eve

Da sie eh aufgestanden ist, geht sie in den Garten, um vielleicht noch letzte Erdbeeren zu finden. Tatsächlich findet sie einige.

Als sie wieder ins Haus kommt, bemerkt sie erst, dass ihre Mutter schon aus dem Haus ist. Eve freut sich über die Stille im Haus, holt ihren Computer aus dem Ruhezustand und freut sich, dass eine Email von Diotima gerade angekommen ist. Sie druckt sie nicht erst aus, sondern liest sie gleich am Bildschirm:

Liebe Eve,
auch mir hat unsere Begegnung sehr gefallen. Deine Lebendigkeit und Deine scheinbar unstillbare Freude an neuem Wissen haben mir gut getan.
Deine morgendliche Frage trifft einen wichtigen Punkt, an dem Inneres und Äußeres, Freude und Verantwortung, ewiges Göttliches, konkrete moderne Wirtschaft und Gesellschaft aufeinandertreffen. Ich habe Dir davon erzählt, wie die sogenannte Zivilisation dazu führte, dass frühere, in gewisser Weise freudvollere Lebens- und Liebesformen verdrängt und zerstört wurden; wie die männlich dominierte Lebensart der letzten Jahrhunderte dazu führte, dass Lust und Liebe einerseits individueller, andererseits weitgehend in Kleinfamilien isoliert wurden; und warum das ein noch immer kaum bewusster Grund dafür ist, dass viele Menschen trotz allem materiellen Reichtum innerlich eher arm, ohne wirklichen Kontakt mit der universellen Energie LIEBE sind. Denn ohne diese Lebensenergie werden

238

die Menschen trotz allen Wissens und aller Sorgen um die Umwelt nicht genug Mut und Kreativität aufbringen, um die Dinge im Sinne des Lebens zu verändern.

Wir haben ja bei unserem Spaziergang schon darüber gesprochen, dass neue, freiere und komplexere Formen von Liebe, Moral und Ethik entstehen müssen. Nur so sehe ich eine Chance, die Gefühle und Gedanken der Milliarden Menschen mit globalen gesellschaftlichen Strukturen und mit der irdischen Natur zu koordinieren. Wissen, Mut und Liebe bilden die Basis für solch einen Wandel.

Was nun ganz wichtig ist: Für die Zukunft der Liebe ist es überaus zentral, seine Beziehungen nicht nur aus dem Bauch heraus zu leben, denn da gibt es viele Emotionen – nicht nur Großmut und Erkenntnis, sondern auch solche wie Angst, Neid und Eifersucht. Liebe zwischen zwei oder mehr Menschen sollte daher nicht nur unbewusste gegenseitige Anziehung zur Basis haben, sondern auch als zu erlernende Kunst beziehungsweise als Wissenschaft und Bildungsaufgabe verstanden werden. Dann wird es die wohl schönste Art von Wissen, durch die wir die tiefsten Aspekte des menschlichen Daseins und der Menschheitsgeschichte erkennen können, um sie dann in eine neue Form der Liebe zu integrieren. So ließen sich dann liebevollere Werte und Gesellschaften herausbilden und entfalten.

Vielleicht inspiriert Dich Deine persönliche Sehnsucht und die überpersönliche Bedeutung der Sache dazu, zusammen mit Deinen Freunden die Wissenschaft und Kunst der Liebe weiterzuentwickeln. Falls ihr dabei in Eurem unmittelbaren Umkreis noch zu wenig Widerhall findet, vergesst nicht, dass die moderne Technik uns zu einer weltweiten menschlichen Gemeinschaft macht. Im Internet findet ihr sehr viele konkrete Anfänge der neuen Welt der LIEBE, nicht nur in Europa, sondern auch in Asien, Afrika und Amerika.

Deine Diotima

P.S.: Bedenke immer: Diese dunkle Seite der patriarchalen Zivilisation kann man nicht erlösen, wenn man sie nur ablehnt oder gar bekämpft. Es bringt keinem etwas, die Menschen zu verurteilen. Versuche lieber zu verstehen, was die lichte Seite dieser männlichen Zivilisation war. Philosophen wie Heraklit, Böhme, Fichte oder Aurobindo haben es immer wieder betont, dass der eigentliche Grund allen Seins das Glück der Liebe ist und dass aus der Perspektive dann auch die Spaltungen und die manchmal auftretenden grausamen Verdrängungen letztlich immer Teil der großen LIEBE sind.

So kam es, dass die Menschen jahrhundertelang einen Großteil ihrer Zeit für Wirtschaft, Technik und Produktion aufbringen mussten, um auch in kalten Klimazonen ausreichende und sichere Nahrung, Wärme und Häuser zu haben. Die damit verbundene Arbeitsethik bewirkte, dass wir nicht nur genug zu essen, sondern auch Telefone, Internet und andere, früher unvorstellbare Mittel haben und es erstmals in der Menschheitsgeschichte möglich ist, eine global-menschliche, relativ sichere und liebevolle Gesellschaft zu entwickeln. Auf dieser Grundlage ist nun die Zeit reif, fast schon überreif dafür, dass möglichst viele Menschen die anderen, weicheren Seiten oder Energien in sich wieder entdecken und eine schöne Integration dieser verschiedenen Epochen verwirklichen.

Eve überlegt, wie ihr diese Antwort für ihr konkretes Problem weiterhilft, ob sie auch Anne und Jakob fragt oder nur Roland. Sie entscheidet sich, die letzten Ferientage lieber allein mit Roland zu verbringen. Eine größere Wahlfamilie ist schließlich kein Haufen von mehr als zwei Leuten, sondern nur dann wirklich, wenn zwischen den einzelnen intensive Resonanzen lebendig sind.

Diotima sagte ja auch, dass die früheren und bisherigen Beziehungsformen alle ihren Sinn hatten und haben, auch die monogamen, denn darin kann eine besondere Individualität der Liebe entstehen, eine besondere Nähe zwischen zwei Wesen, die vielleicht nicht von ewiger Dauer ist, aber in der Zeit ihres Daseins eine tiefe, jeweils einzigartige Schönheit verkörpert.

Sie ruft Roland an und erzählt ihm voller Freude, dass ihre dritte Strategie die richtige war und Till ihr die Stelle überlässt. Roland reagiert mit ähnlicher Freude und berichtet, dass er mit den anderen gesprochen hat und sie kein Problem damit haben, wenn sie mit in der Dresdner WG wohnt.

„Das ist so super klasse! Wer hätte das gedacht, dass das alles doch noch so klappen würde", sagt Eve begeistert.

„Ich!", sagt Roland in charmantem Tonfall.

„Schön, dass du an mich glaubst. Sag mal, hast du eigentlich Lust, mit mir noch ein paar Tage irgendwohin zu fahren?"

„Ja, große Lust sogar. Habe leider die nächsten drei Tage noch ziemlich viel zu tun, aber danach ..."

„Das freut mich. Holst du mich am Samstagvormittag ab?"

„Nichts lieber als das. Wo genau wohnst du eigentlich?"

„Ich schick dir nachher noch ne Mail mit der Adresse, o.k.?"

„Schön, so machen wir das!"

„Ja, freue mich schon auf dich", sagt Eve und schickt noch kurz einen Schmatzer durchs Telefon, bevor sie auflegt.

In den nächsten drei Tagen nutzt Eve die Zeit, um sich zu entspannen und sie liest in der Studie *Great Transition*, die ihr Vater mitgebracht hat. Obwohl sie nicht alles gleich erfassen kann, was die internationale Forschergruppe schreibt, versucht sie, die wichtigsten Gedanken zu verstehen. Einige Sätze fallen ihr besonders ins Auge:

> Neben internationalen wirtschaftlichen und politischen Kräften ist die vierte Kraft weniger greifbar, gibt jedoch den Ausschlag. Gemeint ist die wachsame Öffentlichkeit, der die Notwendigkeit von Veränderungen und neuen Werten bewusst ist und die auf mehr Lebensqualität, menschliche Solidarität und ökologische Nachhaltigkeit achtet.
>
> Für *Great Transition* kommt es entscheidend darauf an, ob sich die verschiedenen Gruppen und unzähligen Einzelinitiativen, die sich teils für lokal begrenzte Projekte, teils mit globalen Ambitionen engagieren, abstimmen, eine gemeinsame Grundlage, gemeinsame Prinzipien, gemeinsame Werte entwickeln. Erziehungseinrichtungen, spirituelle und wissenschaftliche Gemeinschaften tragen hier besondere Verantwortung.

Eve fühlt, dass ihre Aufgabe beim *Blauen Bund* viel damit zu tun hat. Sie freut sich darauf, einen Job zu haben, der es ihr ermöglicht, etwas Grundlegendes für eine liebevollere Zukunft zu tun. Sie sinnt noch mal dem Gelesenen nach und obwohl sie dem eigentlich zustimmt, hat sie den Eindruck, als würde die Studie den Kern des Problems noch nicht so richtig fassen. Es geht um die vierte Kraft, die durch eine neue Art von Vernetzung aller weiterdenkenden Menschen und Initiativen entstehen könnte, aber wieso wird dabei kein Wort über die Liebe verloren? Wie und wozu sollen sich all diese Menschen und Gruppen verbinden, wenn nicht aus Liebe zu dieser Welt? Ging es in einer der letzten Mails von Diotima nicht um ein ganz ähnliches Thema? Merkwürdig, denkt Eve und beschließt, Diotima selbst dazu zu befragen.

Liebe Diotima,
ich habe noch eine schwierige, aber für meinen neuen Job beim „Blauen Bund" wichtige Frage.

Die Forscher der Studie „Great Transition" gehen davon aus, dass die globalen Probleme nicht durch Wissenschaft, Wirtschaft oder Politik, sondern nur durch eine eher unscheinbare vierte Kraft lösbar sind. Sie denken, dass diese neue Kraft durch die Vernetzung all der Menschen entsteht, die sich für mehr Solidarität, Ökologie und neue Werte einsetzen. Aber sie verlieren kein Wort über die Entwicklung einer neuen Liebesfähigkeit, die doch die Voraussetzung für mehr Solidarität und Ökologie ist, oder nicht? Vielleicht sehe ich da ja auch was nicht.

Würde mich freuen von Dir zu hören.

Deine Eve

Am nächsten Morgen findet Eve eine Antwort:

Liebe Eve,
die Frage betrifft noch einmal das Grundproblem unserer modernen Welt: Die Spaltung von Außen- und Innenwelt oder von Wissen und Liebe, von Mensch und Gott, von Männlichem und Weiblichem. Zwar haben inzwischen viele Menschen das Gefühl, dass diese Trennungen nicht mehr stimmig sind, doch da die herrschenden Strukturen von Politik, Wirtschaft oder Medien nach wie vor diese Trennung suggerieren, fällt es nicht leicht, es wirklich zu überwinden.

Es ist kurz gesagt so, dass diese Studie „Great Transition" mit ihren Gedanken von einer neuen, vierten Kraft zu sehr wichtigen und richtigen Schlüssen kommt. Sie gehen damit ein ganzes Stück über die bisherige Zukunftsforschung hinaus, die sich zu sehr mit den gegenwärtigen Strukturen beschäftigt und sich kaum zu fühlen traut, dass etwas in vieler Hinsicht Neues entstehen könnte – und auch muss. Schließlich würde der Mensch noch in Höhlen leben, wenn nicht hin und wieder in der Geschichte völlig neue menschliche Kräfte und Erfindungen zu neuen Wirklichkeiten geführt hätten.

Mit dem Internet gibt es heute die Möglichkeit, sich unabhängig von den alten Strukturen weltweit zu vernetzen und damit ganz neue Welten hervorzubringen, aber es fehlen offenbar noch die Kräfte, die dies mit der nötigen Fantasie sinnvoll vollbringen.

So treffen die Schlussfolgerungen, dass eine neue, vierte Kraft erforderlich ist, zwar einen zentralen Punkt, doch ihre Versuche, diese neue Kraft zu beschreiben, bleiben noch weitgehend in einer der alten Denkweise gefangen. Die Verfasser scheinen aber an dieser Diskrepanz zu arbeiten, denn gegen Ende der Studie sprechen sie gelegentlich mit anderen, für die bisherige Wissenschaft sehr ungewöhnlichen Worten. So zum Beispiel davon, dass es nicht ausreicht, die gegenwärtige Welt zu analysieren, sondern dass eine neue Wissenschaft die neue Welt auch „imaginieren", „erträumen", „entwerfen" und „erproben" muss. Sie sagen auch, dass Erziehungseinrichtungen sowie spirituelle und wissenschaftliche Gemeinschaften eine besondere Verantwortung für die Herausbildung dieser vierten Kraft tragen.

Aus dieser Perspektive geht die Studie schon recht weit. Aber auch diese mutigen Ideen reichen nicht aus, um wirklich im Herzen der Menschen anzukommen und diese aufzuwecken. Genauso wenig ausreichend wäre es allerdings, nur von neuen menschlichen Liebesfähigkeiten zu schwärmen und sich keine Gedanken darüber zu machen, in welchen Formen und Strukturen diese entwickelt werden können.

Ich denke, es kommt darauf an, diese beiden in der modernen Gesellschaft und der heutigen Sprache so stark voneinander gespaltenen Welten zu integrieren: Die inneren Sehnsüchte und Potenziale des Herzens oder der Liebe können und müssen mit den profanen, äußeren Strukturen technischer und gesellschaftlicher Organisation zusammengedacht und zusammengefühlt werden! Es ist das scheinbar Einfache, was schwer zu machen ist, denn es geht nicht darum, das Getrennte beliebig zu vermischen oder die Unterschiede willkürlich aufzulösen. Wir Menschen haben inzwischen die geistige Fähigkeit zur Differenzierung von subjektiven Gefühlen und objektiver Wirklichkeit – oder von Innen- und Außenwelt – jetzt kommt es darauf an, integral zu denken, also weder rein rational noch rein emotional, sondern diese beiden zu vereinen.

Zu solch einem integralen Wissen gehört zumindest Dreierlei:

Erstens geht es darum, die in den verschiedenen Wissenschaften getrennt erforschten Fakten zusammen zu denken, ohne dabei das moderne Detailwissen zu vernachlässigen.

Zweitens geht es darum, das äußere Wissen mit der inneren Stimme, dem Gefühl und der Intuition zu integrieren, ohne dabei das Wissen den manchmal irrationalen Gefühlen unterzuordnen, aber auch ohne die innere Stimme durch oft nur zeitbedingte äußere Argumente zu verdrängen.

Drittens geht es darum, das Wissen insgesamt wieder stärker mit praktischem Engagement für eine schönere, liebevollere Welt zu verbinden, ohne dabei die gewisse Distanz, die für wissenschaftliche Reflexion erforderlich ist, zu negieren.

Wenn man das verstanden hat, kann man es auch zusammenfassen mit:

Erstens Wissen, zweitens Liebe und drittens Mut.

Die vierte Kraft, von der diese Studie spricht, wird daher nur dann mehr als irgendeine beliebige, oberflächliche Vernetzung sein, wenn dabei Wissen, Liebe und Mut wie nie zuvor aktiviert und weltweit vernetzt werden.

Wie dies geschehen könnte, darüber haben sich so manche Visionäre Gedanken gemacht. Am aussichtsreichsten erscheinen meist solche, die sich um ein neues, integrales Denken und Fühlen bemühen. Von Jean Gebser habe ich Dir bereits erzählt und bei unserem Gespräch hier bei mir dachten wir ja auch an Jacob Böhme, der wohl der erste war, der die Verbindung von menschlicher Innen- und Außenwelt als entscheidende Aufgabe einer ganz neuen, wunderlichen Zeit sah. Einer, der auch schon sehr früh in diese Richtung dachte und fühlte, war Friedrich Hölderlin. Er schrieb einen visionären Briefroman, in dem es vordergründig um die Liebe zweier Menschen geht – die Frau nannte er wie mich: Diotima und den Mann Hyperion. An diesen Namen erkennt man schon, dass er in diesem Roman die Liebe nicht nur als privates, sondern zugleich als menschheitsgeschichtliches Phänomen sah. In einem meiner liebsten Sätze von ihm wird das sehr deutlich:

... die Liebe gebar Jahrtausende voller lebendiger Völker, nur die Freundschaft kann sie wiedergebären ... daraus entsteht eine neue, *unsichtbare Kirche*, das wird die schönste Blüte am Baum der Menschheit sein.

Für Hölderlin war der Kern dieser neuen oder vierten Kraft, die er „unsichtbare Kirche" nannte, also eine neue Art von Liebe oder Freundschaft. Andere Visionärinnen und Visionäre dachten sehr ähnlich. Sie nannten es „neuer Bund" oder „sanfte Verschwörung" oder „SatChitAnanda" – Letzteres ist die indische Ursprache Sanskrit und bedeutet übersetzt „Sein-Bewusstsein-Seligkeit". Wenn Du Dir diese drei Worte auf der Zunge zergehen lässt, wirst Du bemerken, dass sie letztlich dasselbe bedeuten, was ich Dir früher zur evolutionären Integration – oder zur Fulguratio – von Mut, Spiel, Wissen und Liebe erzählt habe.

Hinter „neuem Bund", „sanfter Verschwörung" oder „SatChitAnanda" steckt letztlich die gleiche Idee: In jedem Menschen sind ganz verschiedene Gefühle und Gedanken angelegt. Jeder hat Angst als auch Mut, Unwissen als auch Wissen, Engstirnigkeit als auch weite Liebe in sich. Wenn die schöneren Gefühle und Fähigkeiten nicht wie bisher zum großen Teil im Einzelnen verdorren, sondern sich zwischen den einzelnen Menschen auf eine neue Art und Weise vernetzen, verbinden und stärken, dann entsteht das, was man „neue, vierte Kraft" nennen könnte. Diese neue Menschheitskraft dürfte sich jedoch nicht zu sehr an die bisherigen Formen menschlicher Organisation anlehnen, also nicht wie eine Partei oder eine organisierte Kirche werden. Sie sollte kommandierende soziale oder politische Macht eher vermeiden, nicht auf unmittelbaren Erfolg aus sein, auch nicht auf zahlen-

mäßiges Wachstum. Natürlich darf sie auch nicht naiv sein, nicht einfach und allein an das Gute im Menschen appellieren. Neben einem „Mehr" von der Leichtigkeit und Stärke der Liebe braucht es unbedingt ein „Mehr" an Wissen und kreativem, spielerischem Mut – und damit auch an Lebensfreude oder Glück, die von ganz allein aus dieser Integration oder neuen Fulguratio entstehen. Die durch solch einen neuen Bund entstehende und wachsende neue Intensität von Liebe, Wissen und Wirklichkeit berührt dann wie eine unsichtbare Fee immer weitere Menschen; denn letztlich ist die Sehnsucht danach ja allen Menschenkindern als innere Stimme der Evolution oder als Suche nach wirklicher Heimat der LIEBE angeboren. Und so entsteht allmählich mitten in der alten Welt eine neue Welt.

Warum es so ist, dass eine neue, vierte Kraft nicht durch irgendwelche Machtpositionen, sondern vor allem durch eine neue Art von Freundschaft wirksam sein kann, lässt sich auch leicht begreifen, wenn Du an meine früheren Briefe denkst. Erinnere Dich, inwiefern alle Dinge und Gesellschaften letztlich durch die innere Koordination oder Information all ihrer Bestandteile organisiert sind und dass die größtmögliche Information die LIEBE ist.

Wenn viele Menschen ihre Liebesfähigkeit entwickeln und diese auf neue Weise miteinander verbinden, dann entsteht eine riesige und noch dazu wunderschöne Informationsqualität. Diese dürfte spielend in der Lage sein, viele der Probleme zu lösen, die aus Sicht der viel beschränkteren Informationsformen der bisherigen Gesellschaften einfach nicht lösbar sind.

Es wird einfach selbstverständlich sein, nicht auf Kosten der Umwelt zu leben, da die Natur die Grundlage allen Lebens und der Zukunft der eigenen Kinder ist. Und es wird auch selbstverständlich sein, die Ressourcen anderer Kulturen nicht ohne deren freien Willen zu nutzen. Ein solcher freiwilliger weltweiter Austausch von Talenten und Potenzialen ergibt dann eine vielfältigere, kreativere, effektivere und schönere Weltgesellschaft und Weltwirtschaft, als wir uns heute vorstellen können.

Ich hoffe, dies beantwortet Deine Frage.

Ich wünsche Dir Wissen, Liebe, Mut und viele Momente des Lächelns,
Deine Diotima

Eve liest diese Antwort von Diotima einige Male. Dabei ist ihr immer wieder so, als könne sie die Kluft zwischen Innen- und Außenwelt, zwischen ihrer heißen Sehnsucht nach einer Welt der LIEBE und der Kälte des drohenden Nichts der bisherigen Welt, mitten in sich spüren. Regelrecht zu zerreißen scheint es sie manchmal zwischen der Vorfreude auf die von Liebe regierte Welt und der

Angst davor, in der Enge und den Überlebenskämpfen der bisherigen Welt seelisch zu ersticken.

Aber sie spürt, dass diese Spaltungen aufgelöst werden können und müssen und dass nicht irgendwer, sondern ihre Generation, sie selbst und ihre Freunde diese Entscheidungen für oder gegen die Zukunft in und um sich herbeiführen werden. Sie erkennt intuitiv, dass sie sich den Widersachern nicht unterordnen darf, sondern sie als Herausforderung nehmen kann, um sich frei, mutig und wissend für die neue Welt der LIEBE einzusetzen.

Wie im Schnelldurchlauf kommen ihr manchmal all die ungewöhnlichen Ereignisse der letzten Wochen in den Sinn. Wie sie für Herrn Renn die schönsten Sätze von Chardin fand, die besagten, Liebe sei nicht nur ein privates Gefühl oder Leiden, sondern eine zentrale Energie der ganzen kosmischen und irdischen Evolution. Wie Diotima auftauchte und ihr immer mehr darüber erzählte, was es mit der Sehnsucht in ihrem Herzen auf sich hat und inwiefern wirkliche Philosophie immer auch erotisch und wirkliche Erotik immer auch philosophisch ist. Wie sie selbst nach und nach in sich fühlen konnte, dass es dabei weder um bloßen Sex noch um bloße Theorien geht, sondern um eine nie ganz begreifbare, doch tief im Herzen brennende Erkenntnis und Sehnsucht.

Je mehr sie diesem Gefühl nachgeht, desto glücklicher wird sie. In Vorfreude auf eine solche Welt tanzt sie spontan durch ihr Zimmer. Als sie am Spiegel vorbeikommt, wundert sie sich diesmal kaum, dass jenes unbegreifliche Lächeln mehr denn je in ihren Augen schwingt.

Wie vereinbart, kommt Roland am Samstagvormittag, um sie abzuholen. Im Auto gibt sie ihm einen innigen Kuss und fragt ihn lächelnd: „Na Märchenprinz, wohin soll's denn gehen?"

„Drei Varianten zur Auswahl für meine Prinzessin: Nach Nowitz in unseren Wildgartenbungalow, zum schlesischen Berg und Steinbruch wie beim letzten Mal oder ganz woanders hin, auf eine nicht ganz einsame, doch immerhin märchenhafte Insel."

„Drei paradiesische Angebote, wie gut doch meine Wahl des neuen Prinzen war", sagt Eve in theatralischem Ton, als wäre sie einem mittelalterlichen Theaterstück entsprungen. Dann wirft sie gekonnt ihre Haare in den Nacken und fügt noch hinzu: „Aber was tun? Alle drei sind lohnenswert. Geliebter, was denkt denn Ihr?"

„Du bist ja total durchgeknallt", sagt Roland lachend und küsst sie, wobei er ihren Kopf festhält und seine Lippen auf ihren Mund drückt, so dass sie nichts mehr sagen kann. Als er von ihr ablässt, muss sie erstmal tief Luft holen.

„O.k., jetzt versuchen wir das nochmal. Also, wohin möchtest du am liebsten?", fragt Roland und schaut ihr dabei so tief in die Augen, dass ihr ganz schwummrig zumute wird.

„Die Insel!", platzt Eve heraus.

„Dachte ich mir, Prinzessin, und habe daher unser Bett auf der märchenhaften Insel schon bereitet. Zumindest vorbestellt."

„Ist nicht dein Ernst! Von welcher Insel reden wir hier eigentlich?", fragt Eve begeistert nach.

„Hiddensee, warst du da schon mal?"

„Noch nie, hab' aber davon gehört. Soll total schön sein. Und inwiefern ist die Insel *märchenhaft*?"

„Mir fallen gleich drei märchenhafte Aspekte ein, zwei schöne und ein trauriger."

„Zuerst die schönen."

„Beide haben etwas mit bewahrtem Paradies zu tun. Es gibt dort keine Autos, das heißt alle fahren Fahrrad, wandern oder reiten. Ja, und am Strand laufen fast alle nackt rum."

„Das hört sich allerdings paradiesisch an", sagt Eve schmunzelnd. „Und was ist nun traurig?"

„Vielleicht die Zukunft der Insel – immerhin ist sie ziemlich klein und an vielen Stellen flach. Wenn durch den Klimawandel die Meeresspiegel steigen, werden große Teile früher oder später im Wasser versinken. Das Märchenhafte würde dann zum wirklichen Märchen und die Realität würde eher zum Alptraum werden."

„Ja, wäre dann wirklich ein trauriges Märchen. Dann lass uns, wenn wir schon dahin unterwegs sind, etwas dafür tun, dieses Ende vielleicht doch noch zu verhindern. Vielleicht kommt es darauf an, ganz neue Ideen zu haben, die lebendiger und liebevoller und integraler sind als alles bisher. Letztens, als ich zu Diotima gefahren bin, hatte ich auch so eine Idee." Und sie erzählt Roland von ihrem Schild *Will Richtung Bern und 100 Euro für Greenpeace. Biete dafür eine Nacht mit mir!* und allem, was sich daraus entwickelt hat.

Da Roland zunächst gar nicht richtig auf Eves Geschichte eingeht, ist sie ein bisschen verunsichert.

„Was ist denn los?"

„Ehrlich gesagt, find' ich die Idee, dass du dich für Greenpeace an die Straße stellst, etwas gewöhnungsbedürftig", grummelt Roland und starrt dann weiter stur auf die Straße.

„Wahnsinn! Du bist eifersüchtig! Richtig? Komm' schon, sei nicht so", entgegnet Eve und versucht ihn zu motivieren sie anzuschauen. Nach kurzem Schweigen sagt Roland dann: „Ja, ich geb's zu. Ich bin eben ein bisschen eifersüchtig geworden."

„Das ist sweet. Aber ich muss dir wohl nichts über Eifersucht erzählen, oder? Ich meine, du bist derjenige, der schon seit Jahren in einer glücklichen Dreierbeziehung klar kommt."

„Ja und? Ich darf auch mal eifersüchtig sein!", sagt er wie ein kleiner trotziger Junge.

„Ja, darfst du. Sag mal, wo schlafen wir eigentlich?"

„Bei Freunden, die dort ein Literatur- und Studienhaus haben."

„Was studieren die denn für Literatur?"

„Konkreter gesagt, fördern sie das Studium und die Entstehung von neuer Literatur."

„Und was für Literatur? Mensch, lass dir doch nicht alles aus der Nase ziehen!"

„O.k., also es handelt sich um eine Stiftung, untergebracht im Haus eines zu seiner Zeit sehr mutigen und berühmten Dichters, der auch aus den schlesischen Bergen stammte und oft hier war: Gerhard Hauptmann. Und die Stiftung fördert, ja man könnte sagen, *mutige* neue Literatur."

„Inwiefern war Hauptmann denn mutig?"

„Er hat sich sozial engagiert, sich für eine freie, die Natur nicht ausschließende Spiritualität und für, hört, hört, neue und etwas freiere Formen der Liebe eingesetzt. Viele seiner Dramen und Romane haben das auch zum Thema. Da geht es ganz oft um die Sehnsucht nach wirklicher Liebe und um Verzweiflungen und psychische Verkrüppelungen, die durch die Unterdrückung wahrhaftiger Liebe entstehen."

„Krasse Sache. Dann ist er wohl deshalb heute nicht sehr bekannt, weil er zu mutig war und man ihn daher lieber unterdrückt hat?"

„Kann man so nicht sagen, vielleicht eher, weil er nicht mutig genug war oder weil er unbedingt erfolgreich sein wollte. Jedenfalls ist er für meine Begriffe zu viele Kompromisse eingegangen. Als die Nazis die Macht übernommen haben, ist er als einer der wenigen Dichter im Land geblieben und hat, obwohl er gegen die Ideologie der Nazis war, zum Teil für sie Zeitungsartikel geschrieben. Auf der anderen Seite hat er gleich nach dem Reichstagsbrand geschrieben, dass sein Vaterland nun für ihn keines mehr sei."

„Ich weiß manchmal nicht, wie ich mich verhalten hätte zu der Zeit. War bestimmt nicht einfach. Hört sich jedenfalls an wie eine gespaltene Seele ..."

„Dafür ist er im Privatleben keine Kompromisse eingegangen. Er hat ganz früh mit seiner Frau vereinbart, wahrhaftig zueinander zu sein. So hat er ihr dann auch erzählt, dass er noch eine andere liebt, und es gelang ihnen immerhin zehn Jahre lang, dafür eine lebensfähige Lösung zu finden – also eine Art frühe Patchworkfamilie."

„Wow! Weißt du, was daraus geworden ist?", fragt Eve neugierig nach.

„Letztlich scheiterte es dann wohl doch und er hat sich von seiner Familie getrennt."

„Wahrscheinlich hat der richtig Stress gehabt, ich meine bei der engen Moralvorstellung damals. Das war bestimmt nicht einfach. Weißt du denn, ob er auch schon einen Zusammenhang zwischen erweiterter Liebe und der Zukunft der Erde gesehen hat?"

„Hm, weiß nicht so genau. Er hat eine erstaunliche Utopie geschrieben – ich glaube sogar auf Hiddensee –, einen Roman über eine Insel, auf der Frauen matriarchale Strukturen wiedereinführen. Er schreibt von offenen Liebesfesten, bei denen viele junge Frauen und Männer aufeinander treffen. Andererseits lässt er diese Vision letztlich daran scheitern, dass es zu keiner ausreichenden Verständigung zwischen Frauen und Männern kommt."

„Ich verstehe. Aber, immerhin ein mutiger Versuch. Bisschen wie als Tiger gestartet und als Bettvorleger gelandet ...", dann hält sie kurz inne. „Nee, das ist gemein. Goethe hat in seinem Roman *Wahlverwandtschaften* ein ähnliches Vorgehen gehabt, die Idee zu Anfang ist neu und mutig und alles scheitert nachher. Ich meine, vielleicht war die damalige Welt einfach noch nicht so weit. Wir haben zwar ne Menge Probleme heutzutage, aber was das angeht, ist die Menschheit heute ein gutes Stück weiter. Die hatten damals auch kaum Möglichkeiten, sich mit Gleichgesinnten auszutauschen. Heute gibt es lauter Möglichkeiten, wo man sich weltweit mit ähnlich Denkenden verbinden kann. Und es gibt sogar schon richtig praktisch lebendige Utopien. Scheint so, als hätten die damals eben das Ganze schon mal rein utopisch angedacht, aber es war halt noch nicht so weit."

„Vielleicht ist das so."

„Sag mal, die Leute, zu denen wir fahren, die habt ihr doch bestimmt über euer Forschungsprojekt kennengelernt, oder?"

„Ja, das stimmt. Entwicklungsarbeit hat auch seine Vorteile – wir sind so was wie ein Knoten in einem Netz mutiger Menschen."

„Stichwort. Diotima meinte auch so was, dass ein neuartiges, machtfernes, weltweites Netzwerk der Liebe die entscheidende Kraft für die Lösung der globalen Probleme sein könnte. Und ich will dazu ab September beim *Blauen Bund* ja auch etwas Konkretes machen. Also lass uns – schon zur Rettung dieser Insel – dort unbedingt auch darüber philosophieren, was wir am besten dafür tun können."

„Jawohl, geliebte Prinzessin-Aktivistin. Aber wenn wir da ankommen, muss ich mich erstmal dir widmen", sagt Roland mit vieldeutigem Gesichtsausdruck und scheint darauf zu warten, dass Eve darauf eingeht.

„Kannst du nicht beides gleichzeitig? Jetzt hab ich mir schon ein super reifen Mann gesucht ..."

„Du spinnst manchmal wirklich, ich bin 34", unterbricht Roland sie lachend.

„Wie dem auch sei. Hast du noch nichts davon gehört, dass die schönste Erotik die Verbindung von weiblichen und männlichen Energien ist und dass diese nicht Selbstzweck, sondern Teil des Kosmos ist?"

„Doch, aber bisher nur gehört", schmunzelt Roland. „Ich habe unsere Reise aber so geplant, dass wir dabei keine unnötigen Störungen der kosmischen Energien verursachen, will sagen, wir fahren mit dem Zug, zumal wir das Auto da eh nicht brauchen können."

„Und wohin fahren wir gerade?"

„Nur noch kurz nach Nowitz, da ich das Auto ja loswerden und wir irgendwo in den Zug steigen müssen, um auf die Insel zu kommen."

„Sehr schön. Übrigens, weißt du eigentlich, was für ein Glück du hast, ich meine mit mir und überhaupt?", fragt Eve und schlägt dabei ihre Augenlieder verwegen auf und nieder.

„Warum? Ah, klar, weil ich dich liebe und von dir geliebt werde?"

„Ja, nicht schlecht. Aber vor allem, weil du von einer Eingeweihten geliebt wirst. Ich bin nämlich in das Geheimnis der Freiheit des Lächelns der Liebe eingeweiht. Diotima hat es mir neulich verraten."

„Ist es ein weibliches Heiligtum oder kannst du mir davon erzählen?"

„Kommt darauf an, ob du ein alter Macho oder ein echter neuer Mann bist. Denn es können nur die verstehen, die nicht kopfig und wichtigtuerisch denken, sondern die den liebevollen Zusammenhang aller Dinge fühlen können. Aber ich glaube, du hast da schon recht gute Voraussetzungen." Mit schelmischem Lächeln gibt Eve dem fahrenden Roland einen Kuss auf die Wange. Dann fährt sie fort: „Wenn man die große LIEBE fühlen kann, ist es einfach, die Freiheit des Menschen zu verstehen: Man erkennt, dass man mit dem kleinen rationalen Verstand allein nur sehr wenig erkennen und wollen kann und dass man im Gefühl der LIEBE, in dem man nicht nur gedanklich, sondern tatsächlich mit unendlich vielen anderen Wesen zusammenschwingt, viel mehr Informationen zur Verfügung hat. Dieses unendliche innere Wissen ermöglicht es, sich intuitiv und spontan und damit innerlich frei für das jeweils Schönste zu entscheiden und sich dabei frei zu fühlen. Das Lächeln dabei geschieht dann von ganz allein, ist nur der äußere Ausdruck der inneren Seligkeit der wirklichen Freiheit der Liebe."

„Klingt gut. Die Frage ist ja auch, ob die Menschheit in ihrer heutigen Lebensart denn überleben muss. Ob all die rationale Verbissenheit, mit der viele Politiker und Wissenschaftler angesichts der ökologischen Krise nach Überlebenslösungen suchen, nicht unfrei und deshalb meist zu kurz gedacht ist. Ob es nicht darauf ankäme, erst einmal die Angst und Sorge loszulassen, dass unser Überleben nicht mehr selbstverständlich ist. Denn die verzweifelte Aktivität, um jeden Preis all den materiellen Reichtum der westlichen Welt festzuhalten, hindert uns vielleicht gerade am Suchen beziehungsweise am Finden überlebenswerter menschlicher Lebensformen. Wenn wir Menschen zu blöd sind, uns in die Vielfalt des Lebens auf der Erde einzufühlen, dann werden eben irgendwelche anderen Wesen die Evolution fortsetzen und vielleicht irgendwann und irgendwo intelligentere Lebensweisen entwickeln. Mit so einer angstfreieren Haltung können wir die ökologische Krise ja auch als Chance sehen, schönere menschliche Gesellschaften entstehen zu lassen. Denn was bisher neben aller hier und da entwickelten Kultur so entstanden ist – die Kluft zwischen immer mehr Reichen und immer mehr verhungernden Kindern auf der Erde oder die weltweit zunehmenden Massentierhaltungen, damit die Leute mehr unglücklich gemästetes Fleisch vertilgen, wovon sie dann auch noch kränker statt gesünder werden und für deren Futteranbau weitere Regenwälder verwüstet werden – das kann ja nicht der letzte Sinn der Evolution sein."

„Ja Babe. Ich will aber, dass die Menschheit die ökologischen Krisen überlebt! Und wer, wenn nicht wir, sollte sich dafür Lösungen einfallen lassen? Dann weißt du ja, was wir – im Bett und am Strand und überall – zu tun haben!"

„Was denn?"

„Mensch, ist doch klar! Wir müssen Ideen und Worte finden, die für eine neue Welt des Wissens und der Liebe stehen."

„Versprichst du mir persönlich ewige Hingabe, wenn ich dir so ein Zauberwort verrate?"

„Wa-as? Du weißt es und hast es mir noch nicht verraten?"

„Ich konnte es dir nicht verraten, weil ich selbst gerade erst im Gespräch mit dir darauf gekommen bin. Übrigens hast du es gerade auch fast ausgesprochen. Versprichst du mir nun deine ewige Wonne?"

„Was hab' ich denn gesagt?", wundert sich Eve. „Jetzt wird's spannend. Gut, für die Rettung der Welt bringe ich dieses persönliche Opfer."

„Nein, kein Opfer. Ich und die Welt wollen keine Opfer mehr. Uns inspiriert nur deine Wonne."

„Ich verstehe: Denn nur glücklich können wir richtig sein. Also gut, ich verspreche dir mich und meine Wonne, für dich und die Welt. Und wie ist nun das Zauberwort?"

„Schon wieder fast erraten: Ein Wort, was die moderne Spaltung zwischen dir, deiner Harmonie der Wonne und möglichst allen Wesen der Welt aufhebt, ohne in eine diffuse Ursuppe zurückzufallen."

„Hm, spielst du mit mir? Ich hab' doch nichts von all diesen integralen Worten, wie *aperspektivisch* oder *ich-frei* ..."

„Das war's doch schon fast, nur besser: nicht nur *ich-frei*, sondern *ICH-Welt-Liebe*. Einer der großen Philosophen der Liebe, Johann Fichte, hat erkannt, dass all die Leiden und Freuden unseres kleinen, von der Welt abgetrennten *Ichs* letztlich zu der Einsicht führen: Das ICH ist gar nicht von all dem *Nicht-Ich* der Welt getrennt, sondern mit allem eins und so kein kleines, sondern ein großes, mit allen in großer LIEBE verbundenes *ICH*. Die Sehnsucht dieser großen LIEBE ist in allen Wesen mehr oder weniger unbewusst immer da, denn alles ist ja energetisch und informationell zutiefst vernetzt. Doch durch die menschliche Erkenntnis des *ICH bin LIEBE* und *LIEBE bin ICH* kommt etwas Neues in die Welt. Es entsteht eine neue Möglichkeit und Freude der unendlichen Vielfalt und zugleich unendlichen Verbundenheit des Seins, worauf die Evolution oder Schöpfung schon lange wartet."

„Ich ahne da irgendetwas. Aber was ist das für eine neue Freude und Möglichkeit? Und welches könnte ein Zauberwort dafür sein?"

"Ich geb' zu, es ist nicht einfach zu erraten. Denn all die gerade genannten wichtigen Dinge wie *großes ICH*, *große LIEBE* und *neue Freude* spielen da zwar hinein, aber es geht ja nicht nur darum, es in sich selbst zu fühlen, sondern auch das zu tun, worauf das Universum vielleicht schon lange wartet und wozu es uns Menschen vielleicht braucht."

„Das wird ja immer spannender. Was für ein Wort könnte es nur sein?" Eve denkt angestrengt nach. „Also, es drückt Allverbundenheit aus und hilft gleichzeitig, die Welt in diesem Sinne praktisch schöner zu machen? Das erinnert mich an Johanns Motto: Besser, wenn es schön ist. Ja, das Wort *schön* drückt beides aus, einen inneren Zustand der Freude und zugleich mehr Harmonie in der Welt um uns. Meinst du *Schönheit*?"

„Das ist schon nah dran. Doch *Schönheit* finde ich persönlich zu abgegriffen. Es wird für alles Mögliche benutzt, oft auch für die Eitelkeiten der kleinen Ichs, die meinen, durch besonders teure Kleidung oder eine operativ verkleinerte Nase ihre eigene Schönheit zu verbessern. Ich fände ein ganz neues Wort gut, eins was unbelastet ist."

„Nun mach's nicht so spannend! Was für ein ganz neues Zauberwort meinst du? Vielleicht Paradies? Nee, auch schon zu abgegriffen."

„Ja, leider. Aber du kommst der Sache immer näher. Weißt du was, lass uns die Spannung doch noch etwas erhalten. Ich werde ganz verrückt nach dir, wenn ich dich so sehe. Außerdem kann ich es schon die ganze Zeit kaum erwarten dich zu spüren, seit du von deiner Trampgeschichte erzählt hast: 100€ für *Greenpeace* für eine Nacht mit dir. Wie wäre es, wenn ich das jetzt umdichte: Ein Zauberwort für eine Nacht mit dir. Allerdings werde ich nicht nur rumreden", sagt Roland lachend.

„Das ist ja Erpressung! Aber ne sexy Erpressung, muss ich schon sagen, und die Bedingung dafür finde ich in deinem Fall sehr reizvoll. Sag mal, könnte ich in Nowitz noch mal kurz an deinen Computer? Ich will Diotima noch was schreiben."

„Einverstanden, aber nur, wenn wir diesen Halt um einige Minuten der Ewigkeit verlängern und meinem Liebesgarten – sorry, ich meine meinem Waldgarten – einen Besuch abstatten. Ein optimaler Ort, um die Erpressung umzusetzen, wie ich finde."

Aus ganzem Herzen lächelnd gibt sie ihm einen Kuss: „Prinzen, die so viel von der Liebe verstehen wie du ... sollte man keine Wünsche verweigern, auch wenn sie erpresst wurden."

Nach einem Moment des Zögerns fährt sie – nicht mehr scherzend, sondern nachdenklich – fort: „Ich finde das manchmal gar nicht so leicht, diese ganzen Gegensätze in meinen Gefühlen und Gedanken zusammenzubringen."

„Was genau meinst du?"

„Auf der einen Seite sind da so viele lebendige Paradiese von den kaum noch aufhaltbaren Klimaveränderungen bedroht und das macht mich wirklich traurig. Andererseits weiß ich auch, dass es wenig hilft, sich in Verzweiflung und Leid zu ergeben."

„Ich glaube, du machst das schon ganz richtig. Du suchst doch aktiv nach Lösungen und setzt dich für eine liebevollere und damit gesündere Welt ein."

„Ja, das stimmt, aber trotzdem scheint es mir manchmal einfach als zu wenig und nicht schnell genug."

„Das ist zwar ein uralter Spruch, aber in der Ruhe liegt die Kraft. Weder Hast noch ängstliches Zögern werden viel helfen. Es muss was unternommen werden, so viel ist klar. Kürzlich wurden genauere Prognosen des internationalen Klimaforschungsnetzwerkes veröffentlicht. Danach bleiben der Menschheit nur noch wenige Jahre, um Energieverbrauch und Ausstoß von klimaschädlichen Gasen grundlegend zu reduzieren. Wenn es gelingt, wird sich die Temperatur in den kommenden hundert Jahren nur um ungefähr zwei Grad erhöhen und die dadurch verursachten Folgen lassen sich einigermaßen bewältigen. Wenn es nicht gelingt, werden die schmelzenden Eispanzer der Arktis und des Dauerfrostbodens der Tundra so viele Folgeeffekte haben, dass die Temperatur um bis zu fünf Grad und der Meeresspiegel um viele Meter steigen. Wenn dabei nach und nach auch die Eismengen der Antarktis sich auflösen, steigt das Meer um über 50 Meter. Weil die überwiegende Mehrheit der Menschen in den Regionen lebt, die dann im Wasser verschwinden, könnte dies das Ende einer zivilisierten Menschheit bedeuten. Na ja, und die Überlebenskriege um bewohnbares Land und zur Versorgung mit Nahrungsmitteln würden die meisten kulturellen Errungenschaften zerstören."

„Lass uns doch einfach alles, was in unserer Macht steht, tun, um dieses schreckliche Szenario abzuwenden. Ansonsten werde ich noch depressiv."

„Das hört sich gut an, also nicht das Depressive, versteht sich. Handeln müssen wir!"

„Genau! Und ich gebe der Leichtigkeit und Stärke der Liebe in mir gleich hier und jetzt eine Chance ..., zumal ich auch nicht wüsste, was ich lieber tun würde. Überhaupt müssen wir aufpassen, dass bei neuen Worten und Initiativen die Erotik nicht zu kurz kommt. Es gibt ja schon manche Versuche zur Verhinderung ökologischer Katastrophen. Zum Beispiel dieses *Great Transition* Netzwerk, von dem mein Vater mir erzählt hat. Und überall scheint mir die Lust und die Liebe zu fehlen. Dabei braucht man neben all der neuen Technik genau die, um die Dinge zu verändern."

„Das stimmt. Kürzlich wurde von der Göttinger Universität das Ergebnis einer Studie veröffentlicht, die das sogar wissenschaftlich bestätigt. Menschen, besonders Männer, die nicht ausreichend Erotik leben, erzeugen als Ersatz eine Menge Stress in und um sich. Sie stürzen sich lauter ablenkende Aktivitäten wie zum Beispiel Machtkämpfe, Profite machen oder sogar sogenannte gute Taten, doch Letzteres meist ohne wirkliche Liebe. Und die meisten Ersatzaktivitäten verbrauchen eine Menge Ressourcen und zerstören Natur und Leben."

„O.k., das heißt also tatsächlich, dass das Wichtigste für die Zukunft ist, etwas für die Evolution der Liebe zu tun, nicht nur im Kopf, sondern auch mit Leib und Seele", stellt Eve erfreut fest.

„Ja, die Seele ist dabei genauso wichtig wie der Körper. Es gibt noch andere Studien, die das bestätigen. Beispielsweise haben die Japaner eine sehr ausgeprägte Prostitution, sind also rein sexuell gesehen nicht übermäßig unbefriedigt, doch ihre macht- und profitorientierte Aktivität ist dennoch sehr stark. Das könnte daran liegen, dass bloße sexuelle Befriedigung letztlich nicht wirklich erfüllend ist, sondern die Seele dabei leer und weiter auf Suche nach Ersatz bleibt."

„Dann käme es also darauf an, völlig neue Formen ganzheitlich glücklicher Erotik zu entwickeln. Vielleicht ja ein wenig angelehnt an das, was früher vor den patriarchalen Zeiten war. In diesen matriarchalen Clans war die Erotik wohl weder als isolierte Kleinfamilie, noch als seelenlose Befriedigung organisiert. Zwar leben die Menschen heute nicht mehr als Clans, aber mit Hilfe des Internets lässt sich das doch sehr gut und vermutlich seelisch stimmiger denn je organisieren."

„Wie stellst du dir das genau vor?", will Roland wissen.

„All die mit dem sogenannten *web2* verbundenen Kommunikations- und Kennlernplattformen entstehen ja nicht zufällig. Hier kann man aus vielen Millionen Menschen nah oder fern genau diejenigen finden, mit denen unsere eigenen seelischen und vielleicht auch erotischen Qualitäten oder Sehnsüchte am meisten Resonanz fühlen. Wenn man so in ein weltweites Netzwerk von Liebe eingebunden ist, hat man sicher kaum noch Lust auf unsinnige und weltzerstörende Projekte. Ich werde mich bei meiner FÖJ-Stelle unbedingt vor allem darum kümmern, dass so ein Netzwerk der Liebe entsteht. Und ich hoffe, das Zauberwort, was du mir dann gleich verraten musst, gibt den richtigen Klang dafür."

„Ach, meine Süße, wenn ich dich nicht so weise, mutig und lebendig hier direkt vor mir hätte, müsste ich dich erträumen ..."

Zauberworte

Als sie nach Nowitz kommen, fährt Roland gleich zum Waldgarten. Eve pflückt schnell einige Himbeeren, steckt ein paar davon in den eigenen und andere in Rolands Mund. Dann nimmt sie seine Hand und geht mit ihm schnurstracks zum Bungalow. Auch sie hat seine Nähe vermisst und gibt sich rückhaltlos den starken Gefühlen und zärtlichen Spielen ihrer Liebe hin. Im Ohr noch ihr Gespräch über großes ICH und große LIEBE, spürt sie, als er ganz bei ihr ist und sie den Gipfeln der Ekstase näher kommen, viel mehr als nur ihr Frau-und-Mann-Sein. Sie fühlt sich zutiefst verbunden mit den Myriaden Wundern des Daseins, aber auch als mitentscheidendes Ich im Ringen um Leben und Tod auf dieser Erde. Als sie, im Moment höchster Wonne, in Rolands Augen schaut, begegnet sie jenem Lächeln, das mehr ausdrückt als alle Bücher und Lehrer ihr jemals sagen konnten.

Später liegt sie glücklich und etwas erschöpft der Länge nach auf ihm und küsst ihn. Plötzlich hält sie inne und summt ihm ins Ohr: „Nun, Geliebter, möchte ich auch den Lohn der erpressten Liebe und wenn der nicht mindestens genauso gewaltig ist wie das Opfer, das ich arme Jungfrau dir barbarischem Erpresser bringen musste, beiße ich dir das Ohr ab."

„Nein ..., nicht mein Ohr. Ich ergebe mich und bringe dir mein Wunderwort dar. Bevor ich es dir verrate, erlaube mir noch einige Erklärungen, damit du es wirklich verstehst, holde Prinzessin."

In königlichem Tonfall geht sie weiter auf das Spiel ein: „Aber keine überflüssigen Silben sollen meine erwartungsfrohe Spannung weiter hinhalten, sonst beiße ich genauso erbarmungslos zu, wie du mich eben gnadenlos für deine Lust missbraucht hast."

„O.k. Also rekapitulieren wir noch mal kurz: Wir hatten gesagt, dass es auf die liebevolle und ganzheitliche Erkenntnis des Menschen über sich selbst und seine energetische und informationelle Verbundenheit mit allen anderen Wesen ankommt; und dass Erkenntnis allein nicht ausreicht, sondern auch gefühlt und gehandelt werden muss, um ein schöneres Gesamtgefüge zwischen Mensch und Natur zu gestalten."

„Ja, soweit waren wir schon, los jetzt!", unterbricht sie ihn ungeduldig.

„Warte doch ab! Das Wort, welches noch lebendiger als das Wort *Paradies* die trotz aller Schattenseiten bisher meist vorhandene Harmonie der Erde ausdrückt, ist das Wort *Leben*. All das
Leben der Erde existiert schon immer nicht nur nebeneinander oder gegeneinander, sondern auch miteinander. Wir Menschen sind bisher nur nicht richtig in der Lage, die Frequenzen oder Felder dieses Verbundenseins wahrzunehmen. Unsere Augen sehen nur isolierte Dinge, unser Ohr hört meist nur einzelne Töne und die Hilfsmittel von Verstand und Technik halfen da bisher auch nicht viel weiter. Hin und wieder fühlen wir zwar etwas von dieser großen Verbundenheit, doch da dieses Gefühl von der gegenwärtigen Gesellschaft bisher nicht kultiviert wird, erzeugt es wenig lebendige Aktion."

Eve freut sich, dass sich Rolands Ansichten mit denen von Diotima decken. Sie sagt: „Diotima hat auch so was Ähnliches gesagt, nämlich dass es Schwingungsfelder gibt, die alles verbinden und informationell miteinander abstimmen. Mit sehr feiner Technik kann man diese inzwischen sogar physikalisch nachweisen. Wie eine Art universelle Liebe, die sich wohl vor allem in der Herzgegend fühlen und auch nachweisen lässt."

„Super. Du kommst dem Zauberwort immer näher."

„Wieso?"

„Ja, wenn ein Teil *Leben* heißt, so heißt der andere Teil *Herz* und zusammen also *Herz des Lebens*."

„Aber ist das Wort *Herz* nicht ein bisschen zu kitschig abgegriffen und auch zu romantisch?"

„Was heißt romantisch? Die Romantik daran drückt ja unbewusst aus, dass das Herz mehr ist als nur ein blutpumpendes Organ, sondern dass besonders dort die Schwingungen der Liebe fühlbar sind. Wir brauchen Worte, die weder zu kalt sind und nur etwas Physikalisches ausdrücken, noch zu esoterisch und nur etwas Abgehoben-Geistiges ausdrücken. Sogar Albert Einstein hatte da eine sehr treffende Intuition, als er seinerzeit sagte, dass das Problem nicht die Atombombe, sondern das menschliche Herz sei."

„Ja, wenn du es so sagst … Klar, eigentlich steckt in dem Wort tatsächlich eine ganze Menge. Vielleicht hilft ein ganz neues Wort, was Leben und Herz verbindet und die Erde weder als fertiges Paradies noch als Hölle ansieht, sondern als immer wieder neu aus der Kraft der Herzen entstehende Wirklichkeit erkennt. Vielleicht lässt solch ein integrales Wort viele Menschen ihre tiefe Sehnsucht nach einer Welt spüren, in der möglichst viele Lebewesen sich möglichst frei und liebevoll des Lebens freuen. Das passt auch zu dem Bild von Böhme. Weißt du, das auf dem Stein? Da war doch auch ein Herz als Zentrum von allem dargestellt."

„Dann lass uns gleich mal nachschauen, ob es das Wort noch nicht gibt als Website. Du wolltest doch eh noch Diotima schreiben. Im Auto ist mein Notebook, damit können wir uns auch von hier aus in unser WLAN einloggen. Wenn du mich jetzt von deinem süßen Gewicht befreist, hole ich es gleich mal her."

Nicht lang und Roland ist wieder da. Er klappt das Notebook auf und loggt sich ein. Dann fragt er, wie das neue Verbindungswort von Leben und Herz eigentlich konkret lauten soll. Sie überlegen eine Weile hin und her, spielen mit Varianten wie *Lebensherz* und *Herz-des-Lebens*, aber sind nicht wirklich zufrieden damit. Eve kommt darauf, dass es eh besser wäre, ein englisches Wort zu finden, da es ja überall auf der Welt verständlich sein soll. Roland stimmt ihr zu und sie schreiben *hearts-of-life*, *living-hearts* und ähnliche Möglichkeiten auf, sind aber immer noch nicht ganz glücklich damit. Roland schlägt vor, eine kreative Pause zu machen. Da Eve ihn anschaut, als ob sie nicht genau wüsste, was er damit meint, fügt er noch hinzu: „Du hast doch vorgeschlagen, Liebe und Kreativität zum Wohle einer besseren Zukunft zu verbinden! Schon vergessen?"

„Ah, doch ich erinnere mich", entgegnet sie mit flirtigem Blick, überlegt kurz und sagt: „Hast du Lust, mich mal von hinten zu nehmen?"

Roland, dem kurzfristig die Gesichtszüge entgleiten, fasst sich schnell wieder und sagt dann: „Deine direkte Art ist schon ungewöhnlich. Aber natürlich würde ich dir gerne diese Freude machen. Nichts lieber als das."

„Ich habe mal gelesen, dass auch Stellungen, die eher dem Tierreich entlehnt sind, ungewöhnliche Energien freisetzen können, wenn man sich der Herzensverbindung bewusst ist."

„O.k." Ohne lange zu zögern, begibt Roland sich hinter sie. Eve genießt es, wie er ihren Po sanft und doch fordernd greift und knetet. Als er ihre Hüften fasst und beginnt, sie zuerst sanft und allmählich stärker werdend zu stoßen, genießt sie seine rhythmisch fordernde Kraft. Ihr fallen die gemeinsamen Chakren-Liebesspiele am Steinbruch ein und sie zieht etwas von der wilden Lust, die ihr zweites Chakra immer mehr ergreift, hoch in ihr Herz und in ihren Kopf.

Dabei spürt sie Momente einer totalen Verbindung mit ihm. In einem dieser Momente vernimmt sie voller Erstaunen seine Worte: „Du wundervolles Wesen, ja, lass uns für eine gute Sache vögeln!"

Sie kann gerade noch ein *Ja* hauchen als eine Woge der Wonne über sie hereinbricht.

Als sie wieder bei sich ist, kommt ihr eine Idee. „Warum müssen wir eigentlich Leben und Herz ausschreiben, wo es doch eh um ein ganz neues Wort geht, wo beides integriert werden soll. Ich hab' eine Idee, zumal die auch schön klingt: *heaoli*, abgeleitet von *hearts-of-life*."

„Oh Babe!", sagt Roland. „That's just wonderful!" Dann wirft er sie auf den Rücken und küsst sie. Und schon wieder nähert sich die Welle der Lust, strömt durch ihre Glieder und reißt die beiden schließlich mit sich.

Als sie beide ermattet, aber selig so da liegen, spricht Eve das neue Wort leise vor sich hin.

„Es klingt fast etwas asiatisch und hat doch auch diese englisch erklärbare Langform *hearts-of-life*. Außerdem klingt es sehr schön, nicht zu rational, aber auch nicht unsinnig und das vermutlich in ganz verschiedenen Sprachen. Schon witzig, wirkt ja fast so, als hätten wir beim Sex tatsächlich aus der kosmischen Quelle geschöpft", freut sich Eve. „Mal sehen, ob die Website dazu noch frei ist."

Roland sucht nach der Website. „Sie ist tatsächlich noch unbesetzt, und zwar in allen Varianten. Dann sichere ich gleich mal *heaoli.com*. Das lässt sich weltweit am besten verwenden."

Eve macht sich gleich daran, Diotima von ihrer neuen Wortschöpfung zu schreiben:

Liebe Diotima,

in den Wonnen der Liebe erfanden Roland und ich ein schönes neues Wort: „heaoli". Das ist eine Abkürzung für „hearts-of-life". Als ich bei Dir war, haben wir doch über die Bedeutung der Herzenergie als auch über eine neue Kommunikationsplattform gesprochen, die Ideen, Gefühle und vor allem Menschen für eine liebevollere Zukunft auf möglichst lebendige Weise verbindet – Na ja, vielleicht ist „heaoli" ja ein passender Name dafür. Wie gefällt er Dir?

Deine Eve

Als sie die Mail abgeschickt hat, spricht sie Roland noch mal auf seine Eifersucht an, die in ihm hochkam, als Eve von ihrem Selbstanbietungsplakat für *Greenpeace* erzählte.

„Wenn gar keine Reaktion in dir gewesen wäre bei so einer Aktion von mir, wäre ich vielleicht sogar etwas enttäuscht. Schließlich wünscht man sich doch, dass das Besondere, Einzigartige, was man mit einem Menschen erlebt, von diesem auch geschätzt und nicht einfach mit beliebigen anderen gleichgesetzt wird."

„Ja, das könnte der Grund sein, warum diese Art von Eifersucht ihren Sinn hat, die nicht rasend und besitzergreifend macht, sondern eher süß schmeckt und zu noch intensiverer Liebe und Kreativität anstachelt."

„Offenbar ist es mit Liebe, Freiheit und Eifersucht wie mit allen wesentlichen Dingen. Man kann sie nicht in eine einfache oder eindimensionale Lösung für alle Fälle pressen. Es ist wirklich paradox. Je mehr ich alle Wesen dieser Welt in mein Liebesgefühl integriere, dabei sogar so weit gehe, fremden Männern etwas Erotik schenken zu wollen, um ihnen etwas Gutes zu tun, desto stärker empfinde ich zugleich die Einzigartigkeit der Liebe zu dir. Dann verblassen die Gedanken an andere Männer und ich könnte das ganze Leben lang nur dich lieben."

„Du wirst noch eine echte Philosophin der Liebe. Aber wie ist das eigentlich umgekehrt mit dir und Eifersucht? Also zum Beispiel in Bezug auf Katrin?"

„Das ist was ganz anderes, finde ich. Vielleicht deshalb, weil sie zugleich meine Freundin ist und wir voneinander wissen, dass keiner dich der anderen wegnehmen will. Im Gegenteil, dass wir dich sozusagen miteinander teilen, das schafft eine schöne Vertrautheit zwischen ihr und mir. Obwohl ich sie erst kurz kenne, kommt sie mir manchmal fast schon vor wie meine ältere Schwester. Klar gibt es auch mal einen Moment, wo ich diesen Kick von Eifersucht verspüre, aber darüber kann ich dann meist schnell lachen. Als ich in der Schweiz war, habe ich mir sogar gerne vorgestellt, dass du vielleicht gerade mit ihr zusammen bist", sagt Eve. Da Roland aber nicht direkt darauf eingeht, setzt sie noch hinterher: „Jedenfalls konnte ich sicher sein, dass du weder seelisch einsam noch mit deinem Testosteronspiegel allein warst. Man weiß ja nie, auf welch dumme Gedanken unbefriedigte Männer so alles kommen."

Dieses Mal fühlt Roland sich offenbar direkt dazu veranlasst, gleich etwas entgegen zu halten. „Ich bin auch froh, dass du jetzt regelmäßigen Sex hast, denn unbefriedigte Frauen vergiften ja bekanntlich ihr ganzes Umfeld. Ja, zickig könnt ihr sein und dann die berüchtigte Stutenbissigkeit! Du hast jetzt das Glück, durch mich zu lernen, dich nicht deinen niederen Instinkten auszuliefern und heimlich oder unheimlich die zweite Frau zu bekämpfen, sondern kannst dich nun in den höheren Gefühlen der Liebe üben."

„Jetzt hast du's mir aber gegeben", sagt Eve und lacht so herzlich, dass auch Roland schnell angesteckt ist von ihrer Freude.

„Was ich eigentlich sagen wollte, ist, dass du bestimmt nicht ganz zu Unrecht seelisch unglückliche oder erotisch unzufriedene Männer für viele Probleme verantwortlich machst. Aber es gibt auch genug geschichtliche Beispiele dafür, wie eifersüchtige Frauen ihre Männer zu Kriegen und anderen Untaten anstachelten."

„Ja, das stimmt auch. Und die Frauen sind ja auch nicht unschuldig daran, dass es so viele erotisch und seelisch unglückliche Männer gibt. Meine Mutter hat mir von einem Buch einer Frau erzählt, die sich schon in den 70er Jahren getraut hat offenzulegen, inwiefern der Kampf des Feminismus gegen das sogenannte Patriarchat einen wesentlichen Teil des Problems nicht löst, sondern eher verdrängt. Das Buch beschreibt, wie Frauen seit Jahrhunderten die sexuelle und die damit oft verbundene seelische Abhängigkeit der Männer ausnutzen, um sie in gewisser Weise zu Versorgungsrobotern zu dressieren. Sie bieten den Männern regelmäßigen Sex und auch Geborgenheit, wenn diese sie dafür mit den nötigen Lebensgrundlagen oder besser noch mit allem möglichen Luxus versorgen. Ihr Lösungsvorschlag war, glaube ich jedenfalls, die Arbeit so zu verteilen, dass Männer wie Frauen fünf Stunden arbeiten, da dann keiner vom anderen abhängig ist und trotzdem noch genug freie Zeit für die Entwicklung echter Liebe und anderer Künste bleibt."

„Wow, hab' noch nie davon gehört. Vermutlich kam sie damals mit dieser Idee noch nicht so weit, oder?"

„Das weiß ich nicht", antwortet Eve.

„Wahrscheinlich kann man davon ausgehen. Wer so mutig und unkonventionell jahrhundertealte Gewohnheiten und Ängste in Frage stellt, wird meist erstmal verdrängt." Dann überlegt er eine Weile.

Nach einigen Minuten des Schweigens platzt Roland unvermittelt in die Stille: „Hätten wenigstens die Grünen das zu ihrem Programm gemacht!"

„Was?", will Eve wissen, die mit ihren Gedanken schon wieder wo anders war.

„Den Vorschlag das Mann und Frau jeweils fünf Stunden täglich arbeiten! Vielleicht hätten sich so einige ökologische Katastrophen noch abwenden lassen. Die Grünen trösten sich noch heute mit

Umwelttechnik und merken nicht, dass sie mit ihrem tagtäglichen Vollzeitstress und unbewussten Machtverlustängsten die Maschinerie der Umweltzerstörung mit antreiben."

Für eine Weile sagt Roland zwar nichts, aber Eve spürt förmlich, wie seine Gedanken kreisen und ihn die Thematik ziemlich belastet. Schließlich gibt er seinem Gefühl Ausdruck: „Besonders enttäuscht war ich kürzlich, als sie auf ihrer Bundesversammlung mit knapper Mehrheit ablehnten, sich für die Einführung eines allgemeinen Bürgergeldes oder Grundeinkommens einzusetzen. Zumal ich von einigen der grünen Funktionäre weiß, dass sie letztlich auch nur Angst haben, dass die bisher durch den Gelderwerb dazu motivierten oder gezwungenen einfachen Arbeiter dann nicht mehr ihre Arbeit machen …"

„Was findest du denn so gut an einem Grundeinkommen für alle? Besteht dann nicht wirklich die Gefahr, dass viele Menschen gar nichts mehr tun?"

„Nein! Ich denke, der Mensch will im Grunde seines Herzens nicht permanent faulenzen, sondern gern etwas tun, was seinen eigenen Talenten entspricht. Jeder hat doch irgendwo in sich das Bedürfnis, sich selbst auszudrücken und zu verwirklichen. Dieses Bedürfnis ist meist einfach nur verdrängt, da die Menschen sich gezwungen sehen, irgendeinen Job zu machen. Kein Wunder, dass die dann lustlos oder krank werden."

„Vielleicht ist das so, würde auf jeden Fall Sinn machen", entgegnet Eve etwas verzögert.

„Ich denke man kann auch davon ausgehen, dass die meisten Menschen gerne in einer Art und Weise arbeiten würden, welche nicht die natürlichen Lebensgrundlagen ihrer Enkel zerstört."

„Das glaube ich auch. Was hält uns denn eigentlich davon ab?"

„Naja, die gesellschaftlichen Strukturen suggerieren uns immer wieder Überlebensängste, die eigentlich überholt sind, denn es wird inzwischen eher zu viel als zu wenig von allem wirklich Notwendigen produziert. Nur derjenige, der eine sogenannte Arbeit im alten Sinne hat, egal wie umweltzerstörend diese ist, wird gesellschaftlich akzeptiert und kann sich eine Wohnung und all das, was zu einem *normalen* Leben gehört, leisten."

Eve, die Roland aufmerksam zugehört hat, überlegt für einen Moment und sagt dann wie zu sich selbst: „Ehrlich gesagt habe ich bisher auch angenommen, dass ein Grundeinkommen dazu führen würde, dass die Leute einfach nicht mehr arbeiten und dann die ganze Wirtschaft zusammen bricht, aber wenn ich so darüber nachdenke, dann würde ich auch sagen, dass der Mensch eigentlich arbeiten will."

„Das denke ich auch", sagt Roland und schaut Eve dabei nachdenklich an. „Wahrscheinlich wäre die Umstellung auf ein Grundeinkommen erstmal mit ein paar Problemen verbunden. Immerhin sind die Leute seit Ewigkeiten daran gewöhnt, über ihre wirklichen Bedürfnisse hinweg zu gehen und einfach irgendeinen Job zu machen, aber es würde auf jeden Fall über kurz oder lang zur Gesundung unseres Planeten beitragen."

„Wie meinst du das?", hakt Eve genauer nach.

„Wer im Kern seiner selbst unzufrieden ist, von dem kann mal wohl kaum verlangen, dass er sich liebevoll um die Welt kümmert. Aber wenn es uns gelingt den Beruf auch als Berufung zu verstehen, gehe ich davon aus, dass es viel mehr glückliche Leute gibt, die dann auch in der Lage sind, ihre Liebe auf die Welt auszudehnen."

„Dann wäre die Einführung eines Grundeinkommens also schon deshalb wichtig, um vom Klimawandel nicht nur zu reden, sondern die tieferen Ursachen dafür anzugehen!", stellt Eve fest.

Roland nickt und nimmt Eve in den Arm. Beide stehen minutenlang versunken und still miteinander. Sie spürt eine sehr tiefe, sanfte Verbundenheit. Auch die Lust ihres Unterkörpers regt sich leise, doch viel mehr genießt sie eine unendlich zärtliche Weite, die von ihren Herzen ausgehend alles um sie erfasst.

„Weißt du, was ich so schön mit dir finde?", bricht Roland das Schweigen.

„Was denn?"

„Obwohl du so viel jünger bist, habe ich nie das Gefühl der Überlegenheit. Ich fühle mich dir einfach total verbunden."

„Ja, du alter Knacker, mir geht das genau so."

„Ich versohle dir gleich den Hintern. Ich bin zwar …", dann überlegt er kurz, „15 Jahre älter als du, aber 34 ist trotzdem noch jung!"

„Ich foppe dich doch nur ein bisschen. Wir sind einfach seelenverwandt. Ist doch total egal, wie alt wir nun sind", antwortet Eve und gibt ihm einen Kuss.

„Aber nun lass uns weiter an den Rest der Welt denken. Lass uns noch ein bisschen surfen und sehen, ob wir einiges finden, was wir mit unserem Vorhaben vernetzen können", schlägt Eve vor.

„O.k. Schau doch mal, ob sich bei den großen Religionen der Menschheit Ansätze finden, die uns unterstützen könnten", sagt Roland.

„Gute Idee."

Eve gibt ein: *Religionen + Menschheit + Liebe* und überfliegt die ersten Ergebnisse. „Ja, schau mal hier. Ein Joseph Campbell schreibt, dass sich in all der Vielfalt der Kulturen letztlich vier grundlegende Haltungen finden, die verschiedene Aspekte der universellen Liebe zeigen. Die vor allem in der indischen Kultur entwickelte Haltung der Yogis konzentriert sich so stark auf das innerste Wesen aller Dinge, dass sie sich völlig aus der äußeren Welt zurückziehen und auch sehr erfüllt mitten im Auf und Ab des Lebens sein können. Er zitiert hier sogar einen Satz von eurem Lieblingsphilosophen Aurobindo, hör mal:

> Für die Seele, die der höchsten Seligkeit teilhaftig geworden ist, kann das Leben nichts Schlimmes und kein leiderfüllter Wahn mehr sein. Ihr wird alles zum Liebesgeflüster und perlenden Gelächter ihres göttlichen Geliebten und Spielgefährten."

„Klingt gut. Und was sind die anderen drei großen Haltungen der universellen Liebe?"

„Eine weitere ist vor allem in chinesischen und japanischen Kulturen zu finden. Dort ist der Geist oder die Liebe weniger ekstatisch losgelöst, sondern mehr im Dienst der Alltäglichkeit entwickelt. Hör mal, was Laotse dazu sagt:

> Durch Liebe kann man mutig sein, durch Genügsamkeit kann man weitherzig sein. Wenn man nun ohne Liebe mutig sein will, wenn man ohne Genügsamkeit weitherzig sein will, wenn man ohne zurückzustehen vorankommen will: das ist der Tod. Wenn man Liebe hat im Kampf, so siegt man. Wenn man sie hat bei der Verteidigung, so ist man unüberwindlich. Wen der Himmel retten will, den schützt er durch die Liebe."

„Ja, klingt anders, aber auch sehr schön."

„O.k. Die dritte ist heutzutage vor allem im Orient und im muslimischen Glauben zu finden, war im Mittelalter aber auch in Europa sehr verbreitet. Diese Haltung hat etwas vom Spiel der Verliebten, die sich fraglos einander hingeben, oft auch unterordnen, was dann allerdings zu Hierarchien und Kriegen im Namen der universellen

Liebe entarten kann. Die schönere Variante davon haben vor allem die Sufis beschrieben, hör mal:

Weißt du, warum der Spiegel deiner Seele nichts widerspiegelt? Weil der Rost nicht von seiner Oberfläche entfernt wurde. In Wirklichkeit ist es das Wesen unseres inneren Zustands. Von Begierde und Unvollkommenheit wird nur gereinigt, wem eine starke Liebe das Gewand zerrissen hat.

Die Liebe ließ den irdischen Leib zum Himmel schweben, der Berg begann zu tanzen."

„Und was ist mit der westlichen Welt?", bemerkt Roland. „Was sagt er denn dazu?"

„Er meint, die vierte Haltung zeichnet sich vor allem durch ihre Individualität aus. Dass heißt dann ja auch, dass jeder seine Weise findet, die universelle Liebe in sich zu entwickeln und zu leben, oder auch nicht. Und weißt du was?"

„Nein, was denn?"

„Er zitiert dabei einen Satz von Chardin, der mir sehr gut in Erinnerung ist. Auf den bin ich vor einigen Wochen schon mal gestoßen. Witzig, der Satz hat mich im Grunde bis hierher geführt. Hör mal:

Gewöhnlich befassen wir uns nur mit der gefühlsmäßigen Seite der Liebe: mit den Freuden und Leiden, die sie uns verursacht. Hier jedoch muss ich sie in ihrer Bedeutung für die Evolution studieren, um die letzten Phasen des Phänomens Mensch zu erklären. Die Menschheit; der Geist der Erde; die Synthese der Individuen und der Völker: damit sich diese Dinge, die man als utopisch bezeichnet, in der Welt verwirklichen, genügt vielleicht die Vorstellung, unsere Liebeskraft könnte sich entwickeln, bis sie schließlich die Gesamtheit der Menschen und der Erde umschlingt."

„Das passt alles total gut zur Bedeutung unserer Wortschöpfung *heaoli*. Trotzdem habe ich das Gefühl, da fehlt noch etwas", sagt Eve und überlegt. „Ja, es fehlt irgendwie die Lust an der Liebe und all dem, was aus ganzheitlicher Begegnung zwischen Männern und Frauen entsteht. Vermutlich war das in diesen vier großen Religionen schon etwas verdrängt." Dann hält sie wieder nachdenklich inne. „Ich hab's: Wir brauchen noch etwas Fünftes!"

„Ja, das finde ich auch." Eve legt den Laptop beiseite und kuschelt sich mit schlingenden Armen und Beinen eng an Roland. „Genau das fiel mir schon damals auf, als ich diesen Satz von Chardin das erste Mal gelesen habe. Allerdings ist mein Versuch, genau das in der Schule zu thematisieren, ziemlich in die Hose gegangen", erinnert sich Eve. „Wahnsinn, was seitdem alles passiert ist. Und ich habe tatsächlich inzwischen Menschen getroffen, die das auch so sehen und fühlen!" Dann springt sie auf und hüpft voller Übermut auf dem Bett herum: „Ich fasse es einfach nicht. Es gibt Wunder, es gibt sie wirklich! Yeah, folge der Liebe und Wunder geschehen!" Eve hüpft noch so weiter, bis sie nicht mehr kann und lässt sich dann auf den Rücken fallen. Mit ausgestreckten Armen und Beinen bleibt sie liegen und sagt: „Frei nach Bahro und Böhme: Die Zukunft hängt davon ab, ob Männer und Frauen mehr denn je ihre Unterschiede als fantastische Ergänzung im anderen erkennen und leben und das machen wir hier! Ist das nicht super klasse?!"

Roland streichelt ihren Kopf. „Das hast du aber schön formuliert, meine Philosophin."

Später folgt Eve einer Intuition und schaut wieder in ihre Emails. Tatsächlich findet sie schon eine Antwort von Diotima:

Liebe Eve,
hab' mich sehr gefreut über Eure Idee. Das Word „heaoli" klingt wie eine schöne Konkretion des Zusammenspiels von Liebe, Wissen und spielerischem Mut. Nur ICHs, die ihren tieferen Intuitionen und Sehnsüchten der Liebe des Herzens folgen und diese mutig umsetzen, statt sich un-Ichhaft den Gewohnheiten ihrer Eltern oder Lehrer anzupassen, können diese Welt so gestalten, dass sie schöner statt hässlicher wird.
Übrigens gibt es da etwas Ähnliches, ein erst vor kurzer Zeit entstandenes internationales Netzwerk von verschiedensten Wissenschaftlern, Unternehmern und Politikern, aber auch Künstlern, Heilerinnen, Tänzerinnen, Studenten etc., die ein sehr ähnliches Ziel haben. Um trotz des Ernstes der Lage sich selbst nicht zu ernst zu nehmen und auch weil die gewichtigen Worte der Vergangenheit fast alle zu einseitig sind, haben die sich den humorvollen Namen „Cheesefondue-workshops" gegeben. Vielleicht solltet Ihr Euch mit ihnen in Verbindung setzen. Schaut einfach mal bei Google unter diesem Namen.
Viel Glück, Deine Diotima

Rasch gibt Eve cheesefondue-workshops bei Google ein und findet eine Website, die auf drei Unterseiten – Environment, Communication und Spirit – führt. Ein Banner verweist auf Informationen zum Workshop dieses Wochenendes. Sie klickt ihn an und liest das Programm. Obwohl die Anmeldefrist schon abgelaufen ist, wird man ermutigt, spontan hinzuzukommen, wenn man sich im Herzen dazu berufen fühlt.

Sie rüttelt Roland, der aus Erschöpfung von all dem Liebesspiel im Halbschlaf dahindämmert: „Roland, da gibt es auch andere, die aus ähnlich integralen Gründen nach neuen Zauberworten suchen. Wir müssen auf dem Weg zur Insel unbedingt einen kleinen Umweg dahin machen."

„Was??? Lass mich doch mal lesen." Nach einer kleinen Pause: „Tatsächlich. Erstaunlich. Offenbar liegt es in der Luft, das endlich einige aufwachen und mutig sind, das zu tun, was zu tun ist. Ja, lass uns da hinfahren. Das italienische Ferello, wo dieses Treffen stattfindet, liegt zwar nicht unbedingt auf dem Weg nach Hiddensee, aber dafür nicht weit von der Adria. Und Italien ist ja auch das Land von Romeo und Julia, also für einen Liebesausflug gut geeignet."

„Au ja, da will ich mit dir hin. Aber, wie kommen wir dahin?"

„Ich guck' mal bei *bahn.de*, wie lang die Züge dahin brauchen." Roland nimmt sich den Laptop und gibt die Daten ein. „Gut 15 Stunden. Schau, hier gibt es einen sehr günstigen Nachtzug von München aus. Müssen allerdings morgen Mittag den Zug von hier nehmen, um rechtzeitig in München zu sein."

„Klasse, dann haben wir ja noch ein paar Stunden Zeit und können den Abend mit Katrin und Kai verbringen. Wärst du einverstanden, wenn ich auch Anne und Jakob anrufe und frage, ob sie nicht den Rest des Tages und bis morgen her kommen wollen? Mit ihnen hatte ich eigentlich ausgemacht, in den letzten Ferientagen noch etwas zusammen zu unternehmen."

„Ja, gute Idee, ruf' sie an."

Als Eve Anne anruft, ist Jakob gerade dort und beide stimmen spontan zu, gleich nach Nowitz zu kommen. So treffen sie sich alle sechs zum Abendbrot in Katrins Küche. Eve erzählt vom Besuch bei Diotima und Jakob davon, dass er mit Anne einige Tage bei Freunden im nahen tschechischen Riesengebirge war und dass auch dort viele junge Leute nach neuen Wegen für Leben und Liebe suchen. Nicht nur aus persönlichen Interessen, sondern weil sie auch ahnen, dass die Normen der Vergangenheit für die kommenden Zeiten zu eng sind. Die Freunde dort hätten ihnen von einem Buch über die wunderbare Leichtigkeit des Seins erzählt.

„Ja, das Buch kenne ich", wirft Katrin ein. „Es beschreibt so schön, wie sich die Liebe lebendiger leben lässt. Allerdings zeigt es auch, dass man sich damit nicht nur Freunde macht und auch in sich selbst manche Widersacher weckt."

„Das hört sich spannend an", sagt Anne spontan. „Was ist denn mit Widersachern gemeint?"

„Naja, es geht um die Ambivalenz – die ja auch im Titel ausgedrückt wird. Es heißt nämlich nicht die wunderbare, sondern die unerträgliche Leichtigkeit des Seins. Du musst es einfach mal selbst lesen", sagt Katrin und lacht Anne offen an. „Ist schon so lange her, dass ich es gelesen habe."

„Kennst du das Buch auch, Roland?", fragt Eve. Und als dieser nickt, fährt sie fort: „Mensch, und du hast mir davon nichts erzählt! Als Strafe musst du mir das Buch vorlesen, vielleicht gleich auf der Zugfahrt zur Konferenz und dann weiter am Strand der Adria."

Da die anderen etwas verblüfft gucken, versucht Roland ihnen Eves freudige Ausgelassenheit zu erklären. Er erzählt von ihrem Zauberwort *heaoli* und davon, dass es ihnen, über Diotima und das Internet, bereits eine Reise zu Geistesverwandten in Italien beschert hat. Nur ihre ausgelassenen erotischen Spiele beim Websurfen erwähnt er nicht. Auch weil er bemerkt, mit welch verträumten Augen Kai wieder einmal Eve betrachtet.

„Und was habt ihr hier so gemacht?", fragt Eve und schaut dabei Kai an.

„Na ja, im Grunde das, was wir im Sommer immer so machen", sagt Kai und legt dann wieder sein Lächeln auf.

„Und was genau wird das wohl sein?", fragt Eve ebenso charmant nach.

„Es kommen halt viele her, um hier mal einen etwas anderen Urlaub zu machen. Oft Eltern, die ihren Kindern ein Leben mit der Natur zeigen wollen. Außerdem haben wir zwei wirklich schöne Camps mit Leuten aus aller Welt veranstaltet. Bei dem einen haben wir gemeinsam musiziert und tagelang Friedenstänze gemacht. Das andere war speziell für kinderreiche Familien oder Mütter, wo es vor allem um neue, lebensverbundenere Formen der Schulbildung ging."

„Was kann man sich darunter denn vorstellen?", fragt Eve.

„Na ja, zum Beispiel dass Kinder mehr in der Natur lernen oder dass sie stärker ihren Gefühlen folgen, was sie gerade wirklich lernen wollen ..."

„Gibt's denn so was schon?", möchte Eve wissen.

„Hier in Deutschland, dessen Schulgesetz in einigen Teilen noch aus der Nazizeit stammt, ist das nicht so einfach. Aber in fast allen Ländern können die Eltern frei wählen, ob sie ihre Kinder auf die Schule schicken oder – zum Beispiel zusammen mit Freunden – selbst unterrichten. Natürlich müssen sie dann später auch ihre Prüfungen bestehen, aber es ist ja erwiesen, dass Kinder eigentlich gern lernen, wenn sie ausreichend Anregung und auch Freiraum dazu haben."

„Und in Deutschland geht das nicht?"

„Nein, hier gibt es eine Art Schulzwang und Eltern, die ihre Kinder trotzdem selbst unterrichten, werden gerichtlich verklagt und zu Bußgeldern oder Schlimmerem verurteilt. Das mag im letzten Jahrhundert, als vor allem die Industrialisierung auf der Tagesordnung stand, sinnvoll gewesen sein, um möglichst alle Kinder auszubilden. Denn besonders in bäuerlichen Verhältnissen mussten die Kinder oft von klein auf mitarbeiten und lernten so wenig anderes. Doch inzwischen ist die Entwicklung selbstständiger Kreativität und Lernfreude wichtiger als eingepauktes Wissen. Man wundert sich zwar allmählich, warum im Vergleich zu anderen Ländern hierzulande weniger junge Menschen das Abitur machen und studieren wollen, doch vermeidet man, nach den Ursachen zu forschen, denn die haben vermutlich damit zu tun, dass diese Zwangselemente die Lust und Liebe am Lernen und am Lehren einschränken. Ich habe letztens gelesen, dass die Eliteuniversitäten und auch führende Unternehmen in den USA inzwischen vor allem Nachwuchs suchen, der nicht auf eine Schule gegangen, sondern mit freiem Lernen aufgewachsen ist – einfach aufgrund der Erfahrung, dass solche Menschen mehr Mut und Fähigkeit zur Kreativität haben."

Eve hat neugierig zugehört und fragt nach: „Wenn wir davon ausgehen, dass neben Wissen und Mut vor allem die Liebesfähigkeit für die Zukunft entscheidend sein wird, dann bin ich dafür – also ich meine für freieres und lustvolleres Lernen!"

„Ja, wenn's der Menschheit gelingt, die kommenden ökologischen Krisen zu überstehen und eine globalere Gesellschaft zu entwickeln, werden vermutlich ganz andere Formen der Bildung entstehen."

„Aber da beißt sich die Katze doch in den Schwanz. Damit so eine schönere Welt überhaupt entstehen kann, braucht es bereits Menschen, die dazu fähig sind, sie in sich zu fühlen. Neue Schulen sind also so etwas wie das Nadelöhr der Zukunft."

„Das kann man wohl so sagen", findet Katrin. „Vielleicht hilft ja euer neues Wort und verzaubert die Welt ein wenig in dieser Richtung. Erzählt doch mal ein bisschen mehr davon."

Auch Anne und Jakob sind neugierig. Eve signalisiert Roland, dass er zuerst erzählen soll und dieser rekapituliert, wie viele schöne und aktive Bedeutungen sich mit *heaoli* verbinden lassen. Er erklärt, inwiefern die hochkomplexen Resonanzfelder des menschlichen Herzens eigentlich dafür sorgen, dass all die Myriaden Aktivitäten der Menschen einigermaßen mit dem Universum abgestimmt sind.

„Ja, wie schön, aber auch wichtig wäre es, wenn möglichst viele Menschen dies erkennen und bewusster fühlen lernen", schwärmt Eve, „Dann wäre doch viel mehr Harmonie zwischen den verschiedenen Religionen und Kulturen, als auch zwischen Mensch und Natur möglich."

Nach einem kurzen Moment der Stille fängt Roland an zu lachen und sagt mit freudig glänzenden Augen: „*heaoli* hat so einen leichten, fast lustigen Klang – es würde sich gar nicht für eine neue Ideologie oder Machtstruktur vereinnahmen lassen."

„Ich möchte, dass sich die Menschen vieler Ländern durch so ein freundliches Zauberwort in ihren gemeinsamen Zielen erkennen und verbinden können, es sollte zu so einer Art vierten Kraft werden", sagt Eve.

„Ja", bemerkt Katrin, „aber so ein neuer Bund sollte, im Gegensatz zu bisherigen Religionen oder Nationen, vor allem offen und lebendig bleiben und sich nicht zum Zweck eigener Positionierung von anderen abgrenzen und dabei erstarren."

„Gab' s da nicht schon ähnliche Versuche in den letzten Jahrzehnten?", schaltet sich auch Jakob ein. „Denkt mal an die Bewegung der 68'er, an *Greenpeace* oder an *Attac*. Sie alle haben doch vieles erreicht und es trotzdem vermieden, zu einer neuen Partei zu werden."

Kai scheint voll in seinem Element zu sein und geht darauf ein: „Na ja, ihr Problem besteht eher darin, dass es Bewegungen sind, die immer nur ein bestimmtes Ziel haben. Den 68'ern ging es um freiere Bildung und Sexualität, aber nicht um die Natur. Viele von ihnen sind inzwischen reiche, um die Welt jettende Yuppies, denen jeglicher Sinn von Ganzheitlichkeit abgeht. *Greenpeace* wiederum geht es um die Natur. Sie erreichen damit viele Leute, weil immer mehr erkennen, dass die Umweltzerstörung nicht weitergehen darf. Da sie nur für die Natur kämpfen, erwecken sie jedoch manchmal die Illusion, mit einer Spende für dieses oder jenes Naturschutzgebiet oder mit Ökostrom könnte man sein Gewissen erleichtern und ansonsten weiter große Autos und beliebig viele Urlaubsflüge konsumieren. *Attac* ist noch jung und hat es zumindest erreicht, dass die seit dem Berliner Mauerfall herrschende Tendenz, an die Kräfte des Kapitalmarkts als Allheilmittel zu glauben, zunehmend als Irrglaube bewusst wird. Aber auch *Attac* lenkt in gewisser Weise davon ab, dass Kampf gegen Neoliberalismus und für weltweite Spekulationssteuern unzureichend ist, solange man nicht bei sich selbst anfängt, innerlich glücklicher und äußerlich ökologischer zu leben."

„Hm", seufzt Eve. „Ganz schön vertrackt, die Lage der Welt. Manchmal frage ich mich, ob so ein alles integrierender Bund überhaupt noch rechtzeitig gelingt?"

„Wahnsinn, Eve, nun sei doch nicht so! Du bist sonst immer so optimistisch und reißt alle mit in deinem Elan, wo kommt dieser Zweifel her?", sagt Anne, die neben ihr sitzt, und nimmt sie in den Arm. „Also Kai, nun bist du gefragt. Du hast doch all die schlauen Vordenker studiert, wo liegt der Ausweg?"

„Wir haben ja schon mal kurz darüber philosophiert, dass es darum geht, all die bisherigen Lösungsversuche zu transzendieren und diese dabei nicht abzulehnen, sondern zu integrieren. Jeder Mensch, egal ob Politiker, Unternehmer, Künstler oder Arbeitsloser, hat in seinem Herzen jene innere Stimme, die ihm in stillen Stunden zuflüstert, dass und wie er vernünftiger und glücklicher leben könnte. Man traut sich dem nur nicht nachzugehen, weil Medien, Kollegen, Nachbarn und sonstige Bekannte einem immer wieder die alten Normen suggerieren. Deshalb käme es darauf an, den glücklicheren und zugleich verantwortlicheren Sehnsüchten in sich selbst eine aktive Stimme zu geben. Im Unterschied zu den schon genannten anderen Bewegungen wird es dabei vielleicht vor allem darauf ankommen, mehr für als gegen etwas zu sein, das heißt die Gegensätze zu integrieren, statt weitere Spaltungen in die Welt zu bringen."

Eve fühlt sich bei diesem Satz sehr angesprochen und denkt laut: „Ja, diese Kunst, scheinbar gegensätzliche Kräfte und Ideen im Herzen zu verbinden, statt immer wieder die eine oder die andere Seite abzulehnen, ist vielleicht das eigentliche Geheimnis einer neuen Welt. Das ist wohl auch die Lösung für die Fragen der Liebe zwischen Frau und Mann. Wer völlig ungebundene Sexualität will, ist letztlich genauso unfrei wie diejenigen, die lebenslange monogame Ehen predigen. Viel sinnvoller ist es, im Herzen zu erspüren, welche glücklichen und inspirierenden Energien in Körper, Seele und Geist zwischen zwei oder manchmal auch mehr Menschen gerade lebendig sind."

„Das hast du sehr schön gesagt", lächelt Kai sie an. Als Eve jedoch nicht auf sein Flirten reagiert, fährt er etwas sachlicher fort: „Aber das gilt nicht nur für die unmittelbarsten Formen der Liebe, sondern auch für die vermittelten, wie wir sie in der Politik oder Kunst finden. Zum Beispiel sollten auch ethisch engagierte Unternehmer aktiv mit einbezogen werden und nicht mit alten Parolen als Kapitalisten abgelehnt werden. Bei allen berechtigten Kritiken am Neoliberalismus vergisst man schnell, dass freie und kreative Unternehmungen oft am ehesten in der Lage sind, nicht nur ideell, sondern auch praktisch Neues in die Welt zu bringen."

Mit wieder etwas zuversichtlicherer Stimme fragt Eve: „Ob sich unser Zauberwort wirklich eignet, ökologisch mutige Unternehmer zu erreichen, um sie mit ähnlich denkenden Wissenschaftlern, Politikern und Künstlern zu verbinden?"

„Lass es uns zumindest versuchen", entgegnet Jakob. „Ich finde auch, dass *heaoli* ein klasse Wort ist. Wir sind hier immerhin schon sechs, die sich darüber einig sind, oder? Das spricht doch dafür, dass auch andere sich von dem Wort angesprochen fühlen müssten und dem vielleicht nachgehen."

Auch Kai nutzt die Gelegenheit, Eve seine Unterstützung zu bekunden: „Wenn man jenseits der offiziellen Medien die oft in Stille und Verborgenheit beginnenden Entwicklungen sucht und verfolgt, gibt es zumindest einigen Grund zur Hoffnung. Da gibt es inzwischen weltweit erste neue Parteien, wie in Deutschland *Die Violetten*, die jenseits alter Grabenkämpfe zwischen Links und Rechts das menschliche Herz in Wirtschaft, Politik und Kultur neu beleben wollen. Da gibt es auch mutige Unternehmer, beispielsweise gar nicht weit von hier, in Görlitz, die dort das Erbe Jacob Böhmes zum Anlass nehmen, um attraktive Dienstleistungen für Seele, Körper und Geist in die Welt zu bringen. Und das Internet ermöglicht auch völlig neue Medien und Kommunikationsformen, um lebendige Herzen voneinander zu informieren und so miteinander zu stärken. Soviel ich weiß, Eve, hast du doch vor, im Rahmen deines ökologischen Jahres beim *Blauen Bund* so ein Webwerk der Liebe mitzuentwickeln, oder? Das könnte doch *heaoli* heißen. Wenn du magst, helfe ich dir gern dabei."

„Das ist lieb von dir, vielleicht komme ich darauf zurück."

Dann meldet sich Katrin zu Wort. „Wollen wir vielleicht kurz darüber reden, wer heute mit wem die Nacht verbringt. Ich bin nämlich müde und würde da gerne einen Wunsch äußern", sagt sie verspielt und lächelt dabei besonders Roland an. „Denn wenn Roland mit Eve morgen nach Italien fährt, würde ich ihn gern noch mal eine Nacht bei mir haben." Dann wendet sie sich zu Eve: „Was denkst du dazu, Eve?"

„Ja, geht völlig in Ordnung", reagiert Eve etwas zu spontan und fügt dann noch hinzu: „Kann ich dann Jakob haben?" Erst scheint keiner so genau zu wissen, wie er darauf antworten soll, dann aber fängt Eve selbst an zu lachen. „O.k., das kam nicht so gut rüber, wie?"

„Ich komme mir ein bisschen vor wie Tauschware", sagt Jakob halbernst, woraufhin Eve zu ihm geht und ihn in den Arm nimmt. „Das tut mir leid, so war das wirklich nicht gemeint. Ich versuche es noch mal: Also, lieber Jakob, hättest du Lust die heutige Nacht mit mir zu verbringen, da ich dich schon so lange nicht mehr bei mir hatte und morgen in Urlaub fahre? Ich meine, vorausgesetzt unser Selbstexperiment zu dritt läuft noch." Dann schaut sie Anne an und wartet auf eine Antwort von ihr.

„Nun, inzwischen ist es ja wohl eher schon so was wie ein Experiment zu fünft oder sechst, oder? Aber ich würde sagen, so oder so, es läuft!", sagt sie und lächelt offen in die Runde.

„Du bist die Beste!", sagt Eve und geht dann zu Anne und nimmt auch sie in den Arm. „Ist es denn o.k. für dich, wenn ich Jakob heute für mich habe?"

„Ja", sagt Anne, wobei Katrin bemerkt, dass Anne dies zwar bestimmt sagt, doch zugleich etwas unsicher in die Runde schaut. „Ich glaube, daraus, dass zwei langjährige Liebesbeziehungen sich mal wieder eine Nacht gönnen, folgt nicht zwangsläufig, dass Anne und Kai nun auch miteinander schlafen müssen", sagt Katrin lachend und schaut dabei liebevoll Anne an, die das Lächeln erwidert und irgendwie erleichtert scheint.

Kai, scheinbar nicht so ganz zufrieden mit der Lösung, sagt halb spaßhaft: „Es sei denn, Anne hat sich heute Abend in mich verliebt. Ich würde bestimmt nicht nein sagen."

„Männer!", sagt Katrin und lacht herzlich.

„Ich glaube auch", unterstützt Eve sie, „dass so ein neuer Bund, wenn er wirklich glücklicher und seelisch mächtiger sein will als alles Bisherige, sehr sensibel sein muss für die seelischen Stimmen jedes einzelnen."

„Wow, so viel Weisheit zu so später Stunde", witzelt Roland und lächelt Eve verliebt zu.

„Das glaub' ich auch", nimmt sich Anne das Wort: „Wenn ihr mich fragt, so sind da gerade viele sehr verschiedene Stimmen in mir. Eine davon reizt es schon, die Nacht mit Kai zu verbringen. Aber ich glaube, dazu kennen wir uns einfach zu wenig."

„Bei so vielen weisen und schönen Frauen um einen herum kann man als Mann ja nur einsichtig sein", stimmt Kai zu. „Also haben wir heute Nacht zwei Paare und zwei alleinige, doch nicht unglückliche Herzen hier im Haus."

„Und wenn nicht, wird dir schon eine sinnvolle geistige Beschäftigung einfallen, oder?", lächelt Eve ihn an.

„Gute Idee. Ich hänge eh schon hinterher mit einem Buch, was ich gerade über all die Denker hier schreibe. Dabei hab' ich übrigens entdeckt, dass auch Christian Morgenstern nicht weit von hier groß wurde. Kaum bekannt ist, dass dieser tiefe Humor, der seine Gedichte trägt, aus philosophischer Liebe erwachsen ist. Als Gute-Nacht-Gebet für glückliche Paare daher noch einen seiner schönsten Sätze:

> Es gibt nur einen Fortschritt, nämlich den in der Liebe; aber er führt in die Seligkeit Gottes selber hinein."

„Super, gutes Motto!", sagt Eve und geht dann reihum: Sie gibt zuerst Kai, dann Katrin und Anne einen kürzeren und Roland einen längeren Nachtkuss und ergreift dann Jakobs Hand, um mit ihm im Gästezimmer zu verschwinden.

Dort angekommen, reden die beiden nicht weiter, sondern geben sich mit Seele und Leib einander hin. Eve ist etwas erstaunt darüber, dass die körperliche Nähe mit Jakob wieder beziehungsweise noch immer so intensiv und vertraut ist, obwohl sie seit den Erlebnissen am Teich im Frühsommer kaum Kontakt zueinander hatten. Wie leicht es ihr gelingt, ja, wie sie es mit allen Sinnen genießt, innerhalb von nicht einmal 24 Stunden zwei Männer so intensiv zu lieben. Ihr kommt erneut die Frage in den Sinn, ob so eine Parallelbeziehung zu zwei Männern wirklich funktional ist. Momentan kann sie es sich vorstellen. Andererseits melden sich Zweifel, ob auf Dauer soviel lebendige und erotische Liebe überhaupt verkraftbar ist. Der Tag hat ja nur 24 Stunden und es gibt so vieles zu tun. Vielleicht wird sich die Liebe mit Roland ja weiter intensivieren, bis hin zu einer Lebenspartnerschaft, in der vielleicht auch ein oder zwei Kinder entstehen und in Nowitz aufwachsen könnten. Und neben so einer Partnerschaft noch einen erlaubten Geliebten zu haben, das ist doch echter Luxus. Ob Jakob dann damit klarkäme? Außerdem hat Roland ja schon eine Tochter. Denkbar wäre ja auch, je ein Kind mit beiden zu haben, ähnlich wie Katrin mit Kai und Roland. Aber wer weiß, wohin Studium und Arbeit Anne und Jakob verschlagen und ob sie dann überhaupt noch näheren Kontakt zu ihnen haben wird. Sie spürt die Offenheit der Zukunft, aber auch die vielen möglichen Perspektiven der Liebe darin. So genießt sie um so mehr den Moment in seinen Armen, drückt sich ganz fest an ihn und sagt: „Jakob, es war gut, dass wir den Mut zu diesem Experiment mit unserer Liebe hatten. Es ist so wunderschön, was sich daraus alles ergeben hat und ich kann aus ganzem Herzen sagen, auch wenn mich die Liebe derzeit mehr mit Roland als mit dir verbindet: Ich liebe auch dich mehr denn je!"

„Ich dich auch."

Urvertrauen und Poesie

Als sie sich am nächsten Morgen in Katrins Küche zum Frühstück zusammenfinden, ist es bereits nach Neun. Sie sind nur zu fünft. Katrin erklärt, dass Kai zu einem philosophischen Kunstworkshop an die Görlitzer Uni gefahren ist.

„Roland hat mir schon erzählt, dass ihr heute Mittag den Zug nach Italien nehmen wollt. Ehrlich gesagt, beneide ich euch beide etwas. Bestimmt trefft ihr da interessante und mutige Menschen aus aller Welt. Lasst unbedingt bald von euch hören oder lesen, ja?!"

„Na klar machen wir das. Außerdem haben wir euch im Herzen eh bei uns", sagt Eve und lächelt Katrin strahlend an.

„Das ist schön", sagt diese und beginnt, das Brot aufzuschneiden.

Jakob, der sich neben Anne gesetzt hat, wendet sich dann etwas zaghaft zu ihr und fragt: „Und wie geht es dir?"

„Jetzt gut, gestern Abend ehrlich gesagt ambivalent."

Liebevoll geht Jakob auf sie ein und fragt: „Was genau meinst du damit?"

„Na ja, irgendwie war ich eifersüchtig und ich hatte auch Sorge, dass du Eve vielleicht doch mehr liebst als mich. Und auf der anderen Seite konnte ich mich aber auf eine stille Freude einlassen, ganz tief im Herzen, dass so etwas möglich ist und ich ja nicht wirklich ausgeschlossen bin. Immerhin hatte ich das ja auch so mit ausgesucht." Dann hält sie kurz inne und fügt mit vielsagendem Lächeln hinzu: „Dafür hatte ich ganz besondere Träume, die ich euch aber nicht verrate. In jeder Beziehung muss es ja schließlich auch Geheimnisse geben."

„Muss es das?", fragt Eve, nicht ganz ohne Hintergedanken in die Runde. Hat sie sich doch selbst nicht getraut, in Anwesenheit von Anne und Roland zu erzählen, wie schön die Nacht mit Jakob nach so langer Zeit wieder war.

Katrin antwortet: „Doch, die Erfahrung habe ich auch gemacht. So wunderschön sehr wahrhaftige Freundschaften und Liebesformen sind, jeder muss dabei er selbst bleiben dürfen und seine kleinen Geheimnisse hüten."

Eve wundert sich erst, wie selbstverständlich Katrin das Recht auf Geheimnisse verkündet. Dann fällt ihr plötzlich ein, dass das wieder mal so eine mystisch-paradoxe Einheit der Gegensätze ist und sie sagt: „Spannend ... ich meine, dass Wahrhaftigkeit auch Geheimnisse nicht aus-, sondern einschließt. Ähnlich wie die Geborgenheit der Liebe auch die Freiheit der Liebe nicht aus-, sondern einschließt. Je freier jeder ist, desto mehr wirkliche Geborgenheit kann man sich schenken und je wahrhaftiger man zueinander ist, desto eher kann man auch die Geheimnisse des anderen akzeptieren. Offenbar ist die Liebe dem Allverbindenden oder Göttlichen, wo alle Gegensätze zusammenkommen, tatsächlich sehr, sehr verwandt."

„Auf jeden Fall kann man eine so inspirierende Philosophin wie dich einfach nur lieben, oder was meint ihr?", versucht Roland die leichten Ambivalenzen nach dieser Nacht in eine gemeinsame gute Stimmung zu verwandeln. Es gelingt ihm, das weitere Frühstück verläuft sehr ausgelassen.

Während Roland Sachen für die Reise packt, schaut Eve noch mal in ihre Emails. Ihr Herz fließt gerade über von dem gestrigen Abend, der Nacht und der Umarmung zu fünft und sie will Diotima kurz davon berichten. Sie staunt jedoch, dass sie schon eine Mail von Diotima erhalten hat, öffnet diese und liest:

Liebe Eve,

da ich gerade das Gefühl habe, dass Du sehr mutig und lebendig auf den neuen Wegen der Lebenslust und Liebe unterwegs bist, kam mir noch einiges in den Sinn, was ich Dir gern mitteilen möchte, da es in den bisherigen Briefen vielleicht zu kurz kam:

Zuerst vielleicht zur Poesie der Dinge: Bei allem Wissen und notwendigem Mut, neue, integralere Formen des menschlichen Miteinanderlebens auf der Erde zu finden, wäre es schade, wenn man dabei in eine verbissene Kampfeshaltung verfiele. Fast alle der bisherigen großen Erneuerungsbewegungen der Liebe scheiterten letztlich daran, dass sie mit zunehmendem Einfluss begannen, sich selbst zu ernst zu nehmen. Mit dieser zu starken Konzentration auf sich selbst ging die lebendige Stimmung und Energie der LIEBE immer wieder verloren. Als das Christentum, der Islam wie auch der Kommunismus Einfluss und Macht errungen hatten, vergaßen sie meist mehr und mehr, sich zurückzunehmen und auf die Stimmen des Herzens zu hören.

Anfangs habe ich Dir schon ein Merkmal genannt, woran man die unmittelbare Haltung der Liebe erkennt: das wirkliche Lächeln. Es gibt aber auch andere Erkennungsmerkmale für Energien der Liebe, die nicht ganz so unmittelbar spürbar sind.

Ein wichtiges Ausdrucksmittel des Menschen ist die Sprache und das Erkennungsmerkmal der Liebe dabei ist die Poesie. Emotionen der Macht, der Angst oder der bloßen Lust können zwar Worte aneinanderreihen und diese oder jene Teilinformation vermitteln, aber sie bleiben auf ihre Weise hohl, oberflächlich und kalt. Worte aus dem Gefühl der Liebe hingegen lassen in jeder scheinbar noch so kleinen Begebenheit, sogar in scheinbar trockener wissenschaftlicher Abhandlung, die unendliche Verbundenheit der Herzenergien durchscheinen. Mit etwas Übung lernt man bald zu unterscheiden, welche Art Geist sich in einem Satz oder Text ausdrückt. Um es Dir etwas fühlbarer zu machen, hier zwei Poesien, die mir besonders am Herzen liegen. Das erste ist von Friedrich Hölderlin, den ich schon einmal erwähnt habe, da er erkannte, dass man Dichter sein muss, um wirklicher Philosoph zu sein. Seine Vision einer zukünftigen Welt fasste er in sehr wenige, treffende Worte:

Sprache der Liebenden sei die Sprache des Landes,
ihre Seele der Laut des Volks.

Die andere meiner beiden Lieblingspoesien ist von Eva Strittmatter:

Die guten Dinge im Leben
sind alle kostenlos.
Die Luft, das Wasser, die Liebe,
wie machen wir das bloß,
das Leben für teuer zu halten,
wenn die Hauptsachen kostenlos sind.
Das kommt vom zu frühen Erkalten.
Wir genossen nur damals, als Kind,
die Luft nach ihrem Werte,
und Wasser als Lebensgewinn.
Und Liebe, die unbegehrte,
nahmen wir herzleicht hin.
Noch selten nur atmen wir richtig,
und atmen Zeit mit ein.
Wir leben eilig und wichtig,
und trinken statt Wasser Wein.
Und aus der Liebe machen
wir eine Pflicht und Last.
Das Leben kommt dem zu teuer,
der es zu billig auffasst.

Vielleicht spürst Du in diesen beiden Poesien dieses besondere Gefühl, was tief im Herzen als Sehnsucht immer in uns ist. Wir haben viel über das Herz und die Liebe gesprochen. Sie sind tatsächlich die entscheidenden Potenziale, von denen das Glück jedes einzelnen, aber mehr denn je auch die Zukunft von Mensch und Erde abhängen. Es gibt neben dem von Euch entdeckten Herz des Lebens oder „heaoli" noch ein uraltes Zauberwort, ohne welches die neue Welt der Liebe kaum möglich ist. Es ist zwar bekannt, dennoch in seiner ganzen Bedeutung nur von wenigen erkannt. Es ist das Vertrauen, konkreter gesagt die Wonne des Urvertrauens.

Eine der Ersten, die das erkannte, war die Völkerforscherin Jane Liedloff. In ihrem Buch „Auf der Suche nach dem verlorenen Glück" beschreibt sie mit manchmal fast poetischen Worten, wie sehr die angstgetriebene Rastlosigkeit moderner Gesellschaften auf dem Mangel an Urvertrauen beruht. Dieser Mangel an Urvertrauen ist kein Naturzustand, sondern wurde den Kindern vergangener Jahrzehnte systematisch anerzogen.

Jane Liedloff beobachtete, dass bei naturnahen Völkern die Säuglinge und kleinen Kinder in den ersten drei Lebensjahren kaum einen Moment ohne sinnlich fühlbare Geborgenheit ihrer Mutter oder anderer vertrauter Personen sind. Dadurch befinden sie sich in einem ursprünglichen Glückszustand, der sich als Grundgefühl ihres Daseins einprägt.

Mit der Entstehung von kriegerischen Kulturen änderte sich das jedoch. Diese müssen ihren Soldaten die ursprünglichen Gefühle und Stimmen des Herzens abgewöhnen, sonst haben sie keine zuverlässigen Funktionäre des Tötens. Diese Verhärtung der Seelen beginnt im frühesten Lebensalter, indem die Kinder in ihren sensibelsten Entwicklungsphasen nicht am Herzen der Mutter oder anderer sie Liebender getragen, sondern in einsame Betten oder Wagen abgelegt werden. In besonders modernen Zeiten wurde sogar das natürliche Stillen an der Mutterbrust, das einen besonders ganzheitlichen und glücklichen Kontakt von Herz und Leib erzeugt, verworfen und den Müttern mit viel Propaganda ausgeredet.

Die systematische Aberziehung von Urvertrauen und Glücksgefühl setzt sich in späteren Lebensjahren fort. Schon in einem meiner ersten Briefe schrieb ich Dir ja, dass fast alle Kulturen und Religionen der Neuzeit eine Unterdrückung der spielerischen Sexualität mit sich brachten. Ob die unbewusste Lust der Kleinkinder, ob die sexuelle Neugier der Pubertät oder die sexuellen Spiele der Erwachsenen – all das galt als sündhaft und wurde subtil oder grausam verurteilt. Die Neurobiologen James Prescott und Joseph Pearce erkannten, dass dies kein Zufall war: Sinnliche Berührungen und Spiele sind intensivste Quellen natürlicher Lebensfreude. Freude und Vergnügen wiederum sind sehr wichtig für die Entwicklung eines starken und freien emotionalen Selbstwertgefühls. Sie sind deshalb so stark und positiv

fühlbar, weil sie die komplexe Integration all der unendlichen Empfin-
dungen vermitteln, die in jedem Moment auf uns einströmen. Wenn dem
Kleinkind oder später dem Heranwachsenden nicht erlaubt wird, seine
natürlichen Bedürfnisse nach Berührung, Freude und Vergnügen zu stillen,
wird seine Fähigkeit zur integrativen Fühlung der Welt blockiert. Folge
davon sind neurotische Verdrängungen, Fehlwahrnehmungen seiner selbst
und der Umwelt, bis hin zu Selbst- und Fremdenhass, Gewalt und Krieg.

Wenn das Urgefühl von sinnlicher Geborgenheit und Freude beim Klein-
kind gestört wird, kann auch ein späteres Ausleben von Sexualität kaum
noch etwas retten. Versuche, eine innerlich verarmte sinnliche Emotionali-
tät später durch intensive Sexualität ohne Liebe zu kompensieren, enden oft
wieder nur in innerer Leere, Gewalt und Destruktion. Lust ohne Liebe oder
Liebe ohne Lust macht einfach nicht wirklich glücklich.

Wenn von dem scheinbar so kultivierten Europa des 20. Jahrhunderts zwei
schreckliche Weltkriege mit nie da gewesenen Tötungsmaschinerien, aber
auch Massentierhaltung und sterbende Regenwälder ausgehen, so sind die
letztlichen Ursachen dafür also in Erziehungsformen ohne Lust und Liebe
zu suchen. Auch die Vermeidung eines katastrophalen Klimawandels muss
deshalb letztlich hier beginnen, bei der Entwicklung von wirklicher Lebens-
freude oder Glücksgefühl in allen Lebensphasen.

Keine leichte Aufgabe. Denn wenn die Lebensfreude bzw. die Sehnsucht
danach, tief im Menschen verdrängt ist, wird ihre Kraft oder Energie oft
genau in ihr Gegenteil verkehrt: Um die Sehnsucht nicht fühlen zu müssen,
bilden sich sogenannte Charakterpanzer und zivilisatorische Ersatzbefriedi-
gungsformen – damit meine ich nicht nur all die großen Autos oder Villen,
um sich selbst zu verbarrikadieren, sondern auch Erziehungsanstalten und
Militärmaschinerien, die letztlich dazu dienen, den Anschein der Gefahr zu
erhalten und so das natürliche Urvertrauen der Liebe zu verdrängen.

Doch ist das kein Grund zur Verzweiflung. Trotz aller geschichtlichen
Verhärtung bleibt das Fünklein der großen und lustvollen LIEBE im
menschlichen Herzen fast unzerstörbar und wiederbelebbar. Man muss sich
nur persönlich wie gesellschaftlich darauf einstellen, dass es langsam
wächst, sich von Fehlschlägen und menschlichen Enttäuschungen nicht
entmutigen lassen und wissen, welche Wege am besten helfen, es zu stärken.

So viel von meinen aus dem Herzen kommenden Weisheiten. Viel Glück
auf Deinen Wegen der Lust und der Liebe,
Deine Diotima

Nachdem sie zu Ende gelesen hat, hält Eve verwundert inne. Sie staunt, das Diotima wieder einmal aus der Ferne wahrnahm, was mit ihr gerade geschieht. Ihr kommen Erinnerungen an die allererste SMS, die sie vor gar nicht langer Zeit, erst vor einigen Wochen, aus heiterem Himmel von Diotima erhielt. Wie viel hat sich seitdem in ihr und um sie ereignet. Also besteht durchaus Hoffnung, dass auch vielen anderen Menschen ähnliche Wunder der Liebe geschehen und dass diese dann wie sie beginnen, dieses neue Wissen und Gefühl der Liebe aus ganzem Herzen zu leben und weiterzugeben, – Hoffnung darauf, dass diese Energie Liebe sich in vielen Menschen verbreitet und schließlich die ganze Erde umfasst; dass es so doch noch gelingt, den Klimawandel in erträglichen Bahnen zu halten. Und selbst wenn es doch schon zu spät ist, wenn nicht ausreichend schnell ausreichend viele Menschen aus ihren Ängsten und zu kleinen Glücksansprüchen erwachen und letztlich deshalb die globalen Temperaturen und damit die Meere zu weit steigen und die Menschheit es nicht menschlich überlebt: Sie will wenigstens aus ganzem Herzen, mit Wissen, Liebe und Mut alles ihr Mögliche dafür tun, dass die LIEBE, die im Stein schläft, in der Pflanze atmet und im Tier träumt, dann letztlich im Menschen erwacht. Sie geht hinüber ins andere Zimmer zu Roland, lächelt diesen aus ganzer Seele an und schließt ihn in ihre Arme.

Danksagung

Diesen Roman einer modernen Eva zu schreiben wäre undenkbar gewesen ohne die Ermutigung durch und Mitwirkung von lebensbejahenden und philosophierenden Frauen. Die ersten Fassungen wurden von Antonia Hasselmann, Ines Thielscher und Kathrin Schanze unterstützt und kritisch durchgesehen. Imke Marie Badur bereicherte es besonders bei den Passagen zur Herzenergie. Edeltraudt Schönfeldt widmete einer ersten Fassung ein gründliches Lektorat und trug so zur Veredlung des Stils bei. Katrin Schulz, Marina Frank und Michaela Lelanz lasen in der vorläufigen Endfassung, veränderten dabei einige zu männlich geratene Töne und inspirierten zu mutigeren Formulierungen.

Norina Ebele, die integrale Verlegerin, zu der das Buch durch Vermittlung von Elke Fein und Hardy Fürch schließlich gelangte, widmete sich persönlich mit Sympathie, Geduld und Klarheit der Endkorrektur und veredelte dabei zahllose Stellen.

Neben dieser vielfältigen weiblich-philosophisch-schreibkundigen Kompetenz, die den Sinn und Ton des Buches wesentlich mitbestimmte, konnte ich für die informativen Passagen auch viele fachkundige Anregungen aufnehmen. Deren Urheber alle zu nennen würde den Rahmen sprengen. Viele Quellen sind im Buch direkt oder indirekt genannt. Daher kann ich mich hier auf einige wenige beschränken, deren wissendes Gespräch und menschliche Persönlichkeit mich unmittelbar inspirierte:

Rudolf Bahro, der Initiator einer neuen ökologischen Wissenschaft und Politik, die Mensch und Liebe nicht weiter verdrängt, sondern als letztlich entscheidende Dimensionen einer möglichen Zukunft lebendig einbezieht;

Reinhard Stefan Tomek, epikuräischer Geist und Erfinder des Ökowellness als „Tor zur Freude", dessen Handlungsmut mich immer wieder inspiriert;

Claudia von Werlhof, die heute in Innsbruck lehrende Frauenforscherin, deren radikale Kritiken patriarchaler Verhältnisse nach wir vor hörens- und lesenswert sind;

Heide Göttner-Abendroth, die trotz mancher Widerstände nicht aufgebende Soziologin, der es gelang, eine moderne Matriarchatsforschung zu entwickeln und weltweit zu vernetzen;

Carola Meier-Seethaler, die Schweizer Philosophin und Psychologin, die so deutlich wie kaum ein anderer die Wurzeln der einstigen Göttinnen erforschte und Grundlagen einer neuen emotionalen Vernunft entwarf;

Gerald Hüther, der bekannte Neurobiologe, der bei der Erforschung der Entwicklungspotenziale des menschlichen Gehirns nicht, wie so viele andere, die Stimme seines Herzens verdrängt;

Christina Kessler, die Völkerkundlerin, welche durch ihre mutigen Werke zur Entwicklung und Weisheit der Liebe neue Wege des Denkens beschritt;

Franz Alt, dessen publizistisches Engagement für ökologischen Wandel unser aller Hoffnung stärkt und dessen Buch *Der ökologische Jesus* auch ein Impuls dafür war, noch eine Schicht tiefer zu gehen und eine „ökologische Eva" freizulegen.

Hartmut Frank, der Bayreuther Umweltchemiker, der seine wissenschaftliche Reputation dafür einsetzt, neue Formen liebevoller Wissenschaften weltweit zu vernetzen;

Barbara Mettler-v.Maibom, deren theoretische Werke und praktische Programme zur Neubelebung der Wertschätzung zwischen den Menschen einen unschätzbaren Beitrag zur Zukunft erbringen; und Glenn Parton, der Schüler von Herbert Marcuse, der vermutlich am nachhaltigsten dessen tiefenpsychologisch-erotische Kritik des Kapitalismus bewahrt.

Last but not least ist auch die Inspiration durch Jostein Gaarder, den Autor von *Sofies Welt*, zu erwähnen. Ich begegnete ihm zwar auch einmal kurz auf einer Buchmesse, doch die eigentliche Anregung ging von seinem Buch aus. Die im zweiten Kapitel dargestellte Intuition – bei einer Erinnerung an diese lebendige Geschichte der Philosophie überkommt Eve der Wunsch nach einem ähnlichen Buch über die Philosophien der Liebe – hat sich insofern tatsächlich ereignet, als der Wunsch nach einem Buch wie diesem hier in mir beim Lesen seines Buches entstand. Und da ich dieses Buch nirgends fand, begann ich es selbst zu schreiben.

Ähnlich wie dieser übertragene Zusammenhang enthält das Buch manche Berührungspunkte zu diesen oder jenen wirklich lebenden Menschen oder wirklich ereigneten Geschichten. Dennoch gibt es die beschriebenen Personen so in Wirklichkeit nicht. Wenn sich die eine oder andere Leserin oder der eine oder andere Leser aber etwas mit ihnen identifizieren mögen, kann dies nicht schaden. So wie wirkliches Leben die hier niedergeschriebene Erkenntnis oder Vision inspirierte, kann diese Erkenntnis oder Vision wiederum auch das Leben, die Lust und die Liebe in uns ermutigen. Mir selbst ist es beim Schreiben immer wieder so gegangen. Daher noch einmal aus ganzem Herzen Dank an die oben Genannten, aber auch an alle, die das Buch lesen, denn die dadurch vielleicht mögliche intensivere Freude und LIEBE in Ihnen oder Euch war mir eine schöne und starke Motivation.

Über den Autor

Geboren 1961 in Ostsachsen, erlebte Maik Hosang noch jung in den Oberlausitzer Bergen jene mystische Wonne universellen Einsseins, welche die scheinbare Normalität der Dinge aufbricht. Um dieses Erlebnis zu verstehen, begab er sich auf die Suche, las viele Bücher und studierte schließlich Philosophie und Anthropologie. 1990 wurde er Mitarbeiter Rudolf Bahros am Institut für Sozialökologie der Humboldt-Universität Berlin. Im Zentrum dieser Arbeit stand, die gesellschaftlichen Ursachen der ökologischen Krise zu erforschen und praktische Alternativen dazu zu entwickeln, aber auch, bei sich selbst und miteinander damit zu beginnen. Um diese neue, integral-ökologische Wissenschaft auch wirklich praktisch werden zu lassen, gründete er zusammen mit Freunden und mit Unterstützung des damaligen sächsischen Ministerpräsidenten Kurt Biedenkopf das Lebensgut Pommritz. Hier, zwischen vielen alten Apfelbäumen, freien Menschenkindern und Besuchern aus aller Welt findet er ausreichend Inspiration für kreative Projekte. So schrieb er u.a. die Bücher *Der integrale Mensch* und *Jacob Böhme – Das Wunder von Görlitz*. Zusammen mit anderen Wissenschaftlern erforschte er, wie menschliche Gefühle mit gesellschaftlichen Ordnungen und mit der Natur zusammenwirken, woraus das Buch *Die Emotionale Matrix* entstand. Als promovierter Philosoph und habilitierter Sozialökologe lehrt er derzeit an der Hochschule Görlitz Kulturphilosophie und Ästhetik.

Hardy Fürch

Von Mangos
und anderen Früchten

Sex, Politik & die Essenz des Lebens

broschierte Ausgabe, 182 Seiten
ISBN 978-3-933321-85-5

Ekstatische Sexualität, politisches Engagement und die
großen Fragen des Lebens - geht das zusammen?

Ein spiritueller Roman, in dessen Zentrum das weibliche
Antlitz Gottes steht. Eine Hymne an das Leben, voller Optimismus
und radikaler Sinnlichkeit!

Hardy Fürch (geb. 1956) seit 1992 Yoga- und Meditationslehrer. Autor
im Deutschen Yoga-Forum und Referent beim europäischen Yoga-
Kongress. Intensive Auseinandersetzung mit dem Thema *Sexualität
und Bewusstsein* sowie langjährige Erfahrung in Theorie und Praxis
des Integralen Yoga Sri Aurobindos und des Werkes von Ken Wilber.